JN232832

WIZARD
WIZARD BOOK SERIES Vol.74

投資家のための
企業会計革命
Quality Financial Reporting
『クオリティ・ファイナンシャル・レポーティング』
によるUS.GAAPへの挑戦

ポール・B・W・ミラー＋
ポール・R・バーンソン［著］
西麻布俊介［監訳］ 月本潔［訳］

Pan Rolling

監訳者まえがき

　本書の出版作業が佳境を迎えている2004年春の状況は、昨年につけた日経平均株価7000円台の史上最低価格がようやく１万2000円台に達して一息つき、これまで継続してきた「失われた15年」といわれる景気低迷期を脱する可能性として、一筋の光明が見え出してきた時期である。超低金利・株価低迷の継続によって、国家の経済政策（金融・財政政策）が無力化するいわゆる「流動性の罠」から脱出することができるかどうかの瀬戸際を迎えているといえよう。

　ひるがえって米国の経済状況を見てみると、ここ15年ではIT景気に沸き、その反動として2001年の経済の低迷など、確実に景気変動を経験しながら経済成長を遂げてきた。その経済成長は、実質GDP成長率で見ると2001年に一時的に１％を割り込むこともあったが、４～６％程度の経済成長を記録してきたことが経済データから明らかになっている（内閣府公表データより）。

　日本は米国のこのような安定的な成長を論拠として、米国の制度を積極的に導入することでさまざまな革新を図ってきた。会計制度も例に漏れず多くの要素が米国からの輸入というプロセスから構築されている部分が多い。その意味で米国の会計制度の問題点を認識することは非常に意義のあることであると確信している。

　本書は特に、「企業の経営者」と「証券アナリスト」の諸氏にお読みいただきたいと考えている。なぜなら本書は現在の米国会計制度の問題点を分かりやすく論点整理し、対処方法までアドバイスしているため、すぐにでも実務に役立つ内容となっているためである。言い換えれば、従来の必要最低限の情報公開では得られなかった効果を、本書で紹介するQFR（クオリティ・ファイナンシャル・レポーティン

グ）を実践することで得ることができるのである。

　時折悪例として取り上げられるエンロンの例を紐解くことも、財務会計の取り組みの実証分析例としては説得力があり、財務報告を企業経営における能動的な武器として利用することができることに経営者の皆様は再認識されるのではないだろうか。証券アナリストの諸氏にとっても、企業の資本コスト計算を行ううえで考えるべき論点、特に財務情報の注釈の読み方テクニックなどは次の四半期報告書を読むときにすぐに役立つ情報が満載である。

　本書は米国の会計制度について語っている。しかし、この問題点は日本の会計制度における論点でもあると言えよう。さらに今後の日本の会計制度の動向を占ううえで多くの示唆を含んでいるため、各項目の説明の端々にこめられていることを各人で考えることで、今後の企業財務報告のあるべき姿をイメージすることに役立つと考える。そして、その時代に適合した「企業財務報告の理想像」を関係政府機関に先立って実践していくことこそが本書で提案したいことである。

　自然な発想に基づいて「企業財務報告の理想像」を追求している経営者や証券アナリストはまだまだ少なく、QFRを実践している経営者や証券アナリストがほとんどいないのが日本における現状である。その意味からも本書の読者には「企業財務報告の理想像」を実践することで、資本市場において利益を獲得するチャンスが与えられることになるであろう。

　平成16年5月

西麻布俊介

私たちに協力し、私たちの考えを理解し助言し激励してくださった多くの良き指導者、同僚、生徒、そしてそのほかの方々に捧げます。

Quality Financial Reporting by Paul B. W. Miller and Paul R. Bahnson
Copyright © 2002 by Paul B. W. Miller
Japanese translation rights arranged with The McGraw-Hill Companies, Inc.
through Japan UNI Agency, Inc., Tokyo.

CONTENTS

目次

監訳者まえがき　　　　　　　　　　　　　　　　　　　　　　1
事前試験　　　　　　　　　　　　　　　　　　　　　　　　　9

序文　　　　　　　　　　　　　　　　　　　　　　　　　13
1970年代の役員会議室／1980年代の別の役員会議室／1990年代のまた別の役員会議室／2000年代のまた別の役員会議室／4つの市場の関連づけ

第Ⅰ部　4つの原理と7つの大罪

第1章　改革の基礎　　　　　　　　　　　　　　　　　　25
QFR革命／4つの原理／相違方向／原理を用いた財務報告方針の定義／要約

第2章　財務報告上の7つの大罪　　　　　　　　　　　　39
背景／資本市場の過小評価／不明瞭化／過大表示および虚偽報告／平滑化／最小限の報告／最小限の監査／近視眼的な作成コスト／罪のまとめ／経済学のように倫理的ではない

第Ⅱ部　GAAPの欠陥

第3章　米国および他国における財務報告　　　　　　　　63
歴史的な経緯／情報が存在するところでは、どこで、どのように利用されるのか？／このモデルはQFRに対しどのような意味をもつものなのか？／米国制度――最上のものであるのか？

第4章　GAAPが不十分なのはなぜか？　　　　　　　　　79
GAAPの正当な手続き／GAAPで可能な事項と不可能な事項を理解する／要約／本質的な利益の証明／大切なことは何か

CONTENTS

第5章 PEAP、WYWAPおよびPOOP　103
財務報告で確立すべき事項／財務諸表で表示されるべき事項／GAAPはどのような点で不十分なのか？／およそ最後の言葉／倫理の洞察

第III部　QFRの信頼確立

第6章 旧習的障害を打破するQFR戦略　137
基本的状況／最初の3つの立場／GAAPはどうか？／新戦略／現状よりもQFRのほうが理にかなうのはなぜか？／監督機関のまちがった役割／規制および規制緩和の意見／結びの国際的見解

第7章 証券アナリストが胸中を語る　159
投資管理研究協会（AIMR）研究論文／資本市場も市場である／4つの原理／財務報告の7つの大罪／GAAPは不十分である／タイミング／要約

第8章 重要な証拠　191
調査に基づく研究／著名な専門家／要約

第9章 学術研究——経験主義者の逆襲　225
経験論／方法論／情報の質と結果／情報の品質の研究／ウェルカー／ラングおよびルンドホルム／ボトサン／セングプタ／ヒーリー、ハットンおよびパレプ／ラングおよびルンドホルム（続編）／バース、ホール、クルツマン、ウェイおよびヤーゴ／要約

第10章 異議を唱えよう　251
「強制することはできない」／「これは企業秘密だ」／「市場はそれほど効率的ではない」／「費用がかさむ」／「ほかにだれもして

いない」／「手元に情報はない」／「告訴されかねない」／「悪い
ニュースを報告したらどうするんだ」／「不安定な印象を与えかね
ない」／「利用者は理解できないはずだ」／「情報開示の負担が大
きすぎる」／もう一度

第Ⅳ部　QFRは身近な存在である

第11章　これまでのやり方を見直す時期である　283
試験／結果を振り返って

第12章　選択方法を確認すべき時期である　303
別の試験／全体像

第13章　経営者と監査人との関係　325
最終テスト／さらに大きな全体像

第Ⅴ部　始めるに当たって

第14章　GAAPのギャップを埋める　349
GAAPの充足／修正GAAP財務諸表／補足開示／監査人の関
与／報告頻度／まとめ

第15章　時価報告　367
古い問題／歴史的経緯／時価情報に対する需要はあるだろうか／利
用者の声／信頼性／ここまでの要約／比較可能性／インフレと計測
尺度／実現会計の問題／時価会計への移行／再び利用者の声

第16章　QFRの方法──パートⅠ　397
簿価会計／在庫フロー／投資資産／リース／有形固定資産／無形固

CONTENTS

定資産／企業合併／売掛債権と買掛債務

第17章　QFRの方法──パートⅡ　　　423
キャッシュフロー／年金およびほかの給付／ストックオプション／1株当たり利益／報告頻度／その他のポイント／最後に

第Ⅵ部　最後の仕上げ

第18章　QFRと基準制定　　　453
水と油？／まったく新しい基準制定者の動機／まったく新しい探求／まったく新しい政治体制／まったく新しい成果／まったく新しい種類の機関／結論

第19章　QFRを実行していない例──エンロンのケーススタディ　　　469
エンロンでは何が起きたか？／エンロンと財務報告上の7つの大罪／質問表／結びの見解

事後試験　　　505

事前試験

あなたが大企業の最高幹部で、何千人もの株主に対して財務報告の情報開示をしなければならない立場にいると仮定し、以下の財務報告上の方針・処理に関する10の質問に答えなさい。

質問	回答
1. 企業の年次報告の利益を大きく見せたいか、それとも事実を伝えたいか。	
2. 企業の全負債を貸借対照表に計上したいか、あるいは負債資本比率を低く見せるために負債のいくつかを省略したいか。	
3. ストックオプションの含み益を利益から控除して損益計算書に計上したいか、あるいは含み益を脚注に記載するほうがよいか。	
4. 外部監査人は扱いやすく歩調を合わせる人物がよいか、それとも頑固一徹な人物がよいか。	
5. 監査法人が監査以外の業務サービスを多く提供するほうがよいか、まったくしないほうがよいか。	
6. 監査人への監査業務および監査以外の業務の費用を明瞭に情報開示するか。	
7. 企業の財務諸表を頻繁に発表したいか、それとも頻繁でないほうがよいか。	
8. 財務諸表上では、資産を取得原価で評価したほうがよいか、あるいは時価で評価したほうがよいか。	
9. 財務諸表上の利益の変動を小さく見せたほうがよいか、あるいは実際の変動を反映させたほうがよいか。	
10. 合併会計において、持分プーリング法とパーチェス法とのどちらを採用するほうがよいか。	

では、あなたが大企業の株式を評価する証券アナリスト、あるいは最高企業幹部の経営手腕を評価する何千人もの株主のひとりであると仮定し、以下の財務報告上の方針・処理に関する10の質問に答えなさい。

質問	回答
1．企業の年次報告の利益を大きく見せたいか、それとも事実を伝えたいか。	
2．企業の全負債を貸借対照表に計上したいか、あるいは負債資本比率を低く見せるために負債のいくつかを省略したいか。	
3．ストックオプションの含み益を利益から控除して損益計算書に計上したいか、あるいは含み益を脚注に記載するほうがよいか。	
4．外部監査人は扱いやすく歩調を合わせる人物がよいか、それとも頑固一徹な人物がよいか。	
5．監査法人が監査以外の業務サービスを多く提供するほうがよいか、まったくしないほうがよいか。	
6．監査人への監査業務および監査以外の業務の費用を明瞭に情報開示するか。	
7．企業の財務諸表を頻繁に発表したいか、それとも頻繁でないほうがよいか。	
8．財務諸表上では、資産を取得原価で評価したほうがよいか、あるいは時価で評価したほうがよいか。	
9．財務諸表上の利益の変動を小さく見せたほうがよいか、あるいは実際の変動を反映させたほうがよいか。	
10．合併会計において、持分プーリング法とパーチェス法とのどちらを採用するほうがよいか。	

おそらく、最初の表に対する回答と次の表に対する回答とは、質問が同じなのにほとんどの項目で答えが一致しないと思われる。
　エンロンの劇的な倒産以前の筆者の経験から判断すると、次ページのような回答を予想する。
　この結果を見ると、経営者と財務諸表利用者との見方があまりにも違うことに驚かされ、財務諸表の作り手と使い手の意図がどうしてこれほど違うのかを知りたくなる。エンロンの不祥事が暴露された事実を受けて、あなたが経営者として回答した項目のいくつかは公正な答えに変わっているのではないか、いや変わっていてほしいものである。もし変わっているのであれば、あなたは財務会計実務の改善方法を特に熱心に学ぶ意欲的な人物であろう。また、エンロン事件に感化されずに回答されたのであれば、本書にこれから書かれていることがあなたにとって非常に有益であると確信をもって言える。
　筆者が中心的テーマのひとつとして挙げることは、財務報告の過去数十年間の歴史において、(経営者や会計士といった)財務諸表作成者が利用者のニーズをないがしろにする状況となってしまっており、残念な結果をもたらしている。そのような状況がどんな結果をもたらすか赤裸々に明かされたという意味で、エンロン事件は重要な意味をもつ。この事件が発覚する以前は、両者の回答には大きなギャップが存在していた。エンロン事件発覚後、このギャップが埋まりはじめた。本書を通じてこのギャップがもっと小さくなり、すべてが埋まることを期待する。
　経営者の財務報告の実践方法を大きく変えさせる道程に読者もぜひご参加いただきたい。

質問	経営者の回答 (供給側)	アナリスト・投資家の回答 (需要側)
1. 利益報告	誇大表示	適正な事実
2. 負債	貸借対照表から削除	貸借対照表に報告
3. オプション費用	脚注	損益計算書内で報告
4. 監査人	扱いやすい人物	頑固一徹な人物
5. 監査以外の業務	多いほうがよい	まったくないほうがよい
6. 監査業務外費用	非開示	明瞭開示
7. 報告頻度	頻繁にはしない	より頻繁に
8. 貸借対照表の資産評価	取得原価	時価
9. 利益の変動	平滑化	非平滑化
10. 企業合併における会計	持分プーリング法	パーチェス法

序文

1970年代の役員会議室

　ある重要な業界の人事担当副社長が、従業員に関する多くの問題に真剣に対応する必要があることを役員会で話している。副社長は「HRM」（人的資源管理）システムを構築・実施することを提案し、これによって採用時に優秀な候補者を発掘し、教育を施し、魅力ある報酬を与え、在職中には人材育成を行い、さらに従業員と安定した関係を築くことを意図した。ほかの役員は、3年ないし4年ごとのストライキに耐えながらも労働組合をねじ伏せることに慣れており、友人や学閥出身者の登用が常識であった。また、疑問を投げかけられても苦し紛れに笑ってごまかすのが常であった。また、何の質問もせずに、これといって何もしないまま次の議題に注意を向けるのが常でもあった。

1980年代の別の役員会議室

　自動車製造会社のマーケティング担当副社長が役員会の場で報告したことは、米国の自動車運転者は国産車の特徴、大きさ、品質、燃費および価格に対して不満を抱いているという事実だった。この報告では、日本の自動車メーカーの生産効率とデザインが大幅に向上しているので、米国で日本車が市場シェアを大幅に拡大するであろうと予測していた。副社長は、徹底的な「顧客志向」の姿勢を全社をあげて築き上げ、それによって、製品が魅力的で価格が適正であると認識してもらえるようにして、何とか市場で優位性をもたせることを提言した。このプロセスへの移行の鍵となる部分は「TQM」（総合的品質管理）

と称される新理念で、品質を向上させコストを削減しながらも全生産システムを合理化するものであった。ほかの役員は丁寧に謝辞を述べたものの、目を回しつつ、これといって何もしないまま次の議題に注意を向けた。

1990年代のまた別の役員会議室

大手製造会社の製造担当副社長がコンサルタントからの報告を発表し、「JIT」（看板方式）と呼ばれる新在庫システムを導入し、供給メーカーと密接な作業関係を構築して、会社のニーズに合致する事業活動および品質基準が協調できると考えた。ほかの役員は、経験上、供給業者とは協調関係を築かないで、ほかの供給業者と競合させることに慣れており、あれこれ文句を言ったものの具体的な行動に出ることはなく、次の議題に注意を向けた。

2000年代のまた別の役員会議室

大企業の財務担当副社長が役員会でプレゼンテーションを行い、一般の人々、株主、会社の債権者を含む資本市場に対してできるかぎり使いやすい財務情報の報告に関する新方針を提案している。副社長は、財務会計基準審議会（FASB）および証券取引委員会（SEC）が作成した最低限の基準を上回る対応を実践することで会社は評価され、資本市場が同社の株式価値を評価するときに使いやすいと判断する時価情報やその他の情報を自発的に提供するべきであると力説している。この取り組みはQFR（Quality Financial Reporting）と呼ばれ、株式の需要を喚起し、資本市場で独自の代替的情報を作成し分析する手間を軽減させ、さらに企業の将来像に関する不確実性を減らし、また株主と投資家との間に新しい信頼関係を構築することで資本コストを

低下させることを意図したものである。テーブルを囲んで座っていたほかの役員は財務諸表についてあまり理解を示していなかったが、資本市場が公表される1株当たり利益の数値に反応すること、特に、それが事前予想よりも低い場合には敏感に反応することは知っていた。副社長が何か行動に出ると言い出すのではないかと思い、冷や汗をかきながら黙って座っていた。

4つの市場の関連づけ

　この4つのシナリオは自由企業経済の経済活動の鍵となる。成功させるためには、経営者は4つの異なる市場の参加者と前向きに付き合うことを学ばなければならない。この4つの異なる市場の参加者とは、労働市場の労働者、製品・サービス市場の顧客、供給プロセスにおける供給業者、および資本市場の投資家である。図P.1は、この状況を図解したものである。

　この4つの市場との取引に成功するには需要と供給両方を管理することが必要であるが、今までは、多くの経営者が需要側について注意を払わないまま供給側のみに注意を払って成功しようと試みてきた。

　労働市場において、かつては多くの経営者が搾取する対象にすぎないものとして労働者を考えていた。実際、企業は仕事の供給組織として認識され、経営者がしなければならないことは条件に基づく職務を提供することだけであり、労働者は会社に来て労働力を提供するだけであった。人的資源管理（HRM）の考えによってこの状況が劇的に変化し、従業員をパートナーと認識するようになり、従業員が満足し、育成され、尊重され、十分な知識を与えられた場合にかぎり高い生産性を発揮することになった。

　製品およびサービスの市場において、従来の考え方は、企業が安く製造した製品を供給し、顧客には可能なかぎり高い価格で販売すると

図p.1　市場と距離を置いている企業

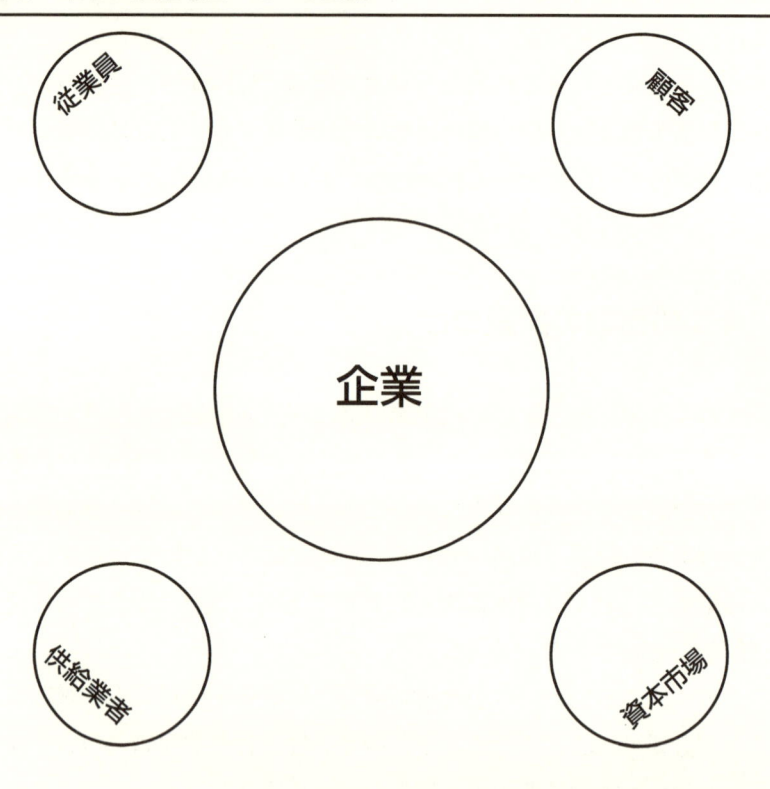

　従業員　　　　　　　　顧客

　　　　　　企業

　供給業者　　　　　　　資本市場

いうものだった。この姿勢は「サプライ・プッシュ」と呼ばれた。経営者は、会社が作った製品すべてを市場で売り飛ばそうとしたからである。顧客志向や総合的品質管理（TQM）といった新しいコンセプトによって、顧客のニーズに照準を合わせることの利点を経営者は認識するようになった。サプライ・プッシュではなく、「デマンド・プル」（需要牽引）の考え方が支持されるようになったのである。この

コンセプトでは、経営者は顧客のニーズを最初に考え、その後、競争力の勝る方法で供給を開始するというものである。品質を高め、サービス・付加価値に注意を払うことによって、経営者は顧客との間に強固な相互利益関係を創造し、顧客はもはや遠い存在ではなくなり、一緒に企業活動に参加し十分な説明を与えられることになるのである。

ほかの国々において成功した経営者にならって、多くの米国経営者が、自社の供給プロセスでは関係者は経営者の言いなりになるのが当然であるという考えを抱いていた。ほとんどの経営者が供給業者のニーズを考慮せず、とにかく要求されるままに供給することを期待しており、供給業者は供給プロセスを担当しているかのように扱われていた。この姿勢は、供給メーカーが企業の要求を満たさないと取引停止にするという脅しや厳しい交渉につながっていた。しかし、看板方式（JIT）による在庫管理の優位性が認識されてからは、信頼できる品質や配送が仕入れコストの抑制と同様に重要であることが明確になり、自社の供給プロセスに対して注意深く気を配るようになった前向きな経営者も出てきた。この新しい姿勢によって、開放的で完結したコミュニケーションが特徴的な相互的利益の関係が構築された。この結果、供給プロセスの管理方法に大きな革新をもたらした。こうした発展の結果、現在の革新的に経営管理された企業は図P.2のようになっている。つまり、労働者、顧客および供給業者は企業と相互的利益関係にあるが、資本市場だけは依然として大きく乖離している。

コミュニケーションおよび情報共有の重要性を説明するために、デル・コンピュータのマイケル・デルは以下のようにコメントしている。なお、このコメントはこの前段で簡単に触れたマネジメント改革に関する過去の経緯に賛同した見解となっている。

「製造業者は、供給業者を最後の一滴まで絞りとるためのコスト削減の対象として扱うことはもはやできない。また顧客も、できるかぎ

図p.2　ひとつの市場とだけ距離を置いている企業

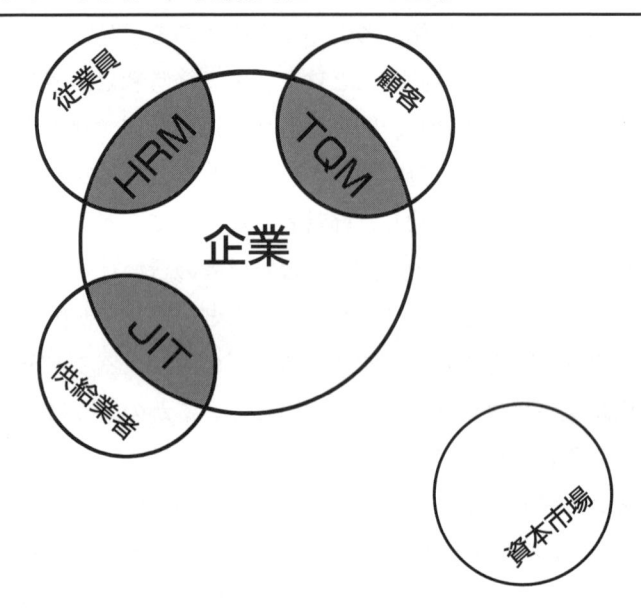

り可能な高い価格で購入させる製品・サービス市場として扱うこともできない。そうではなく、供給業者も顧客も情報パートナーとして扱われるようになり、事業ごとにではなく価値連鎖全体にわたる効率性を高める方法を一緒に追求することになる」[1]

　しかし、デルを含むほとんどの経営者は、資本市場についてはまだ同様の発見をしておらず、円の内部に引き込むことすら検討していないというのは不思議である。筆者がこの事態をはっきりと理解したのは、ある日、教え子（現在はハイテク企業の経営者）が資本市場に対する姿勢を表現したときである。彼が言うには、資本市場は「必要

悪」であると判断しているとのことであった。実際には、資本市場はどの企業にとっても極めて重要であり、妥当な価格で企業が必要とする資本を供給している。資本市場はまた株主に流動性と評価情報を提供し、株式に対する需要を高め、その株式の時価を高めている。さらに、十分機能する資本市場が経済全体にとって非常に重要である理由は、競って資本を求める者たちに対して、新規調達や再配分するメカニズムを提供するからである。この市場が機能しなくなれば、経済活動は停止し（1930年代に見たとおりである）、あるいは再開することさえ不可能になる（例として、過去の集団主義的国家は資本のない状態で資本主義に転換しようとしたことが挙げられる）。

　企業および経済を持続させ、成長させ、また安定化させるためには資本市場が重要な役割を果たすことは紛れもない事実であるにもかかわらず、ほとんどの経営者が私の教え子の言うように資本市場は必要悪であるという考えに同意しているようだ。筆者がこの結論に達したのは、かつて企業経営者がほかの3つの市場を扱ったのと同じ方法で資本市場を扱っているのを見てきたからである。もっと具体的に言えば、経営者が依然としてサプライ・プッシュ的観点で資本市場にアプローチしている。つまり、企業が作成した財務情報の内容は、企業が報告したい情報であり、けっして資本市場参加者が欲する情報であることはなく、分析のために必要かつ有益であると資本市場参加者に認識される情報でもない。需要サイドに注意を払わずに仕事や製品の供給を管理する視野の狭い経営者が依然として存在しているように、ほとんどの経営者が依然として、資本市場に対してだけは同じように非生産的で供給集約的な姿勢をとっている。

　何を見ればこの意見の正当性が立証されるだろうか。若干の例外はあるものの、ほとんどの経営者は最低限に要求された情報公開しか行っていない。また、経営者が、オフバランスでの資金調達、脚注での不明瞭な報告、合併の持分プーリング法での報告、複雑で解読不能な

キャッシュフロー計算書、損益計算書のなかで重要である費用表示の省略などの選択をするのを見かける。特に当惑するのは、財務諸表に精通した利用者からもっと役に立つ情報開示を要請されているにもかかわらず、こうした方法に終始していることである。さらに当惑することに、大きな事業崩壊が発覚したときに、過大評価された株価を維持する意図で経営者が一部の会計処理を改ざんしていたのである。2001年のエンロンの見かけ上の時価総額600億ドル超が、これほど急激に実質上ゼロになったのは、このような財務報告スキームが解明されたからであり、経営者が最初から企業の事業活動について事実を伝えようとしていたのであれば、このような財務報告スキームはとられなかったであろう。

　資本市場を軽視するようになってしまった理由は何なのだろうか、もっと言えば、どうしてこの状況が今もなお続いているのだろうか。主要な原因は、一般的な財務報告に関する教育が経営者に不足していることにあると考える。つまり、経営者は、資本市場には公開情報を処理したり、私的情報を収集したりする機能ぐらいしかないという認識で行動をしているのである。実際に発生したことを開示する代わりに、財務報告書のやりくりで資本市場をごまかすことができると経営者が考えているのは明白である。彼らの考え方が混乱しているのはよく分かる。たしかに、筆者も過去に同じような誤った考えにとらわれていたのだから。

　さらに、この機能不全を起こしている行動は、財務諸表の数値と連動する経営者の報酬体系によって引き起こされたものだとも思われる。多くの経営者が真の業績を発表する努力を怠り、会計報告書を操作することに力を振り向けている。言い換えると、融通性が高く、多くの自由裁量の余地がある財務会計の基準や原則によって、こうした会計操作が可能になっているのである。この行動は、資本市場に提供される情報の質の低下を招くことにもなる。

驚きを隠し得ないが、過去の固定概念からいったん踏み出してみると、まったく異なる財務報告システムを見つけることができるのである。資本市場を遠いものとして放置するのではなく、いわゆるQFR (Quality Financial Reporting) を採用し、経営者が資本市場に参加し、協力的で相互利益をもたらす関係を築く時期がやってきたのである。

QFRの要点は、図P.3に示されるように、経営者が資本市場に接して、内部の円内に引き込むことができれば、低コストで資本調達が可能になり、ほかにもある多くのメリットを享受できることである。

ほかの市場において、労働者、顧客および供給業者と付き合うときには、壁が存在していたり搾取の関係があったりしたが、それを協調関係、協力関係に変更してきた。それと同じように、QFRによって、投資家、債権者に対する従来の姿勢が、頻繁に開示され、開放的で、正直な、さらに信頼できるコミュニケーションとして特徴づけられる新しい関係に変更されるであろうと筆者は思い描いている。

それならば、この改革は具体的にどのように実現されるのであろうか。その答えは本書でこれから明示し展開していく。第Ⅰ部では、経営者が作成する不完全な報告よりも、資本市場は改善された情報に対して肯定的に反応することを説明する。第Ⅱ部では、一般に公正妥当と認められた会計原則（GAAP）によって、財務報告書には高品質の情報が記載されていると従来から信じられてきたことは大きなまちがいであることを説明する。第Ⅲ部では、証券アナリスト、投資家および会計士の立場からの意見および結論を詳しく説明する。ここではそれぞれの立場における経験に基づいた調査についても触れていく。第Ⅳ部では、一般公開用に作成する会計情報の質の良し悪しを経営者や会計士自身が判定することで、財務報告への取り組みを実践し、自身の姿勢と向き合うことになる。第Ⅴ部では、経営者が資本市場参加者との間にQFRの関係を構築する方法について提言する。最後に、

図p.3　市場と密な関係をもつ企業

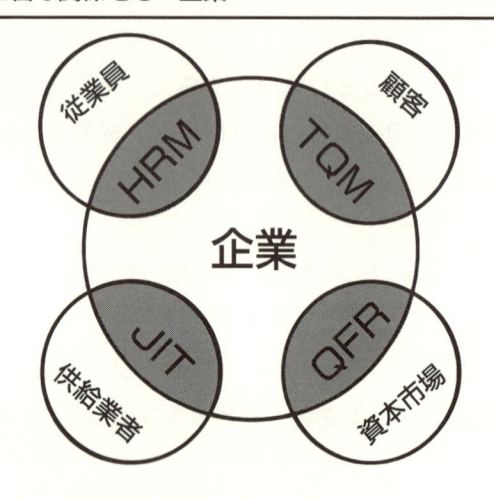

従業員　HRM
顧客　TQM
企業
供給業者　JIT
資本市場　QFR

　第Ⅵ部では、QFRによって財務報告基準設定の過程がいかに大きな影響を受けることになるかを説明し、さらにエンロンの経営者がQFRの方法を実行しなかった実例となったことを明示する。本書全体で、筆者はチャレンジ精神にあふれた非常に価値あるメッセージを送っている。QFRを取り入れるには、経営者の姿勢および行動様式を大きく変えなければならないので、抵抗も予想される。しかし、筆者はもっと多くの経営者がQFRの考えを理解し、実行に移す意思をもっていることも感じている。さあ、QFRに取り組もう。

注

1．エコノミスト、『1999年の世界（The World in 1999）』（年鑑）、p.96

第 I 部
4つの原理と7つの大罪
Four Axioms and Seven Deadly Sins

　本書でQFRに言及するときは、従来の姿勢を大きく変更することについて説明している。実際、QFRへの変更は、情報提供者に、影響という観点で財務報告問題を考えることをやめさせ、情報消費者の観点から問題点を分析・決定することに変更させるパラダイム・シフトである。事実上、視点を情報の供給側の考え方から需要側に変更することで大きな進歩が見られると考える。

　この大掛かりな変更を実現させるには、実行者は2つのことを経験する必要がある。まず、現行のパラダイムに対し不満をもっていなければならない。次に、新しいパラダイムを万全の体制で採用し、従来のパラダイムを廃止する覚悟が必要である。ひとつやそこらの不満が発生する程度では不十分である。どんなにたくさんの不満があってもよいが、より適切な変更先がなければ何も変更は起こらない。また、どんなに代替方法が適切であっても、従来のやり方に対して強い不満がなければ変更は起こらないのである。

　この部は2つの章で構成され、両方の章とも、①「一般に公正妥当と認められた会計原則（GAAP）の内容を示し、GAAPには欠点がある」とし、また、②「QFRの内容を示し、QFRにはGAAPを凌駕するメリットがあることを示す」という2つから話は始まる。

第1章

改革の基礎
Foundation for a Revolution

　筆者が財務報告の改革を求めるのに臆することは何もない。過去数十年間の観察に基づき、また2001年のエンロン崩壊によって多くの人々に明らかになった事実として、古い考え方や実務は隅に追いやられ、まったく異なる方法に取って代わられる時期がすでに来ている。従来の方法が一時は世の中に受け入れられていたかもしれないが、今もなお機能しているとは思えない。

　この変更を進めていくのは大仕事である。なぜなら、人々が今行っていることに対する改革を提案することになるからである。つまり、既存の行動を変えさせることに対するメリットをうまく説明し、納得させることは非常に難しいのである。

　改革を起こすことによって劇的変化が起こるものの、この改革が乱暴なものではなく、また混乱を引き起こすものでもないことを確信している。なぜなら、筆者の考え方は、一般に公正妥当と認められた会計原則（GAAP）をないがしろにして、資本市場の規則や通常の報告手続きを排除するものではないからである。QFR改革はこうした規則を排除しようとするものではなく、何か付加することで改善するという性質のものである。もちろん、この改革がうまくいけば、経営者、監査人、監督機関、財務諸表利用者、さらにファイナンス理論の教授までもがすべて、GAAPおよび財務報告に対してまったく新し

い見解をもつようになるだろう。財務諸表の内容および内容作成のプロセスという両方の点で、会社の現状について違った解釈をするようになるだろう。

　QFR改革は強制的に実行されるものではないという見通しをもっている。というよりも、新しいパラダイムが広まって、経営者や会計士が新しい方法でものを考えるようになり、万人が良い状況になる新しい方法が実施されるであろう。

　打撃を被る人は2種類考えられる。まず、資本市場を欺いて自社株式を高くしようと虚偽の財務報告をかなり行っていた（エンロンのような）非常に少数の経営者である。2番目は、公表される前に不正な内部情報を入手していた人である。本来はみんなが手にするはずの巨大な利益を踏みにじっているのだから、この種の人が被る不利益に涙を流すことはない。

　序文に記述したように、この改革は開放的かつ正直な新しい関係を構築するための資本市場に対する働きかけである。この関係は筆者の構想に沿うものであれば、相互に利益があり、長期にわたって継続するものである。

QFR革命

　基本的に企業経営者が投資家および債権者に提供すべき事項は2つだけである。[1]
1．将来キャッシュフローを入手する機会
2．この機会の情報

　図1.1は、この状況を示している。これまで見てきたように、経営者は、現実の機会と情報の質との両方を向上させることに力を入れなければならない。けっして一方に偏ってはいけない。将来キャッシュ

フローおよび利用者の将来キャッシュフロー情報へのニーズに対応できれば、経営者は資本市場でより効率的に資金調達することが可能になるであろう。また、株価の上昇によって株主価値を創造することもできる。

この2つの要因と管理方法をもっと厳密に見てみよう。

- 企業に十分なキャッシュフローを創出する能力があっても、その企業が実施する資本市場での情報開示が言葉足らずで信頼できず、誤っているか質の低いものであれば、公正な金額分の資金を調達することはできない。
- 企業に十分なキャッシュフロー能力がなく、財務諸表およびその他報告書にありのままに正直に報告するのであれば、多額の資金調達はできないが、資本コストはキャッシュフローのリスクに見合ったものになる。少なくとも報告された情報の質の高さは評価される。
- 企業に十分なキャッシュフロー能力がないのに、十分なキャッシュフロー能力があるかのような不正な財務報告を捏造するとしたらどうなるであろうか。当初はかなりの金額を調達できるであろうが、ある状況では法に抵触し、苦境に陥ることになるだろう。法の目をかいくぐることができたとしても、虚偽報告行為によって将来的に市場から資金調達をすることが困難になるだろう。
- 最良の状況は、企業が十分なキャッシュフロー能力をもち、潜在能力を詳細かつ明瞭に表現しており、最新の重要かつ信頼できる完璧な情報を開示する場合である。この状況では、企業のリスクに対して公正な金額分の資金を調達をすることができる。

最後のケースは経営者、従業員、投資家、債権者および経済に対してかなり大きな利益をもたらすことになる。十分なキャッシュフロー能力のある数多くの企業が、資本市場にとって役立つ情報を供給するという目標を掲げるQFRを導入すれば、こうした利益を享受するこ

図1.1　企業からは2つのものが提供される

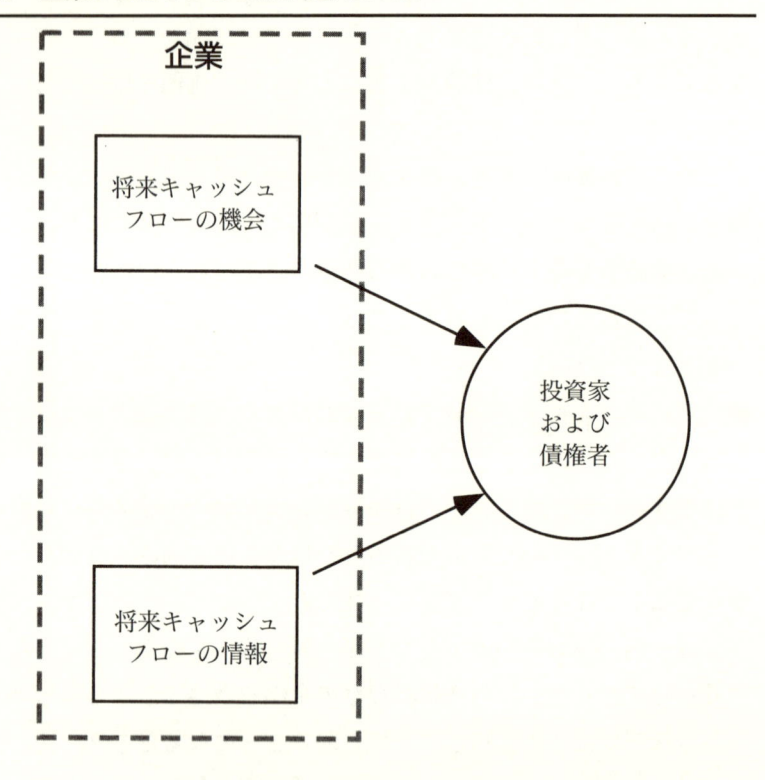

```
┌─────────────────────────────────┐
│          企業                    │
│  ┌──────────┐                    │
│  │将来キャッシュ│                  │
│  │フローの機会 │─────┐            │
│  └──────────┘     ↓            │
│                 ╭─────╮          │
│                 │投資家│          │
│                 │および│          │
│                 │債権者│          │
│                 ╰─────╯          │
│  ┌──────────┐     ↑            │
│  │将来キャッシュ│────┘            │
│  │フローの情報 │                  │
│  └──────────┘                    │
└─────────────────────────────────┘
```

とが可能である。

　次の議論では4つの単純な経済原理を用いてQFRが革新的でかつ広く普及する根拠を説明する。そもそも、ロケット科学や学術的な戯言を語っているのではない。よく考えれば、大事なところは簡潔かつ簡単であることが分かるであろう。しかし、多くの経営者および専門の会計士が完全に見落としてきたのである。会計財務教育専門家だけ

でなく財務諸表利用者や資本市場の監督当局までもが同じ過ちを犯している。この基本的事実からQFR改革の基礎が築かれるであろうと思われる。

4つの原理

　原理とは、定義上は付け入る隙のない真実の陳述であり、これはまた論理的根拠としても活用できるものである。
●不完全な情報開示によって不確実性が発生する。
●不確実性によって投資家・債権者にとってリスクが発生する。
●リスクが発生すると、投資家・債権者は高収益率を要求する。
●投資家・債権者に高収益率を提示することによって企業の資本コストが増大し、株価は低くなる。

　上記の記述をよく考えてみるとよいだろう。

不完全な情報開示によって不確実性が発生する

　知識というものがなければ、われわれ人類は絶望してさまようことになるだろう。どこに自分がいるのか、何をしているのか、また何が起こっているのかすら分からず、さらにこれから何が起こるのかの糸口も見いだせない状況に陥る。同じ状況が財務報告の場合にも当てはまり、粗悪な情報報告のせいで、資本市場参加者は何が起きているのか、何が起きたのか、あるいはこれから何が起こるのか知ることができない状況に陥る。不完全な情報開示は、省略、虚偽記載、あるいは単なる信頼性の欠如によって発生する。経営者が真実を実際に語ったとしても、報告を信用できなければだれも報告に従って行動することはない。

不確実性によって投資家・債権者にとってリスクが発生する

　将来に関する共通した不確実性に加えて、過去・現在にも不確実性があると、資本市場参加者は安心感と確信をもって将来キャッシュフローを予想することができない。実際、過去・現在の不確実性のせいで将来の不確実性は一層増し、将来の予測に対して確信がもてないことになりかねない。この心理状態が投資家・債権者のリスクを形成することになる。では、このことが意味するのは何であろうか。

リスクが発生すると、投資家・債権者は高収益率を要求する

　２つの投資機会があり、それぞれ同価値のキャッシュフローがあると想定する。一方のケースではもう一方よりも不確実性があり、それに伴うリスクがあるので、投資家・債権者は不透明な成果に見合うだけの高い収益率を要求するだろう。彼らがこれを要求しないのは道理に合わない。結果的に、投資家はより大きなリスクに見合うプレミアムを要求しないと経営者が考えるのは大きな誤りである。特に、このリスクが報告情報および作成者の信頼性の欠如から発生している場合は言うまでもない。

投資家・債権者に高収益率を提示することによって企業の資本コストが増大し、株価は低くなる

　もちろん、投資家・債権者が企業に高収益率を要求するのであれば、反対側にいる経営者にとって必然的に資本コストが高くなることになる。例えば、受益者の受取利息は利息支払者の支払利息となる。経済理論によれば（ほとんど常識であるが）、債券・株式の時価は予想将来キャッシュフローを投資家・債権者の予想する期待収益率で割り引

いた現在価値である。このように、期待収益率が高ければ（つまり、資本コストが高ければ）、予想されるキャッシュフローの現在価値は低下することになる。つまり、企業有価証券の時価は、投資家・債権者がより高い収益率を要求すれば減少する。[2]

相違方向

　世の中には悲観主義者と楽観主義者の両者が存在していることを考えれば、この分析でももっと前向きなアプローチをすることが可能である。楽観的な考えの持ち主にとっては、4つの原理は異なる条件に感じられるだろう。
● 不完全な情報開示によって不確実性が発生する。
● 不確実性によって投資家・債権者にとってリスクが発生する。
● リスクが減ると、投資家・債権者は低収益率でも満足する。
● 投資家・債権者が低収益率で満足すると、企業の資本コストが減少し、株価は高くなる。

　図1.2は、この原理と公開情報と株価の間に見られる連鎖反応を図解したものである。[3]
　この財務情報の完全性と株価の関係について説明する必要はない。財務情報を見れば一目瞭然であり、議論の余地がないほど明白であると筆者は確信している。しかし、これまでの経験で分かったことであるが、財務情報の完全性を説明するほとんどの人は高品質の財務報告をしていない。この原理を理解することで経営者がこれまで構築した報告方針を変更することになるであろう。

図1.2　情報開示と株価の関係

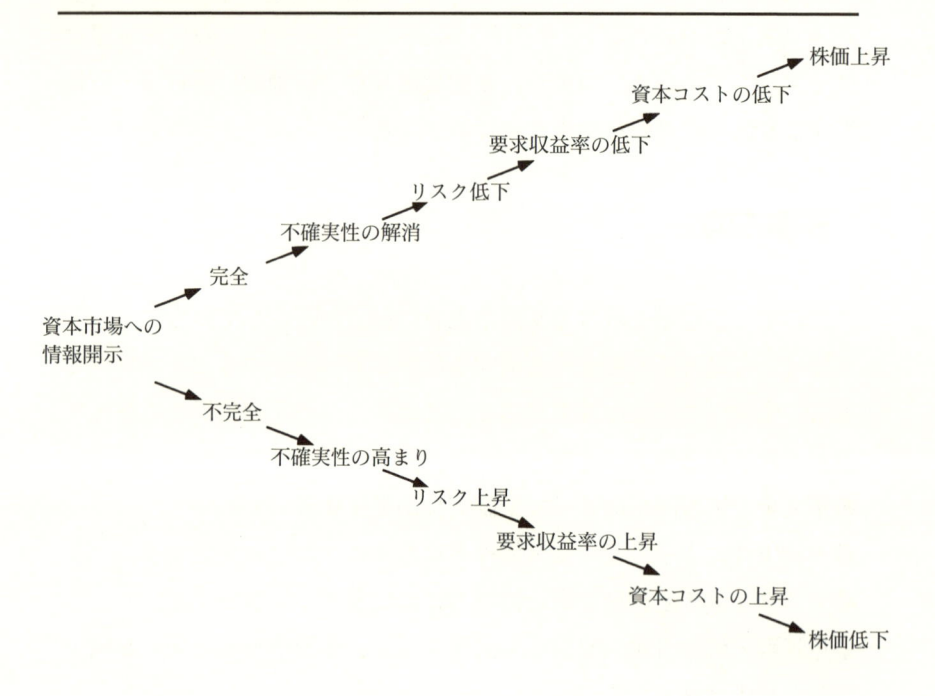

```
                                              → 株価上昇
                                    → 資本コストの低下
                            → 要求収益率の低下
                    → リスク低下
            → 不確実性の解消
        → 完全
資本市場への
情報開示
        → 不完全
            → 不確実性の高まり
                    → リスク上昇
                            → 要求収益率の上昇
                                    → 資本コストの上昇
                                              → 株価低下
```

原理を用いた財務報告方針の定義

　筆者が把握するかぎりにおいて、4つの原理の意味することは明白である。つまり、企業の資本コストを低下させ、株価を上昇させたいのであれば、営業活動および財務報告両面で適切な方針を選択しなければならない。

　まず、事業の営業活動のための一般方針として、次のどちらかひとつを選択しなければならないとする。

1．将来に実現するキャッシュフロー見込みを増加させる方針で企業

を運営できる立場にいる。言い換えれば、株主に対し、より多くのキャッシュを供給する可能性を増大させることによって、自社株式をより魅力的な投資対象に変えようと努力している。

2．会社を管理できる立場にあるが、現在および将来のキャッシュフローには気を配りたくない。言い換えれば、企業価値の構築や、株主に長期的な利益還元を行うことに興味はなく、単に場当たり的に対応する。

　さらに、事業の情報開示のための一般方針として、次のどちらかひとつを選択しなければならないとする。

3．不確実性を低下させるために、完璧でタイムリーで、信頼でき、必要な情報が反映された財務諸表を提供することができる。営業活動リスクや財務リスクを完全に理解することができるため、投資家・債権者が資金を企業に提供するようになる。

4．GAAPを用いて財務報告方針を選択し、現実以上に企業が魅力的に映るように財務諸表を作成する。結果として、投資家・債権者を悩ませ、丸め込み、そそのかし、さらには彼らをだまして衝動的に高値で資金を提供せざるを得なくする。

　最良の総合的な方針の組み合わせは1と3の方針であることは明らかである。この方針の下では、経営者はキャッシュフロー創出力を改善させ、これまでの営業活動の経緯を正しく公表することができる。

　しかし、筆者の経験では、多くの企業経営者はどうしたものか、営業活動方針の選択では1ではなく2を選択し、また財務報告方針の選択では3ではなく4を選択する傾向がある。この選択によって、GAAP財務諸表を操作し、業績不振と劣悪な財務状況を覆い隠すために財務諸表に虚偽の記載を行うのである。別の観点から見れば、実態が良いのではなく、単に報告書上の見栄えが良ければ十分とするよ

うな誤った考えである。この方法を実行するに当たって、経営者は、資本市場には財務報告を理解する能力がなく、投資家・債権者はほかに投資する場所がないと確信しているのである。

　この行為は心理学者が「否認」と呼ぶ状況である。なぜならば、資本市場参加者はほかの投資機会を利用でき、また、ほかの情報源があるので、財務諸表に張られた煙幕を透かして、企業の内部で何が起きているかを十分把握することが可能であるという現実を認めることを経営者が拒絶しているからである。

　図1.3の追加図表は、経営者が投資家・債権者に可能な選択についてまったく管理できない立場にあることを示している。次の段落でもっと分かりやすく現実の意味合いを説明しよう。

　第一に言えることは、投資家・債権者にしてみれば、資本を求めて株式市場および債券市場に参入しているほかの多くの企業のうち、どれでも好きな企業を選択する権利がある。こうした企業は実際によりよい将来キャッシュフローの機会を提供している。ある特定企業が同業他社と比較して弱いと考えられれば、この銘柄の需要は小さくなり、株価は減価される。経営者が、自分に最も多くの選択肢があると判断しているようでは、この企業が仮に業界の最大手企業であっても、資本市場で認められることはない。どんなに経済的圧力をかけても、投資家にほかの業種への投資をやめさせることは不可能なので、本質的には、すべての経営者が資本市場でほかのすべての経営者と競合していることになっている。

　第二に言えることは、投資家・債権者は特定企業に関するほかの情報源をもっている。彼らは、見栄えの良い財務状況を提供すれば利益につながると考えている経営者の財務報告書を何も鵜呑みにする必要はないのである。ほかの情報が経営者の報告と一致しなければ、投資家・債権者はさらに不確実性とリスクに直面することになり、その企業の有価証券は再び減価される。

図1.3 企業は投資家および債権者を管理できない

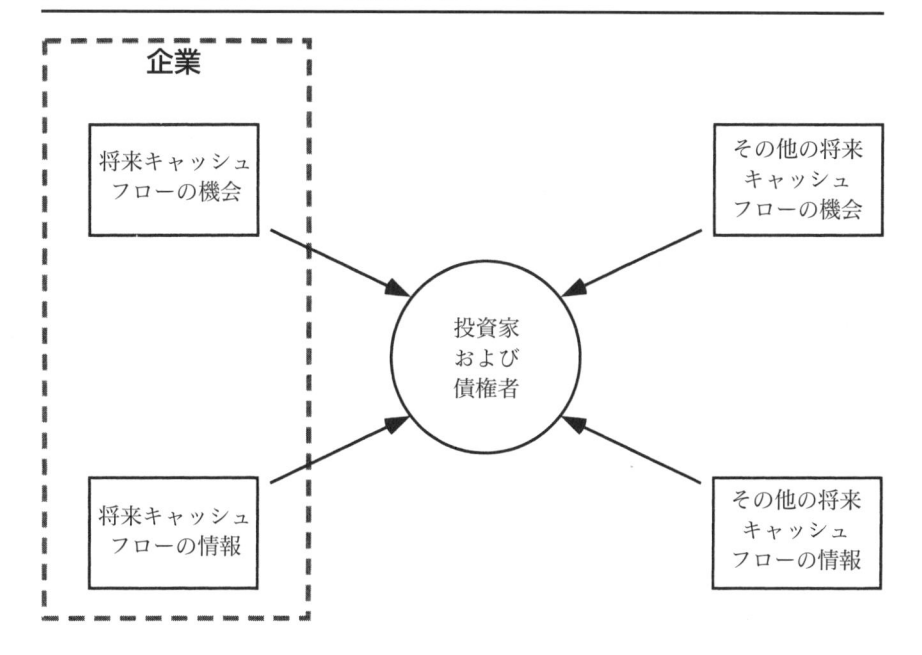

```
┌─ 企業 ──────────────┐
│                      │
│ ┌──────────┐         │        ┌──────────┐
│ │将来キャッシュ│         │        │その他の将来│
│ │フローの機会│ ──┐     │     ┌── │キャッシュ │
│ └──────────┘    ↓     │     ↓   │フローの機会│
│                  投資家         └──────────┘
│                  および
│                  債権者
│ ┌──────────┐    ↑           ↑   ┌──────────┐
│ │将来キャッシュ│ ──┘           └── │その他の将来│
│ │フローの情報│                   │キャッシュ │
│ └──────────┘                   │フローの情報│
│                                └──────────┘
└──────────────────────┘
```

　この分析が示しているのは、経営者が自分勝手な方法で経営方針を発表し、現実よりも見栄え良く見える情報開示をしていれば、安い資本が手に入ると考えるのは、重大な過ちであるということである（エンロンは、大惨事にいたったこの手法に該当する好例である）。経済におけるさまざまな事象を見て、投資家・債権者は、キャッシュフロー享受の機会およびその情報の最も適切な組み合わせを探すことになる。その結果、競争力を失った経営者は高い資本コストおよび低株価に直面する。あるいは合理化と厳しい現実に直面し、慌てふためく場合もあるだろう。

要約

　本質的に、本書でこれから展開することはすべて、この原理とこのまとめとの関係——不完全な情報開示によって不確実性が発生する——に立ち戻ることである。筆者がQFRを企業の有価証券および時価総額を増加させる財務報告方針と考えるのは、この理由からである。この論理は非常に説得力があり、ほかの方針よりもはるかに優れているという確信をもつにいたった。財務諸表で見栄えだけを良くしようとする経営判断では、今後不十分であることは明白である。

　対照的に、QFRの方法論では市場の要求を満たす完璧な情報を開示することを目指す。ただそれだけやっていればよいのである。現実に、さまざまな形でこの考え方があちこちで見られるようになってきた。マーク・イプシュタインとビル・バーチャードは、共著『価値があるものを算定する（Counting What Counts）』[4]のなかで2世紀前の歴史にさかのぼって以下のような現代的な概念を案内している。

　「ジョン・スチュアート・ミルズの教師であったジェレミー・ベンタムは200年前に会計上の説明責任を認識していた。彼は、『開放的経営原則（open-management principle)』『公明正大な原則（all-above-board principle）』『透明な経営原則（transparent-management principle）』を提唱している。広く知られているのは、ベンタムの主張が、公的機関が企業に自己責任を全うすることを義務づけるべきである、ということである。ベンタムは18世紀の時点で経営者が現在行使している権力——市場参加および会計報告を活用し、値上がりに拍車をかけることを予見していた。企業情報開示に則った、疑う余地のない計量的数値を組み合わせることで、人々を経営者の意図どおりの方向に仕向けることになるだろう」（11～12頁）

筆者のQFRの見解とこの考え方とは一致している。つまり、企業の財務報告を改善することが便利な情報の提供となるだけでなく、企業経営の改善となるのである。言い換えれば、QFRは単なる財務報告以上のものであるということだ。イプシュタインとバーチャードは、動機を与えて意欲を喚起させるような会計報告の重要性を下記のように表現している。

「会計原則は、人々を一列に並ばせるための棒のような役割をするというよりはむしろ、より高い能力水準に向上させるためのニンジンのような役割を果たすだろう」（4頁）
この改善管理力はQFRのもうひとつのメリットである。

先に進む前に、従来からの財務報告の状態はこれとはまったく異なっていることを読者に申し上げておかなければならない。たしかに、ほとんどすべての経営者が自社の財務報告を管理すれば株価を操作することができると考えているようである。もし経営者がそれを実行したら、次章で説明する7つの大罪を犯すことになる。

注

1．援助資金提供者のキャッシュフローの明らかな例外として、非営利組織の経営者はここで記述される企業経営者向けと類似した経済要因に従うことになる。
2．この理論的論拠は説得力のあるものであるが、より確固たる根拠を好む読者もいるだろう。第9章で、この原理を確証する経験主義的研究を記述している。
3．筆者の論文、「QFRを導入しませんか？（Will You Adopt Quality Financial Reporting？）」（ストラテジック・ファイナンス

2001年1月号に掲載）から引用。
4．Perseus Publishing、2000年。

第2章
財務報告上の7つの大罪
The Seven Deadly Sins of Financial Reporting

　この本を著す契機となったひとつの理由として、繰り返される経営者の行動を目にし、この有害な行動が頻発することを少しでも減らしたいと思ったことが挙げられる。この行動は非常に逆効果で否定的な性質をもっており、これを筆者は「財務報告上の7つの大罪」と考えている。

　経営者が自社の年次報告書を刊行したり、プレスリリースをしたり、またほかの方法で財務状況を伝える場合にも、こうした行為が見られる。新しい規則に則っているのにもかかわらず、財務会計基準審議会（FASB）、証券取引委員会（SEC）への報告文書のなかにも見られる。また、公聴会やさまざまな種類の専門紙の記事でも目にしてきた。残念なことに、筆者が学生に教えるときに使う会計学の教科書にまでも登場するようになった。[1]

　彼らの自殺行為とも言える過ちを人々に知らせることこそが、彼らを変えさせることになると考えている。QFRの普及によってこうした罪が蔓延しなくなると筆者は信じている。

　ここで言う罪とは下記を指す。
1．資本市場の過小評価
2．不明瞭化
3．過大表示および虚偽報告

4．平滑化
5．最小限の報告
6．最小限の監査
7．近視眼的なコストの見積もり

　何よりも、最初の罪がそのほかの罪の土台となっていることが分かる。

　（注　エンロン崩壊の経緯が本書の進行中にも次第に明らかになっているが、本文中ではこの経営者および監査人の非QFR的活動について適切なコメントをしている。さらに、第19章に、彼らが7つの罪すべてを犯した内容について徹底的に追記している）

背景

　こうした行為が罪である理由を理解するために、財務報告理論について説明することにする。これは専門書によっては十分に説明されていないか、あるいはまったく取り上げられていない。

　財務会計基準審議会（補足説明を参照）は1973年に設立された後すぐに理論的骨組みを規定することに着手し、会員に対する財務会計問題の明確化や問題解決のガイドとした。これは「概念的枠組み」と称され、FASBは財務報告の目的を定義することから活動を開始したのである。

　FASBの骨組みにおける当初の構成要素であった企業財務報告の目的（財務会計概念第1号（Statement of Financial Accounting Concepts No.1, 1978年））に従えば、審議会員は、財務報告の目的は以下のとおりであると考えていた。

　「……現在のあるいは将来の投資家、債権者およびその他利用者が

財務会計基準審議会[2]

　FASBは、連邦政府および財務報告の分野のための活動をしている唯一の民間セクターの機関である。この部門の業務として公的資金からの出資はなく、その代わり構成会員からの寄付金と出版物の販売の利益によって運営されている。

　設立以来、FASBは7人の正規構成員からなり、そのうちひとりは議長を務めている。彼らの年間報酬は、2002年には43万5000ドルで、議長はさらに10万ドルを受領している。研究・技術部門の正社員約40人がFASBの職務を支援している。FASBの事務所はコネチカット州のノーウォークにあり、これはニューヨークから約1時間の場所である。

　できるかぎり政治的影響をメンバーに与えないようにするため、独立性を確保する目的で、FASBには母体組織である財務会計協会（FAF）があり、これは501（c）（3）に規定される非課税教育団体である。FAFには公的機関および主要機関を代表する16人の理事がいる。この理事にFASBの審議会員の任命および必要な寄付金の調達という基本的義務を負わせており、審議会員には政治的影響が及ばないようになっている。

　FAFおよびFASBは会計学専門家、財務担当幹部、財務諸表利用者およびその他の協力の下に1973年に設立された。FASBは会計原則審議会（APB）のあとを引き継ぐことになった。APBは米国公認会計士協会（AICPA）の専門委員会であった。このような政治的措置がとられた経緯は、APBの独立性が不十分であったため厳しい規則を作成することができないのではないかという懸念が議会内で高まったからである。FASBが設立された後、

その任務はAICPAや、何とSECにまでも、一般に公正妥当と認められた会計原則（GAAP）についての権限を与えられたのである。それ以来FASBはSECの監視の下で活動を開始し、公益を保護するという視点で会計基準の質を確保するよう努めてきた。SECは、FASBが独立性および活動への誠実性に留意し、GAAPを順守しているかどうかという点についても監視している。

FASBは手続きに則って、予定された計画を承認し、その計画に関する問題の調査や枠組みの構築、また、別の視点からもその問題について議論し、関係者から情報を集めて基準を公式発表し、会計処理の規定を行う（財務会計基準書、SFAS）。第3章で説明するが、FASBの決定プロセスには政治的な要素が含まれ、この事実がAPBおよびその前身組織である会計手続委員会（CAP）によって世に出されたGAAPのフォーム全体に影響を与えている。財務諸表を使いやすくすることで公共の利益が促進されるようなケースにおいて、審議会のメンバーのコンセンサスを得られるような場合であっても、政治的圧力のせいでしばしば反故にされてしまうこともある。それどころか、目的とはかなり相違する妥協案を作成しているのである。

このように欠点もあるが、GAAPの運営および規定を継続するFASBの権限を脅かすものはほとんどなかった。FASBの基準によって最適とはとても言いがたい会計実務が生み出されてきたが、現在の財務報告の基本形としては有効性がある。

財務報告基準の設定機関としての支配的立場があり、影響力も強烈にあるFASBに対して、国際会計基準審議会（IASB）が対抗していることは注目に値する。IASBは、2001年に国際会計基

準委員会（IASC）の後任機関として設立された。IASBはFASBと類似した組織構成を採用し、審議会の管理者および正規の審議会員からなっており、審議会員は世界各国出身の14人で構成されている。IASBはFASBよりも潜在的には権威があると言えるが、多国籍であり、FASBが享受しているような明確な政府当局との関係がないため曖昧な立場にある。IASBの微妙な位置づけが生み出す問題としては、さまざまな国の市民がそれぞれの国で主権や司法権をもっているにもかかわらず、審議会の命令に従ったり、本国政府の影響を受けないプロセスを踏むことになるということである。こうした制約があるが、IASBが発行したIASB基準（「国際財務報告基準」）および国際会計基準は、米国、日本およびカナダを除く世界中の国々で実質的なGAAPと判断されている。FASBとIASBの関係は本書執筆中に依然として検討されている段階である。したがって、このIASBが、GAAPの単独の情報源としてFASBに代わるかどうかについて陪審員が結論を出せる状況にはまだない。国際基準が、果たして国内企業および外国企業の有価証券報告の会計報告実務として規定できるものであるかについては結論が出ていない。この問題についてSECは早晩決断を迫られることになるだろう。

合理的な投資、与信行為および類似判断を下すときに役に立つ情報を提供すること」（パラグラフ34）

審議会員は続けて以下のように説明している。
　「……現在のあるいは将来の投資家、債権者およびその他利用者が、受取配当、受取利息の予想キャッシュフロー収入、売上手取金、ある

いは債券・借入金の償還・期日の金額、時期および不確実性を予測するときに役立つ」(パラグラフ37)

　FASBはまさに根幹となる文で以下のように重要点を説明している。
　「このように、財務報告は投資家、債権者およびその他利用者が特定企業の予想されるネットのキャッシュ・インフローの金額、時期および不確実性を予測するときに役立つ情報を提供しなければならない」(パラグラフ37)

　言い換えれば、FASBが公式に述べているのは、経営者が財務報告で会計士を雇用する理由として、投資家、債権者およびその他財務諸表利用者が報告企業の将来のキャッシュフローを予想するのに役に立つ情報を伝え、よりよい投資・与信判断ができるようにすることである。これに反して、報告された情報がこの目的を裏づけるものではなかったならば、この有効性は疑わしくなり、最悪の場合には有効性はなくなってしまう(4つの原理が成り立たない情報提供をすることで、資本コストが上昇し株価は下がってしまうのは言うまでもない)。
　この目的を公式に発表することによって、FASBは財務報告が有効であるかどうかの調査を強力に推進した。しかし、ほとんどの経営者や会計士は実務において、財務報告の有効性に関してまったく注意を払っていないかのような行動をとっていると思われる。この調査が画期的なのは、報告財務情報が受領者にとって実際に役立つものなのか、あるいは単に悪い状況を見栄え良くするための粉飾なのかを経営者自身に考えさせるものであるからだ。筆者の見解では、多くの経営者が財務報告についてはまったく違った目的を追求しているようであり、この考えをよく理解していないように感じられる。この状況から分かるが、役に立つ情報を提供すれば大きな経済的見返りがあることを経営者は理解していない。少なくとも、QFRのメリットを把握してい

る経営者ならば、自社内の報奨制度を再評価し、逆の行動を奨励していないかチェックすべきである。[3] 万が一逆の行動を奨励してしまっているならば、QFRを実現させる努力に報奨を与える方針に変更するのが経営者の義務であろう。

以下の議論ではこの目的と照らし合わせて7つの大罪を説明し、これらが欠陥のある報告方針をどのように生み出すかを明示していこう。

資本市場の過小評価

1番目の罪である資本市場の過小評価は、財務報告におけるすべての弊害の根源となるものだ。経営者および経営関係者がこれにとりつかれると、マイナス面を省略したり、控えめに表示したり、不明瞭にしたりする一方で、プラス面を強調するように作成した財務諸表を提供して、資本市場を欺いたり、さらには蔑視した態度をとって現れることになる。この罪を犯す人物は、資本市場参加者は容易に入手できる経営者提供の公開財務報告のみを受動的に受けとるだけだと考えているようである。また、この罪を犯す者は、参加者が公開報告を裏づけるような、あるいは矛盾したり不明な点を埋めるような別の情報を見つけたり（さらには探索したり）することはないとも考えている。この罪の3番目として、経営者が考えているのは、GAAPおよびSECの規則を順守していれば、有効な情報提供として十分であるという認識である。さらに大胆なのは、法令順守しているかぎりにおいては、資本市場参加者に提供される不完全な、もっとひどい場合は虚偽的あるいは詐欺的な情報に対し罰則は課されないと経営者が考えていることである。図2.1は、経営者の欠陥モデルである。

4つの原理はこの考えがいかに偽りであるかを明らかにしている。特に、4つの原理から分かることであるが、市場はこうした経営者の不十分な情報の報告と見下した態度に対しては高い収益率を要求し、

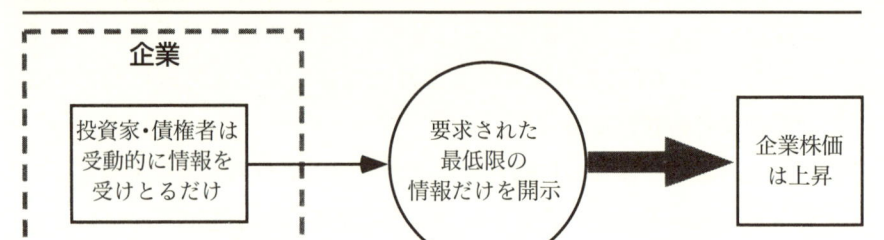

図2.1　財務報告と株価との関係に関する短絡的な考え方

```
┌─ 企業 ──────────────┐
│  ┌──────────┐  │      ┌──────┐      ┌──────┐
│  │投資家・債権者は│  │ ──→ │要求された│ ──→ │企業株価│
│  │受動的に情報を│  │      │最低限の  │      │は上昇  │
│  │受けとるだけ │  │      │情報だけを│      │        │
│  └──────────┘  │      │開示     │      │        │
└──────────────────┘      └──────┘      └──────┘
```

同時に株価を減価させる。図2.2のより完備されたモデルでは、お粗末な報告では、資本市場参加者はもっと有効なほかの情報を求め、またもっと有効な情報を提供しているほかの財務機会を探すことが示されている。このように最小限の情報開示の方針に従うならば、需要が低下し、企業の株価は下がることになる。

　この罪は、公開情報の評価、非公開情報の入手、それらの情報への合理的対応、またその他の要因を織り込みながらも株価の均衡点に達するといった市場の驚くべき能力を経営者が尊重するようになることで克服することができる。もし、QFR改革が、この姿勢を経営者に教え込むことができれば、経営者に無限の可能性がでてくる。

不明瞭化

　不十分な情報報告の2番目の罪は1番目の罪から派生したものである。明確な財務情報を提供するか、あるいは不明瞭な財務情報を提供するかを選択する場合、多くの経営者は後者を選んだほうが賢明だと信じている。例えば、筆者の知っているある大企業の副社長は、「副社長の任務は何とかして企業の財務諸表を読みとりにくくすること

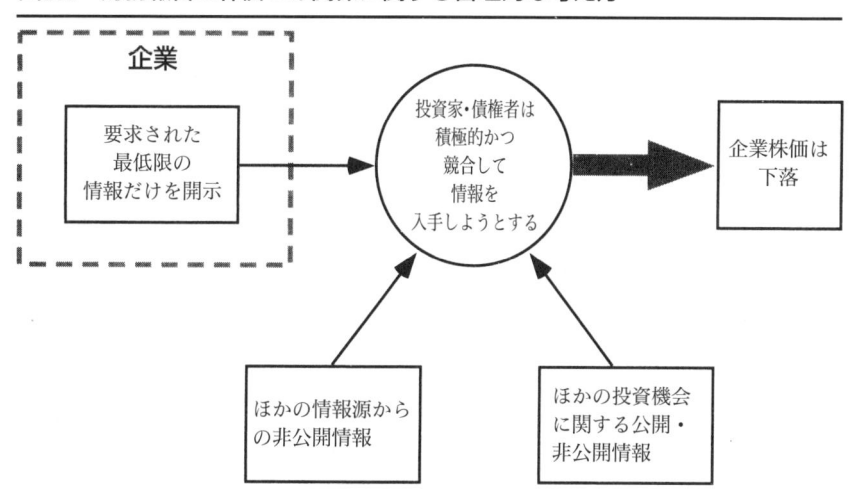

図2.2 財務報告と株価との関係に関する合理的な考え方

企業
- 要求された最低限の情報だけを開示

→ 投資家・債権者は積極的かつ競合して情報を入手しようとする → 企業株価は下落

- ほかの情報源からの非公開情報
- ほかの投資機会に関する公開・非公開情報

だ」とCEOから直接言いわたされた。4つの原理からすればこの行為はまったくの自殺行為にほかならない。

　不明瞭化を行う経営者は、有効な情報を省略したり真実を曇らせて大きな不確実性を生み出し、結果的に資本コストを増加させることになる。削除された情報に悪いニュースが含まれていたら、市場はこの削除行為そのものに対し2つのマイナスの反応を示すことになる。第一に、明確な報告ではないため、市場は最悪の状況を想定し、ほかで見られるものよりももっと高いリスクがあるとみなす。第二に、実際に悪いニュースが明らかになると、市場はその時点で明らかになった経営者の背信行為に不信感を表し、経営者は二度と市場で信用を得ることはできなくなる。ごく一部の市場参加者が株式を買うかもしれない。しかし、株価は下がる一方である。2001年のエンロンの倒産は、経営者の方針で故意に不明瞭化を採用した結果として発生した事例そのものである。

これはわれわれだけの考え方ではない。録画されたビデオを見ると、ノースカロライナのビジネススクールの学生に対してウォーレン・バフェットは次のように語っている。

「年次報告書を手にとり、脚注の内容が理解できなければ、たぶん私は、いや絶対にその会社には投資しない。なぜならば、会社の内容を私に理解してもらいたくないというふうに企業が考えていることが分かるからである」

このバフェットの決意は、投資意欲を削ぐような非常にまずいものであったと思われる。この同じ状況が資本市場に投資しようとするすべての人に当てはまるからだ。

不明瞭化の罪を償うのに効き目がある抜本的対策は、明瞭さと率直さである。経営者が本当のことを話すか、あるいは少しだけ秘匿するか選択するとしたら、4つの原理が示す正しい答えは——とにかく不確実性を減少させ、将来に対する憶測や思惑が乱れ飛ぶのを抑えることである。一般的に市場は根拠のある情報を要求し、それがなければ憶測や思惑が生まれるのだ。リスクが減少すれば、株価は上昇し、資本コストは減少する。

過大表示および虚偽報告

過大表示および虚偽報告の罪は、資本市場を欺き、良いニュースだけに焦点を絞らせることを意図的に行うことである。良いニュースの良い面を誇大表示することによって、この罪は積み重ねられていく。もちろん、このような行為は製品・サービスの販売促進活動においてよく見かける戦略である。例えば、ひげ剃りをして血を流しているコマーシャルや、新車のオーナーがディーラー・サービスセンターで一

日中待たされるというコマーシャルを目にすることなどけっしてない。宣伝には目的があるのが当然であり、多くの方法があることも分かる。ある宣伝は消費者に有効な情報を伝達し、その製品を購入することを促す素晴らしいものである。一方で、顧客を欺いて売り上げを伸ばす宣伝もあるが、けっして、信用や誠実性やそのほか長期的に良好な関係を生むことはないだろう。依然として、ほかの宣伝はあまりにも品がなく明らかに誇大宣伝なので、売り上げを促進するどころか企業のマイナス・イメージをつくり、宣伝されていない製品にも影響を与えている。

　財務諸表に過大表示および虚偽報告をするほとんどの経営者は、言葉巧みに表現しGAAPの範囲内での賢い選択をしさえすれば資本市場を欺くことができると考えている。おそらくこの人たちは、「全民衆をだますことは時には可能である」という古い格言に賛同したのだろう。しかし、実際にはいつの時期でも資本市場を欺くことは不可能で、その根拠はたくさんある。それではこの根拠を説明しよう。

　4つの原理は、市場参加者を欺いて多額の資金を支払わせたり、その他の類似行為をさせたりすることは無益であることを説いている。4つの原理では、まったく逆のことが美徳であるとされている。つまり、疑いのあるときは、良いニュースだけでなく全情報を話すということである。資本市場参加者が企業の真の状況における隠された弱点を識別しようとしていることは明白なのである。4つの原理が経営者に明らかにしているのは、全情報を積極的に報告して問題の真の状態を少しでも明らかにすれば、いかに経済的な見返りがあるかということである。この美徳を採用する経営者は資本市場から十分に見返りを与えられる。市場参加者が細かな情報まで収集して企業の将来を判断しなくてもよくなるからである。十分情報がない市場参加者は、悪いニュースがありのまま開示されていても、企業の将来性はもっと悪いと判断する。また、良いニュースがありのまま開示されていても、

市場参加者は悪いニュースなのではないかと判断してしまう。したがって、正直にありのままずべてを開示することしか、市場から評価されるすべはないのである。真実を開示する経営者には、報酬制度を通じて高い評価を与えるのが株主にとって最善であると筆者は確信する。

平滑化

　財務報告方針において経営者がよく使う別の方法（つまり、別の「不正行為」）は、純利益およびその構成要素の報告で予期せぬ変動値を取り除くことが挙げられる。もし、報告数値の変動が、企業の将来キャッシュフローに関連する不確実性に影響を及ぼすある種の事業リスクを反映していると経営者が考えているなら、その考え方は正しい。このリスクは、当然の結果として株価を低下させることになる。しかし、経営者が、変動を発生させている実際の問題の解決に関して何もしないで、単に財務報告からこの数値変動を取り除いて経済力学に逆らおうとするのはおかしな話である。
　この罪はコンピューターの画像処理でポートレートの皺（しわ）や見苦しい個所を修正するのと同じである。どんなに修正したところで、真の容姿は変わりようがないのである。
　財務数値の平滑化が問題だと考えているのは何も筆者だけではない。米国証券アナリスト（CFA）の認定機関であるAIMR（Association for Investment Management and Research）が、証券アナリスト委員会において以下のようなコメントを公表している。

　「証券アナリストにとって、取引の発生およびその時期が記載された財務報告が一番大切なものである。もし、平滑化が発生しているのであれば、証券アナリストも認識しておくべき事項である。季節によって変動する法則性のある財務報告があるのなら、記載されずに平滑

化され隠ぺいされるよりも、記載されて説明されたほうがはるかに良い」

　残念なことに、政策的妥協のもとGAAPで許容された会計基準から、多くの平滑化が財務報告に織り込まれている。実際に、新原則適用に起因して利益の尺度が変わってしまうという問題について、基準を設定する者たちへの圧力がかけられた。第4章で記述する政治的措置の結果、GAAPに広く平滑化が普及していることが分かる。

　例えば、原価基準の減価償却について考えてみれば、基本的に資産価値に内在する極めて変化しやすい変動リスクを、ある一定の期間で平均化したものであることが分かる。また、GAAPが容認していることとして、経営者はほとんどの市場性のある有価証券について、財務報告上の損益を売却するまで先送りすることができる。実際には、利益が発生したときに計上されなかったり、利益が発生しなかったときに計上されたりしているのだ。GAAPの規定では、売り手が買い手に対してサービス提供を完了させていない状況では収益計上を先送りすることも義務づけられている。この発想によって先走りがちな経営者が収益を過大表示することを防ぐことができるが、ソフトウエア企業は逆手にとって、数年度ごとの新バージョン製品発売から循環的に発生する収益を平滑化する抜け道として、この規定を利用したのである。GAAPの下での年金会計は平滑化の分かりやすい例である。SFAS87は非常に複雑で説明するのは困難であるが、あえて言うと年金数理計算上の損益、年金資産の時価変化、累積した利益増加、旧規則からSFAS87への移行による変化といったのものの影響を平滑化するというかつて見たこともない方法である（第17章で詳細が簡潔に記述されている）。

　4つの原理によれば、平滑化がラジオの雑音と同じようなものであることが分かる。なぜならば、真実を確認しにくくするものだからで

ある。もしも、平滑化の影響で真実の入手が困難となれば、必然的に株価は低下することになる。

これに対応するのは単純だ。AIMRの委員会が推奨するように、経営者は発生したすべての出来事を発生後速やかに、かつありのままに説明するだけのことである。もちろん、このもうひとつの対応方法は、事業方針をコントロールして、実際の変動性を平滑化するという方法もあるだろう。事業の実際の運営にQFRを組み合わせることで、株価を上昇させ資本コストを減少させることになるのは確実である。

最小限の報告

報告を最小限にするという5番目の基本的な罪は些細なことであり、よくあることであるが、資本コストへの影響という点では大きな打撃を与えることになる。政治的に財務報告規則を決める過程において、しばしば最小限の要件が妥協案として作られることになるが、その一方で、より完全な情報開示を許容したり推奨したりするということになる。4つの原理で説明したことを考慮すれば、経営者が最小限の報告だけしか行わなければ大きな過ちを犯したことになる。なぜならば、結果的に財務諸表の情報が不完全になってしまうことが明らかだからである。ここまで読まれた読者は、不完全な情報がいかに高い資本コストと安い株価をもたらすことになるかをご理解いただけるであろう。

誤った実務処理を行う経営上の共犯者は顧問弁護士である。弁護士には、情報開示について、非常に大きな考え方の違いがある。なぜなら、どうしても情報を開示しなければならなくなるか、あるいは情報公開する法的な利益がはっきりと確認できるまでは、把握している情報をすべて開示したりはするなという訓練を受けているからである。このように、弁護士は顧問を務める企業に対して最小限の情報開示しかしないよう助言する傾向がある。弁護士に財務に関する十分なバッ

クグランドがあるとは考えにくいため、こうした場合、弁護士の誤った助言についてはまだ言い訳ができるかもしれない。しかし、弁護士および経営者は４つの原理を学んで、この方針の不利益を理解すべきである。

　この行為から浮かび上がってくる驚くべき事実は、経営者が財務報告の作成を監督機関に事実上依存していることである。政府基準を最低限満たしているだけの消費財があるとしたら、その商品はどうなるか考えてみれば分かるであろう。例えば、自動車の設計技師が単に最低限の安全性、耐久力および環境基準を満たすのみの乗物を作るだけで満足したらどうなるだろうか。快適な座席、自動速度制御装置（クルーズコントロール）、パワーステアリング、ＣＤプレーヤーなどを兼ね備えた市場性の高い自動車はまったく存在しなくなってしまうだろう。自動車の設計技師は最小限の要求基準を超えることでより多くの数量を販売できると判断し、こうしたオプションが自動車に付加されるのである。このように、経営者がGAAPに規定された最低基準を満たす財務報告を公表すれば十分だと考えるのは誤りであり、弁解の余地がないものに思われる。最低限の要求水準を超えることで、まちがいなく資本コストを下げ、株価を上昇させることができると筆者は確信する。

　この罪に陥っていない善行について言えば、最低限の要求水準を超えて有益な情報を注意深く、かつ完全に開示する経営者には大きな利益がもたらされるのは明白である。しかし、単に大量の情報を市場に放出するだけでは十分ではない。整理され入手しやすい状態にすることが重要である。

　法律上の最低報告頻度は１年に４回であるため、適時性もまた非常に重要である。４つの原理から明らかであるが、経営者が次回の情報提供までに許されている90日間をじっとしたままで何も開示しないで過ごしていると、３カ月間、情報利用者の不信感を募らせる結果にな

る。この必然的結末として、四半期の間の資本コストが増加することになる。経営者が各月あるいはもっと頻繁に報告することで、不確実性をどれだけ取り除くことができるか考えてみよう。[5]

最小限の監査

　財務報告の6番目の罪は、独立した監査の重要性が過小評価されている場合に発生する。この罪に関しては、経営者にとってある程度言い訳できるものなのかもしれないが、残念ながら監査人の間でさえ、驚くほどに蔓延している。一般的に、この罪を犯す経営者は、監査を単に法的な必要最小限の要件を順守するためだけの無駄な行為と判断している。

　監査報告書の最後に、（監査人を含めた）だれもが尋ねる質問は、「財務諸表はGAAPに準拠していますか？」ということだけである。その結果、経営者は最小限の費用でこの質問に同意する回答ができる監査人を求めることになる。また、経営者は報告の罪に目をつぶるだけではなく、実際に罪を犯すのに協力する監査人を求めているのである。

　多くの監査人は、近視眼的に法的な最低基準を満たすだけの手続きをとって、仕事をとりやすくしている。また、監査人は、監査を顧客と契約を結ぶチャンスをつかむための目玉商品とみなしており、そこで監査サービスを十分に履行しないことを約束している。たとえ経営者や監査人が否定したところで、このようなサービスからの手数料が増えれば、監査人の独立性が外見上は失われることになる。監査人が独立性を失えば、明らかに不確実性を高め、株価を低下させることになる。13章ではこの影響の経験主義的論証を行っている。さらに付け加えるが、エンロンの監査人が1年間に5000万ドル超の監査および非監査費用を受領しており、それにもかかわらずこの顧客（エンロン）

とは独立性を保っていたと主張していることに対し、さまざまな方面から懐疑的意見が上がっていることを指摘したい。

　最小限の監査が生み出す罪の核をなしているのは、監査によって投資家に対する不確実性を減少させれば価値を創造することになることを経営者が理解できない点である。不確実性のかなりの部分を生じさせているのは、財務諸表が経営者の複雑な事業活動や財務状況の説明の場になっているからである。監査不在では、市場での財務諸表への信頼が低下し、不確実性が極端に高まり、結果として企業の資本コストは上昇するだろう。

　有効な監査が実施されたとしても依然として多少の不確実性は残るものの、全般的な不確実性の水準は改善され、資本コストを軽減する結果になる。しかし、これとは逆の結果になるのは、経営者と監査人とが、監査費用を安くしたり監査手続きを簡素化したりする交渉を行っている場合である。なぜならば、経営者と監査人が交渉することで、（無意識的にかもしれないが）監査の効果が弱まり不確実性の水準を改善できなくなるからである。

　この罪の対極にあるのが、財務諸表の価値を最大限に高めるため、監査人を独立した第三者として適正に活用することができる経営者である。QFRの下では次の2つの質問が監査の目的として尋ねられる。「財務諸表は（投資家が）判断するのに役立っていますか？」「財務諸表をもっと役立つものにするために私たち（経営者）は何をしましょうか？」。GAAPの最低基準を順守するだけの企業にとどまらずに、経営者が偽りなく完全に回答するのであれば、世の中は大きく変わるであろう。

　さらに、資本コストの低下および株価の上昇を経営者が本当に望むなら、監査人の真の独立性を守るためにでき得ることはすべて実行しなければならない。監査が完璧なものになれば、この企業の財務諸表は厳しい監査人の精査を通過したという事実を宣伝に使うことも可能

となる。

　監査人自身に関する最小限の監査という罪が、一般に認められた監査基準（GAAS）を順守した最小限の職務を履行することでよしとしていることにあるのは明白である。対照的にQFRの考えでは、監査人は第三者の証明によらず信用力を創造し財務諸表に付加価値を与える唯一の存在であると言える。言い換えると、これが実現されれば、可能なかぎり企業価値を最大化することになり、結果として監査人の独立性が確保され、経営者との無益な妥協が不要になる。今のところしきりに行われている、GAAPの最低基準を順守してさえいればよいという幻想を捨てされば、財務諸表に真の付加価値を与えることに大いに貢献することになるだろう。QFRと監査に関するさらなる分析および議論は第13章で取り上げている。

近視眼的な作成コスト

　多くの財務報告における誤解の基礎を構成しているのは、経営者が情報開示の費用を無意味なものとしてとらえていることである。誤解のないように申し上げるが、こうした費用は重要であり、適切に管理されなければならないものである。奇妙なことに、多くの経営者が財務諸表の作成費用のみに注意を向け、財務諸表によってもたらされる利益を理解し、注目することを怠っている。経営者はまた、財務諸表の利用者から被る費用について忘れているのである。

　この現象には2つの原因がある。まず筆者が考えるのは、全企業において財務報告機能は「コストセンター」（原価部門）として運営されていることである。この運営では、CFOやその他の財務報告責任者は最低基準を満たす外部報告の費用でのみ評価されることになっている。この結果として必然的に、経営者は準備費用に気を配り、この費用を管理するようになる。一方で、この費用を最小化することに気

を配るあまり、財務諸表の使いやすさを犠牲にするという弊害が出てきてしまう。一般に認められた会計報告原則Ａが一般に認められた会計報告原則Ｂよりも費用は安いが財務諸表の利用者にとって有効な情報ではない場合、費用に気を配る財務報告責任者は昇進および賞与を考慮してＡを選択するだろう。

しかし、CFOを評価するコストとして、企業の資本コストが含まれるとすれば、何が起こるかを立ち止まって考えてみるとよい。このような体制下では、一方の会計報告基準は作成コストが高くつくが不確実性を著しく減少させて資本コストを低下させるのではないかということを考慮するはずである。そうすれば、組織および株主の目標と一致する活動をすることで賞与を手にすることができるようになる。

２番目の原因は、ほとんどの経営者が、財務諸表に付加価値を加えれば本当に利益を得ることができるということを実際に理解していない可能性があることである。このように、CFOの機能がコストセンターとして運営されている事実は、それが便利だからというだけではないのだ。むしろ、監査報告書の作成コストと監査報告書が生み出す利益とを比較してみるという考えの持ち主が企業にはいなかったからかもしれない。財務諸表の作成は、政府基準を満たすための単なる費用負担でしかないという姿勢が、柔軟な思考を欠如させてしまったのである。

反対の（依然として消極的であるが）現象としては、経営者が追加的なコストを負担し、より財務諸表の見た目を良くしようという目的で追加的な取引コストをかける場合がある。特に、会計報告上の利益額を増加させる、あるいは貸借対照表の負債資本比率が低下した財務諸表を作成するという目的で取引するのである。例えば、2001年７月にSFAS第141号が公布される以前には、企業合併を資本の合同としての認定を受けるには、実質的なコストを負担していた。同様に、経営者はSFAS第13号の資本化基準を回避するため、リース契約の設定

に追加コストを負担し、オフバランス計上した。経営者はこうした状況では追加的な財務諸表の作成費用は気にしないようである。経営者は、実際に何が進行しているのかを資本市場に教えなければ利益を高められると考えているのであろう。第19章でより詳しく説明しているが、エンロンの経営者は、ある業界関係者が言うような「法律の意図を踏みにじりながら連邦証券法の条文を満たす弁護士や会計士」とかかわりはじめてからこの種の罪の餌食になった。

　4つの原理では、この問題の多い行為とは異質の考え方が示唆されている。特に、大切なのは、財務報告にかかわる情報の質を低下させれば資本コストおよび株価に対してマイナスの影響を与えてしまうという認識をもつことである。この認識が定着すれば、経営者は不確実性、リスク、資本コストといったものを減少させる有効な財務報告書を作成するために、追加的な作成コストを進んで負担するようになるだろう。例えば、GAAPが2種類の処理方法を容認しているのであれば、経営者がどちらかを選択するに当たっては、財務諸表利用者の不確実性に影響を与えるかどうかという観点から判断すべきで、単に作成費用が安いということで判断してはならない。この利益を定量化するのは難しいという事実が障害になることもあるが、財務報告方針を確立するときにこの点を必ず考慮すべきである。

罪のまとめ

　それでは、財務報告上の7つの大罪についての議論が意味するのは何であるか？　ここまで読んできた読者は、財務報告が重大な誤解のもとに取り扱われてきたことを理解してほしい。

　ある意味では、筆者は本書の執筆で財務報告の世界を大きく変化させたいと考えている。4つの命題についてはっきりと理解し、QFRの概念を着想して以来、従来と同じ慣行で財務報告を考えることがで

きなくなった。見わたすといたるところで欠陥、制限、近視眼的考えが蔓延している。筆者は自分の考えが正しいと考えている。読者も同じ考え方で世の中を見て、改善の必要性があることを把握してほしい。もちろん、改善に向けた行動をとることは、途方もなく大きい財務上の利益を享受することになる。

経済学のように倫理的ではない

4つの命題は、真実の情報開示における経済的側面に関する説得力のある主張で、経営者が行う最低限の情報開示が非倫理的かどうかなどを問題にしているわけではない。このことを認識するのは重要であろう。実際、真実を率直に伝えることだけを目的としているだけで、倫理に関する議論をしているわけではない。以前には倫理的観点からこの罪に取り組んだこともあるが、真実を伝えることで夜よく眠れるようになるだけのことではないのだ。真実を伝えることによって膨大な経済的利益を得られることになるのだ。

この点は重要である。QFRに従えば、資本市場から虚偽報告や報告漏れを排除することができ、経営者（非倫理的な経営者であっても）はQFRの利益を享受できるのである。この方策を実行することで低い資本コストと高い株価がもたらされるのである。

この観点から、次章では公開された財務報告の欠陥を特に強調して説明する。次章の目的は、GAAPを順守するだけではQFRの達成にはまったく不十分であることを読者に理解してもらうことである。

注

1．特にひどい例として、机上に置いてあった自主学習用の専門教育コースに使用される、ある本の広告を見たときのことである。驚くべ

きことに、その広告には、「投資家・債権者をコントロールするための財務諸表の粉飾法を学ぶ」と書いてあった。この本を買う価値はないと著者は断言する（あるいはこのような目的で書く価値もない）。

2．FASBについてのより詳しい情報は、著者の『FASB——人材、プロセス、政策（The FASB: The People, the Process, and Politics)』（第4版）、マグローヒル社刊、1998年参照。

3．多くの経験的調査が企業内報奨制度および財務報告方針の選択の問題について実施されてきた。その結果、経営者が会計方針をコントロールしてより多い賞与を手にできる給与体系や自分たちに有利な報酬体系が構築されているという現状が一般に知られるようになった。

4．AIMR刊、『1990年代以降の財務報告』（1993年、p.58）。この書籍のより詳しい情報は第7章を参照のこと。

5．相対的に少ない頻度でしか報告を行わないと、将来利益に関するアナリスト予想に過度にネガティブな要素を加えることになると筆者は考える。1年に4回ではなく数週間ごとに報告が義務づけられていたならば、この予想はどうなるだろうか？

　報告頻度の違いは、アナリスト予想に影響を与えないと思われる。

6．GAAPと同様にGAASは、基準の影響を弱めることに気を配った妥協案を作成する政治的な過程を経て作成される。監査基準は監査人によって作成され、またこの基準は、監査人の利害がほかの関係者の利害より優先するように規定される可能性が高いという事実を知っておかなければならない。

第II部
GAAPの欠陥
GAAP Good Enough

　第II部の3つの章では、財務報告の当事者(経営者、財務諸表利用者、監督機関、監査人および学術関係者)すべてが、かつてないほどの不満を従来の方法に抱きはじめていることを明らかにしている。

　数十年間という長時間にわたり努力が重ねられたにもかかわらず、一般に公正妥当と認められた会計原則が政治的に制定される過程では、財務諸表利用者から見た問題が見落とされてきた。その代わりに、監査人および経営者の立場からは着々と優位性が考慮されており、財務報告の需要者側ではなく供給者側に配慮がなされてきた。

　第II部では、政治的な制度制定過程をその他の通常見られるコメントよりも公正に解説したい。このような公正な取り組みは、現在の財務報告の欠陥に対して真剣に取り組もうとしている姿勢にほかならない。新しい考え方が広まるまでは、従来のシステムが今後も存続していくことになるため、従来のシステムの問題点を明らかにすることも意図している。

　一言述べておくが、第II部の各章には、本来、資本市場で有効な情報を提供する役割も担っているGAAPに、政治的権力によって著しい制約が加えられていることを示す数値例が多く含まれている。一部の伝統的な考え方や一般的な考え方は、かつてないほどに挑戦を突きつけられることになるだろう。

第3章

米国および他国における財務報告
Financial Reporting in the U.S. and Elsewhere

　財務報告書が、経営者と資本市場とを結ぶ、目に見える形の中心的なコミュニケーションの媒体であることは疑う余地はない。だから、経営者が資本市場参加者と接触し、QFRに基づいた関係を構築したいと考えるのであれば、このプロセスを理解するべきである。本章では、どのように財務報告システム全体が機能すると想定されているか、また実際に機能しているかについて著述している。本章のなかでは、一般に公正妥当と認められた会計原則（GAAP）の構築プロセスが説明されているが、政治的な事情にGAAPの構築プロセスが支配され、資本市場へ情報を伝達するという財務報告の役割に制限を加えてしまっていることを強調している。

歴史的な経緯

　財務報告に関する基準は、現代経済において重要ではあるが、歴史の流れのなかでは比較的最近できたものである。米国の法律では、財務報告基準として、公開企業は米国証券取引委員会（SEC）の認可を受けなければならないということが現在ではきちんと規定されているが、その法律は1934年に制定されたばかりである。財務報告は1934年以前にも証券取引所および個々の投資家・債権者との契約書のなか

図3.1 財務報告情報がもたらす意思決定の連鎖

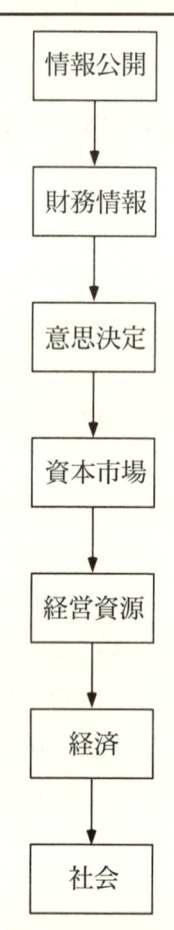

```
情報公開
   ↓
財務情報
   ↓
意思決定
   ↓
資本市場
   ↓
経営資源
   ↓
 経済
   ↓
 社会
```

で必要とされていたが、1930年代に連邦証券法が可決されるまでは一般的に存在するものではなかった（もちろん、整備された財務報告はほとんどの国でもっと歴史が浅い）。

　この法律制定およびSEC設置には、1929年の大暴落に起因する大恐慌から立ち直る方法を模索するという意図があった。この大暴落は、財務報告の規制なしに桁外れの水準で投資が行われていたことに起因

財務報告の社会的重要性

　一般的に、財務報告は企業の株主に企業の事業活動やその経営成果を知らせる目的で作成されると考えられる傾向がある。財務報告にかかわる報告責任の面からの考え方がある一方で、もっと重要な社会目的から、この活動の規制が正当化される。

　図3.1で示されているように、財務報告には、合理的な投資や与信行為に必要な財務情報を提供する役割がある。次のプロセスでは、大きな証券取引所やベンチャーキャピタル、銀行やリース会社を含む資本市場に決定が集中する。資本市場には、投資家や債権者が将来に見込まれるキャッシュフローと引き換えにキャッシュを何らかのものに交換するあらゆる投資活動が含まれる。

　しかし、資本市場は投資家や債権者に収益をもたらす以上に広範な役割を果たしている。特に、経済を効率的に機能させる動力の役割も果たしている。キャッシュを投資したい人と、このキャッシュと引き換えにキャッシュフロー機会を提供できる人との間に資本市場は競合関係を創出している。このように、資本供給者はリスク水準に応じた最大の収益を獲得するために互いに競合する一方で、資本需要者はリスク水準に応じた最低水準の資本コストを獲得するため互いに競合する。この競争の原理が最も機能するのは、市場参加者が適切で信頼できる財務情報を十分に入手できる場合である。

　資本市場が効率的になれば、全体の経済活動も生産力のあるものになる。資本が、リスク・リターン関係の適合する適正価格で取引されるのであれば、経営者はこの資本を活用してより大きな富を創造することになり、同時に社会全体を豊かにすることにな

> る。社会の財産（富の創造だけではなく富の配分も含む）が大きくなれば、その社会の構成員も豊かになる。こうしたすべてが連鎖している場合、財務報告は社会的に重要な活動となり、より一層の社会的繁栄の追求が社会政策の目的となり、それは財務報告システムの統制によってもたらされることが分かる。

していた。情報が不足していたため生み出された不確実性が、リスクや変動性の高い収益率を生み出していたのである。それはプラスになるときもあり、マイナスになるときもあった。その結果、心理状態が変化しはじめたのである。ついに大暴落が発生したとき、証券取引所および銀行システムを含む資本市場への信用がほとんどなくなってしまった。結果は巨大な景気停滞となり全世界に急速に蔓延した。[1]

こうした絶望的状況からついにSECが創設され、より効率的に資本の創造および分配ができるように資本市場への世間の信用を回復する使命を担ったのである。同時に、この信用回復が実現すれば、経済に富をもたらし、投資収益、雇用、商業活動を通じて全国民に富を分配することが可能になる。議会は最初からSECに報告規制を制定する権限を与え、これには財務諸表を作成するときに順守すべき会計原則が含まれていた（65ページの補足資料では、よく見すごされる社会福祉と資本市場との関係を記述している）。

財務報告規制の当初の措置は、新規株式公開前の段階で、経営者に対し企業株式の登録を義務づける1933年証券法の制定であった。[2]企業登録書類の一部には一連の財務諸表がある。この最初の法律に続いて直ちに1934年証券取引法が制定され、株式を登録している企業経営者に定期的にかつ迅速な財務報告を実施させる目的で、当初に登録したときの報告の範囲を超える報告を義務づけた。時代の慣習や技術の進

展にともない、簡略化された四半期報告を行うようになり、年次報告ではさらに完全な報告を議決権行使関係書類と合わせて提出することが要求された。

　数多くの議論を経て、財務報告の質が高いものであると認知されたならば、一般投資家が資本市場により大きな信頼を寄せるようになっていたであろうと司法当局は判断した。質を改善させる2つの重要な特徴があった。ひとつは、順守すべき規則を制定する当局としてSECが認可されたことである。これは、会計基準を統一することで財務諸表の横比較の利便性を高め、法律の乱用を抑制することになるという考えである。もうひとつは、財務諸表は独立した監査人によって監査されなければならないと決定されたことである。この規則によって、財務諸表に記載されているのは実際の出来事や正しい財務状況ではなく経営者のでっち上げであるという懸念を解消（少なくとも緩和）することになり、結果として信頼性を向上させることができると期待された。

　数年が経過した後、SEC（1934年法創設）は適正な会計実務を規定する独自の権限を放棄し、監査専門職にこの役割を委譲した。この意図は、専門職の公認会計士のほうがSECの職員弁護士よりも、株主に対し有効な情報提供をするのに役立つ規則を規定するのに優位な立場にあるということであった。SECが1938年にこの権限を委任する決定をしたことは独自の判断の結果であったが、結果的には、財務報告に関して現在直面している質の問題の多くは、この決定からもたらされているのである。

　監査人に規則制定の権限が与えられると、選択の権限が与えられたときにだれもがするような反応を示した。具体的に言うと、彼らはこの権力を使って自己の利益を追求したり保護したりしたのである。おそらく無意識のうちに、監査人は偏向した財務報告原則を作成し、そのなかでは不満分子や不幸な投資家からの反対告訴をいかに回避でき

るかという点に関心を払っていた。現在でもこの状態は続いている。

一般投資家にとって不幸なことに、監査人が自分の利害を追求すると、この情報開示の規則の主要目的である「企業の財務状況の理解を助けるための情報提供」という点が見落とされることになる。

監査人は、一般投資家に対し市場の効率性を促進して市場を手当てすることをせず、自分だけが安全になるように、一般に公正妥当と認められた会計原則（GAAP）および一般に認められた監査基準（GAAS）を作成した。筆者は、この監査人中心の思考方法が現代の非生産性を蔓延させてきたと考える。例えば、1980年代には、一般投資家が要望する情報開示と監査人が達成可能な情報開示との間の「期待値ギャップ」について、監査人が懸念を膨らませていた。筆者が見るかぎりでは、監査人は情報提供の質を向上させて利用者の要望に応えるべきなのに、そうはせず、監査人が要望する情報提供水準に投資家の要望を低下させてこのギャップを埋めようとしていた。市場が利便性の高い情報を欲しており、その要求に応えることで経済的利益を得られるということを認識できなかったため、会計士は需要牽引型（demand-pull）の競合的企業家精神ではなく、独占主義者の供給圧力型（supply-push）の思考方法をもっていたことが明らかになった。

情報が存在するところでは、どこで、どのように利用されるのか？

こうした背景に対し、もうひとつの大きな問題として、財務報告基準を制定する処理過程には政治的な側面があることを指摘することができる。特にGAAP自体には多くの欠陥（またGAAPの適用時にも）があり、財務諸表利用者はだれなのか、また利用者が財務報告を使って何をするのかという概念が著しく欠落している。

表面上は、GAAPおよびその他の報告規則は個人投資家の利益を

図3.2 投資家に対する財務報告に関する短絡的な考え方

経営者 ──公開情報──▶ 個人投資家

保護し、十分に情報開示されることを目的として制定されてきた。この規定の根幹をなす前提としては、図3.2で表示されているように、だれもが使える伝達経路を通じて、経営者から直接情報を受けとるべきであるというものである。

個人投資家は不良投資や不正行為の犠牲になることがあり、個人投資家への十分な情報開示および保護が不可欠であるが、経営者の情報開示と投資家との実際の連鎖関係はもっと複雑である。それにもかかわらず、この単純なモデルは、規制権限および活動を正当化するために、SECによってしばしば推奨されるのである。例えば、SECが規制を擁護するためよく使うフレーズのひとつには、すべての投資家が公平な条件で競合できるようにするための「競技レベルの創設」の必要性というものがある。よく考えてみると、無防備なテニス・プレーヤーが、デンバー・ブロンコスの完全装備のラインメンに対してアメリカンフットボールの試合を挑むようなものであれば、それは競技レベルの問題ではなくなるであろう。同様に、投資の意思決定に必要な情報を十分にもっており、資本市場で優位な立場にある完全装備のプロの投資家およびアナリストと、個人投資家が同じ土俵で戦うことができると考えるのは無理がある。

このような理論的枠組みの過度な単純化は、メディアを通じたビジネスニュースの配信方法に見られる。メディアで報道される情報は、それ以外の情報源がない人々にとって価値があると判断される。実際

には、テレビ、新聞、雑誌で報道され、あるいはウエブサイトで提供されるときには、どの投資家にとっても（有能な投資家であろうがそうでなかろうが）活用するにはすでに遅すぎて収益を上げることや損失を回避することはできないのである。

　従来の単純な世界観とは著しく異なり、実際に社会が実践しているプロセスは異なっていると筆者は考える。情報は、意思決定のためにそれを活用する当事者に直接行きわたるのではなく、実際には、①企業のスペシャリスト、②産業各業種のアナリスト、③機関投資家のアナリスト（いわゆるバイサイドのアナリスト）、④財務コンサルタント、⑤個人投資家——というさまざまな仲介者を通じて伝達されるのである。それは、公開情報または非公開情報として伝達されるのである。この情報の流れは図3.3で記号化されており、以下の段落で説明する。

　この図は財務情報の資本市場へのあるいは資本市場のなかでの流れを示したものであるが、議会で審議されたりSECが主張したりする内容よりもはるかに複雑になっている。今までのように過度に単純化する方向へ走るのではなく、ある種の強力な経済的な動機が広範な資本市場とうまく融合し、さまざまな水準の専門家を必要とする状況になっていると思われる。

　最も専門性の高いレベルは、1銘柄から数銘柄を専門に扱う企業アナリストである。図3.3では、企業アナリストの枠内へ一番太い矢印が向けられているが、ここで高い能力を発揮する人々は公開財務情報を最大量消化するグループであろう。企業アナリストが有能であるゆえんは、企業研究を十分行っており、当該企業について経営者と同等の理解度を有していることにある。また、企業アナリストが特定企業の非開示情報に頻繁に接している点も非常に重要であると言えるだろう。企業アナリストの情報ネットワークは豊富であり、当該企業に特化していない資本市場参加者を手助けしている。この価値を考慮する

第3章　米国および他国における財務報告

図3.3　対投資家の財務報告のより整備されたモデル

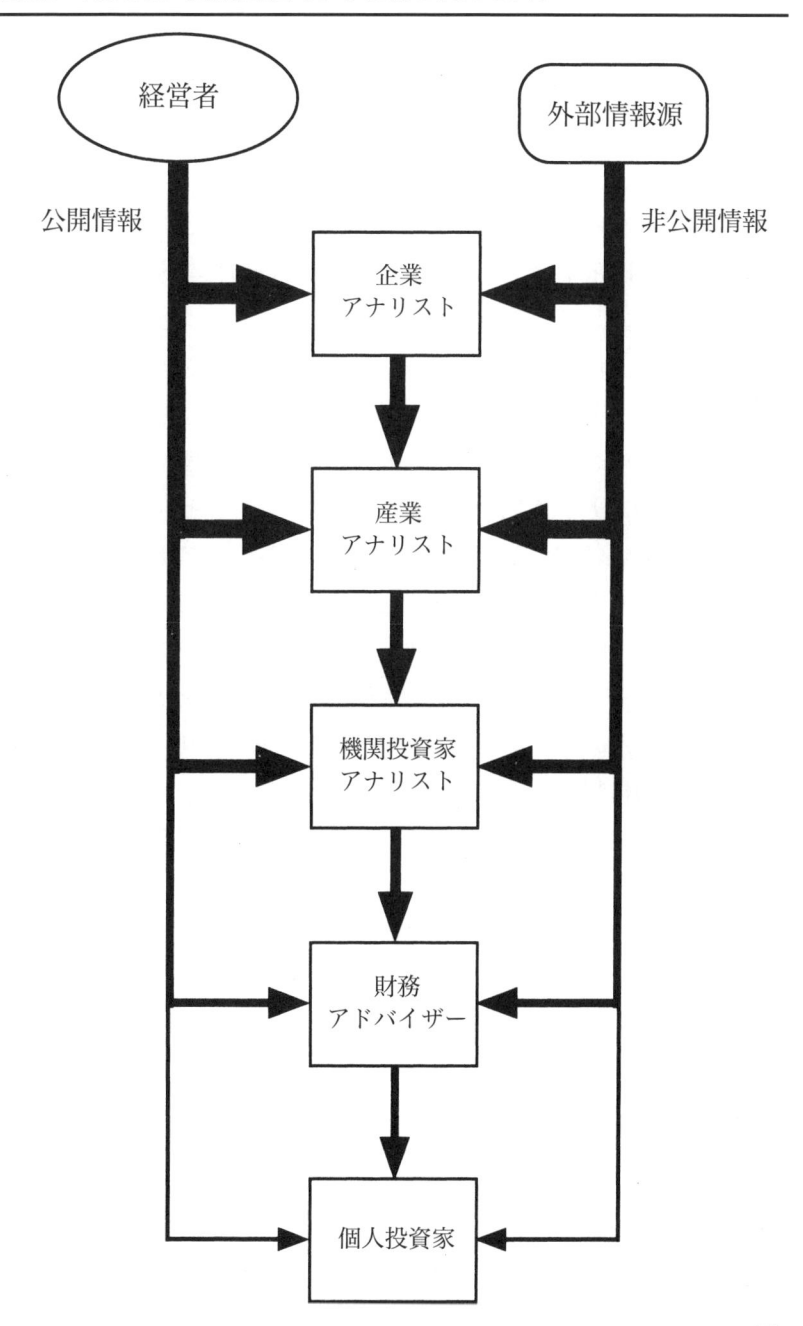

```
        経営者                          外部情報源

  公開情報                                    非公開情報
                    ┌─────────┐
                ───▶│  企業    │◀───
                    │ アナリスト│
                    └────┬────┘
                         ▼
                    ┌─────────┐
                ───▶│  産業    │◀───
                    │ アナリスト│
                    └────┬────┘
                         ▼
                    ┌─────────┐
                ───▶│機関投資家│◀───
                    │ アナリスト│
                    └────┬────┘
                         ▼
                    ┌─────────┐
                ───▶│  財務    │◀───
                    │アドバイザー│
                    └────┬────┘
                         ▼
                    ┌─────────┐
                ───▶│個人投資家│◀───
                    └─────────┘
```

と、企業アナリストは経営者以上に実際の状況を把握していると言える。なぜならば、彼らは客観的であり、企業の開示情報を鵜呑みにすることがなく、経営手腕のお粗末さを反映する情報を素直に受け入れるからである。SECが2000年にレギュレーションFD（公正な情報開示　Fair Disclosureを意味する）を制定するまでは、経営者自身がアナリストにとって非公開情報の情報源であった。この規制によって、経営者は情報開示すべてを全当事者に対して同時に実施しなければならなくなった。[4]

　その次に専門化されているレベルは同業種の情報を扱う業種別アナリストである。企業アナリストほど個別企業の情報を握っているわけではないが、ほかの投資家およびアナリストよりも優位にあるのは、こうした企業アナリストが作成したレポートにアクセスできる立場にあることである。さらに、業種別アナリストは企業アナリストでは入手不可能なより広範囲の非公開情報源につながりがあることもある。

　次の段階の機関投資家アナリストは専門の投資家で、最も一般的なのが、ミューチュアル・ファンドや年金のファンドマネジャーである。このバイサイドのアナリストは公開情報、企業アナリスト、さらにはその他外部の情報源から得た情報を収集し、ファンドマネジャーの投資戦略意思決定を円滑にするよう手助けしている。実際のところ、機関投資家アナリストは、SECに提出される公式の公開情報よりももっと役に立つと思われるその他の情報源から得た多数の情報を活用している。このレベルで仕事をしている人こそが、ほかの投資家と比較してあちこちの投資商品に頻繁に資金を動かすことになるため、実際のマーケット価格に影響を直接与えることを強調しておきたい。

　さらに次のレベルは財務アドバイザーであり、個人投資家にとって主たる資本市場への入口となっている。このアドバイザーには、手数料ベースのアドバイザー（例えば証券会社）、個人投資家のポートフォリオ管理の手伝いをする報酬ベースの投資アドバイザー、それにフ

ァイナンシャルプランナーがいる。彼らもある程度は、経営者から報告された情報や外部の非公開情報源にもつながっているかもしれないが、顧客に推奨するため主たる情報源として依存しているのは機関投資家アナリストが収集した情報である。

　最後に、個人投資家に到達したが、彼らは前述のとおり監督機関から擁護されるべき存在である。しかし、公開情報が経営者から個人投資家に届くのは非常に複雑で時間がかかるため、最高の状態で時宜にかなった投資判断をするのには役に立たないであろう。もし、市場効率性がわずかしかないのであれば、個人投資家は、株式市場価格の将来の変動を予想するために郵便物を開封して年次報告書を読もうとは思わないだろう。専門家たちは数日前、数週間前、あるいは数カ月前に事実を把握していたであろうし、年次報告書が印刷されるかなり前に投資判断をしていたであろう。一般投資家が郵便で年次報告書を受けとるよりも前の時点で投資判断を行っているのだ。前述のとおり、同様のことがテレビ、ラジオ、雑誌、あるいは新聞で報道されるいわゆるビジネス「ニュース」にも当てはまり、公表される時点では投資価値のある情報となる可能性は非常に少ないであろう。インターネットによって情報配信の速度は速くなったが、ニュースが最初に届いたときに市場に与えるインパクトを高める効果はまったくないだろう。このように、オンライン投資家であっても専門家の多くの労力や費用をかけた情報収集の前には後塵を拝することになるのである。

　この点から、このような複雑なモデルが個人投資家に配信される情報の重要性を消し去ってしまっているのではないかとついつい疑念を差し挟んでしまう。筆者は明らかにそうであると答えざるを得ない。実際、このモデルでは、個人投資家が公開情報を入手する時点では価値がほとんどないことを示している。

　しかし、一体全体、公開情報が配信される過程に価値が生成されるのか否かという質問に対し、このモデルは何と答えるだろうか。筆者

が断固として言いたいのは、この価値は必ず存在するということである。実際、このように複雑に見える仕組みがあるために経営者の時宜的な情報開示の重要性が高まっているのである。なぜならば、経営者からの適切な情報開示があれば、全参加者が二次的、三次的投機情報源や、さもなければ信用性のない情報に依存することが少なくなり、資本市場で摩擦が起こり得るのを防ぐことになるからである。さらに、公開情報の発表によって非公開情報の利用者（主としてスペシャリスト）が彼らの情報源の信用性を確認することができる。

このモデルはQFRに対しどのような意味をもつものなのか？

この、より完成されたモデルにはQFRの重要な鍵が含まれている。経営者は、資本市場で生み出される非効率性を削減することで得られる利益を享受できる立場にいる。その非効率性とは、①有能なアナリストは非開示情報に実質的に依存していること、②4つもあるフィルターを通しているうちに潜在的に有効な情報が公になることが遅延する――ということから発生している。経営者がより完全でもっと多くの分かりやすい報告を頻繁に出していれば、専門家が独占的に非公開情報を活用して収益を上げていることを抑制するばかりでなく、資本市場の不確実性を減少させることになる。実際にこの時間的骨組みのなかで、専門家が取引を行って通常ではあり得ない収益を確保できるのであれば、企業にとって安い資本コストになるであろう。したがって、経営者は従来のように3カ月ごとではなく、公開財務報告の内容を改善し、速やかに作成して配信すれば、自身および株主により多くの利益をもたらすことになる。

さらに、このモデルを活用して経営者は財務報告方針を改善させることが可能である。第2章で説明したが、7つの財務報告上の大罪に

よって、経営者は低い頻度で、廉価で、不明瞭に、またできるかぎり最小限度で報告するようになる。経営者は必ずしも最適とは言えない報告活動を正当化するのに、政治規則を言い訳に用いることになる。反対にQFRは、経営者が財務報告方針に注目し、信頼できる質量ともに十分な公開情報を速やかに受けとれることを企業および産業の専門家に保証すれば、経営者がもっと楽になることを示している。こうした参加者には財務面への大きな影響力と非開示情報を入手する能力があるという意味で、彼らは市場を実際に効率化させる当事者である。実際、彼らが真の公開情報の消費者であり、けっしてほかの専門家に依存したり財務アドバイザーに盲目的に従ったりする経験値の低い投資家ではない。経営者が本当に資本市場と関係を保ち、資本市場の要望を発見して役に立ちたいのであれば、当初はこうした専門家の要望に取り組まなければならない。この方針は、四半期報告をするときに単に連邦基準およびGAAPの最低基準を満たしてさえいれば、資本市場には十分に情報公開されているとする経営者の消極的な立場とはまったく異なるものである。経営者が、従業員、顧客または供給業者と同じように資本市場参加者とも密接で相互利益的関係を締結できるのは、こうした利用者の要望を認識し、タイミング良く役立つサービスを展開できるようになったときである。再度、供給圧力型（supply-push）と需要牽引型（demand-pull）の行動の違いを見ておこう。

　ここで、QFR改革の本質に触れておきたい。QFR改革には経営者が政治的過程で制定された規制を順守するだけでは不十分であり、QFRは単に単純化した資本市場モデルに基づいた理論的根拠を示しているにすぎない。そうではなく、経営者の財務面での情報公開は全階層の人々のニーズを十分にくみとらなければ不十分であり、一部の専門家のニーズだけを満たすものでは十分ではない。つまり、経営者は専門家が満足する情報提供をして、信頼を構築し維持していかなけ

ればならない。と同時に、その他すべての関係者が有効な情報を同時に利用できるようにして、全員に不確実性とリスクを感じさせないよう努力しなければならない。前述のとおり、SECのレギュレーションFDでは上記のことの実施が義務づけられており、筆者はFDを高く評価し、FDによって公開財務情報の質が向上する可能性があると考える。

米国制度――最上のものであるのか？

米国における規制された財務報告システムが世界で最良のものであると考える人に対しては、一見するとたしかに非常に多くの情報が公的なシステムのもとで提供されていると答えることができる。米国の財務報告システムがその透明性において世界中から羨望のまなざしで見られているという主張にはたしかに賛同するが、筆者のGAAPに対する評価としては、辛うじて半透明であって透明とはけっして言い切れないという認識である。GAAPに基づいて財務諸表が作成されると、たしかにいくつかの良い面があるが、概してその詳細は曖昧で不明瞭な場合が多い。

とりわけ、総合的品質管理（TQM）が教えるのは既存の競合他社間で最善なだけでは不十分であるということである。多くの意欲的な競合他社に追いつかれ追い越される前に、自社でできる最善の努力を持続させるべきであることをTQMは呼びかけている。このように、米国の制度は他国と比較して良いかもしれないが、改善の余地があるのは確かである。次の2つの章で明確に説明したい。もちろん、他国の経営者が米国の経営者が把握するよりも前にQFRの長所を理解するならば、多くの米国の経営者はグローバルな資本市場での競争で後塵を拝することになるだろう。しかし、経済的な見返りやメリットが規制の重みをはねのけるほど大きければ、競争力が速やかに働くとい

う事実がある。だから、初めのうち他国の経営者が米国企業を凌駕していたとしても、米国でQFRが主導権を握るのはそれほど時間がかからないだろう。そして、米国で最初に定着すれば、他国の経営者は追随せざるを得なくなるのだ。

したがって、SECおよび財務会計基準審議会（FASB）がすべきことは、米国の財務報告システムが偉大であるとの意見に影響されることなく（そんなものは自画自賛が多いが）、もう一度見直してみることである。結局のところ、国際会計基準審議会（IASB）が設立され、世界中の会計原則の影響力という観点では明らかにFASBを追い越す潜在的能力および統轄権がある。実際には、米国はほとんどグローバルな資本市場の孤島として存在している。つまり、国際基準はほとんどすべての国で受け入れられているのである。

最後に説明する点については、財務報告の品質向上の道程はワシントン、コネチカット、ロンドンと移っていくようなものではないと考える。そうではなく、私企業から始まるのである。つまり、財務報告は軽視され、最悪の場合はマイナス成果に結びつくように扱われるなど適用が誤っていたが、ごく少数の経営者が重要な価値を付加する手段であることを理解した場合にそこから始まるだろう。資本コストを安くするためにQFRを活用することができることに気がつけば、単にGAAPやSEC規制に最低限適合するだけで経営者は満足するはずはない。この法的規則は順守が義務づけられているが、経営者にはこうした最小限の情報提供だけでやめる理由はない。この考え方がQFR改革の中心であり、筆者が火つけ役となる。

注

1．大暴落のときには効率的な市場は存在しないのではないかと思うかもしれない。また、情報開示報告が限定されていたにもかかわらず、

株価はどうして高値を付けていたかという疑問がわいてくるのももっともである。答えは明白である。まず、市場の効率性というのは、概して有効な情報が迅速に入手できる機能である。1929年代の情報技術はかなり限定的であったので、高水準の市場効率性など存在していなかったと筆者は考える。情報不在の株高については、非統計的であるがそれにもかかわらず強力に心理学的な要因、例えば貪欲さ、衝動、群衆心理などによって効率性とは無関係に市場を異常な高値や安値に駆り立てたのである。もちろん、愚か者と山師は資本市場がどう動くか正確に理解していると主張しただろう。

2．頭文字のIPOは新規株式公開（initial public offering）を意味する。

3．財務報告を慎重に実施することが大恐慌の歴史的背景のなかで妥当であると認識されており、この措置をやむを得ないものであると考えるのは妥当である。しかし、20世紀後半および21世紀に、この慎重な基準を正当な基準として適用することはできない。

4．レギュレーションFDはQFRの理論的枠組みと相反しないものである。なぜならば、レギュレーションFDは経営者への信頼を高めるだけでなく、高品質の情報を財務諸表利用者すべてに対し提供するものであるからである。案の定、この法律の可決に対しては、株価の管理手段を奪われることを懸念した経営者から異議が唱えられた。ただし、彼らはけっして自分の考えを言葉で表現することはなかった。この規制を無効にする圧力が加えられるのであれば、筆者はこの圧力を絶対に阻止したいと考える。FDによってアナリストは経営者から直接、非公開情報を入手できなくなるが、FDが存在することで高品質の公開情報を要求できるようになるからである。

第**4**章

GAAPが不十分なのはなぜか？
Why GAAP Aren't Good Enough

　第3章では不十分な財務報告の危険要素について指摘した。つまり特に経営者や会計士が、一般に公正妥当と認められた会計原則（GAAP）およびその他の付随する規則の範囲なら、資本市場で要求される情報の質を十分満たしていると判断することがある点である。規制制度が必然的に政治的要素を取り込んでおり、必ずしも独創性を必要としないものである点からも、規制のみで十分であると考えるのは正しくないであろう。さらに、規制制度は明快でもなく、革新的でもない。その結果、筆者が確信をもって断言できるのは、規制や制度は資本市場の要求を完全に満たすものではないということである。制度上の制約によって資本市場の要求とずれているにもかかわらず、圧倒的に経営者（さらに監査人）の間で優勢な考え方は、最小限の基準を順守してさえいればよいという考えである。

　4つの原理はこの姿勢によって、不十分な情報、不確実性、リスクおよび高い資本コストがもたらされると説明している。また、こうしたマイナスの影響は、QFRを採用し規制が定める最小限度の対応を上回る活動をすることによって乗り越えることができるとも説明している。

　本章では経営者、会計士、監査人、および企業弁護士に、なぜGAAPが市場の要求を満足させるのに十分でないのかを理解させる

ことが目的であり、QFR改革着手の第2段階を案内するものである。始めるに当たって、本章では、規則を制定していく政治的なプロセスの実態、そのプロセスの効率性（あるいは非効率性）およびこのプロセス全体がどうして欠陥を内包しているのか、その理由について説明する。筆者は次章でこの根源的ポイントを攻撃し、GAAP特有の深刻な欠点を指摘する。筆者の指摘を読まれた読者は、財務諸表の内容を規定するこうした規則に依存することに違和感を覚えるようになるだろう。

GAAPの正当な手続き

現行の会計報告基準は、財務会計基準審議会（FASB）および証券取引委員会（SEC）がいわゆる「正当な手続き」を経て規定する。さまざまな手続きを通じて、公式の提案が起草される前に新しい基準の内容が細かく定義され、十分に討議される。この提案は公表され、影響を被るものが基準を規定する組織に働きかけ、この提案を実行、拒絶あるいは修正するように要請することが許容されている。最終的には投票によって決議され、規則として公表される。

米国では最低5つの団体がこの正当な手続きに参加している。FASBは中央に位置し、ほかのいずれからも独立した存在と判断されているが、実際には（少なくとも著者の目には）最もうるさいだれかに配慮しているように見える。

図4.1で表示されているように、この5つの団体は、作成者、監査人、財務諸表利用者、監督機関および学術関係者である。以下の段落では各当事者の利害およびこの制定過程での一般的活動および影響力について説明する。

図4.1　FASBとその支持層

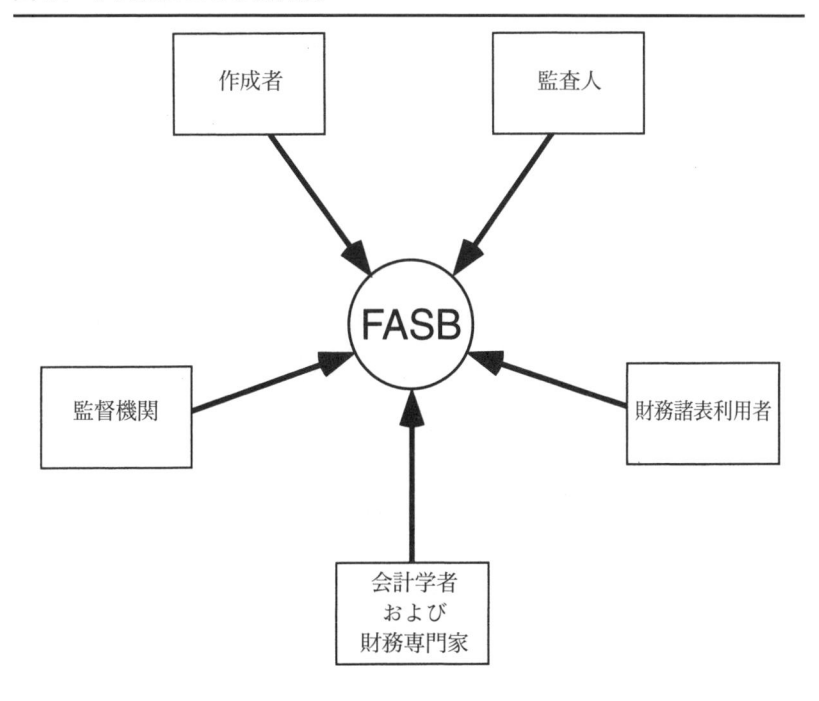

```
        作成者              監査人
           ↘                ↙
            ↘              ↙
  監督機関 →  FASB  ← 財務諸表利用者
              ↑
           会計学者
            および
          財務専門家
```

作成者

　正当な手続きの最も重要な役割は経営者によって果たされている。経営者は「財務諸表作成者」あるいは単に「作成者」と呼ばれることが多い。[1] 多くの作成者には自社の状況をコントロールしたいという願望があり、また資本市場は財務諸表によって大きく影響されると考えているので、正当な手続きを利用して変更を防ごうとする。つまり、作成者は財務諸表および付随する開示資料を都合の良い形に作り上げる権限を守り、財務諸表が与える投資家への印象の管理（あるいは操作）が可能なようにしたいのである。つまり作成者は本質的に資本市

場に対し「外観が良く映る」ようにしたいと思っている。もちろん、作成者はこの考えをFASBの制定過程では公に口にすることはできない。なぜならば、そんなことをすればすぐに利己的姿勢が暴露されてしまうからである。その結果、取得原価、費用の期間配分、平滑化といった古くからある手を使って、自分の利益をさも正当なものとして主張するようになっている。また、新しい報告要件を順守するには費用がかかりすぎることを主張する傾向もある。また、資本市場には高度に複雑な財務報告情報を処理する能力があることが広く認識されているにもかかわらず、新しい基準によって投資家は混乱するだけであると主張することがよくある。

しかし、この違和感のある主張の内側にある本当の理由は、作成者は改善の可能性を真剣に考えずに、以前の状態を正当化しようとしているだけだということである。

筆者の見方では、作成者が正当な手続きに参加するときにとった最も悪質な態度は、政治権力を頻繁に悪用して自分の考えを正当化してきたことである。否定的意見の文書を大量に送りつけたり、FASBからの支援を撤回させるという内容で脅迫したり、さらには基準制定を担うFASB自体を脅迫するために国会議員やその他政府高官の権力を利用したり、政治権力の悪用はありとあらゆることに及んだ。

明らかに作成者には正当な手続きに参加する権利がある。なぜならば、その結果そのものが、作成者の活動や外観に大きな影響を与えてしまうからである。作成者が犯している過ちは、自己の利益が最優先事項であると考えていることである。さらに大きな過ちは、政治権力を使って財務報告の開示内容に影響を与えることが株価を高めると考えている点である。不正な手段によって政治権力を行使することは、不完全な情報を生み出し不確実性を増大させることになるので、株価を上げることになるどころか低下させることになるのはまちがいない。

監査人

　監査人は財務報告システム上は経営者の不正に対し最初に公益を守る立場にあるが、監査人もまた自己の偏向のなかで活動しており、自己の利害を守ることを企図している。経営者と同様に、監査人も従来の状態を守ろうとする傾向があるのは、現行の方法で確立された監査手続きを行う権利があるからである。また、利益計上額を少なく、費用計上額を多く、資産の計上額を少なく、さらに負債計上額を多くするという保守主義と呼ばれる会計処理を好む。

　言い換えれば、現在の監査人の多くが、裁判で訴えられた場合に自己の判断を正当化して、うまく弁護できるような「安全な」情報だけを取り扱いたいという発想で行動していると言わざるを得ない。つまり、監査人が最も要求する情報の品質は「防御性」である。この傾向から、既存のGAAPの下で作成された多くの報告内容が、時価ではなく、取得原価で計上されている理由が理解できる。

　このように過去の数値に執着する理由は、取得原価というものは過去の署名入りの書類から引っ張り出してきた数字であり、監査するうえで安全だからだ。もちろん、従来の状態を守るのは自己の安全を心配しているためである。ただし、資本市場の参加者のために企業の財務報告を信頼できるように監督すべき立場にある唯一の存在が監査人である、ということを、政治的理由から表向きは自身で公言しなければならない。

　多くの例を検証した結果、長年繰り返されてきたことは積極的に守られる、という言葉ですべてうまく説明できる。結局、慣習法が支配する法廷での最強の弁護は、「みんながやっている」という発想である。この考え方は、財務諸表利用者が予想キャッシュフローを評価する助けとなる公開情報の有効性を評価することとはまったく別次元のことである。財務諸表作成の手続きは広く普及しているが、だからと

いってその財務諸表が意思決定に役立つ情報を生んでいるとは言えないのである。また推論ではあるが、会計実務上採用されていない手続きであっても、仮に採用された場合に有効な情報を生み出すものもあるかもしれない。

　監査人の顧客は、財務諸表に対して監査人と同じようなかかわり方をする財務諸表作成者なので、正当な手続きで監査人が果たす役割は非常に曖昧である。このように、監査人によって制限されると考えられる当事者が、監査費用を支払う当事者なのである。この監査契約が当初から結ばれており、監査人が監査費用を支払う経営者の側に立つ強い動機が存在しているのである。[2] 監査契約があるために財務諸表の信頼性が揺らいでいるという問題に加えて、監査人が顧客の意見に反することになる立法者としての立場をとることは非常に難しい。この意味で、基準制定の過程は、財務諸表作成者とその監査人との親密すぎる関係によって歪められる可能性がある。

財務諸表利用者

　表面上は、財務諸表利用者が、会計基準制定の正当な手続きにおいて最も影響力をもつグループであると思われる（あるいはそう望まれる）であろう。しかし、序文で述べたように財務報告はこれまでもまた現在も需要というよりも供給の影響力が支配的である。ここ10年間でようやく、FASBが前向きに利用者の意見を取り入れるようになったのである。それ以前は（現在にいたるまで依然としてかなり継続されているが）ほとんどの利用者がこういった議論に参加することを敬遠してきた。おそらく利用者が敬遠したのは、立法者自身が利用者の立場を尊重すると信用していたからであろう。あるいは、利用者が政治力を十分に活用して基準規定機関の最終的基準の採決に対し影響力を与えることは不可能であると思ったからかもしれない。

また、特に精通した財務諸表利用者も以前の状態を好んだとも言える。なぜならば、こうした有能な利用者は、将来キャッシュフローの予想に役に立つ、非開示情報の二次的情報源を開拓していたからである。もし、利用者がこうした情報源をもっているならば、新しい基準によって、この貴重な非開示情報がすべての関係者に開示情報されることをけっして望まないだろう。このように、いくつかの強い経済的動機が原因で、正当な手続きに対して尽力することを敬遠した財務諸表利用者もいると推測するのは妥当であろう。利用者は、作成者や監査人と比べて、正当な手続きへの参加や影響の度合いは歴史的に低かった。FASBへの寄付金の寄贈が、財務会計協会（FAF）からは非常に少ないことからも推測される。

監督機関

　一般的には、SECはFASBの正当な手続きの処理についての発言は控えめであり、逆の場合も同様である。結局、SECはGAAP規則制定のかなりの権限をFASBに委譲し、両者が互いに干渉しないようになっている。
　しかし、この2つの機関のトップレベルの代表者ですら変更案についてコミュニケーションをとったり、見解を共有したりすることがないと考えるのは正しくない。監督機関はまちがいなくGAAPの内容に影響力をもち、いつも公益のために行動しているとはかぎらない。例えば、本章ではあとで出てくるが、SECは、FASBが石油およびガス開発費の会計上の変更提案を却下し、従来の会計原則をそのまま存続することを許容した。ほかにも知られていない同じような例もある。
　重要なのは、SECとFASBとの関係では、FASBにとっては自己の存続が最重要課題だ。FASBの背後にSECの権限がなければ（1973年の証券取引委員会の会計シリーズ・リリース第150号）、FASBは会計

論議同好会の存在でしかないだろう。したがって、審議会員は会議事項の決定、代案の論議、決議の採決をするときは常にSECに対して一定の配慮があった。

学術者

　正当な手続きに参加する5つのグループのうち、おそらく会計および財務を専門とする学者がGAAPの品質向上を進めるうえで最も大きな影響力をもつはずだった。結局のところ、学術者は会計実務の結果について直接的利害がほとんどない。同時にFASBを利用できる政治権力もほとんどなく、これはおそらく、FASBに寄付金を寄贈しておらず、審議会員の任命あるいは再任の決定に政治的影響力がほとんど持たないからである。

　学術者に影響力がないことの別の説明としては、実際に政治的決定を後押しする点では学術者は不慣れであり、その結果として意見や提案は、議論される問題とは基本的に無関係になることが挙げられる。それにもかかわらず、別の見方では多くの学術者は参加者としてではなく基準規定の科学的な観察者としての役割を果たしていると考えられている。

　どんなに根拠があっても、学術者の客観的で創造的と判断される意見は、FASBの論議ではほとんど見られない。当然、結果は満足のいくものではなくなる。

GAAPで可能な事項と不可能な事項を理解する

　前述のとおり、正当な手続きの基礎となるのは、資本市場に情報開示する基準制定の考えが広まることで財務報告の品質は改善される、という考えである。しかし、異なるグループに多くの対立する利害関

係者が存在しているせいで、正当な手続きそのものが、財務諸表を通じて資本市場に公開できる不完全な情報を経営者に選ばせることになってしまい、本来の意図には反するプロセスになっている。不確実性を最大限に縮小させる措置は何かという一般投資家向けの論議はなされないまま、このプロセスはほとんどが、発言権はだれにあるかという醜い争いに常に置き換えられたのである。

　筆者は次の点を強調したい。つまり、4つの原理が説くのは、会計基準順守によって現実に市場が機能するように情報に影響を与えることができるという前提は、致命的欠陥であり、それに基づく正当な手続きにかかる問題は無意味である。

　実際、会計基準にできるのは、公開される有価証券報告書の内容に影響を与えることまでである。公布する当事者がだれであろうと、あるいは、正当な手続きの見栄えがどうであろうと、そんなことは無関係で、会計基準によって資本市場参加者にその報告内容を信用させることを無理強いすることはできない。実際のところ、利用者は、そのまま情報に依存するか、修正して使用するか、あるいはただ無視するか、すべて望むとおりに自分で決定することができる。同様に、会計基準が、より役に立つと考えられるほかの情報源の非開示情報を市場参加者が取得することを妨げることはできないのである。さらに、いかなる規則によっても、市場参加者がほかの情報に基づいて活動することを妨げることはできない。[3]

　この点が明らかであるにもかかわらず、約70年間にわたり米国の会計基準の制定過程は改善されていないようだ。市場参加者が何を信じて決定するかは明白であるかのように、FASB審議会員を含む今日の正当な手続きの参加者の多くは、市場参加者が自分たちの信念に従って行動するということに気がついていないかのような行動を取り続けている。資本市場に新しい有効な情報を伝える新しい基準に抵抗して、非常に多くの財務諸表作成者の支援団体がFASBに対して苛烈な政治

圧力をかけていることは理解しがたい。こうしたわけで、GAAPおよびSECの規則を最小限順守しているだけでは資本市場へ十分な情報を提供することにはならず、また不確実性を減少し縮小するには十分ではないということを経営者に理解させなければならないことが分かる。

要約

以上のような明白な欠点があるにもかかわらず、現行の会計基準制定過程では、古代恐竜であるトリケラトプスが後期白亜期の末期に、彗星が去ったあとの寒さと暗がりのなかを手探り状態で歩いているのと同様、消滅してしまうことを延期するために次々と妥協策を講じているとしか思えない。こうした妥協は常に、4つの原理が生み出す巨大な経済的力にまったく気づいていないように見える経営者および監査人からの異議を受けとめるものである。この妥協が示すのは、FASBは政治的な側面からの批判に対しては対応しており、一般投資家の完全かつ有効な公開情報（一部の有能な利用者は有効情報が公開されることを望んでいないが）を資本市場に提供してほしいという要望をないがしろにしている。

冒頭で申し上げたが、本章の中心点はGAAPの下での財務上の報告の品質にひどい欠陥があるということである。筆者は、現行の会計基準制定制度ではだれも幸福にならないと強く確信する。以下に、GAAPを形成する政治色を帯びた正当な手続きによって支援者グループは実際にどう影響を受けるのかについて、私たちの考えを列挙する。

作成者には役立たない

　経営者は何のとがめもなくGAAPの下で最小限度の報告をすることが認められている。したがって、報告書での情報の品質を改善しようとはしないために不利益を生み出す。その結果、資本市場に対して有効な情報を提供することから得られるはずの、低い資本コストおよび高株価というメリットを享受できない。その代わりに、会計基準の制定における政治的勝利によって、最小限度の報告という罪が一時的に許容されている。とにかく、作成者が成長と改善の大きな機会を逃しているのはまちがいない。

監査人にも役立たない

　現行の財務報告システムでは、監査人の責務は、経営者が技術的にGAAPを順守しているかどうかを証明することである。QFRの世界では、監査人が情報の真実性および有効性の有無を証明する責任を負うことになる。現在の監査人が利用者に贈る唯一のメッセージは、政治上制定された会計原則を順守しているので財務諸表は本質的に役に立たないと考えるべきである、というものではないかと感じてしまう。
　筆者の見解では、監査人の任務が法令順守の監査を実行することだけであるとしたら、監査人の知性、教育、経験および誠実性は十分に活用されていないどころか浪費されていることになる。見たところ、監査人は財務報告に対しできるかぎりの付加価値を提供しているとは言いがたく、監査業務の世界は浪費のみでお粗末なかぎりである。監査人がこうした状況に陥ったのは、監査人の顧客の財務諸表の数値を現実より水増しするだけで、多くの監査報酬を獲得することができるからである。かといって、監査という職業において、証明という任務を捨ててほかの任務を遂行することが解決策になるとは考えていない。[4]

実際、筆者がQFRを強く勧めている理由のひとつは、財務報告書の情報の品質に関する不確実性を減少させて、付加価値を与える監査人の能力を大幅に増加させることが改革の重要な鍵であると信じているからである。

財務諸表利用者には役立たない

GAAP基準の財務諸表は役に立つものとして十分に活用することができないと利用者は分かっているので、比較的信頼性の低い情報を提供する第二、第三の高価な情報源に頼らざるを得ない状況である。利用者は、経営者がすでに把握しているが報告することを拒んでいる情報を発見するのに余計な努力を強いられ、必要以上のリスクを負った状況で活動することを強いられている。

一般個人投資家には役立たない

現行の制度は、不十分な規則を順守するだけの経営者や、法令順守の証明をするだけの監査人や、非公開情報を追加情報開示することを要求する利用者が努力し、各々の利害が対立したすえに制定されたものであるので、財務報告によって資本市場および経済全体の効率が促進されることはほとんどない。きちんと報告すべきであるのに報告されない情報について市場参加者が推測することになれば、まちがいなく、全体の資本コストが必要以上に高くなり、また経済成長を遅らせ安定性がなくなるという結果をもたらす。

もうたくさんだ！

このような型破りの考え方をこうも自信をもって筆者が勧める理由

をこれから先お話ししなければならない。自分たちの誇りを失いそうになりながら、さまざまな試練を乗り越えてきた。筆者はさまざまな立場から正当な手続きにかかわってきた。また、多年にわたり会計原則制定過程のオブザーバーおよびコメンテーターを務めてきた。また、毎週教壇に立ち、会計士の卵たちにGAAPの意味を一生懸命に説明している（無駄に終わることがよくある）。筆者は、これ以上この非効率的な会計制度を弁護することは耐えがたい。

本質的な利益の証明

妥協が生まれている実情を示すことで、政治的プロセスは信用すべきではないという筆者の主張をおそらく裏づけることになると考えている。以下の記述すべてに共通するのは、財務諸表の情報内容の不足は、完全な情報提供への変更に反対する者たちとの妥協が原因であるという事実である。想像できる方もいるかもしれないが、反対したのは経営者、企業の監査人、あるいは両者である。

研究開発

経営者が架空の資産報告を行うことを防止する目的で、財務会計基準に関するステートメント第2号（SAFA 2）によって研究開発費用はすべて費用として計上することが義務づけられた。これはまるで、新しい知識を発見しかつ新製品を製造するというすべての企業努力が必然的に失敗し、会社の将来のキャッシュフローに何の影響も及ぼさないかのようにとらえられている。この場合、FASBが監査人の安全性に対して懸念していたことは、経営者の外観をよくするという利害では支持を得たかもしれないが、一方、利用者にとっては研究開発からの将来のキャッシュフローを予想しようとした場合にまったく役立た

ない。研究開発努力について物語風に記述してくれれば役立つ情報になり得るかもしれないが、経営者の多くがそうするとは考えられない。

リース

　FASBは、経営者に対しリース契約をすべて資本化し、かつ簿外資金調達をやめることを義務づけるどころか、一部のリース契約だけが資本化されるべきであるという古い概念に忠実である。SFAS第13条の効果は、経営者が比較的容易に排除しやすい一連の基準である。たしかに、筆者のような懐疑論者は、この基準は市場を欺くことを意図する作成者に貸借対照表からどの資産および負債を省いてよいかを示す指針にほかならないと考えざるを得ない。この妥協的基準は公正な判断に基づいたものではなく、単に区別を分かりやすくするために監査人の要求に対応したものであると考える。同時に、SFAS第13条によって、経営者は資産および負債の認識における必要条件を回避することが可能になったのである。もちろん、利用者にとっては不完全な財務諸表のままであり、これでは不確実性および資本コストを増加させるばかりである。

不良債務

　不良債務の状況を説明する最も有効な方法とは、債務額および債権額を、債務者および債権者両者が新しい条件の下での市場価値に（小額に）価額を切り下げることであると考えられている。つまり、債権者は債務者に対する請求額が減額されることで損害を被る一方で、債務者は債務免除という便宜を手にすることになる。
　FASBは銀行との聴聞会実施後、SFAS第15号で妥協的措置をとり、貸主の不良債務の損失額を最小限化することにした。この元になった

基準の基本的欠陥は修正されたが、新しい改正版（SFAS第114号）では銀行が現実的な市場に基づく債権価額を切り下げることを回避することが依然として可能なため、欠陥は完全に除去されていなかった。したがって、利用者には不完全、あるいは信頼性の低い情報が提供され、同時に債権者には資本コストおよび株価に対し逆効果になる。

石油およびガス探索

1970年代エネルギー危機の一端として、議会はSECに統一の石油およびガス探索原価の会計処理の作成を委託した。適切な政治的プロセスとして、SECは問題をFASBに委ね、FASBはSFAS第19条で無産出油井の原価が費用として処理されるべきであると結論を下した。大手の石油会社のマネジャーがこの措置を歓迎したのは、この措置によって彼らが危機によって利益を得ていないと、同社の批判者に対して示す道具（低利益の財務報告によって）として使えたからである。しかし、この措置の結果、財務報告上の純利益が減少したので、小さな石油探索会社の経営者は歓迎しなかった。彼らは費用計上せずに、財務諸表の見栄えが良くなるように、原価を資本化したかったのである。つまり、無産出油井が、ある程度の価値がある資産であると投資者に誤解させることができるようにGAAPを活用することを望んだのである。同時に、実際よりも利益を上げているように見えるように、損益計算書上で費用として控除することを避けたかった。小さな石油探索会社から要望を聞いた議会からの圧力に応じたSECはSFAS第19号を拒絶し、FASBは経営者の自由裁量で決定することを可能にするSFAS第25号を公布した。この妥協的措置は20年以上経過した現在でも依然として効力があり、どういうわけか大小の石油およびガス会社の双方の経営者が考えているのは、沈黙を守って、資本市場参加者にこの重要な財務上の政治的プロセスを推測させる状態にしておきさえ

すれば、市場参加者が真実を知らされる場合よりも高い株価になるというものである。もちろん、こうした経営者はまちがっている。

外貨

1970年代に為替レートが固定相場制から変動相場制に移行した後、経営者は為替レートの変化によってもたらされるほかの国々の資産および負債の測定値の変化によって新しい実際の財務リスクにさらされていることを認識した。FASBは速やかにSFAS第8号を発行し、損益計算書上で為替損益を計上することを義務づけた。企業経営者はこの実際の変動性を開示することに反対し、そこでFASBは結局SFAS第52号で妥協し、この損益を貸借対照表の資本の区分上に回すことでこの変動性を隠すことを可能にした。もちろん、実際の経済上の損益は、ちょうどこの損益が不変であるかのように存在する。ただ唯一の違いは、為替損益が公然と報告されないということである。株価というのは、この誤ったイメージではなくより高い根本的なリスクの現実を反映するものである。誤ったイメージでは株価を上昇させることにはならない。

年金および退職者医療給付

次章でもっと具体的に記述するが、FASBは退職後の元従業員に対し確定給付年金およびほかの種類の給付金支給に合意する場合の会計処理を改良しようとしたため、論争の的になっている状況にあった。FASBの前身である会計原則審議会によって確立された旧規則の下では、雇用者は給付金を支給するために積み立てられた特別の年金基金のキャッシュフローの量と本質的に等しい額の年金費用を報告していた。より重要なのは、雇用者は従業員がすでに手にした未払いの給付

金の債務を報告していなかったのである。FASBがより多くの真実を開示する制度に変更する予定だったのに、作成者の支持者は、FASBの予算に資金を提供する寄付金の削減を含むさまざまな圧力をかけてこれを阻止した。これまでのように大多数のFASB審議会員はSFAS第87号およびSFAS第105号で妥協し、変動性とはまったく無関係な所得を報告するために、脚注に極度に依存する方法を採用した。この制度によって、実際に発生した現実ではなく、発生すると予想される仮説に基づいた数値を使用する年金およびほかの給付の費用が損益計算書に記載されることになる。この結果、情報は不完全なものとなり、見栄えが良くなるが（しかし偽りである）、このことは経営者の願望に反して必然的に低い株価をもたらすことになる。

キャッシュフロー計算書

　キャッシュフロー計算書は、財務諸表における基本的な概念を反映させたものであり、最も理解しやすいツールである。なぜならば、キャッシュフローがどこから発生したのか、また何が発生したのかを説明するものであるからだ。しかし、その長い歴史があるにもかかわらず、キャッシュフロー計算書は資本市場に供給される規定から長い間除外されてきた。キャッシュフロー計算書への関心が1980年代に次第に高まってきたとき、FASBは、経営者、監査人および利用者の要求を満たすような新しい基準の制定に対する要望が高まっていく状況を目の当たりにしたのである。しかし、馴染みがあるが有効でない間接法ではなく、営業キャッシュフローを報告するときに有効となる直接法をFASBが規定するという意図は、軋轢が生じたため踏みにじられたのである。[5]

　財務諸表利用者を代表する組織が直接法を要請したにもかかわらず、FASBは作成者の直接法への理解不足という事情を鑑みて、間接法を

許可する一方で、単に直接法を推奨するというSFAS第95号を制定した。ただし、公開企業の99パーセント以上の経営者は推奨を無視しており、依然として経営者が供給圧力思考に束縛されていることを立証していると言える。これは利用者の要求がまったく実現されていないという事実を物語っている。たとえ明らかに財務活動から支払利息が発生していても、営業キャッシュフローにすべて含めることで間接法をより容易にできるようにしたことは、FASBがさらに作成者に譲歩したことを示し、この点についても注目すべきである。財務あるいは投資活動によって発生する場合でさえ、法人所得税納付のキャッシュフローは営業活動に含まれている。つまり、FASBはここでも同様に、利用者から要求された利益を優先しないで、経営者の供給に基づく要望にだけ応えているのである。

投資

さまざまな理由が考えられるが、経営者は規則的なキャッシュフロー（利息と配当）および上昇の見込みのある有価証券から収益を得るために、ほかの企業が発行する債券および株式に資金を投資する。この投資活動によって、企業は予期される規則的なキャッシュフローが不規則になったり、目標とされる価格上昇が実際には低下したりするリスクに直面している。このような状況でも監査人は財務諸表へ時価表記をさせたくなかったため、その措置として、投資は取得原価で会計処理されていた。1970年代にFASBは低価法の採用と原価を上回る時価の補足情報開示をともに義務づけるSFAS第12号を制定した。1990年代にこの問題が復活すると、FASBは、（資産売却の有無にかかわらず）損益計算書上の時価変動である未実現損益を加え、有価証券すべてについて時価で財務報告することを提案した。作成者支持層はこれに反対し、特に銀行業界（連邦準備制度理事会議長アラン・グ

リーンスパンを含む）は、この措置が銀行の収益上耐えられない変動性を生み出すことになり、銀行業務システムへの信頼性を低下させるだろうと主張した。

　つまり、FASBは当初、既存のGAAPの下で隠されている変動性を明らかにしようとしていた。それにもかかわらず、銀行業界の緩まない政治的圧力の結果、SFAS第115号で妥協し、経営者の自由裁量で目的ごと（売却、たぶんいつか売却、満期まで保有）に区分された3つのポートフォリオに識別することを可能としたのである。このカテゴリーに従うと、未実現損益は損益計算書に報告されるか、あるいはいずれでもまったく報告されないことになる。経営者の要望は満たされたが、利用者に対しては情報開示されないままになっている。4つの原理を考えれば明白であるが、経営者は資本市場に適切な情報を開示しないまま自社の株価を高めることが可能であると考え、政治的な勝利を喜んでいるようだ。FASBは改善を先延ばしすることで妥協し延命できた。しかし、（情報が何も開示されない）ほかの当事者は得るものは何もなかったのである。

ストックオプション

　会計原則審議会（APB）は、経営者が従業員（経営者自身も含む）にストックオプションを付与する場合に費用を計上するべきかどうかという問題に直面したが、株式の市場価値が付与日のオプション価格を超過しなければ、雇用者の損益計算書で費用計上する必要はないと規定する1972年の会計原則審議会意見第25号を発行し、この問題への取り組みを放棄した。この措置で、多くの経営者にとって費用を報告せずに、経営者自身が多額の報酬を受けとる都合の良い規定を制定したことになったのである。実際に未計上の費用が莫大な金額に達したときに、FASBは1990年代の初めにこの問題を再考し、付与日のオプ

ション価値と等価の費用を計上すべきであると提案した。筆者の予想どおり、作成者支持層は怒りをあらわにして、脅迫まがいの措置でFASBを攻撃した。具体的には、国会議員を動かしてFASBを消滅させるという脅しをかけた。これによって当初の提案内容からは大きくそれてしまい、FASBは脚注で報告する選択を認可してしまい、単に損益計算書での報告を推奨するというSFAS第123号で妥協したとき、経営者は安堵した。ここでは、①脚注あるいは損益計算書であろうと資本市場で入手可能な情報はあるので、②脚注での記載は見つけにくいように作成する——という2つの考え方が明白になった。極めて注目に値するのは、脚注処理の選択をすることは、経営者の誠実性および信頼性が欠如しているという印象を明確に与えることになり、資本市場に対して不確実性をもたらすことになる。事実上、経営者はこの事実を認識することなく不適切な開示方法を選ぶ愚かな行動をとったのである。[6]

企業合併および営業権

企業結合と営業権の会計実務は、明らかに不確実性を縮小させる財務諸表の効果を妨げることになるにもかかわらず、外観上の見栄えを良くしようとする政治的圧力がかけられてきたことを示す別の例である。問題となっていたことは、ある企業が別の企業を買収するとき、あるいは2つの企業が合併するときに生じるものであった。特に、この問題は、貸借対照表上で新しく合併された事業体の資産および負債を報告する手法を取り扱っている。「新基準」と呼ばれる考え方では、両方の会社によって所有されるすべての資産および負債は、買収日に両社の時価で再表示される。また、「パーチェス法」（purchase）と呼ばれる別の考え方では、被買収会社の資産および負債は「営業権」と呼ばれる無形資産に分配された超過購入代金で再表示される。2001

年以前はこの営業権の金額は、新企業体の将来報告される利益から意図的に割賦償却された。買収会社の資産および負債は、買収日においてこの時価を認識せずに、GAAPの取得原価で繰り越される。「持分プーリング法」(pooling) と呼ばれる3番目の方法では、両方の当事者の資産および負債がGAAPにおける取得原価のまま再表示される。この結果、持分プーリング法は、企業合併について最も不完全な報告をすることになる。

経営者は報告上の利益にのみこだわり、かつ外見上の見た目ばかり気にして、圧倒的に持分プーリング法を好んだ。[7]

APBは1960年代の終わりに持分プーリング法を廃止しようとしたが、12の資格基準を制定して持分プーリング法の使用を制限するにとどまった。いくら準備コストがかさんでも、(特に株主が最終的に負担を負うことになるのであるが) 経営者による財務諸表の見栄えを良くする行為はとどまるところを知らず、経営者は弁護士を雇用し、持分プーリング法を適用できるような買収資格を得るために監査人と協力してまで、株価が急上昇するように画策した。こういった行為があると、4つの原理へ明白に影響を与える。つまり、余計な費用をかけた結果、株価に悪い影響を与えるということ、また、①報告される利益が偽りで、②経営者は信用するに値しない——ということが市場参加者に認識されてしまうということである。このような悪影響をまったく無視してしまっている。まるで、歯車に砂が挟まってしまっているため、資本市場は効率的に機能することができないのである。

FASBは、約30年後に問題に取り組んで、持分プーリング法を廃止すべきであると提案した。さらに、その提案では、購入のために記録された営業権のアモチゼーション期間を短縮する予定であった。筆者の予想どおり、作成者からの抗議は凄まじいものであった。これは経営者が持分プーリング法を用いることができなかった場合に、企業合併をあきらめざるを得ないという懸念を抱いている経営者が多く存在

していたためである（経営者たちが資本市場の効率性を無視していることと同時に、経済の現実ではなく財務諸表の外観のみに注目していることを全世界へ宣言してしまったのであるが、このことを経営者たちは見落としていたようだ）。さらに、こうした経営者は新会計基準が発効する前のペンディングになっている持分プーリング法取引を急いで進めたのである。

予想どおりかもしれないが、ここで再度、FASBは妥協してしまい、作成者にまたしても屈服することになる。SFAS第141号では新規の持分プーリング法案件についてすべて無効とするものであったが、FASBは過去に持分プーリング法を用いて発生した効果を排除するように、財務諸表を再作成させるようなことはしなかったのである。審議会員はSFAS第142号で妥協し、いわゆる営業権の裁量的なアモチゼーションを禁止したものの、経営者に対し経営者の自由裁量で原価を下回ったと判断される場合には直ちに消却することを任せるというものであった。この会計基準では、真実を記載する十分な報告か、あるいは外観だけを飾った不完全な報告かのいずれかを選択する余地を経営者に残している。筆者が懸念するかぎりでは、4つの原理を無視することになれば、不完全な情報および誠実性の不足によって株価が低下してしまうという結果が避けられないのにもかかわらず、多くの作成者が営業権の消却を先延ばしすることになりかねない。

大切なことは何か

たしかに、これまでの実例は筆者の主張を裏づけていると言える。つまり、GAAPを完全に順守しているという理由で、自社の財務報告方針が十分であるとする経営者は、GAAPが財務諸表の高品質を保証するには不適切な基準であるという事実を見落としているのである。事実として初めから会計基準の制定過程において、経営者の裁量

を制限するというよりも拡大してしまったという点で、欠陥のある妥協的措置を生み出していた。妥協的措置によって利益を得ることになると考えられるのは経営者であるが、その理由は自社のイメージを操作することが許されるからである。こうした経営者が、まだ4つの原理を無視して外観を良く見せる自由を自己のために活用できると考えるのは大きな過ちである。

　繰り返して言うが、こうした政治的要素を帯びた行為の最終的な結論は、GAAPに基づいていては、有効で比較可能な財務諸表を作成することは到底できないということである。次章はこのテーマを拡大し、GAAPが価値のない財務諸表を生み出しているさらに多くの論拠を説明する。

注

1．作成者グループは自己中心的であると判断されることを示し、一般的にビジネスコミュニティーであると自称して、そのほかのだれもが支持者ではないことを主張する傾向がある。このビジネスコミュニティーは狭義ではなく広義にとらえており、「作成者」という用語は経営幹部および一緒に作業する会計士という意味で使用するものとしたい。

2．依頼したときに遡及して実行者に特別報酬を支払うことは可能であろう。

3．はっきりさせておくが、投資家が不正に入手した情報に基づいて行動することを防止するための内部取引規制について議論しているわけではない。この規制によって投資家の市場に対する信用が増し、リスクを減少させ、全企業の資本コストを低下させていると考えるのは妥当である。こうした規則は、一方で社交界と付き合い、一方で株主財産を扱っている経営者の活動を抑制する観点からは適切な情報開示

方針であると言える。

4．会計学術団体の指導的立場に就いている人が、公認会計士は監査活動を放棄し、年金価値評価の作成などの業務に努力すべきであると提言したことについて、そのまま受け入れることはできない。このサービスがどんなに重要であったとしても、有効な財務諸表を求める多くの要望がある現状において、公認会計士の教育と専門知識が財務諸表作成以外の目的で活用されるべきであると判断することは、総合的にはマイナスになると考える。

5．直接法はさまざまな営業キャッシュフロー収入から総キャッシュフロー支出を差し引いて報告される。一方で間接法は、分かりにくい純利益と純キャッシュフローの照合に基づいて計算されるキャッシュフロー収支の正味金額を記載することになる。

6．SFAS第123号が本書で何度も頻出するのは、方向を誤った政治的規制制定プロセスが財務報告に大きな影響を及ぼしているからである。この必然的な結果は、経営活動の外観を良く見せるが株価の低下をもたらしてしまう不適切な財務諸表を生み出すことになる。

7．持分プーリング法が経営者に人気があるのは、買収会社が被買収会社の取得日前利益を自社の利益として計上することが義務づけられているからである。このような理由で、買収会社は会計年度終了の直前に企業を買収し、買収が発生する前に被買収会社からもたらされた利益であるにもかかわらず、被買収会社の報告利益を加算することによって自社の損益計算書の報告利益を増加させることができるのである。

第 5 章

PEAP、WYWAPおよびPOOP
PEAP, WYWAP, and POOP

　GAAP（一般に公正妥当と認められた会計原則）措置の制限について説明するときに、前章では会計基準を制定するためのシステムがたくさんの政治的妥協に基づいているために、規定された特別の基準および意見には特定の欠陥があることを議論した。本章でも会計基準の欠陥について触れるが、今回は、GAAPでは資本市場への情報開示が不十分なので、QFRが必要不可欠であるという、筆者の意見のなかで非常に重要なポイントを主張することが主たる目的である。

　このポイントを理解するために、GAAPの全体にわたって不適正な点が見られるということを説明している、一般的なテーマを取り扱う論評解説アカウンティング・トゥデーに掲載された筆者の論説のひとつを見てみよう。[1]

　さて、次ページに掲載したゴルフジョークのポイントは何であろうか。これは実際には単純なことで、正当な手続きの過程での妥協および相反する利害を反映して、経営者がGAAP財務諸表のなかで報告するものと、企業の資産および負債に現実に発生したこととの間に、大きな違いが生じてしまうということである。過去にこだわって、事実に基づいた報告ではなく想像的仮定を用いることによって、GAAPの基準では、事実とは異なる非常に多くの情報が提供されていることが分かる。またGAAPに従って財務諸表が作成され、注意

ゴルファーが彼らのスコアを正確につけるのにGAAPを使用したならば、どうなるだろうか？

　ゴルフを例にとると、もしプレーヤーがスコアをつけるのにGAAPを使用するとすれば、ゲームはまったく異なったものになるであろう。これに沿って、スコアをつけるための基準を制定する機関が、GAGSと呼ばれる「一般に認められたゴルフのスコアリング」のシステムを作成することを考えてみた。顕著な違いのひとつは、スコアカードには10ページの脚注が含まれるだろうということである。

　GAGSに含まれるのは、現実のパット数とはまったく無関係の全ホールでプレースされる1ラウンドごとのパットの予言数を割り当てる作業になるだろう。例えば、各ホールに2パットを割り当てるのは一般的かもしれない。この作業によって3パットの懸念を完全に除去しているが、一方で1パットおよびチップ・インをも排除することになる。しかし、それは両者の変動性および実際に起こることの報告に関連するリスクを除去する数値になるものである。

　ある基準が回避される場合、別のGAGS原則はオフ・スコアカードのバンカーショットを許可するだろう。たとえボールがバンカーに入り、ゴルファーがグリーンにオンさせるのに数ショット打ったとだれかが主張することができたとしても、規則上はバンカーにボールを運ぶことは意図しておらず、見栄えを悪くしたくないというだけの理由だけで、プレーヤーはスコア上このストロークを省略することが可能になるだろう。

　別によく見られるGAGSの特徴としては、パーを超過するスト

ロークを据え置くことであろう。このシステムの下では、プレーヤーは現実にボギー、ダブルボギー、あるいはもっと多いスコアであるにもかかわらず、各ホールでパーより多いスコアを記録しないであろう。今後プレーするラウンドにおいて得点されるかもしれないバーディーあるいはイーグルと相殺することができるまで、超過ストロークはペナルティーなしで単純に延期されるだろう。つまり、カードに記入されたスコアと実際の結果との関係をすべて破壊することによって、スコアの変動性を除去することになる。

　別の基準に、過去のスコアあるいは現在のスコアの低い数値を適用する方法があろう。これが実行された場合、ゴルファーは各ホールで今まで達成した最低のスコアの記録を維持する。その後、実際のラウンドでは、所定ホールで前の低いスコアより低い場合にだけ実際のスコアを記入することになる。

　GAGSのもうひとつの特徴は、2つの選択肢から選ぶという処理であろう。ここでの選択肢は、一方は望ましいもの、もう一方は単に受理可能なものとなる。例えば、ウォーター・ハザードのショットについて考えてみよう。プレーヤーが池にボールを打った場合、そのストロークにペナルティーを加えたスコアを記録するか、あるいはそのショットが現実に数えられているかのように形式上のスコアを示して奇妙な脚注を付すかを選択することができる。

　さて、GAGSを使用するゴルファーが、ゴルフの厳しい規則を適用する選手とトーナメントで争おうとしたときに起こることを想像してみよう。さらに、観客はみなGAGSを熟知しているが、実際のストローク数を単純に知りたがっている、と考えてみよう。この状況下では、賞金は、単に最小ストローク数を報告するプレーヤーにではなく、現実に最小ストローク数のプレーヤーにもた

らされるのだろうか。

　GAGSとGAAPとの関係を考えるのはそれほど想像にかたくない。

● 実際に有効な情報は財務諸表にではなく脚注に現れる。
● 各ホールに均等にパット数を割り当てることと同様に、会計士は資産の実際の価値が発生しているかを常にチェックするようなことはせずに、均等に年ごとに割賦償却費用を割り当てている。
● 巧妙に作成された契約に基づき、簿外にリース負債を計上することが許容されている。
● 低価法は依然として棚卸資産に適用されている。低価法が投資にはもはや適用されていないとしても、財務会計基準審議会（FASB）は、価値が減損した資産の評価を切り下げることを経営者に義務づけているが、価値が増大した資産の評価額の引き上げを禁止している。
● 繰延方式とは、所得税を納付する企業が会計報告上の税引き前利益が多い場合に、翌会計年度末まで費用の計上を延期することである。確定給付年金制度では単に変動性のある事実の報告を回避するために、予定外の損益を繰り延べする方式を適用しているが、筆者個人の意見としてはこの会計手法は廃止されるべきであると考える。
● SFAS第123号によって、報告上の利益から控除せずに、経営者はオプションに基づいた報酬について脚注で記載することが可能になった。

　理解すべき重要な点は、資本市場が無知あるいは自己満足の傍観者によって構成されているわけではないということである。そ

れどころか、資本市場の参加者は各公開企業に細心の注意を払っており、GAAPの報告が妥協的で、予想に基づいており、平滑化されており、繰り延べられているということに精通しており、さらには不十分かつ誤解を招く数値をけっして信頼することなく、実際の出来事に基づいた独自のスコアカードを作成しているのである。市場の栄冠は、一番巧妙に財務報告上の利益を捏造した人々にではなく、より大きな将来のキャッシュフローを生み出す可能性をもつ人々に輝くことになる。

　この例えは、GAAP財務諸表を適切な業績成果や財務状況の表示方法であると考えることは愚かだということを示している。厳格な規則の下で実施されるトーナメントでの勝者は本当に最低ストローク数のプレーヤーであるように、資本市場での勝利者は本当に最高の将来利益およびキャッシュフローを達成する可能性をもつ経営者である。そんな経営者が時には悪いニュースをありのままに報告することがあっても、ギャラリーは拍手を送り元気づけ、経営者には引き続き競争する資格が与えられるのである。ただし、詐欺師からは競争する資格が剝奪され、彼らは永遠の敗者とみなされる。

　制度と実務を変更するには長い時間が必要である。会計基準制定過程が政治的要因によって妥協したものであり、難しい問題（例えば営業権について）を回避してきたことで特徴づけられることを考慮しても、財務諸表は、実際に何が発生し何が終了したのかを反映するものではない。資本市場では、株価にこの事実が織り込まれるということは知られている。賢い経営者であれば、他人をだますようなことはすぐにやめて、自分の思いちがいを改めるべきである。

最後に、全英オープン最終ラウンドの最初のティーに行ってみよう。

　「ファンの方々、チャンピオンシップは終わりました。ライアン・フォレストおよびメル・マイケルソンは、たった今、本日のラウンドの予想スコアを比較し、マイケルソンの予想スコアが62でフォレストの予想スコアの64より低かったので、マイケルソンの優勝が決定しました。スポーツのもつ想像力が生み出した、この大会の意義と栄光を大いにたたえましょう！」

　こんなことはまったく無意味である。しかし、これは大部分の経営者のGAAPに基づいた決算発表の場合と同じである。

　深く細心の注意を払って実施された監査が存在したとしても、現実からかけ離れた規則を単純に適用した監査にほかならない。GAAP情報に頼っていては、企業の将来キャッシュフローを予想するという資本市場の要望に十分に応えていることにはならない。

財務報告で確立すべき事項

　GAAPに対する批判を続ける前に、筆者が財務報告上遂行すべきであると考えることについて記述すべきであろう。そうすれば、現行の会計原則が不確実性を縮小し、リスクを減少させて、より低い資本コストをもたらし、より高い株価を創造するにはまったく不適切であると筆者が考える根拠を、読者は完全に理解することができるだろう。

　もちろん、さまざまな書籍や記事で財務報告が遂行すべきことについてはすでに書かれている。これらは、FASBが主催する「発想構築プロジェクト」（Conceptual Framework Project）で、FASBが考

案した目的が最も有効な根拠があると判断している。第２章ですでに引用したが、改めてここで繰り返して引用してみよう。

「財務報告とは、現在のあるいは将来の投資家、債権者およびその他利用者が合理的な投資、与信行為および類似判断を下すときに役に立つ情報を提供することである」（SFAC第１号、パラグラフ34）

　ここでは報告書を作成者や監査人にではなく、情報利用者に照準を絞っているので、この目的が有効であることが分かる。したがって、従来の供給に基づいた考え方ではなく需要主導の考え方を示しているとも言える。さらに、有価証券報告書が企業に投資や貸し出しを実行した人々だけではなく、全資本市場に行きわたるべきであるという考え方には共感できる。さらに、意思決定が合理的でなければならないとする考えも支持できよう。広く使用されているという理由だけで、GAAPに基づく財務諸表が適切であるに違いないという主張の真の理由を明らかにすることによって、重要なポイントが見いだされる。合理的判断を下すために財務諸表中のいくつかの項目を使う場合、これらの項目が必ずしも役立つものであるとはかぎらない。
　意思決定を合理的であるとするFASBの定義には、意思決定のプロセスに投資家および債権者が将来受けとるキャッシュフローの金額やタイミングおよび不確実性といったものへの評価プロセスが内在している。投資家および債権者こそが、企業の受けとるであろう将来のキャッシュフローの金額やタイミングおよび不確実性を最も早く評価しているとFASBは示唆している。
　この意見には共感できるものの、財務報告は経営者の経営を助けるべきで、既存株主が経営者を評価するときに役立てるべきであると規定する別の意見は受け入れられない。もちろん、投資家や債権者に役立つ有用な情報であれば、こういった二次的な目的にももちろん役立

つであろう。

公共政策と会計基準

　監督機関が、「資本市場で十分な情報開示を達成することよりも、公共政策の目標を推進するために有価証券報告書を活用するべきである」とする意見を筆者は断固として拒絶する。財務諸表の内容を変更すればほかの政策を追求できると考えるのは、投資家および債権者が市場参加者をだまして自分たち以外のだれかに利益をもたらすことができると政策決定者が思っていることを意味する。例えば、経営者の一部はFASBと議論し、FASBが研究開発プログラムの費用を会計処理するに当たっては、損益計算書上で費用として計上せずに、貸借対照表上の資産として資本化することを認可するように働きかけた。事実、この議論は、企業が投資家および債権者に対し財務状況を良く見せ、もっと多くの資金を投資させるように説得する目的で、貸借対照表に潜在的偽りの資産を配置したほうがよいと考えたため起こったものである。もちろん、企業の価値以上の価格で投資することは、投資家および債権者にとって有利なことではないし、いかがわしい倫理観の持ち主だけが虚偽の情報を活用して投資させることを合法であると考えるものだ。もうひとつ、政策議論の命とりは、市場が非効率的であり、ほかの情報源からの情報へのアクセスが欠如しているため、市場はいつだまされたのかさえも分からないという前提に基づいていることである。

　それにもかかわらず、変更の反対者は、この不当な公共政策の論理的基礎を含めて、自己の主張を支援するどんな古い根拠も見つけ出してくるであろう。実際、証券取引委員会（SEC）委員J・カーター・ビーズによって現実にその手法が使用されたのは、彼がストックオプションの費用の処理をFASBの提案として要求するために、1990年

代初めに遊説旅行に出かけたときのことである。[2]

　ストックオプションの費用化処理を回避することが許可されれば、米国でFASBおよびSECが先端技術業界の企業を保護する必要があるだろうと彼は言った。この見え透いた策略がうまくいったとしても（実際には起こらないだろう）、結果は、株主が企業の株式の代価を余分に支払うことになり、リスクに対して不十分なリターンしか得られなかっただろう。率直に言って、どうして世界でトップの証券監督機関のひとつがこんな空虚で頑固な議論をしているのか理解できない。

　筆者のポイント（第４章でも説明したが）を繰り返すと、財務会計基準が可能なのは、GAAP財務諸表の内容に影響を与えることだけである。しかし、内容を投資家、債権者に対し信じ込ませたり、行動させたりすることや、投資家や債権者がまたほかの場所で有効な情報を見つけるのをやめさせることはできない。会計基準を最高に活用するには、合理的な決定に基づいたもっと役に立つ大量の情報を提供して、財務諸表の品質に関して最低限の水準を向上させることが大切である。

財務諸表で表示されるべき事項

　こうして有効な情報を提供するという目的が現実に追求されることになるとしたら、財務諸表はどのようになるだろうか。貸借対照表に関しては、企業が所有する全資産、および企業が調達する全負債の情報を提供するという意味で、分かりやすいものになると想像される。また、その状況にない場合、資産あるいは負債としては何も報告されないだろう。財務諸表は、数量、タイミングおよび不確実性を反映する、将来キャッシュフローの本源的価値の最も信頼できる評価であるので、現在の市場価額を使用した資産および負債が記載されることになる。株主持分は単純に資産の市場価値と負債の市場価値との差であ

る。どのような状況の下にあっても、この株式持分が企業の時価総額と等しいとは判断できないだろう。なぜならば、後者の測定値は資本市場参加者のキャッシュフローの予想に基づくものであり、これには経営者によって自社の連結の資産および負債や、例えば、労働力、評判、供給プロセスおよび流通システムなどのその他の活動からもたらされるものである。時価総額は、本質的に株式相場の需給のバランスに基づくものであるが、それは企業の財務報告上の資産および負債のバランスに基づく市場価値の合計とは完全に異なる。したがって、この２つの数値が互いに異なることが予想されるわけである。さらに単一取引で購入する場合、時価総額の典型的な計算値（発行済株式数×１株当たりの時価）は企業の実際の市場価値とは異なるだろう。

　また、株主によって投資された投資金額や受領する配当と分別して、株主持分の全変化について記載されているのであれば、損益計算書は分かりやすくなるだろう。そうすることによって、損益計算書は会計報告期間に発生した収入、費用、利益および損失をすべて含み、その期間に生じなかったような項目をすべて除外することになる。損益計算書では特に実現損益および未実現損益の両方を報告する。[3] 前払勘定（Deferrals）と既経過勘定（Accruals）は、変動性を平滑化しようとする経営者の期待あるいは要望に基づくものではなく、実物資産・負債の市場価値の実変化に基づいているだけである。したがって、減価償却費の金額は、これまでよく見られたような耐用年数および処分価値の予想に基づく結果ではない。その代わりに、もし著しく資産の市場価値が減少すれば（減少額で）減価償却処理されることになる。反対に、もし資産の市場価値の増加が認められれば、評価増処理される。この例は、事実が観察され財務報告される場合に有効な情報が提供されるだろうと筆者が確信している方法である。この考え方は、事実を反映させる代わりに、仮定、平均、期待および予測に基づいて報告する現行の一般に公正妥当と認められた会計原則とは正反対のもの

である。全体的にとらえると、筆者の提言する原則に従えば、損益計算書を2期連続の貸借対照表に明瞭に表示することになる。

　筆者の提言するキャッシュフロー計算書を用いれば、会計報告期間に発生したすべての種類のキャッシュフローについて明確かつ完全に記載することになるだろう。営業損失区分はすべての営業活動のキャッシュフローであるが、営業活動のキャッシュフローだけを含むことになる。さらに、これは営業活動の総キャッシュフロー収入および総キャッシュフロー支出を表示する。財務活動キャッシュフローは配当および利息の支払額、および財務活動と関係するすべての納税額および減税額も含む。投資活動キャッシュフローは配当および利息の受領額、および投資活動の結果納付されたすべての所得税を含む。

　最後に筆者が経営者に開示を希望するのは、損益計算書およびキャッシュフロー計算書の両者の補足として、営業キャッシュフローと純利益の数値との関係を説明する理解可能な照合計算を表示し、また純利益は営業キャッシュフローの表示の単なる置き換えではないことを確実に示すものとしたい（第17章で筆者の提案様式を記述する）。

　この補足的価値の表示がなされた財務諸表に加えて、経営者が十分かつ完全な情報を提供することで、企業およびその財務上の業績および状況に関して、利用者ができるだけ多くを理解できるように経営者が保証すべきである。例えば、財務諸表利用者に異なる場所にある有形資産に対する会計報告期間の出来事の影響をつなぎ合わせさせ、かつブランクに記入するために推測させるのではなく、経営者は以下のような表を提供することができるはずである。

期首時価総額	1億250万ドル
企業買収	
吸収	8500万ドル
直接買収購入	6500万ドル

処分	−2540万ドル
時価変動	−2800万ドル
為替レート変動の影響	−300万ドル
期末時価総額	1億9610万ドル

同様の表は、無形固定資産、投資、債権、債務およびその他主要資産および負債に対し供給可能である。

もちろん筆者の大まかな設計案を実行するときに解決すべき多くの問題があるだろう。また、これを解決することが容易であると言うつもりはない。しかし、この問題を解決する過程は投資決定に有効な情報供給をするためには最も重要なことであると考えるべきである。この点でまた、この問題を解決する最も生産的なルートは官僚的・政治的なプロセスに依存しないことであるという筆者の主張を繰り返すことができる。もっと正確に言えば、QFRに熱心な経営者が、資本コストを縮小するような高品質の有価証券報告書を公表するときに、互いに切磋琢磨する競合プロセスを通じて問題を解決することになるだろう。

いくつかの詳細な筆者の提案は本章および次章のさまざまな場所で示されている。現在の主要目的は、評価やGAAP報告実務の欠陥を識別するために使用することができる黄金基準としてこれらの理想を確立することである。

GAAPはどのような点で不十分なのか？

一般に公正妥当と認められた会計原則には欠陥があるために、GAAPという省略語はPEAP、WYWAPおよびPOOPといった3つの略語のうちいずれかに置き換えられるべきかもしれない。

PEAP——政治上便宜的な会計原則（Politically Expedient Accounting Principles）

　第4章では、資本市場に有効な情報を供給するという目的の実行を推進せずに、政治的圧力の結論に基づいている会計基準制定者の典型的な状況を記述した。分かりやすい例を挙げながら（また読者の疑問を解消することにもなろうが）、次のパラグラフでは、真実を記載することを財務諸表から奪ってしまっている最も分かりやすい政治的な妥協についていくつか説明しよう。

棚卸資産

　FIFO（先入先出法）とLIFO（後入先出法）といった方法のいずれかについて、経営者に選択権がある棚卸資産評価の原則を（政治的に）一方的に認めてしまった。こうなるまでには、いくつかの企業によって節税目的で税法を変更する運動が繰り広げられてきた歴史がある。節税を目的としたLIFOの利用を審議会員に説得するために、経営者と監査人は1930年代に議会にアプローチした。しかし、この過程では、税務申告上で使用される場合に財務報告上の損益計算書上でLIFOを使用することを納税者に要求する「一致規則」（conformity rule）を議会は決議することになった。議会は、税法とGAAPとの間にはほかにも多くの差異があるが、これらに関してはほかに一致規則のない状況にもかかわらず許容している。ところが、60年以上の間、この規則は立法者を動揺させないように会計専門家による異議申し立てはなされていない。このことから推測するに、たとえ因果関係が不十分なまま資本市場に通知されても、規則をそのまま放置しておくことが政治上便宜的であるとの結論が下されているようだ。もちろん、棚卸資産に関するより有効な情報は、卸売りと小売りの市場価値の報告によって提供されるだろう。現行のGAAPの下では、売却される

までは棚卸資産に価値が付加されないように損益計算書で表示されている。その結果、現実に取得原価を使用することによって、価値が現実に加えられる時期は生産された年度ではなく販売された年度になり、そのときに製品の価値を増加させて収益を報告する[5]。この誤った記載は、両会計年度に発生した事実を正確に知りたいという財務諸表利用者の要望に応えることをせずに、監査人の自己安全の必要性に応えているとしか説明のしようがない（もちろん、GAAPを棚卸資産およびその価値を付加する活動の記載方法と考える経営者はひどい勘違いをしていると言え、そんな経営者の意思決定はきっとお粗末なものであろう）。

外貨

本当に投資決定に役立つ情報提供を追求していくと、損益計算書ではなく貸借対照表上に外国為替損益を報告することには違和感がある。作成者がSFAS第8号およびそれが明示した変動性に反対した後、FASBは言い逃れのためにSFAS第52号を発行した。この妥協の結果により損益計算書が不完全で不十分なものになった。4つの原理は、この方法では企業の株価を上昇させるためには無力で、何が起こったか解明するときに利用者の費用および労力を増加させることになり、現実には株価を低下させることになると説明している。

物価の変動

財務報告の歴史を通じて、大幅なインフレおよびその他経済的な大変動の時期には、経済全体でも特定産業部門でも資産および負債の価格は変化した。会計士は、会計原則を変更せずに高みの見物をしているだけで、事態が数年後にどのように推移するかに依存し、一時的議論を行う以上のことは通常行ってはこなかった[6]。数年が経過して経済危機が終了すると、会計士は危機感を失った。その結果、GAAPは、

取得原価およびデリバティブの取得原価にしっかりと固定され、すべて過去の取得原価で測定され、財務諸表の十分な情報提供を阻害した。この状況は、個々の資産および負債の価格にインフレおよび物価変動がもたらされた経済的激動の延長期間中の1970年代には一時的になくなった。SECから強力に圧力をかけられた状況下で、FASBは最終的に1979年にSFAS第33号を発行し、変動価格を反映した資産および収益に関する情報の財務報告を経営者に要求した。FASBはどちらの方法が良いのか決定することができなかったので、財務報告には２つの方法――棚卸資産および生産に関する資産（負債は除く）のインフレ調整後評価額と市場価格の報告を要求した。また、FASBは全企業にこの要件を課すために十分な政治権力を集めることができなかったので、1400社程度の米国の大手公開企業だけに義務づけた。その後、FASBは財務諸表の基本ルールを変更することができず、補足の表中で情報提供を要求した。また、FASBは監査人を支持層とすることができなかったので、財務報告情報を監査する必要がないことを明示した。そして、この長期にわたる問題はFASB自身を含めて当事者に説得させることが長い間できなかったので、審議会員は５年後に「実験」を再検討することに同意した。もちろん、５年後に経済恐慌は終了したので、FASBはSFAS第33号を無効にした。審議会員は有効なものを実行させることを義務づける十分な権限があるとは思えなかったので、SFAS第89号を発行して、報告を義務づけるのではなく補足情報を報告するように単に経営者に推奨しただけであった。経営者は４つの原理を理解しておらず、また完全に資本市場の効率性を尊重していないので、現在、公開企業の経営者は推奨には従ってはおらず、取得原価を使用して、単に取得原価に基づいた情報を報告し続けている。その結果、現行の貸借対照表および損益計算書では将来のキャッシュフローの金額、タイミングおよび不確実性を投資家および債権者が評価するのを直接支援するような十分な情報提供にはなっていない。

年金

　年金会計は前章で記述したが、ここではPEAPの例として実に適当である。確定給付年金の概念は実際には非常に単純明快なものである。雇用者は従業員母集団に対し繰延未行使報奨の債務を負っている。時間の経過とともに追加の就業や利息によって給付金が増加する場合、この債務はより大きくなる。また、雇用者は債務を支払うために指定された信託に投資する形態で資産を保有する。さらに、こうした投資は規則的なキャッシュフローおよびその資産の市場価値を上昇させる目的で管理される。そのうえ、経営者はこの給付を遡及して増加させる傾向がある。その結果、債務をより大きくさせる一方で、企業の資産になる将来のキャッシュフローが減少してしまい優位性を失う結果となる。結局のところ経営者は、だれに支給するのか、どの程度の金額を支給するのか、あるいは支給する期間はどれくらいなのか分からないのである。最も有効な措置は市場価値で貸借対照表に債務および基金資産を表示し、基金資産の市場価値の変化について新規の償還および正味利息費用の合計で年金費用を報告するということであるが、歴史的経緯から推察するに、年金関連のプロジェクトにかかわっていたFASB審議会員の大多数がそのことを知っていたはずである。年金制度の新しい保険経理の評価および修正による債務調整においては、基本的に損益として発生した場合は損益計算書で処理されるだろう。しかし、まったく不合理な約束が現実に合理的であるかのように経営者は処理するために、前金一括処理を誠実に実行するのは許容できるものではなかった。さらに、経営者はどれだけのリスクが発生したのかを明らかにすることを回避するために、彼らにとって最良の方法は、現実を反映していない財務報告数値をうまく取り扱うことであると考えた。その後、経営者はFASBに圧力をかけ、より平滑化される結果になるものの、全体の真実を明らかにしない、彼らにとってもっと都合のよい年金プランを提案した。審議会員の辛うじて過半数（7人の

うちの4人）は、見た目を徹底的に平滑化できる方法を許容した。この手続きは、実際の影響に対して損益計算書記載方法が緩和されることを保証するものであり、①実際の収益ではなく予想収益が費用として控除され、②債務の保険経理上の調整による予想外の損益は無期限に繰り延べられ、③遡及した給付を増加させる追加費用は将来の年度にわたって繰り延べられる。この年金制度変更があるがために、従業員はより猛烈に働かなければならないようなものである。さらに、審議会員は貸借対照表ではなく、分かりにくい脚注のなかだけにすべての資産および負債の残高についての情報を記載するよう規定した。なぜこんなことをしたのだろうか？　政治的圧力によって審議会員は資本市場に有用な情報を提供するという目標を見失ったようである。貸借対照表および損益計算書は両方ともひどく不完全なので、企業が確定給付年金制度についてGAAP財務諸表で公表してもまったく信用することができないのである（17章では、年金および他退職諸手当の筆者の推奨する情報開示について記述する）。

所得税

所得税の会計実務より単純なものはないように見えるかもしれない。毎年、納税者はどれだけの所得税を納付しなければならないかを算定し、それから納税する。なぜこの金額は費用として損益計算書に表示されているのだろうか。[7] その答えには2つの要因がある。ひとつは、納税された金額（GAAPの下での利益の一定割合の金額）は、納税者の控除額および税還付のタイミングによって年度ごとに大きく変わることがある。費用として実際の納税を処理すると、報告上の税引き後純利益は年度ごとに著しく変わる可能性があるのだ。また、経営者は実際の変動性を単純に明らかにすると、資本市場がこの企業は危険であると考えるだろうと危惧する。したがって、税務申告上の課税所得としてではなく、損益計算書上で報告されるGAAPにおける税引

き前利益を基準とすることによって費用を平滑化したいのである(致命的な罪であることを分かっているのであろうか?)。会計原則審議会(APB)およびFASBの両機関は、損益計算書において繰延税が認識されることを義務づけることによって見事に対応した。この措置には、効率的な資本市場をだまして万事が平滑的であるように見せるため、現実に納税しなくても税金費用として金額を報告し、また現実に納税したとしても税金費用として金額を報告しないでいられるという効果がある。もうひとつの要因は、特に報道関係者のような人に実際の納税額が非常に少ないことを知られたくない経営者がいることが挙げられる(エンロンの騒動が公になったのは、多額の純利益を報告していたにもかかわらず、経営者が海外の税金回避地を利用して、数年間は米国に納税することを回避していたことが発覚したのがことの発端であった)。情報を「秘密」にすることによって、経営者は自社に対する世間体をとりつくろうことができると考えている(ここでの経営者の広報活動は、資本市場に情報をうまく伝達するという問題にはまったく配慮がなされていない)。GAAP(つまりPEAP)の順守は経営者に融通を与え、あたかも納税する数年度前の年度に納税するかのように税金費用を報告することを経営者は「強制」させられることになる(筆者は会計上の誠実性の欠如に関して以前に記述したことを思い出してほしい)。したがって、もう一度繰り返すことになるが、政治的便宜が図られれば図られるほど、有効な情報は財務諸表からは喪失されてしまう結果になる。

ストックオプション

ストックオプションのGAAPにおける取り扱いについてはすでに簡潔に説明した。前述のとおり、FASBが資本市場で財務諸表中に真実の表示を導入しようとしたとき、政治的圧力をかけられたのである。作成者支持層は、あらゆる手段で審議会員の存在を脅かし、最後の防

御ラインであるはずの財務会計協会の管理者およびSECからすら何の支援もなかったのである。これを受けて、5人の審議会員が脚注の形式上の開示を認可するが、損益計算書上では報酬費用を報告するように単に推奨するという妥協措置を許容した。この5人の審議会員でさえ、下記のSFAS第123号に引用されるように、この点については政治力に屈してしまったと認めている。

「株式に基づく報酬の会計処理の論議においては不運にも深刻な不和が発生するようになり、財務会計審議会の構成支持者との将来の業務上の関係をも脅かすものになった。結局、論議の性質から、民間部門を規制する会計基準の将来をも脅かすものとなった」(パラグラフ60)

「この問題について不和が発生している議論を終了させるために、FASBは現状維持で従業員報酬の情報開示の問題を決着させた。ただし、この決着が財務会計報告を改善する最良の方法であると確信したからではない」(パラグラフ62)

歯切れのよい表現になっていないのは、審議会員がFASBの長期的な将来を気遣ったためで、費用を報告することが最良の方法であるという審議会員の確信を押し通すことができなかったからだ（2人の反対意見の審議会員は、経営者に費用処理を要求してこの問題に立ち向かおうとした）。その結果、このPEAP損益計算書は、ある会計年度で発生する報酬費用の報告に関して信頼できるものとはなっていない。[8] もう一度繰り返すと、政治的便宜が図られたため、経営者は情報を内部で入手可能であるが、資本市場参加者は外部の情報源からそれほど信頼できない情報を得るために努力せざるを得なくなったのである。ただひとつ言えることは、推奨された方法を拒む経営者は理解に

苦しむような疑惑を生むからといって真実を述べたりするようなことはせず、だれも（おそらく自分自身を除くが）だますことはできないのにもかかわらず、うわべだけ小奇麗にとりつくろおうとすることが知れわたったということである。[9]

投資

前章では債券および株式の投資の会計報告を簡潔に説明した。FASBは財務諸表に真実を記載させるというすばらしい意図をもって始まったものの、真実を情報開示すれば、資本コストを縮小することや公共政策目標を達成することが難しくなると考えた経営者および銀行監督機関からの反対を抑えることができなかった。FASBは再び屈服し、有効な情報を提供させる目的を捨て、同じ投資を行っている異なる会社の経営者に対してそれぞれが希望する方法で報告することを許可した。事実、財務諸表のなかで報告された金額は株式市場および債券市場の価格に基づいておらず、経営者の意図に基づいている。もちろん、投資有価証券の市場価値が、経営者が意図する状況に反して変化しているからという理由で、政略的に操作するのはまったく意味がない。本章のポイントを続けると、投資の会計処理は政治的妥協の産物であり、またGAAPを順守するだけでは有効な情報が資本市場に提供されない。実際、有効な情報がまったく提供されないことを現実には保証してしまっている。

その他

その他の政治上便宜的な会計原則（PEAP）があるだろうか。リース、ソフトウエア開発費、不良債権、企業合併、キャッシュフロー報告およびデリバティブなどにはPEAPが含まれている。これらを認識するための鍵は、財務諸表によって経営状況が脚色されている一方で、資本市場では有効な事実へ容易にアクセスできなくなっていることで

ある。

WYWAP——何でもありの会計原則（Whatever You Want Accounting Principles）

何度も重複するが、GAAPを順守するだけでは高品質の財務諸表が作成できないことを実証することができる。会計原則の容認規定によって、経営者は、まったく異なる財務諸表を作成することになるまさに正反対の方法のなかから選択できるからである。さらに、報告状況の実際の差異が明らかにされることがないので、多くの場合、どれが選択されようと意味はない。言い換えれば、経営者が選択した方法において情報がどの程度有効であるかを証明することが求められていない。多くの経営者が、不確実性とリスクを除去する前向きな努力をせずに、財務諸表を良く見せるために一般に容認された会計原則を選択する。その結果、GAAPに唯々諾々と従うことは、経営者が資本市場参加者に何が起こったか知らせたいという明瞭な宣言ではなくなっている。次のパラグラフでは、この種の自由が経営者に与えられているいくつか状況について簡潔に説明する。

棚卸資産

前節で記述したように、FIFOかLIFOかの選択は会計報告上の利益測定値に大幅に影響を与えるにもかかわらず、基本的に、この選択には何の拘束力もない。この選択を歓迎する経営者にとって皮肉なことに、この選択にはジレンマがつきまとう。内国歳入庁準拠規則によってLIFOは、税務申告上で使用される場合には損益計算書上で使用されることが義務づけられている。当期税納入額の縮小した場合に株主を有利にすることになるLIFOの選択は、会計報告上の利益ではFIFOが使用されている場合よりも縮小されるため、財務諸表上は見

栄えが悪くなる選択となる。他方、経営者がより見栄えを良くするためにFIFOを選ぶ場合、将来のキャッシュフローが見劣りするので株主には不利になる。したがって、株主を有利にするには、経営者は財務諸表の見栄えを悪くしなければならない。一方で財務諸表の見栄えを良く見せるためには株主を不利にしなければならない。その結果、経営者がFIFOを選んだという事実は、株主の財産より財務諸表の見栄えについてより関心があるというかなり確固たる証拠となる。一方、財務諸表利用者および資本市場の情報内容だけを見ている者はだまされることになる。

減価償却

　GAAPの広範囲な柔軟性は、古いジョークの落ちで伝えられる。「『2＋2は？』の質問に公認会計士はどの答えるか？」。その答えは、「お望みの結果は何ですか？」である。おそらく、このような柔軟性の最も大きな原因（会計専門職の最も大きな汚点）は何であろうか？それは、「利益に関する有効な情報となるのは、将来まで待って実際の発生状況に基づいた費用を報告するのではなく、どのくらいの減価償却およびアモチゼーションの費用が将来に発生するかを事前予測することであるという過去からの神話」が原因ではないか。したがって、GAAPによって経営者に義務づけられているのは、資産の耐用年数はどれくらいの期間か、またその耐用年数終了時点での残存価値はどれくらいかを予想することである。その結果、彼らは各期間に減価償却費を割り当てるために、2つの方法（定額法あるいは加速償却法）から減価償却の方法を選択する。これらの計算方法は必ずしも発生する状況について信頼できる記載とはならない。おそらく資産の取得原価は例外であるが、この数値にしたところで誤っている可能性がある。残念ながら（少なくとも、筆者の判断のかぎりでは）、筆者が大きな論争になってもおかしくないと思うのに、会計士、経営者、基準制定

者および財務諸表利用者たちの間にはまったく問題意識がない。この問題の中心は、予想上の未観測期間にわたって減価償却費（取得金額で測定される）を割り当てた情報が有効であるかどうかということに対する疑問である。当事者の絶対的な沈黙は、従来からとられてきた方法であるから良いものだということを証明するものではけっしてない。もっと正確に言えば、①旧態依然の状況に明らかに満足している、②定着した会計基準を現状の政治的体制のなかで変更することにまったく絶望している——という２つの理由が根幹にあると解釈できる。理由とは無関係に、減価償却の会計処理によって、経営者には財務諸表上で費用の尺度について無制限の裁量があるという事実が残る（貸借対照表上で資産として報告された金額は費用が数値として残らず未割り当てであり、有効性のある金額ではないという事実を見落としてはならない）。筆者はQFR思考に転換したので、大きな不確実性の下で独自に市場価値（経営者はすでに把握している）を評価しようと取り組んでいる人々に、経営者が報告したがらない事実を目の当たりにすると、ただ当惑するばかりである。この怠惰から生じる結果は本質的により高い資本コストおよびより低い株価にならなければならない。[10]

簿外資金調達（Off-Balance-Sheet Financing）

　おそらく、簿外資金調達（Off-Balance-Sheet Financing　以下、OBSF）ほど、資本市場効率および真実の価値の無知を明示するものはない。エンロンの財務諸表にかかわる暴挙の大部分は、アンダーセン監査法人の共犯的同意の下で行われたOBSFを獲得するための事実上何百にものぼる有限責任組合の使用にあった。

　OBSFの背後にある基本的な考えは、貸借対照表上で適切に債務を報告せずに企業の借り入れを可能にすることである。その明白な目的は、より高い株価への願望とともに、財務諸表利用者をだましてこれ

を承認させることである。もちろん、資本市場の効率が最小限の場合、この行為は2つの望まない結果をもたらす。まず、OBSFを行うことで、経営者が真実を伝えていることを信頼することができないという説得力のある証拠を提供することになる。次に、OBSFを行えば不完全な財務諸表になる。両方の結果によって、高い資本コストおよび低い株価となる傾向がある。それにもかかわらず、経営者はこの機能障害の行為を続け、また監査人は経営者がそうすることを可能にするために参加させられた。心理学では、この状況は「共依存」（codependence）と呼ばれる。また、その存在に対しては治療が必要である。

おそらく、OBSFを達成する最も一般的な方法は、キャピタル・リース契約ではなくオペレーティング・リースとして分類される契約の締結である。これにより賃借人は現実には所有しているが、それを資産あるいは負債として報告しないことになる。FASBは、リースを明確に区別する4つの分類基準の識別を行い、SFAS第13号およびその他の会計基準においてこの手法を制限しはじめた。しかし、この基準のうちの2つは、リース資産の予想耐用年数および予想将来キャッシュフローの現在価値に（すべて）基づいている。通常、経営者は監査人の支援を得て楽々と両方の制約を回避し、また筆者が示したように、この基準は、経営者に対して、誤解を招きやすい財務諸表の作成を回避させるどころか、資本化を回避させることを支援する指針として実際に機能してきた。こうした選択が容認されている状況および市場を欺いて報酬を手にできる希望がある（無駄であるのはまちがいないが）ことを鑑みると、経営者がこの餌に食らいつくことは理解できる。

OBSFはほかの方法でも遂行することができる。例えば、確定給付年金では、負債として財務報告されない従業員に対する大きな債務が通常存在している。別の例では、多くの経営者が連結対象にならない金融子会社を設立するために、多くの株主の資金を使った。これについては、ゼネラル・モーターズ・アクセプタンス・コーポレーション

(GMAC) が最も分かりやすい例である。幸いなことに、現在は、財務諸表利用者のために、SFAS第94号によって過半数所有子会社は連結対象となることが義務づけられている。この基準制定以前には金融子会社は親会社からすべての借り入れを行い、この借入金を用いて親会社の売上債権を購入していた。この手法を用いた唯一の目的は、親会社の貸借対照表から負債を取り除くことであった。この議論のポイントは、GAAPには、この手法を阻止し、かつ財務諸表から真実を乖離させて多くの株主の資金を使用することを可能にする監査人の行為を止めることは何もできなかったということである。

ポイントは、OBSFはいまだに経営者が財務諸表に希望する状況を反映させることが可能なWYWAPの別の例であるということある。したがって、GAAPを順守することは、利用者に対し財務諸表が完全であり、あるいは信頼できるという実際の保証をするものではない。

企業合併と営業権

2001年までGAAPは、経営者が他社と合併する会計報告の方法についてかなりの自由裁量を与えていた。第4章で記述された非常に一般的であった持分プーリング法では、買収の一部始終が財務諸表から注意深く省略された。株主の資金を使用し、経営者は持分プーリング法の3つの「利点」（①将来の減価償却費が少なくなる、②営業権には償却費用が発生しない、③買収前の被買収会社の利益を自社の利益として報告できる）を積極的に追求した。一方でパーチェス法には、たった2つの現実的利点しかない。つまり、買収資格を得るには費用がかからないこと、そしてこれは、財務諸表中の合併に関するより有効な情報を報告することでもある。多くの経営者が利益をより高く報告するという誘惑に屈服し、資本市場に情報提供しないままにしておくことによって株主を大事にしない状況の下、持分プーリング法を採用した（この理由のために、筆者は「プフーリング」（"pfooling" と

いう造語で"fooling"と"pooling"の合成、つまり持分プーリング法は株主をないがしろにする手法であるという意）とこの手法を呼ぶことにしている）。

最終的にこの自由裁量を制限する意図で、FASBは新規に、すべての持分プーリング法を行うことを排除するSFAS第141号を発行した。もちろん、この提案は非常に論争の的になったので、FASBはしかるべき方法で妥協しなければならなかった。この結果、被買収会社の資産および負債の純市場価値を超過する支払価格を会計処理するときの大きな変更が問題になった。この超過分は「営業権」と呼ばれる。また、その金額は以前では40年以下の期間にわたって利益に対する定期的割賦償却の対象になった。当初は20年以下に割賦償却期間を減らす提案をした後、審議会員は割賦償却問題に終止符を打つために2001年の初めに変更案を作成した。新しい基準では、経営者は営業権が原価未満の価値に減損していると判断される時点まで貸借対照表上の営業権の価値を変えなくてよいことが許されるであろう。

改正されたGAAPであっても、多くの自由裁量を与えているので、経営者は、財務諸表が完全であり、または十分に有効であることを資本市場に対して証明するための拠所としてGAAPに期待を寄せることはできないのは言うまでもないだろう。経営者は信頼およびより低い資本コストを獲得するために別の何かをしなければならない。

現行の会計基準に信頼を厚く寄せている読者がいることを考え、筆者は次にGAAPの別名に関する省略語についてまだ説明する。

POOP──情けないほど古い陳腐化した原則 (Pitifully Old and Obsolete Principles)

グローバル経済において、数カ月持続するものはトレンドであり、1、2年持続するものは恒久設備と考えられている。読者は、監査人

および監督者が計算、データ管理およびコミュニケーションにおいて新しい技術的設備に遅れずについていこうとして熱心に取り組んでいるだろうと考えるかもしれないが、このように考える人はまちがっている。なぜならば、現行の一般に公正妥当と認められた会計原則の多くが何もない過去の時代に源を発したものであるからである。

会計原則の一覧表および現行の財務諸表のなかでいまだに使用されている中心的な原則の施行日付を考慮してみてほしい。
- 金庫株——会計研究公報第1号・1939年施行[11]
- 株式配当と分割——会計研究公報第11号・1941年施行
- 減価償却——会計研究公報第27号・1946年施行
- 棚卸資産および売上原価——会計研究公報第29号・1947年施行
- 資産と負債の経常および経常外の分類——会計研究公報第30号・1947年施行
- 長期請負契約——会計研究公報第45号・1955年施行
- 転換社債——会計原則審議会意見第14号・1969年施行
- 投資持分法会計——会計原則審議会意見第18号・1971年施行
- 債権および債務——会計原則審議会意見第21号・1971年施行
- ストックオプション——会計原則審議会意見第25号（SFAS第123号の一般的実施による事実上のGAAP）・1972年施行
- 中間報告——会計原則審議会意見第28号・1973年施行
- 損益計算書構成——会計原則審議会意見第9号・1966年施行、および会計原則審議会意見第30号・1973年施行
- 研究開発——財務会計基準に関する方針書第2号・1974年施行

現代世界における古典的GAAPの老朽化および適用性の欠如については言うまでもないと思うが、すべてのSEC登録企業およびほとんど全企業が順守すべき報告の頻度についての議論は例外である。特に、1934年の証券取引法によって公開企業が1年に一度の財務報告の

129

補足として3四半期報告の履行が確立された。この状況から、現実にマネジャーには、1930年代の初めに可能であった情報処理技術より頻繁に中間報告を提供できる操作技術があるはずであるという疑問が生じる（筆者が政治的なプロセスについて把握していることに基づけば、1930年代でさえ、この報告頻度が最も遅い会社の能力に基づいた妥協だったと確信するものである）。これを開始した年代と同じ手法が現在も会計基準として実行されており、株主への印刷物による報告書の郵送も一例である。最近の話であるが、筆者は普通郵便によってバークシャー・ハサウェイから四半期報告書を受けとり、数週間前どころか数カ月前の株価が記載されておらず、その報告書に何も有用な情報を見つけることができずにあきれ返った経験がある。

投資戦略を決めるうえで、ウォーレン・バフェットの戦略を研究し、ウォーレン・バフェットの動機を注意深く観察する人々がいる一方で、株主は郵便箱を開き四半期報告書を見つけて注意深く読むことになるが、これでは合理的に株式を買うか、保有するか、売るべきであるかを決定できるはずはない。

およそ最後の言葉

政治的な証拠、融通性およびGAAPの老朽化を考慮した場合、この会計原則によって現在の高度に効率的な資本市場において十分な情報提供がなされているという言葉を真剣に信じることはできるのだろうか。控えめに言っても、監査人はもっと自分の行動を見つめなおすべきであり、監査人に新しいことを行おうとする先見の明が完全に欠如しているので、われわれは不満を感じている。筆者が判断できるのは、QFRの4つの原理は、筆者以外のだれひとりとしてこれを真実だと認めなくても、あるいは、だれもがこれがあたかも真実でないかのような行為をしていたとしても、機能してしまうということである。

それでは、筆者のポイントは何であろうか。GAAPの欠陥を考慮すれば現行の財務報告制度の確実な解決方法はない。経営者と監査人が勝手な振る舞いをする場合には、制度の制限を無視して暴走して不正行為を続けているとわれわれは単純に結論を下してしまう[12]。どんな経営者でも、適切な資本コストおよび高い株価をもたらすような十分に有効な情報を提供しようとすれば、GAAPに頼るだけでは不十分である。同じように、投資家と債権者は、企業の財務諸表がGAAPを使用して作成されたことを知ったとたんに不安を感じてしまうのである。

 GAAPはある有効な目的に役立っているかもしれないが、それが何であるかは定かではない。確かなのは、もっと良い方法があるということであり、それはQFRにほかならない。

倫理の洞察

 第2章で説明したように、これまでGAAP制定過程の問題と倫理上の欠陥のある会計基準の実行の不備について考えてきた。そのうちのいくつかは非倫理的であるというのは事実であろうが、こういったものがこれから先も継続して存在するとすれば、良い商習慣を壊すことになりかねない。事実、平易で率直な真実を述べることは、完全な偽りや巧妙に真実を曲げることがもたらす結果よりも、経営者が欲する状況にはるかに近い成果（より低い資本コストおよびより高い株価）をもたらすことを4つの原理が示しているので、QFRが賢いビジネスとして自立すると確信している。したがって、読者のうちのどなたかが良心のとがめからQFRを採用することになっても、筆者は何の不満もない。しかし、そうなることは稀であろう。筆者が期待するのは、経営者が株主を豊かにするのと同時に、自社に付加価値を与えようとする正当な探究心からQFRを採用することである。

他方では、公認会計士、監査人、経営者、監督機関あるいは会計・財務学術者が、不完全な財務諸表、誤解を招きやすい財務諸表、時代遅れあるいは不合理な財務諸表に資本市場がどのように現実に反応するかを理解していない場合、彼ら自身が何もしないでじっと身構えているだけではけっして許されないということは自明であろう。このポイントおよび4つの原理を知らないことは許されるかもしれないが、不完全で信頼性が低く、信頼できない情報がより高い資本コストに結びつくことを理解せずに、同じ方法で行動し続けることは無益である。実際、筆者はこの種の無知がまもなく弁解不能になると断言する。

注

1．アカウンティング・トゥデー、2001年7月23日／8月5日号、pp.14−15。
2．『ストックオプション会計および証券訴訟改革（Stock Option Accounting and Securities Litigation Reform）』1993年11月15日、パロ・アルト（公認会計士）、公開企業協会の面前で。『公共企業協会の面前の意見（Remarks before the Association for the Association for Public Corporations）』1993年12月1日、マイアミ（FL）。『オプション会計――常識的アプローチ（Stock Option Accounting: A Common Sense Approach）』1994年4月13日、メンロー・パーク（公認会計士）、ベンチャーキャピタリスト西側協会および経済成長のためのアメリカの企業家の面前で。ビーゼの3つのスピーチの記録すべてはSECから発行された。
3．財務報告の世界では、実現損益とは、「現在の売却価格」と「直近に記録された価格」との差異であり、「現在の売却価格」と「資産の取得原価」（あるいはほかの帳簿価格）との差異ではない。この考えは第15章でさらに具体的に議論されている。

4．一見すると、FIFOおよびとLIFO（先入先出法および後入先出法）についての実例が表現されているように見えるが、実際の観測に代用された仮定である。また、経営者の選択は何が現実に起こったかを会計処理することではなく、希望どおりに報告上の成果に達するかどうかで決定されている。

5．販売促進、物流およびほかのマーケティング活動によって価値が付加される場合、購入される棚卸資産にも同じ欠点が存在する。

6．例えば、1965年に発行された会計原則審議会意見第6号は以下の見解であった。「シドニー・デビッドは、『時価を反映する目的で財産、工場および設備は現時点で評価増しされてはならない』という声明に同意しているが、しかしこれは、時価測定技術が再表示には不適切であると彼が判断しただけのことである。適切な測定方法が開発された場合、取得原価ではなく最新価格を使用して損益計算書中の営業活動の報告、および貸借対照表上での工場設備の評価の両方が改善されるだろうと考えている。その間に、時価を測定するための技術を開発する努力がなされるべきである」FASBのほかの審議会員は、自ら推薦することはないが、うなずきながら、「自分もそう思うよ」と言う。実際、35年以上たって同じ議論が会計士によって蒸し返され、だれかがこの変更を提言するたびに浮上する。正直な読者は、彼らが本書を数ページ読み返せば、理想的な貸借対照表についての筆者の記述から対処方法を見つけたと感じたのではないか。だれも変化についていけなかっただけであり、会計士を非難することができない。しかし、最終的には変化せざるを得ないのである。

7．たしかに、税を費用としてではなく、税務申告上で計算されるような課税所得に比例した、政府への自発的資産配分とみなせる十分な理由がある。納税が企業にとって特定の財産あるいはサービスを得られるものではないので、ほかのすべての費用とは本質的に異なる。この考えを筆者は支持するが、あまり支持を勝ち得ていない。

8．オプション費用が損益計算書上で計上されるべきかどうかの問題に政治的な関心が集中していたが、別の問題はどさくさにまぎれて無視され、FASBは説明に困るような回答をした。特に、連邦税法によれば、取得株式価格がオプション価値を超過した部分については、これが従業員によって実現された場合に、企業はその金額だけ課税所得から控除することが可能である。FASBは、財務報告上の利益額が小さくなるので法人税軽減額を税費用の縮小として損益計算書に記載する必要はないと判断した。思い切った内容であるが、筆者はこの意図をまったく理解できない。

9．損益計算書から費用計上を削除することで、皆の注意を引いたという事実は、フォーチュンの2001年6月25日号の記事によって分かる。この書き手は、費用の省略、および真実を伝えない安易な措置に屈服する経営者に対して、一貫して軽蔑的な評価をしている。

10．経営者が雇用した管理職が、株主および資本市場にこの情報を伝達しないことを決定しており、株主が被害を被るという侮辱的行為と言える。説明責任能力の欠如は、文字どおり会計原則と代理人との関係を規定する昔から培ってきた慣習および法律に反するものである。

11．実際、ARB第1号に規定されていた金庫株に関する規則は1933年および1938年に、アメリカ会計士協会の初期の委員会によって採用された。

12．筆者がGAAPの順守を不正であると不当に手厳しく判断していると誤解されないように、筆者は不正行為を「もし真実を知っていれば投資決定がされないような場合に、ほかの当事者に投資決定するように説得するために誤解を招きやすい偽りの情報を故意に使用すること」と定義する。どう考えようとも、筆者は、GAAP財務諸表がこの用語の意味に該当するとの結論を下すものである。

第III部
QFRの信頼確立
Building Confidence in Quality Financial Reporting

　第III部は本書で最長の部分であり、これまでの内容から転換して現行の高圧的なGAAP財務報告システムに代わるQFR方法論のメリットやそのほかの魅力についてこれから説明することになる。

　第6章ではまず、供給主導型のGAAPを選択・実行する場合よりも、投資および与信行為の意思決定に当たってより有効で、多量の情報を欲する資本市場の要求に応えることになる概念上の方針について説明する。

　第7章、第8章、および第9章では、QFRが真に現状を改善するものであり、極めて重要であることを説明する。これらの章の材料はほかの著作についても考察することで、多少は論理的でない説明も含まれている。第7章では、賢明な証券アナリストが、財務諸表でどんな情報提供が必要であると感じているかを明らかにしており、証券アナリストの要望は現行の会計基準を基準にした考え方とは相反するものであることが分かるであろう。第8章では、有力な委員会、投資家、学術者やFASBの会員などの業界関係者が抱く考えや意見を記述している。第9章では、昨今の4つの原理の高水準な資本市場調査を説明する。筆者ができるのは鑑識眼を示すことだけであるが、情報の質が向上すると資本コストが低下するという普遍的原理が根本にある。

　第10章では、従来の考え方から生じる多数の反発に対処し、QFR

の信頼を向上させることを目的としている。こうした不満は見当違いであり、新しい方法論を即座に却下するのが必ずしも正当であるという根拠はない。

第6章

旧習的障害を打破する QFR戦略

Building Confidence in Quality Financial Reporting

　前の数章を読まれれば、少し憂うつになり、会計士や経営者に嫌気がさすのはもちろんのこと、財務報告システムが劣悪な状況に陥り、救いようがない状態であることに驚き、気が滅入ったのではないだろうか。しかし、それも、まったく機能していない旧慣習を廃止して、もっと有望な方向づけを求める契機となると考えれば、必ずしも悪いことではない。本書の基本的目的は、現在、障害が山積みで行き詰まった方向に向かっている旧来の方法とは異なるシステムを示すことにある。[1]

　本章で新しい考え方を明示するに当たって、財務報告の関連事項は現行の供給に基づく考え方を需要主導に変革させることで改善されるという前述のポイントに話を戻してみる。単に財務情報を供給するだけではもろもろの非生産的行為と同じ成果しかもたらさないことを考えると、資本市場の要求する情報を考慮して、まったく異なった考え方や方法を用いることが必要となるのが分かる。この新しい方法論によって、経営者、監査人、財務諸表利用者、会計基準制定者および監督機関が果たすべき役割において、大きな変化が生まれるだろう。それでは、説明に入ろう。

基本的状況

これまで説明したように、財務諸表作成者には、一般大衆に提供したい、あるいは、少なくとも積極的に開示したいと思っている一連の情報がある。図6.1の円はこの情報を示している。

極めて当然のことではあるが、この情報の集合には経営者が自社に利益をもたらすと判断したものが含まれる。現行の制度では経営者および企業がより魅力的に映るような種類の情報が含まれることになっている。これらは、利益を平滑化させ、また水増しさせ、負債・資本比率を低下させる傾向がある。経営者がこの種の情報を積極的に提供したいと考えるのは、この情報が提供されれば参加者は喜んで企業に資金を投資すると確信しているからである。また、前述のように経営者はこの情報を最小限の費用で作成したいという希望がある。

この取引の反対側には投資家、債権者、アナリストが存在し、すべて財務諸表利用者である。彼らにも図6.2の円で示されるように、自分が入手したい一連の情報がある。

この情報の集合は、投資家や債権者にとって将来のキャッシュフローを予想するのに適切な事実で構成されており、これは言い換えると、この事実が企業の将来キャッシュフローの出入りを予想するのにふさわしいことを意味するものである。また、この情報は、何が発生したか、また現在何が存続しているのかを立証できる忠実な記載であり、それは信頼できる確実なものでなければならない。さらに、タイミングよく入手できなければならない。もちろん、自己資金を何に投資するか正確に把握するには、将来に関する信頼できる情報をだれもが入手したいと考えるのは当然である。タイムトラベルが現実に可能になるまで、この情報は存在しない。なぜならば、将来の情報は発生するまで立証できないからである。周知のとおり、将来を予想するのはアナリストやその他の財務諸表利用者がすることである。経営者は過去

図6.1　情報供給

経営者が
自発的に報告
する情報

図6.2　情報需要

資本市場が
必要とする
情報

および現在について報告し、こうした利用者に独自の予想をしてもらえばよいのである。

　問題点に戻ると、最初の円は経営者が積極的に開示したい情報を示し、2番目の円は利用者が要求する情報を示している。

2つの円を一緒にするとどうなるだろうか。現在の状況は、図6.3にあるように組み合わせた図で示されている。
　領域Bの情報となる部分集合は、経営者が提供し、かつ利用者の要求に応じているものである。したがって、この部分は財務報告がうまく機能する情報である。この情報を提供する価値が十分あるのは、市場参加者の不確実性を減らし、経営者の資本コストを減少させるからである。それに引き換え、経営者が領域Aの集合である情報を提供することは、市場にはまったく需要がないのですべて無益になっている。領域Cは経営者が提供していない市場の需要を示すものである。したがって、これは資本市場とより密接に生産的関係を求めている当事者のビジネスチャンスとなる領域である。
　領域Cの情報は市場にとっては有益であるが、企業の情報開示では入手できないので、以下の3つの状況のいずれかが発生している。
1．市場参加者はこの企業には投資する意思がなくなっている。
2．市場参加者は投資したいが、不確実性が大きい状況なので判断できない。
3．市場参加者は投資したが、信頼性に乏しい二次的情報源からの非開示情報を得るために多くの時間と費用をかけた。

　結果はすべての場合で同じである。つまり、この企業の株式の需要は減少し、価値は低下し、資本コストは上昇する。この調査が明らかにしているのは、経営者は領域Bを拡大する一方で、領域AおよびCを減少させる財務報告方針を履行すべきであるということである。しかし、どのようにすればよいだろうか。これには3つの選択肢がある。ひとつは、経営者による強力な広報活動により、資本市場に領域Cではなく領域Aの情報を必要とさせることである（要するに右側の円が左に移動し左側の円を包含するようにすることである）。これは供給に集約しており、筆者は実現の可能性はないと考える。次の戦略は、

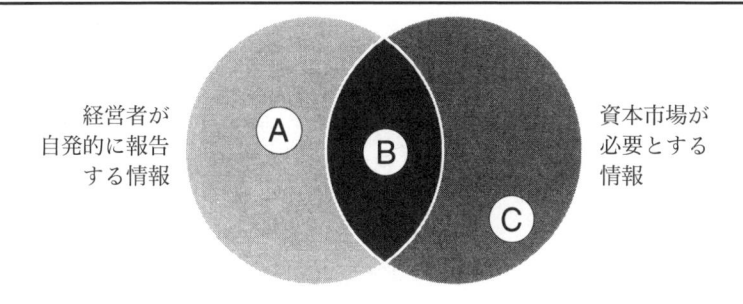

第6章　旧習的障害を打破するQFR戦略

図6.3　供給および需要の共通部分

経営者が自発的に報告する情報　A　B　C　資本市場が必要とする情報

　現状を維持したままで市場がしびれを切らして不確実性に反応し、高値を付けることを望むことである。この反応はまず起こり得ない。最後の戦略が明瞭になるように示したものが図6.4の修正した図である。

　筆者が思うには、道理にかなった唯一の対処法は、経営者が需要に駆り立てられて積極的に市場の円に自分の円が包含されるように努力することである。かみ砕いて具体的な言い方をすると、経営者にとって大切なのは、市場が希望し要求しているがまだ自社では対応できていない情報を見いだし、これを提供できるように今すぐにとりかかることである。こうすれば、経営者は無駄な努力や的外れの情報の作成および出版費用を回避することができる。言い換えれば、これまでの財務報告が事実を反映していないために、市場に疑惑が発生しているような財務諸表については、その外見を気にする報告方針を中止すべきであるということだ。重要なことは、この戦略においては、市場が欲する要求にはっきりと応えることになり、高価で信頼性に乏しい非開示情報ではなく、費用のかからない公開情報を提供することになる。この最終的な成果は、投資家にとって不確実性が減り、企業には低資

図6.4 需要をより満足させる戦略

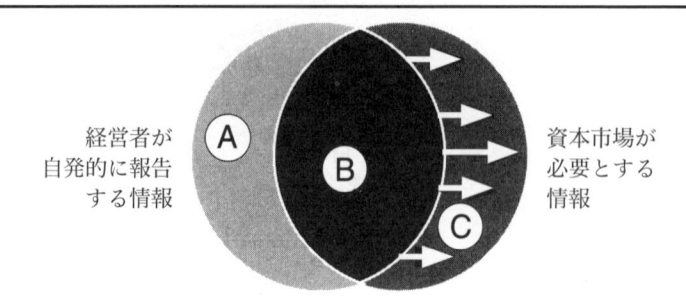

経営者が自発的に報告する情報

資本市場が必要とする情報

A / B / C

本コストと高株価をもたらす。

こうしたほうがよいことは容易に理解できようが、以下に財務報告改革に関して画期的な方策を推奨したい。

最初の3つの立場

この議論をもっと具体的にするため、財務会計基準審議会（FASB）がすでに発表している「報告が望ましいが選択可能な報告原則」とする3つの公式見解の会計原則を実践するだけで、経営者は市場の円に自分の円をかなり移動させることができると、筆者は考える。

1番目はSFAS第89号の「時価変動会計」（Accounting for Changing Prices）である。この基準は、1986年にSFAS第33号を廃止するため公布されたが、これは米国の大手企業に対して特定種類の資産の市場価値および利益への市場価値変化に対する影響額について補足的に情報開示するよう求めたものであった。FASBには、要求事項を拡

第6章　旧習的障害を打破するQFR戦略

大する、あるいは継続させる政治的決定力がなかったので、審議会員は経営者に対しては結果的に下記のように要請するにとどまった。

「……奨励されるものであるが、物価変動の影響額の追加情報を開示することは要求されない……。ほかの様式で企業が報告を試みることを阻止するものではない」（パラグラフ３）

　筆者の調査では、経営者は、証券アナリストが信頼性に欠ける独自の二次的情報源から収集する情報よりももっと信頼できる適切な情報を提供して、合法的にこの領域で革新的行動をとるのであれば、市場はどんな経営者にも報いることはまちがいない。
　２番目の推奨はSFAS第95号のキャッシュフロー計算書である。第４章で説明したが、FASBは、多数決で４人の会員の支持を集めて経営者に営業キャッシュフローの報告に直接法の使用を義務づけることができなかった。実際、大多数の財務諸表利用者はこの規定を支持していたのである。FASBは経営者に、直接法の使用を義務づけるのではなく推奨しただけであり、一方で間接法の使用は容認される選択として許容されたのである。市場のその他の要望に敏感に反応する気のきいた経営者であれば、この需要に応えて報奨を受けようとするのは正当であると考えられたが、この想定は当てが外れてキャッシュフロー報告書については、経営者が安易な選択をする結果となった。実際に、米国公認会計士協会の年次調査では99％の米国公開企業が間接法を使用しているという結果がでている。[2] 経営者が選択したこの結果に対する財務諸表利用者の不満は、投資管理研究協会（AIMR）の財務会計方針委員会によって「1990年代以降の財務報告」として以下のように表明されている。

　……「公開財務報告で表示されるキャッシュフロー計算書は、われ

われの期待よりはるかに役に立たないものである。……ほとんどすべての公開企業は営業活動からのキャッシュフローには直接法は採用しておらず、実質的にすべての企業が間接法を採用しているからである」(p.65)

　AIMRのアナリストはさらに説得力ある言葉で財務諸表利用者の要望する情報提供をかたくなに固辞する経営者に対する失望感を以下のように表明している。

　「FASBは直接法を義務づけることを決定していないが、国際会計基準委員会(IASC)も同じ状況であり、両者ともに直接法は好ましい方針であると是認するだけである。アナリストの意見を取り上げて直接法を採用する革新的企業が出現するのを妨げるのは怠慢としか言いようがない。われわれは直接法が公認され、また財務諸表利用者がこれを望んでいることを改めて声を大にして表明したい」(p.67)

　市場が未開示の情報を求めていることを経営者は確信すべきであり、この情報を提供して資本市場の要求を示す円に入り込むことは経営者の義務である。
　FASBの3番目の推奨はすでに何度か説明している。つまり、FASBの会員は、損益計算書でストックオプションの費用計上を義務づけるのに、十分な政治的バックアップを得られなかったことである。政治的圧力を回避するために、FASBの会員の5人はSFAS第123号を決議した。このSFAS第123号は損益計算書で費用計上を強く勧めるものではあるが、省略可能であり、脚注で見積利益数値を開示するだけでもよいとされている。AIMRの委員はこの件について率直に下記のように述べている。

「……（われわれは）ストックオプションには価値があると判断する。なぜならば、経営者はストックオプションで報酬を受けとっているからであり、財務諸表中の報酬費用として認識され測定されるべきである」(p.47)

　この考えからはっきりと分かるのは、資本市場参加者が費用として処理すべきであると要求していることである。しかし、公開企業の経営者は事実上この要求に応じておらず、脚注での情報提供を市場に行っているだけにとどまっている。ここまで読まれた読者は、この情報を脚注の目につかないところに記載するのは市場に対して情報の入手やアクセスを妨げるものではないと思うかもしれない。しかし、実際には経営者の決定は積極的なものではないために信頼度が低くなり、株価は現実には低く評価されるのが一般的である。
　この３つの実例が示すのは、経営者にとっては市場要求に合致した情報提供が可能かつ容易であることである。これらの手法は経営者が最初にとるステップとしては非常にやりやすい方法であろう。GAAPのなかにこうした要求情報は含まれており、監査人に対して特別な問題とはなっていないからである。さらに、FASBはすでに多くの市場の要望・要求の調査を実施済みであり、経営者はFASBと同じ努力を繰り返して時間を無駄にすべきではない。もちろん、自主的に財務報告を改善しようとするほかの多くの革新的な考え方が現行のGAAP（一般に公正妥当と認められた会計原則）の領域外にある。これには、補足的な財務諸表および、簿外項目、金融商品、棚卸資産および事業区分に関する追加情報の情報開示が含まれる。経営者が創意工夫して、真実を伝えてほしいという投資家の要望を発見し応えることだけが実行されていないのである。

GAAPはどうか？

　1930年代に議会が米国資本市場の規制に着手したとき、すでに説明済みの2つの円とは別の円を描く財務情報が作成されることになった。一般に公正妥当と認められた会計原則についてこれから話をするわけであるが、もちろんこの存在自体からして、財務報告が経営者の円を利用者の円に移動させるよりもはるかに複雑である。

　図6.5の図解が現行の財務報告に関する規定をより具体的に表現していると考えられる。GAAPを表す3番目の円が加わったのがこれまでの図との違いである。

　第4章および第5章で説明したが、FASBおよびその前身機関は市場の情報要求を軽んじる傾向があり、その一方で経営者、監査人および監督機関の強力な政治的要求には応えてきた。その結果、GAAPおよび市場の要求する情報で共通するものは少ないことが分かっている。

　図解でもっと分かりやすく説明すると、左側の円と上部の円とで囲まれた領域（領域①から領域⑥までの部分）は、強制されるか自由意思に基づいて経営者が報告するすべての公開情報を示している。その一方で、領域⑦は資本市場の満たされていない要求を示し、市場参加者が独自に未公開情報に依存することで対応している領域である。この要求が別の情報源から満たされるかどうかへの配慮なしに、経営者は有効な情報を提供しないまま放置して、大きな不確実性がある状態で投資家に投資を強要し、高い資本コストと低い株価というマイナスの結果をもたらしているのである。

　図表の個々の部分集合を詳しく見てみよう。
- ●領域①は、だれも必要としない、かつだれも義務づけられていない情報を示す。経営者がこれを作成する費用は株主の資金をまったく無駄にしていることになる。

図6.5 供給、需要、GAAPの共通部分

GAAPで要求される情報

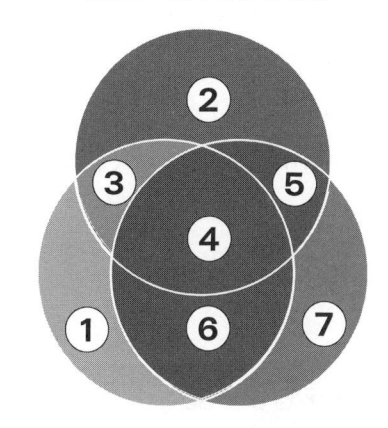

経営者が自発的に報告する情報

資本市場が必要とする情報

① ② ③ ④ ⑤ ⑥ ⑦

● 領域②は、経営者は提供したくないし市場も要求していないのに、GAAPが要求するので報告される情報で、経営者の無駄な労力を示すものである。したがって、会計基準制定過程での誤解を含むものである。FASBおよびその前身機関がこの制定に費やした費用もまた不必要で無駄なものであった。

● 領域③は、経営者および基準制定者に共通する無駄な労力を表すものである。経営者が報告したとしても、資本市場では利用されない情報である。この領域は、FASBが利用者の要求をくみとらないで作成者の支持層と妥協して制定した情報を示している。

対照的に、領域④、⑤および⑥は市場の要求を満たしている報告情報である。各構成部分は特異な性質がある。

● 領域④は、市場が必要とする情報のうち、賢明にも経営者が報告義

- 務に従った「頭を使わないで済む」領域である。
- 領域⑤は、市場が要求する情報のうち、FASBが経営者に対して情報提供を義務づけることを制定したために提供されている情報を示す。この領域について会計基準制定者が利用者の円に入るような会計処理方法が制定される事例はあまりない。
- 領域⑥は、経営者が強制されることなく自発的に報告する有効な情報を示す。したがって、QFRの定義領域である。残念なことに、現在の財務報告文化の状況では、この図の領域部分は極めて小さいと言わざるを得ない。

もうひとつの論旨をもう一度

ここまで、本書すべてにわたって、GAAPを順守するだけでは不確実性を低下させてほしいという市場の要求に応えるのは不十分であるという論旨を明らかにしてきた。図6.5は、この論旨を明瞭に示すものである。GAAPに従うだけでは領域④および領域⑤の情報を市場に提供するだけであり、領域⑥および領域⑦が示している利用者からの多量の情報要求を満たさないまま放置するものである。この有効な情報提供を行わない結果、不確実性や高額の情報関連費用が利用者に発生し、最終的には低株価がもたらされることになる。

新戦略

図6.6は、図6.5を改良したものであり、市場の要求する有効な情報を満たすQFRの戦略を示すものである。具体的には、この戦略は経営者およびGAAPの円を市場の円に吸収させることを目的とする。

まずひとつの理由として、この方針を採用すれば経営者は領域①、領域②、領域③の不要情報の作成にかかる無駄な労力および費用を削

図6.6　需要をより満足させる別の戦略

GAAPで要求される情報

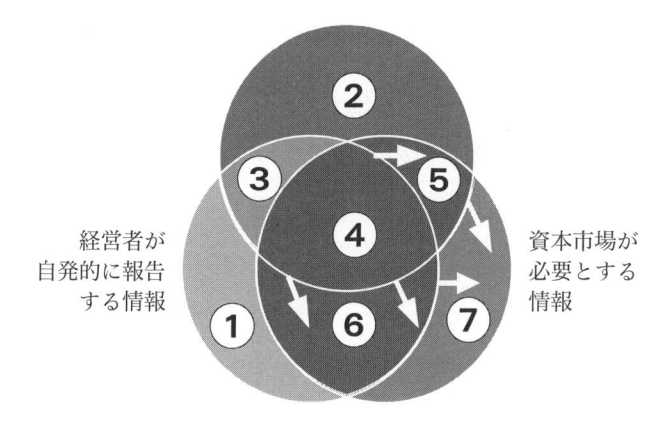

経営者が自発的に報告する情報

資本市場が必要とする情報

減ないし回避することができると筆者は考える。同時に領域④、領域⑤、領域⑥の有効な公開情報を拡大させることが可能である。確実に、この二重に重なっている利用者の領域が拡大することによって、領域⑦の情報を市場が得るために信頼性に乏しい高価な未公開情報に依存することが減ることになる。

　FASBは、自分たちには領域④および領域⑤を拡大する義務があるので、財務諸表利用者の満たされていない要求を見つけ出して、特に資本市場および社会一般によりよいサービスを提供することが責務であると考える。同時に、FASBは、市場が要求しない情報を提供することを経営者に要求すべきではない。筆者の理想では、審議会員の役割は領域②および領域③の古い規則を廃止することであると思う。また他方では、より現実的な将来像として、QFRに熱心な経営者が、現実にFASBが領域④を拡大することを支援し、強制されることなく

市場の要求を満たすことが当然と考えたうえで領域⑤を縮小させることである。QFRの方法論の下での基準制定過程については第18章で詳説している。

　最後に、QFRに理解のある経営者であればFASBの規則制定を待つまでもなく、領域⑥の情報提供を実行するだろう。実際、この領域を拡大することがQFR導入の最終的な目的である。この行動が実現するのは、経営者が有効な情報を開示しないまま放置したり、あるいはGAAPの要求する情報だけをいやいやながら報告したりするのではなく、競合他社よりも積極的に市場に関与することによって、低資本コストおよび高株価がもたらされることを理解した場合である。経営者がQFRを導入することで経済的な報奨を得られることになれば、FASBやSECが現在かかわっているような限定的な政治的権力よりもはるかに力強い変化の潮流となるだろう。市場で競合して安い資本を手にし報奨を得られるならば、時間をかけて正当な手続きを通すよりもずっとはやく革新および進展をもたらすと思われる。

　同時に、QFR戦略を実行する経営者は、領域⑦で示される非公開情報に市場が非効率的に依存している度合いを弱めることができる。この最終結果は当事者全員によりよい状況をもたらすことになる。

現状よりもQFRのほうが理にかなうのはなぜか？

　低資本コストおよび高株価のメリットを理解すれば、すべての経営者に財務報告情報を質量ともに自発的に改善する意思が芽生えるのは明白であると思われる。そうすることで資本市場との架け橋を構築することになり、よりよい関係を築き、不確実性を減少させることでメリットが創造される。

　対照的に、現状を維持する方針をとれば、経営者が一貫して投資家および債権者をだます道具としてGAAPを活用することになり、現

実のリスクに対してはるかに低いリターンの評価で甘んじることになるのである。エンロンは短期間であったものの起こり得ないような業績を財務諸表に記載した。経営者はもはや長期間では到底うまくやりくりできない状況にしかなかった。

さらに、経営資源を活用して故意に株主を欺き、あるいは実質的な情報提供になっていないような財務報告を行っている経営者の行為を正当化している倫理的枠組みを問題視しなければならない。倫理上の原則を引き合いに出すまでもなく、市場を欺こうと意図している経営者は、結果的に投資家に大きなリスクを発生させ、株価を上昇させることなく低下させていることは確実である。

要するに、資本コストを低下させる最も確実なルートは、QFRを活用して積極的に市場の要求を満たす方法を模索し、非生産的な無駄な報告をなくすことである。有効な新しい財務報告方法を作成するには、FASBやSECの官僚的手順に自己満足している（あるいは過去には満足していた）だけでは十分とは言えない。そのようにしてうまくいったためしはないはずであり、経営者が資本コストを低下させようとする姿勢が前向きで、画期的で、適切なものとはだれも思わないだろう。以下の節でこの考えを展開する。

監督機関のまちがった役割

経営者がもっと有効な財務報告を作成することに使える提案がいくつかあるが、筆者は、すべての経営者が資本市場から不確実性を減少させるべきだという要求を満たさなければならないと考えているわけではない。もし筆者が高圧的な姿勢をとれば、経営者や監査人が監督機関や基準制定者と不健全な共依存関係に陥っているのと同じ落とし穴にはまることになるだろう。そうではなく、もっと有効な報告手法および原則は、市場で競合し、資本コストを低下させ、株価上昇を促

進させるような高品質の財務報告を現実に作成したいと考える個々の経営者が大きな集団を形成し、この集団によって実行されるべきである。経営者は、自社の事業に関してどういう種類の不確実性があり、市場が抱く疑惑を晴らすために、あるいはリスクを低下させるためにどのような情報を所有すべきか、また活用できるかについて把握できる最高の立場にいる。

　前述のとおり、GAAPの有効性が限定的であるという残念な状況となっているのは、監査人および経営者が革新的な発想をすることを権力機関に依存しているからである。筆者のFASBおよびSECでの勤務経験から個人的に感じているのは、ある特定の政治的組織および政治的プロセスによって変更が妨げられることである。この制度では目標に達することができないのはもちろん、二次的目標に方向をそらし、その目標に対してさえ変化を鈍らせ有効性を失わせるような措置がとられる。こうしたことから、会計基準制定機関が財務諸表の有効な情報量を増加させることを実現するような真の革新をもたらすことができると期待することは事実上できないことが分かった。

　そうではあっても、経営者および監査人はGAAPおよび法律制定者を信頼し、他社との差別化を犠牲にして財務報告の品質を特徴づけてきた。おそらく、筆者以外のだれも理解していないのだが、学術者もまた発想力に乏しく、今の世代の経営者や会計士は、会計原則を変更することで現実に有効な情報が財務諸表利用者に提供されるという発想を習ったことも、聞いたこともないということが考えられる。

　教育上のこの問題が確認できたのは、筆者のひとりのポール・ミラーが1997年にシカゴ大学のマートン・ミラー教授と面談する名誉な機会が与えられたときである。ビデオ講座収録中に、ポールは、「ほとんどの経営者がもっと有効な情報開示をして不確実性をできるだけ減少させようとしていないために、結果的に資本コストが高く付いていることを理解していない事実をどのように考えますか？」と、このノ

ーベル経済学賞受賞者に質問した。「あなたのような会計学教授がきちんと教えていないからです」と彼は何のためらいもなく微笑みながら答えた。筆者の講義の経験および標準的な教科書に書かれていることを振り返ってみると、彼の言い分には説得力がある。筆者が本書を執筆する動機のひとつは、情報品質と資本コストの関連性について一般的に理解されていないと筆者が感じているためである。

この活動領域での最終的な論点は、資本市場に十分な情報提供を実践する最良の方法を見つけ出せるように、QFRが経営者を誘導することである。しかし、この考えが取り違えられて、財務報告システムの規制緩和の要求となってはならない。

規制および規制緩和の意見

もちろん、資本市場規制の目的は、不正な財務報告を阻止し、それを未然に防ぐことである。この目的達成が難しいのは、不正による他者からの利益受領を正当化する者の心情や知性に原因があるためである。最近、SECの前議長であるアーサー・レビットは、「本当の悪者が実際にはあちこちに多数いる」と筆者に助言した。彼以上に内情を把握している人物がいるだろうか？　不正がまかり通っている場合、規則を制定することで不正を阻止することは不可能である。残念ながら、不正の頻繁な発生を減少させるのに必要なのは、経営者が真実を伝えるように変革することしかない。ある意味で、これがQFRのすべてであり、自社の財務諸表にもっと多くの真実を記載させ、有効な情報を増加させるような創造的方法で経営者に働きかけることにほかならない。これは同時に、現在提供されている虚偽報告を排除するメリットが生まれることになるはずである。

現在の説明について誤解を避けるために、QFRと、1970年代および1980年代の財務報告実務を含めた資本市場の規制緩和の提案とを区

別する必要がある。この議論の骨子は、①経営者が真実を語ることで大きな経済的報奨が得られる、②市場の価格決定メカニズム活用によって虚偽報告で資本市場参加者から資金を不正に獲得しようとする悪者には不利な条件が課せられる――ということを主張する点では、QFRと大きく異なるものではない。こうした熱心な主張の裏づけとなっているのは、市場の詐欺者を罰する機能については理解できるものの、二、三の重要点を見すごしていることを指摘したい。

最初に、高度の規制が資本市場では存在しており、この規制は米国だけではなく世界中で存在する。この規制は意欲ある規制監督者や権限のある立法者の気紛れで一夜のうちに生まれたものではない。実際には、この規制はゆっくりと着実に最低70年間かけて確立したものである。その結果、タペストリーのなかに入念に織り込まれており、廃止するようなことは現実的には起こり得ない（筆者のような２人の学術的会計士の論議では廃止することは不可能である）。

次に、市場において特定の詐欺者を罰することが可能になるには、資本市場参加者が、自分がだまされてきたこと、および、だれがこの詐欺行為の責任を負うのかを分かっていなければならない。しかし、これが分かるのは実際に損害が発生したときである。その結果、市場の執行メカニズムだけに依存させようという議論は、個人投資家は損失を被るのに加害者は公の制裁措置から免れることになりかねない。悪者は将来市場に参加することはできなくなるが、騙して手に入れたあぶく銭は懐に残ることになる。損害を被った当事者は損害を回収するために訴訟を起こすことができるが、裁判制度が損害に対し迅速かつ完全な措置を保証すると楽観的に考えるのは早計である。要するに、規制緩和が施行されれば膨大なコストが社会に課せられることになる。その主たる要因は、虚偽報告した者に対する有効な対抗措置がないせいで損失を被ることになり、そのため投資家はリスクが高いと判断し、投資家が考えるリスクの分だけ企業の資本コストが上昇するからであ

る。

　したがって、QFRと規制緩和が同じだとだれもが考えているのであれば、筆者はQFRが規制緩和を要求するものではないと明言する。その代わりに、QFRは、規制に対してより理にかなった対応を経営者に要求するもので、最小限の規制を満たしているからといって経営者が報告する努力をやめてしまうようなものではない。この最小限の規制が、市場で信頼を創造するという重要な目的を果たし、公正にしている。財務報告実務を規制緩和することによってこのメリットを台無しにしてはならない。

　実際には、QFRが広く導入されれば、不正で欺こうとする者を取り締まるもっと厳しい規制への要求が高まると考えられる。おそらく、より厳しい規制が制定された場合、高品質の情報提供を選択する経営者にこそ最も大きな利益がある。なぜならば、規制が厳しくなれば、市場で競争している経営者は、真実を速やかに情報提供し、なおかつ完璧な財務報告を実行していると評価されるからである。これらがもたらす成果としては、全体のリスク水準および資本市場の費用の水準を低下させることである。

結びの国際的見解

　本章を結ぶに当たって、規制緩和のもうひとつのポイントを説明したい。グローバル化が進展する資本市場では、国際取引を統制し詐欺加害者を起訴する明確な監督当局は存在しない。事実上、グローバル市場は規制の想定外にあり、おそらく規制は及ばない。なぜならば、既存の国家主権の代わりとなる国際的監督当局の設立には大きな障壁があるからである。この状況から明確なのは国際投資にはより高いリスクがあるということである。

　したがって、このようにワニがはびこっている水中（国際投資）に

参入しようとしてきた経営者は、①詐欺によって大儲けして、懲罰を免れることができると判断する経営者、②市場が財務報告を信頼できると評価を与えている誠実で公正な措置を実施し、すでに揺るぎない評判を築いている経営者——のいずれかである。

　この観点から状況を考えると、QFRを活用し、誠実で信頼性のある確かな評判を進展させるようなほかの事業を展開したいと考えている経営者に対しては、グローバル市場は、チャンスを提供することになると思われる。複数の規制当局があり、各当局はそれぞれの政治的状況を反映させた独自の規制を制定しているので、経営者は規則の制約のなかで、自社の外見を巧妙に良く見せようとするのではなく、実際に発生した事実を市場に伝えるようにただひたむきに専心すれば恩恵を受けることができるだろう。

　国際会計基準審議会（IASB）が設立され、真に国際的に普遍的な会計原則確立の目標が制定されたとしても、この状況は依然として継続するはずである。IASBの正当な手続きはFASBよりももっと政治的に複雑であるかもしれないが、国際会計基準は財務諸表利用者が要求する有効な情報の提供を経営者により強く要求する規則にならないことは確かである。その結果、グローバル資本市場では有効な情報に対する要望がまだまだあり、それはいまだに応じられていない。この要望が満たされるのは、経営者が自発的にGAAPが定める最低基準を上回る対応をしたときであり、それに対応する規制は米国内で整備されようが、ほかの国で整備されようが、または国際社会で整備されようがどのような形でもかまわない。

注

1．エンロンの事件から意義のある結論を見いだすとすれば、既存の制度に対する不満が具体的な形で発生したと言うことができよう。実

際にそうであれば、QFRが既存の制度に代わる最上の代替方法になるであろうと筆者は確信する。

2．この調査はAICPA（米国公認会計士協会）が「会計実務のトレンドおよび方法」という題目で発表した。

3．分かる範囲で申し上げれば、好ましい方法を選択した大手公開企業はボーイングおよびウィン・ディクシだけである。

第7章

証券アナリストが胸中を語る
Financial Analysts Speak Their Minds

　これまでは、常識、経済的根拠、ほかの状況からの推定に基づいて低資本コストおよび高株価を獲得するQFR戦略の重要性について説明してきた。

　本章および次の2つの章では、別の視点からほかの方々の記述や実証的調査を通じて見いだしたことを示して筆者の見解を実証したい。このような補足的な解説で筆者の主張の妥当性を証明することは必ずしも必要ではないが、学術研究に携わる2人の会計士が明らかにしなければならない論点を示すことで、特に筆者の提案が一般の会計実務とは非常に異なるものであることについて疑問を抱いている読者に対し安心感を与えることになると考える。

投資管理研究協会（AIMR）研究論文

　1993年、投資管理研究協会(the Association for Investment Management and Research　以下AIMR)[1]は、非常に有益であるが珍しい内容のピーター・ナトソン教授の研究論文を発表した。これはAIMRの財務会計方針委員会の指揮下で、この委員会が取り扱う広範囲にわたる財務報告問題における見解を表明する目的で作成された。この文献は『1990年代以降の財務報告』という標題で、財務報告の現

状に対する鋭い分析を行っており、監査人および経営者がもっとよい仕事を遂行できるようになる多くの方法を示唆している。この委員会の委員には、最高水準の証券アナリストや会計および財務の学術専門家も何人か含まれていたことを付け加えたい。

この研究論文が重要である理由は、この主張がめったに意見を出さない財務諸表利用者の支持層からの見解であることである。これが有意義なもうひとつの理由は、この支持層からの要求や要望がさまざまな立場から明示されていることでもある。経営者が資本市場に株主の立場で参加をすることによって恩恵を受けるという筆者の見解が正しければ、ここで明らかにされた要求こそが、資本市場の要求を満たす方法を発見する出発点となるだろう。言い換えれば、筆者の見解は、もし財務報告が供給主導から需要主導へと変化するのであれば、経営者や監査人は財務諸表利用者の要求を学ぶ必要があるに違いないということだ。

AIMR研究論文の各論に進む前に、財務会計基準審議会（FASB）の審議会員は全員が、このAIMR研究論文を知っており、この内容にかなりの敬意を表している。事実、AIMR委員のひとりであるトニー・コープは直後にFASBのメンバーに任命された[2]。高い地位の基準制定者はこの論文を前向きに評価し、この内容に大きな信頼性を与えている。

本章では、この研究論文からの50以上の短い抜粋を紹介し、これまでの章で主張している論旨を確かめてみる。

資本市場も市場である

現行の芳しくない財務報告の評価における筆者の最初の基本となる主張は、資本市場が労働市場、生産およびサービス市場および企業の供給プロセスと同じ市場であるという事実を多くの経営者が見落とし

ていることである。もし、経営者がこれまでのアプローチを変えて、資本市場を必要悪とか敵対者としてではなく、将来有望なビジネスパートナーとして対応するのであれば、大きな恩恵を得ることができると筆者は提案してきた。AIMR研究論文は、この考えを啓発して信頼を与えるようないくつかの意見を提示している。

投資家には解決してほしい要望がある

以下の引用文が示すのは、知的水準の高い利用者のグループは、経営者が財務報告書を作成するときには利用者の要望をかなえる努力を本気ですべきであると考えていることである。

「財務諸表利用者が特定の様式で情報を要求するならば、そうした情報提供がなされるべきである。このような情報提供の費用が法外に高いものであれば、投資家は有価証券の価値が減少するのを容認することができないので、この要求はなくなる」(p.67)

AIMRの財務会計方針委員会が言いたいのは、市場の経済力は有効な情報を要求する形で機能するということである。有効な情報にどの程度の需要があるのか把握できなければ情報提供費用が高くつく、と経営者が結論を下すのは筋が通っていない。ただ、会計実務の世界では、過去数十年間供給圧力が優勢な状況であったので、ほとんどの経営者および監査人は、この問題に対しどんな需要があるのかという観点ではなく、何を作成し公表すればよいかという観点で取り組んできた。この姿勢が大きく変化するには長い期間が必要であり、財務諸表利用者の見解においても同じ意見となっている。

QFRの社会的利益

　AIMRは財務報告実務と財務分析実務とを区別する意見を多く述べている。そのなかのひとつは、アナリストが独自に結論に達することができるように、活用可能な情報が経営者から提供されることをはっきりと要望している。

　「金融市場の参加者は分析を通じて、将来の経済事象、特に企業の将来キャッシュフローの金額、タイミング、不確実性について独自の合理的な予想ができるようになる。この過程を通じてアナリストは個別企業の絶対的あるいは相対的な価値の評価を行い、投資判断やその要因分析を実施することで、経済的意義において効率的な資本分配を助け、資本市場を活性化することになる」(p.1)

　このコメントは、経営者に広くQFRが普及すれば、市場では資本が効率的に創造され配分され、その結果、公益に貢献できるという筆者の主張を裏づけるものである。

資本市場は効率的である

　QFRのもうひとつの土台となるのは、富を求めるための情報収集および情報処理に関して、資本市場には高い効率性が備わっていることである。市場が効率的であれば、経営者が真実を伝えることをせずに企業の財務イメージをごまかしても無駄なことであり、資本コストを高めるだけである。以下の引用文は市場に効率性が備わっているという概念は、心情的な確信ではなく、実証的根拠があることを示している。

「過去約25年間にわたって金融市場がある程度効率的であるという仮説を裏づける偉大な論文が発表されてきた。実務家と学者との間では、どの程度効率的であるのかの論議が現在でもなされている。この最も基本的な形態として、効率的市場仮説 (the efficient market hypothesis　以下EMH) では、情報は速やかに織り込まれると考えられている。これが意味するのは、他者にも入手可能な情報にアクセスしても利益を上げることはできないということである。EMHの裏づけとなる根拠は、多くの経済、財務、会計の学問である。また、EMHの変則性を指摘する多数の研究もある。市場効率性がどの程度であるかは将来に向けて引き続き論議されることになる問題である。
　情報は最終的に株価に影響を与える点については、だれにも異論はない。情報が入手できる状況になければ必然的に市場は効率的ではなくなる……したがって、いくら金融市場が効率的であろうが、あるいはいくら非効率的であろうが、情報こそが生命線であることはまちがいない」(p.12)

　市場効率性の源泉については以下の短い一節にも記述されている。

　「要するに、市場が効率的である場合、効率性は証券アナリストの功績により生み出されている。証券アナリストは絶えず価格と価値の不一致を探して、その結果に従ってポートフォリオ運用についての助言を行っている。この結果、市場価格は価格と価値の均衡点に向かって動くのである」(p.14)

　経営者はたとえ市場が効率的であると信じる気にならなくても、効率性は存在するものとして行動したほうがよいだろう。そうしなければ、市場をだまそうとする極少数派となることを望んでいることになってしまう。もし、この少数派に入ることができたとしても、この策

略はそう長続きはしないだろう。

　その反面、市場があまり効率的でなければ、経営者がQFRを活用して自社の報告方法と他社とを区別することはより意味のあることになる。特に、非効率性が支配しているのであれば、2つの状況が生まれる。まず、市場は非効率的であるとみなされて、全体的に高いリスク水準の適用のもと、全銘柄が実質的に減価される状況である。次は、非効率性の結果、過大評価と過小評価に二極化する状況である（経営者は非効率性を自分に有利に利用し、過大評価の状態にさせ、これを継続できれば望ましいかもしれないが、最終的には有利な状況は続かない）[3]。経営者が財務報告書において完全性、公正性および信頼性で優位な差別化を示すことができれば、その企業の株式の需要は増大し、真の価値は上昇するだろう。この成果が出やすいのは、特に市場が非効率である場合で、その原因は公開情報の品質が全般的に低水準であるからである。言い換えれば、市場の非効率性の結果、QFRを推進する効果から得られるメリットは増加するだろう。

財務諸表利用者とはだれか？

　第3章では、監督機関が個人投資家に焦点を置いていることは政策上有効であっても現実的ではないという点について筆者の見解を説明した。それよりも、経営者は有能な証券アナリストの要望を理解し、直接満足させ、さらに個人投資家にいたる情報の処理の流れに注意すべきである。したがって、経営者はアナリストが必要とする財務およびその他の関連する事実に基づく詳細情報を秘密にすべきではない。また、良いニュースを強調する一方で悪いニュースを隠すような財務報告方針を選択すれば、株価を上昇させることができると考えるべきではない。AIMRの財務会計方針委員会は以下の言葉でこの考えを断言している。

「機関投資家が台頭してきた結果、機関投資家の保有する有価証券を選択あるいは推奨する専門家向けに作成される財務報告書の需要が高くなっている。この専門家を財務諸表利用者の第一の対象者として認識すべきである。個人投資家の要望が財務報告の議論としてよく取りざたされるが、個人投資家の洞察力、認識範囲および理解は過小評価される傾向がある。個人投資家には会計学の知識がないのでプロが必要とする情報を提供すると混乱を招く恐れがあるという根拠に乏しい理由によって、専門の投資アドバイザー、ポートフォリオ・マネジャーおよびその他証券アナリストが必要とする情報を入手する機会を奪ってしまうのは問題行為である」(p.32)

最も影響力のある財務諸表利用者は平均的投資家よりも有能であるという事実を理解すれば、経営者は開示情報を充実させ、容易で分かりやすくすることによって、この利用者を満足させることが賢明であることが分かるはずである。AIMRはキャッシュフロー計算書を例にして、財務諸表利用者に情報処理費用を押しつけて自分の制作費用を回避しようとする過ちを犯している経営者に警告を発している。

「……［キャッシュフローの］項目調整を『アナリストが容易に評価することができる』としたら、報告企業が評価を行うことになり、評価がもっと容易に（もっと正確に）なるだろう。そればかりでなく、報告企業が行えば、評価や調整は一回で済み、企業に関心をもつ個々のアナリストの労力を省き、何度も行う手間を少なくすることになる」(p.66)

経営者が有効情報の作成の労力と費用を財務諸表利用者に転嫁させれば、必然的な結果は作成費用分だけの株価の減価と企業の市場価値

の下落が一時的に起こることになる。第10章では情報作成費用と情報処理費用の交換について詳細に説明する。

基本原則への立ち戻り

筆者も財務報告の目的は、投資家および債権者に財務情報を提供することであると主張してきたが、AIMRの財務会計方針委員会もまたこの目的を支持している。

「……財務報告の主たる目的は財務諸表利用者に価値のある情報を提供することであるということを肝に銘じなければならない。これは一連の難解な規則を順守した報告書を作成すればよいということではなく、また会計士に頼めば済むことでもない。したがって、財務諸表を使用する当事者は自分が判断する様式や内容について声を大にして主張すべきである」(p.78)

もちろん、FASBは、筆者やAIMRの報告書よりも前にこの目的を表明していた。AIMRの財務会計方針委員会もFASBが示した「利用者が財務諸表の情報に何を求めているかということに関する要約」を支持している。

「……証券アナリストは企業の将来キャッシュフローの金額、時期およびリスクを直接そのままの数値から、または利益予想のような代替の数値から予想する」(p.17)

本章でさらに補足すべきなのは、会計士が共通して過去にこだわるのに反して、財務諸表利用者は将来に焦点を当てていることである。

4つの原理

第1章で以下の4つの原理である基本的理論を説明した。
1．不完全な情報開示によって不確実性が発生する。
2．不確実性によって投資家・債権者のリスクが発生する。
3．リスクが発生すると、投資家・債権者は高収益率を要求する。
4．投資家・債権者に高収益率を提示することによって企業の資本コストが増大し、株価は低くなる。

この観点から、財務報告の基本的目標は不確実性の除去であることが分かるであろう。AIMRの財務会計方針委員会は財務報告と財務分析の違いを説明するときに同じことを述べている。

「将来のキャッシュフローの金額および時期はほとんどの場合、程度の差はあっても不確実なものである。この不確実性を合理的に処理するのが財務分析の役目である。アナリストが企業の将来のキャッシュフローおよび現時点の企業価値を評価するための有効な情報を提供するのは、財務報告の役割である」(p.19)

同委員会は、経営者がよりよい監査をすることに費用を使うべきであると発言しており、不確実性を減少させると資本コストが低下するという関係を認識している。

「監査費用が増加するとしても、金融市場で入手可能な情報の質が向上し信頼感が高まれば資本コストは減少するので、監査費用の増加分は部分的にまたは全部相殺されるだろうと確信する」(p.59)

さらに、明らかに、経営者が財務報告の作成および監査費用を「節

約」して、関連費用を削減したうえで資本コストを引き下げることはできない。割引航空券でファーストクラスに乗ることができないのは自明のことである。監査およびその品質については第13章で説明する。

財務報告の7つの大罪

　第2章では、以下のような、経営者が財務報告をするうえでよく犯す過ちを説明した。
1．資本市場の過小評価
2．不明瞭化
3．過大表示および虚偽報告
4．平滑化
5．最小限の報告
6．最小限の監査
7．近視眼的なコストの見積もり

　AIMRの財務会計方針委員会はこの罪のそれぞれを説明している。

資本市場の過小評価

　この研究論文を読むうえで理解すべき点は、資本市場は効率的であり、かつ非常に有能なアナリストが資本市場に参加しているということである。この点がいったん理解されれば、資本市場を過小評価する傾向は消滅する。
　例えば、あらゆる情報源を利用して適切な情報を探し出す市場の能力について、AIMRの財務会計方針委員会は以下のような表現をしている。

「財務諸表には新しい情報が含まれていないと指摘されることもある。アナリストはこの指摘が正しいことを期待する。もしそうなら、市場が効率的な状態を生み出していることになり、企業も企業を追うアナリストもきっちりと役割を果たしていることになるからである。財務諸表に『予期せぬ意外性（サプライズ）』、つまり株価を変動させる要因が含まれている場合には、アナリストが洞察力に欠けていたか、あるいは企業が虚偽記載をしていたかのいずれかであると通常は判断される」(p.12～13)

言い換えると、アナリストが自分の職務を全うしていない場合、あるいは経営者が策略やその他の詐欺を実行した場合だけにしか予期せぬ意外性（サプライズ）は生まれてこない、つまりそれほど市場は効率的であるとAIMRの財務会計方針委員会は判断している。実際、そのような策略が明るみに出れば（おそらく何年間も）経営者の評判を汚すことになり、企業取引のリスクを増大させることになる。エンロンの場合、詐欺は重大なもので、経営者が悪事を犯していたのに、監査人からも報告されていなかったのである。その結果、ほかの大手企業でも類似の状況が見られるのではないかという懸念を呼び、市場全体を落ち込ませるほど大きな影響を及ぼした。

不明瞭化

AIMRは不明瞭化に関して以下の簡潔な指針で説明している。

「財務報告書は理解できるものでなければならない」(p.20)

委員はまた以下の説得力のある見解を示している。

「……われわれが強く改善努力を望むのは、企業が財務報告をするときに、もっと分かりやすくアナリストやアドバイザーへ自社の状況に関して報告することである。アナリストやアドバイザーは、企業が勝手に採用して発表する難解な会計原則を理解するために多くの時間を割くわけにはいかないのである」(p.79)

「……FASBのステートメント第105号（金融商品）の規定に従って、とにかくリスクを開示しなければならない。しかし、この開示は財務諸表の脚注に追いやられており、比較的習熟した粘り強い財務諸表利用者でなければ十分理解できない」(p.30)

言い換えると、(故意であろうとなかろうと)解読が困難であるように財務報告書を記載する一般的手法を用いていては、経営者は恩恵を受けられない。それどころか彼らは多くのものを失うことになる。こうした危険な賭けに乗る意味はない。

過大表示および虚偽報告

外見を良く見せようと誇大表示する傾向が経営者にはあることについて、アナリストは以下のような所見を述べている。

「企業がプレスリリースやアナリスト会議、あるいはニュースを外部に発する場合には、最も都合のよい見方だけが提供される」(p.12)

「財務報告書の情報が偏向して選択されていることは理解できる。方針を選択することができる場合には、賢明な財務担当責任者は、企業に資本を供給する投資家に不都合にならないならば、自社が最も見

栄え良くなる方法を選択するはずである」(p.71)

　さらに2つのコメントが見られる。

　「財務報告書が役に立つようになるには、信頼できるものでなければならない」(p.34)

　「多数の企業はアナリストを集団で招待し、最も企業に都合よく見える情報を提供している。アナリストの職務のひとつは、こうした都合よく見える情報をすべて選別し、企業の将来予想と密接な関係がある事実を探し出して評価することである」(p.15)

　経営者が真実を語っていないと情報伝達対象者が思っていることを認識している経営者は、企業の過去の業績、現状および将来の見通しを公表するに当たり、自分への疑いをはらすための努力を惜しまないだろう[4]。

平滑化

　AIMRの証券アナリストは平滑化の罪について数多く意見しており、平滑化を称賛していない。経営者は不安定な業績を安定しているように見せるために手を加えているが、アナリストは、そのままの数値を分析できるように、事実を提供してもらいたいと首尾一貫して要望している。次のコメントが核心をついている。

　「発生時に取引が報告される財務報告であれば、財務分析が最も機能していると言える。平滑化の必要がある場合、平滑化をするのはアナリストの職務範囲である。季節的な変動要因が財務諸表に見られる

場合、未報告のまま平滑化して事実を隠してしまうよりも、事実をありのまま報告し説明するほうがはるかに良い」(p.58)

以下のコメントは、金融商品の時価会計実務を記述した文脈中で述べられたものであるが、アナリストは無条件に不安定な状況を嫌うと考えている経営者にとって、衝撃的な内容である。

「時価会計が履行され資産と負債の対応がうまくいったとしても、報告利益の不安定性がかなり増大している。不安定性が存在するが、時価会計から得られる主たる恩恵は真の不安定性が開示されることであると、一部には指摘する向きもあるが、われわれもこれに同意する。

今日の財務報告の運営方法では、財務担当責任者は為替取引をタイミングよく実行し、巧妙な投資を行うことによって、価値変化の認識に広い裁量権を有している。時価会計によってこの裁量権はかなり狭められることになる。時価変動が及ぼす相対的な影響が全体として小さい場合であっても、結果として利益の予想はかなり難しくなる傾向があるが、これは、企業が報告内容を平滑化し利益を増大させて資本コストを最小化するという困った事実があるからである。

時価会計で発生する報告利益の不安定性を前向きに容認するアナリストもいる。しかも多数のアナリストがこの不安定性を歓迎さえしている。彼らの主張として、一般的な景気動向および金融市場の動向が与える特定企業への影響が、長年にわたる企業の経済的状況および経済的進歩の状況を評価するうえで極めて重要である、としている」(p.43～44)

この考えは社会通念と明らかに反する。このように、QFRについて執筆する目的のひとつは従来の慣習を疑ってみることである。

最小限の報告

前の数章で述べられた主な2つの主張は、①報告上義務づけられている最小限の報告をするだけで十分であり、②FASBおよび証券取引委員会（SEC）が投資家の不確実性を減らすための規則を規定するのでFASBおよびSECは十分頼りになる——と経営者が考えるのは大きな過ちであることである。AIMRの財務会計方針委員会は以下の姿勢でこれについて述べている。

「表面上の規則だけに嫌々ながら従うことによって、会計基準の目的が阻害されてしまうことをわれわれは危惧している。財務報告書に記載してある情報を見てみると、会計基準やチェックリストに出ている最小限の報告規定の水準を超える記載がないとなかなか理解できない内容が数多く見られる」（p.20～21）

アナリストも最小限の情報開示では明らかに不十分であると述べている。

以下の声明が明言しているのは、FASBが反抗的な（不遜な）経営者に対し自社の改善のため実行したほうがよいことを理解させるべきであるのに、これを強制させるような政治的な権限がなく、その責任から逃れてしまっていることである。

「投資アナリストは、財務報告書の作成者が特定の会計基準の目的を理解しているかどうか質問することから取り組んできた。FASBおよびSECは、最小限の情報開示規則を規定している。そこでは、深く関連する事項やより詳しい事項に関する記載が禁じられているわけではない。一部の経営者に自社の情報を分かるように明解に報告させるよう命ずる権限がFASBにはないので、FASBを非難すべきではない」

(p.79)

　アナリストが、最小限の報告を用いていては仕事をやり遂げられないと言うのであれば、経営者は、この事実を理解して、自発的に要求された望ましい情報を提供するべきである。何もいつ制定されるか分からない規制が政治的に制定されるのを待つまでもなかろう。GAAPの範囲を超えて確固とした意思に基づいた応用を行うことこそがQFRの神髄である。

最小限の監査

　経営者がよく犯す次の罪は、外部へ報告する財務情報の有効性を高めることになるはずの監査の効果を、経営者が損なうことである。監査の根底にある全体構想は不確実性を減らすことにあるが、多くの経営者はこの重要性を理解していない。多くの監査人も同様であり、結果的に一般的な監査は付加価値を高める活動ではなくなっている。

　以下のコメントは、米国外の企業の財務報告が米国外の監査法人に監査される場合の問題を扱ったものであるが、あまり反対しないような扱いやすい従順な監査人を活用するのがよいと考える経営者に対し、明確な要求をつきつけるものである。

　「特にわれわれは、独立性が立証者であるための基本的前提条件であると考える」(p.25)

　AIMRアナリストはまた、監査活動は、財務諸表の数値に主眼を置くことから、経営者が財務諸表を作成するプロセスが適正であるかを証明することに発展していくべきであるという考えまで提案している。彼らの主張は以下のようになる。

「外部監査人の役割は、企業の報告手続きや日常業務を支援し、報告書作成に要する時間を短縮化させ、重要な罪や虚偽記載の可能性を減少させることである」(p.58)

また、以下のように続けている。

「……われわれが思い描いている監査人とは、外部によく理解されるような財務情報を作成し、内部システムを機能させることにもっと関与するものである。……要するに、監査人は数値に関与しすぎているが、数値を測定しているプロセスには注意がほとんど払われていない」(p.59)

彼らは本章で前に引用した以下の言葉でこの問題に結論を下している。

「監査費用が増加するとしても、金融市場で入手可能な情報の質が向上し、信頼感が高まれば資本コストは減少するので、監査費用の増加分は部分的にまたはすべて相殺されるだろうとわれわれは確信する」(p.59)

第13章ではQFRの下での監査および監査人について補足説明している。

近視眼的なコストの見積もり

AIMRの財務会計方針委員会は、財務諸表や営業報告書の作成にかかる費用支出を渋ってばかりいてメリットを理解しようとしない経

営者を非難している。経営者は財務諸表利用者の意見をよく理解し、単に最小限の報告になる方法あるいは最も費用のかからない方法を選ぶという悪しき習慣を改めるべきである。

以下のコメントは、経営者の分析で考慮されるべきである費用についてのものであるが、その費用の幅に大きな開きがあるので非常に意義深い。最初のポイントは、費用というのは「経営者が情報を提供するときの費用」および「利用者が情報を処理するときの費用」の両者を合わせた総費用についてである。次の大きなポイントは、前者の費用を削減すれば、必ず後者の費用が増大することになることである。最終的な結果は資本コストが増加し、株価は低下する。次のコメントを見てみよう。

「費用がかかりすぎるという言い分を財務諸表の供給者からよく耳にする。われわれの応答は、財務諸表作成費用が高いように感じるかもしれないが、①企業が一度情報を提供するだけの費用を負担すれば、個々の多数の利用者は企業と同じ労力を繰り返さなくても情報提供を受けることになり、情報提供の費用を最小化できる、②企業が情報源となることによってアナリストが二次的情報源から信頼性に欠ける情報を購入する必要性が低下する、③ほかの情報源を確認あるいは否認するための確かな情報源となり得る——という財務諸表利用者の恩恵に比べれば経営者側の費用は小さいものである」(p.81)

以下の声明では、近視眼的であるために、自社の予算を超えて財務諸表作成費用をかけようとしない経営者の3つの特徴を挙げている。

「財務報告書に記載される情報提供の費用を負担するのはだれなのか考える必要がある。現実的には、財務諸表作成者には法令順守のための費用は追加的には発生しないはずである。彼らの給与は変わらな

いどころか、責任範囲が広がるにつれ増加する可能性もある。この費用は一般の企業の財源から支払われるものであり、最終的には企業の投資家、つまり財務諸表利用者が負担するものである。この情報に関する費用は効率的金融市場において支払うべき価格の一部と言えよう」(p.82)

言い換えれば、経営者が法令順守のための費用について不服を言うのは妥当性がないことをアナリストは明言している。結局、この費用は経営者が負担するものではない。
AIMRの財務会計方針委員会はさらに、この費用を負担する当事者および改善された報告から恩恵を受ける当事者の問題に言及している。

「われわれが主張するのは、財務諸表利用者が同時に、報告される対象企業の株主であり、恩恵を受けるだけでなく、最終的に財務報告書作成費用を負担することになる」(p.6)

「投資家こそが改善された財務報告書の費用を負担しかつ利益を得る当事者である。投資家の代理人である企業の経営者は、この原理原則と自己の個人的利害を混同してはならない」(p.82)

AIMRの財務会計方針委員会はこうした考え方で、もうひとつの社会通念、特に、作成者は費用を負担するだけで投資家だけが利益を得ることになる、という古い考え方を一蹴した。実際、報告企業の株主として投資家は費用を負担し利益を得るのである。また、AIMRの財務会計方針委員会は、経営者を株主の代理人としてみなすべきであり、逆であると考えるべきではないという点を示している。

GAAPは不十分である

　第4章および第5章ではGAAPが制定された過程の政治的性格について説明し、財務報告基準の規定は、資本市場の投資家・債権者に十分な情報提供の義務を履行しない妥協的な措置である特殊状況の事例を多数示した。AIMRの財務会計方針委員会も、一般に認められた会計原則に従って作成された情報の質には失望の意を表明している。
　AIMRが有効であると思う種類の情報は、以下のとおりである。

　「理想的世界では、最も適正な会計情報は資産および負債の報告から、アナリストが将来のキャッシュフローを個別的にかつ集合的に算出することができるようなものである」(p.33)

　これは、資産および負債に関する財務諸表の報告情報から、利用者が将来のキャッシュフローを予想することができることを意味する。このようにAIMRの財務会計方針委員会は、FASBが採用したものと同じ考え方を支持している。しかし、研究論文では、GAAP財務諸表の過去の事実だけに偏った表示では業績を的確に示したことにはならないと主張している。

　「財務諸表では、総資産が総負債を上回る剰余金として正味の価値を示している。(GAAPに従って測定される) 資産および負債は両方とも過去の取引および事象の計算結果なので、正味の価値に関する会計上の測定値も同様に過去の事象に基づいた計算結果である」(p.17)

　AIMRの財務会計方針委員会は、会計士はGAAPに従って注意深く報告書を作成していることは確かであるが、アナリストの目的を完

遂するのに役立っていないことに不満を表明している。

「たしかに証券アナリストは適切でありかつ信頼できる情報を欲するが、優先するのは適切であることのほうである。この言い回しでは、アナリストは、きちんとしているが誤った情報ではなく、曖昧でも適切な情報を好む。一般的には、現時点の経済的価値の厳密でない測定値のほうが過去の取引を厳格に記載するよりも有効なのである」(p.33)

さらに委員は、GAAPと正当あるいは有効な情報の要求とのもうひとつの断絶状態を述べている。

「多くの場合、基礎的な取引内容そのものではなく、取引手法の違いを反映させた会計報告を見かける。同時に、会計報告上に表示されない内容にこそ違いを発見することもある」(p.28)

言い換えると、この財務諸表利用者はGAAPだけで十分であるとは判断していないということである。

具体的欠陥

一般的な批判とは別に、AIMRの財務会計方針委員会はGAAPのいくつかの具体的欠陥を述べている。この論文の最初のほうに、筆者が最も問題であると考えていることが述べられている。

「従来の様式の財務諸表しか入手できないのであれば、この財務諸表には記載される根拠が表示されるべきである。例えば、多くのいわゆる『簿外』項目は貸借対照表に表示されるべきである」(p.20)

筆者の考え方では、この主張はさほど頭を使わなくてもよい非常に簡単なやり方である。簿外資金調達を実行する経営者の目的は、財務諸表利用者をだまして実際よりも借入金が少ないと信じ込ませることだけである（別の場合にはこの行為は虚偽表示となるのではないだろうか？）。いったんこの行為が発見されると、経営者は不信感を持たれることになり、結果として不確実性によって資本コストは上昇し、経営者が希望するのと逆の結果となる。

　AIMRが批判しているもうひとつの会計実務は企業合併の会計報告である。以下の長いコメントで激しく批判している。

　「多くの人々は今日の会計実務の基本的な前提として（企業合併の）既存価値が認識されるのは合併取引が発生したときであると信じている。例えば、企業Ａが企業Ｂによって買収される場合、公正価値で報告されるのは企業Ｂではなく企業Ａの資産および負債である。これは、たとえ買収取引が被買収企業の単一価格で実行され、その被買収企業の価値が信頼できる測定値ではなくても、この価値が買収取引によって有効になったと考えられるからである。企業Ｂの資産および負債の再表示に必要になる企業Ａの資産および負債を評価するには、どのような評価方法を用いてもよいという主張もある。もしもそれが許されなければ、おそらく企業Ａには買収手続きを適用できないことになるだろう。

　企業Ｂが企業Ａについて部分的な所有権を取得する場合、厄介な問題が発生する。現行の規則では、企業Ａの資産および負債の比例持分だけが、企業Ｂによって再表示されるが、しかし、企業Ａの資産および負債（一部は再評価されるが、ほかの部分は再評価されない）すべてが企業Ｂの連結対象になるものの、企業Ｂの資産および負債は再表示されない。明らかに欠陥がある。その結果、神学者にだけ正確に理

解することができる。それもそのはず、取得原価および時価の連結表示であるのだから」(p.28)

　FASBは過去数年間もの間、企業合併に関するGAAPの改定について努力をしてきたが、達成できたのは2001年に持分プーリング法を廃止する新しい基準（SFAS第141号）を公布したことだけであった。このことによって、両方の企業の帳簿価格を加算するということはなくなったが、AIMRが不満であった判読不能な「混合体」を作成することができるパーチェス法を長続させることになってしまった。このポイントは、経営者はFASBおよびSECが古い問題の革新的な解決策を作成するのを待つだけで、何もしないで座っているべきでないという筆者の主張を強く裏づけるものである。FASBは30年の期間にわたって資本市場に関する莫大な量の知識および決定方法に関する情報を蓄積してきたが、FASBの企業合併に関する最善の努力は、パーチェス法の会計報告のほうが持分プーリング法よりも良いと主張した1970年からの会計原則審議会（APB）の主張を支持することだけであった。FASBは、新会計基準が改善されているのかどうかについての議論に手が回らず、それどころか常に時価で全企業の会計報告を実施することによって、将来のキャッシュフローを評価するために最も有効な情報提供となる可能性を考えようともしなかったのである。規制制度を用いれば、財務報告自体が革新的になり、最先端の位置づけになるということを期待するのは非常に愚かであるという筆者の主張を、AIMRも支持していると考える。
　FASBがパーチェス法の会計処理に関する変更をもたらしたもののひとつには、いわゆる営業権の処理が挙げられる。営業権とは、被買収企業の特定可能資産の評価された市場価値から、その負債の市場価値を引いた金額を超えて支払われた超過支払額である。FASBは、予告された「耐用」年数の期間中の減価償却を廃止し、経営者がその価

値が減損したことを示す十分な形跡に直面しないかぎりにおいて帳簿上は営業権を原価で継続することを認可する規則を導入した。この政策を制定するときに、以下の3つの引用文に記述されているように、FASBは完全にAIMRの希望する措置を無視した。

「……われわれは買入営業権が買収日時点で減価償却されることを推奨する。これが重要な数値であると認識できるのは、特定の日付に価値を評価する場合だけである。ただし、これはまちがいなくその後すぐに変更されることになる大きな潜在的価値である。したがって、企業の資産の記載項目からの営業権を除外し、株主持分として個別にはっきりと区別できる控除額として記載し、この記録を保存することをわれわれは推奨する」(p.4)

「営業権購入の支払額の記録が確立されれば、営業権は資産記載項目から直ちに除外されることになろう」(p.49)

「企業全体の価値を市場価格で表示できる場合を除き、営業権は認識されるべきではない。この根拠は、(a) この表示(取引がほとんど成立しなかった時期を除く)は財務分析の分野のものであり、会計の分野のものではない、また(b) すぐさまこの価値が急激に動いたり、将来価値の評価に必要となるものではない」(p.52)。

事実、アナリストは、財務諸表から営業権の金額を除外するかどうかで悩みたくないと明言している。アナリストが将来のキャッシュフローを予想するのに営業権をそのまま使用することができるようにするため、経営者にとって営業権を除外せざるを得ない状況がまもなく来るだろう。FASBの見解と利用者支持層の意見との間には、GAAPを見れば分かるが、大きなギャップがある。

AIMRは、さらに「ソフトウエア開発費」と呼ばれる別の無形資産のGAAP会計原則に不満を示した。

　「FASBステートメント第86号は、販売、リース、あるいは市場で売買されるコンピューターソフト費用の会計処理の基準を定めた。この論理的根拠は従来の会計方針と一致するが、その結果は、ソフトウエアの価値でもなく、それを開発する全費用コストでもない金額を貸借対照表上に資産計上することとなった」（p.30）

　さらに、AIMRの財務会計方針委員会は、財務諸表において除外しなければならない無意味な数値の計上を認可しているGAAPを（またFASBを）非難している。同時に、入手したい情報にアクセスできない不満も表明している。

　AIMRの財務会計方針委員会は、「低価法」に傾斜する傾向および会計士の「欠損」資産に執着する姿勢という両者の実態を明らかにした。

　「証券アナリストはほとんど全員、いわゆる「低価法」は役に立たず有効でないことを認めるだろう。……反対に低価法を支持する最大の理由は、市場価値が原価より低くなり、その結果、特定の資産の欠損についての重要な情報を開示する場合に、市場価値が明らかになるというものである」（p.34）

　「資産の減損評価切り下げを当然とする会計基準が必要となるだけでなく、さらにわれわれの気分を逆なでするのは、評価切り下げは『保守的』であるが評価切り上げはそうではないので、多くの会計士が評価切り下げを良いと考えていることである。基準で評価切り下げ

が実施されるよう制定されるだけでなく、さらに評価切り上げも可能になれば、完全に理にかなっており有効なものになると思われる」(p.28)

同じ批判が、新規に制定された会計基準にも向けられている。特に、2001年7月にFASBが発行したSFAS第142号の営業権の「減損」処理、および2001年8月に発行されたSFAS第144号に包含されている長期資産の低価法処理が該当する。

AIMRは、過去の取引において一般に認められた措置すらあえて否定した。

「FASBは金融商品プロジェクトの多くの面で、金融商品への簿価会計処理が使用されているために発生する欠陥に直面せざるを得ない状況を強いられている」(p.31)

「取得原価は埋没原価であり、これが財務上の決定とは無関係であることが多いという見解は、アナリストの間では一致した見解である」(p.33)

「取得原価、さらに低価法の処理では、良いニュースが隠され、悪いニュースが直ちに明らかにされるという偏見を株式購入者に植えつけてしまう。北米の会計基準において、物価変動を反映させる修正がない状況では、たとえ補足情報であるにもかかわらず、①物価変動の割合、②取引されたさまざまな製品およびサービスの変化の分布、③物価変動を起こす資産の保有期間——といったものに応じて発生する偏向（バイアス）が生まれる」(p.37)

それにもかかわらず、アナリストは、従来の会計基準が原価測定に

重点を置いていることには一般的に割り切って考え、慣れ親しんだ原則を全面的に廃棄し馴染みのない原則に替えることに対してはいくらか抵抗を示した。FASBがSFAS第89号で推奨したように、QFRを用いれば、広く補足情報を開示することでこの状況に対応することができる。しかし、今日の企業経営者のなかでこれを実行するものはたとえいたとしても極少数にかぎられる。

　この抵抗にもかかわらず、AIMR委員は、報告主体が保有する投資有価証券について報告するときに低価法ではなく時価を使用することを経営者に要求していたFASBの1990年代初めの動機を明確に記憶していたのである。第5章で説明したように、当初、FASBは、時価会計導入に向けて努力していたときに、政治的圧力によって激しく攻撃され、まず3つのポートフォリオを作成し、次に各企業間で異なる資産および利益測定ができることを許容して妥協した。AIMRは明らかにこの解決方法に満足していなかった。

　「最近発行されたFAS第115号では、市場性のある有価証券を時価で報告することを途中までは要求したが、ほとんどの有価証券の（売却による）損益の認識の基準として取得原価を使用することになった。われわれはFAS第115号の時価評価は支持するが、利益および損失の認識条件については支持しない」(p.40-41)

　実際、AIMRの財務会計方針委員会は、全資産および負債を現在の時価情報で評価するのが望ましいという趣旨の多くのコメントを発表している。第15章では、このことについての多数のコメントを示し、評価に関する会計基準をより詳細に説明する。

どうして対応が遅いのだろうか？

GAAPについてのこの項を完結するに当たって、AIMRからもうひとつ引用して会計基準の変化率についてのコメントを挙げてみる。

「過去および現在だけではなく、経営者の将来の戦略、計画および予想の見通しを含めた場合、財務報告プロセスが最も有効になる。例えば、現在、経営者は年次報告の経営者によるMD&Aセクションのなかで、過去3会計年度の各々の業績はどのように異なっているのかを株主に報告することが義務づけられている。SECは、同様に、経営者がどのように将来の会計年度の業績が過去と異なると予想するのかについて、義務づけるべきであるということを強く推奨しているが、要求はしていない。なぜ経営者はこの推奨に対応するのがこんなに遅いのだろうか？ 最近いくらか改善されたが、ペースは非常に遅い」(p.21)

ここで遅さについての苦言を呈された経営者とは対照的に、QFRパラダイムを受け入れる経営者はSECよりも急進的で、情報開示を質量ともに改善し資本市場競合者より優位に立つために努力するだろう。

タイミング

QFRのもうひとつの特性は、よりタイミングよく報告することを推進することである。情報が素早く公表されれば、不確実性も付随するリスクとともに素早く除去される。タイミングよく報告することで生まれる必然的結果は、より低い資本コストおよびより高株価である。

AIMRの研究論文が1990年代の初めに作成中であったとき、公開

報告の頻度を年間4回から2回に縮小する提案について多くの議論があった。意図されたメリットは、四半期報告書を廃止すれば、短期に重点を置きすぎる経営者を根絶することができるというものであった。この理屈を4つの原理はあっさりと否定する。中間報告の間が長くなり、情報開示の遅れによって不確実性を増加させることになり、資本コストが上昇するからである。

当時はかなり現実味を帯びて議論されていたこの提案に対し、AIMRは以下の引用文で示されるように、四半期ごとの報告を死守しなければならないと主張した。AIMRの財務会計方針委員会のコメントを、その当時の状況だったインターネットおよび世界規模のウェブのない状況で解釈する必要がある。委員に関するかぎりでは、四半期の報告こそが当時に情報開示を遂行するための最善の媒体であった。筆者は現在、四半期の報告では頻度が少ないと考える。その考えを念頭において、以下の報告で、報告タイミングについてのいくつかのコメントを見てみよう。

「われわれは、一般大衆に情報が頻繁かつ公平に普及すれば、国内および国外ともに金融市場が最も機能すると確信する」(p.24)

「ほかの国々ではほとんど、有価証券報告書は半年ごとに発行される。数カ国では、年次だけの報告が標準である。米国では四半期報告規則を廃止し、半年ごとか年1回だけの報告に逆行すべきであると主張する人々もいる。……AIMRは明確に四半期の財務報告を支持し、四半期の財務報告を廃止する運動には反対する」(p.24)

「……財務情報は、迅速、公正かつ広く普及する場合にのみ有効になる。なぜならば、アナリストの情報の消化が市場を効率的にするものであるからだ」(p.36)

歴史のなかにこのコメントが位置づけられたもうひとつの要因は、インサイダー取引法およびその罰則を撤回することを支持して急速に盛り上がってきた運動であった。次の3つのコメントは力強くかつ明瞭にその主張に応酬するものであった。

　「自由企業経済体制の主な信条のひとつは、情報がすべての市場参加者に完全かつ公正に普及することである」(p.90)

　「頻繁に財務報告することの付随的な利益は、一部の人だけがもっている情報に基づく取引、つまりAIMRおよび投資コミュニティーのほかの心ある者が遺憾に思うような手法が用いられる機会を消滅させるということである。企業が一般大衆に情報を公表することを遅らせれば、おそらく、自分自身がその情報を利益獲得のために使用することができる少数の選別されたグループに情報が伝わってしまうだろう。厳格であると感じている現在の開示規則の下でさえ、財務情報が広まる過程で、遮られたり流用されたりすることがしばしばある」(p.36)

　「財務分析は情報で活況を呈するのである。……経済上効率的に進行する資産配分のために、情報は迅速かつ公正に普及されなければならない。これは財務諸表の様式の情報だけでなく、企業価値の認識に影響を与えるすべての財務情報以外の情報源を含む財務情報にも当てはまる。迅速かつ公正という2つの条件は補完的なものである。……財務情報が一般大衆に迅速に公表されない場合、少数の特権のある『インサイダー』に最初に伝わることになり、その後一般大衆に知れわたることになる。この状況はAIMR会員にとって面倒な負担になる。なぜならば、会員全員は職業上の行為の倫理および基準のAIMR規定

によって、重要な未公開情報の活用が禁止されているからである」(p.52)

　最後の言葉については、内部情報へアクセスする権利をアナリストが得てしまうことがあるので完全に順守することは非現実的かもしれないが、内部情報が広範囲に広まることを懸念して、資本市場参加者が不確実性を感じるという事実は厳然と残ることになる。この不確実性によってリスク、資本コストおよび株価がどのような影響を受けるか、すでにお分かりであろう。

要約

　本章には2つの目的がある。第1番目は、GAAPおよびその他の最小限の報告様式が財務諸表利用者の要求をまったく満たしていないという事実を理解していただく目的で、経営者および会計士の任務不履行からQFRの必要性が出てきたことを説明している。したがって、QFRの考えは2人の会計学教授による想像上の産物として無造作に却下されるべきではない。よりよい財務報告の要求は極めて明確である。

　2番目の目的は、本書の読者である経営者および会計士に証券アナリストの一連の考え方を理解してもらうことである。経営者にとっては財務諸表で外観を良くすること、CFOにとってはコンプライアンス費用を低く抑えること、監査人にとっては反対告訴に対し自己の資産を保護するという、それぞれの利害を満足させることになったGAAPの妥協を正当化するのが主たる目的で、経営者および会計士は長期間にわたってあまりにも単純化した仮定を置いてきた。この仮定に対し、本章の内容は真っ向から反論するものである。この考えを読者のすべてが理解されることを希望する。

注

1．第2章で簡単に説明したように、投資管理研究協会（AIMR）は証券アナリスト、ポートフォリオ・マネジャーおよびその他の投資専門家の所属する最も権威ある専門家学会である。この活動のなかで、専門家の財務諸表利用者に対し、公認証券アナリスト（CFA）の資格認定をしている。

2．コープは2001年にFASBを辞職し、このとき新規に設立された国際会計基準審議会の正規審議会員に任命された。

3．この逆説を理解する鍵となるのは、過大評価されている状況では株式を売却する株主だけが救済される。経営者の株主に対する経営努力の成果よりも資金を支払った新規株主への損害のほうが大きくなるのである。経営者にとって過大評価が生み出すもうひとつの不利な点は、インセンティブ・オプションの行使価格を大きくした結果、その価値を減少させることである。この問題については第8章でウォーレン・バフェットおよびバルーチ・レビティカス教授の助言を通じて説明している。

4．エンロンについての驚きの事実が明らかにされると、ある同業他社の経営者は、この破綻会社とは距離を置くことを決定した。フォーチュン（ネルソン・D・シュワルツ、『エンロン破綻の影響は広範囲にわたるが重大ではない』2001年12月24日号、p.72）に掲載されたのは、「ミラントのCEO、マルセ・フーラーは、ミラントの貸借対照表の各情報についてアトランタおよびニューヨークで1時間半にわたる説明会を実施した。その説明のなかで『これはアナリスト会議ではかつては見られなかった問題である。当社のような企業がどのように利益を上げているか、人々に理解していただく必要性が急激に高まっている』と語った」というものだ。ここからQFRの必要性を垣間見ることができる。

第**8**章

重要な証拠
The Weight of the Evidence

　これまでの7つの章の説明を踏まえると、よほど頑固な人以外にはQFRのメリットを納得してもらえたのではないだろうか。より多くの経営者や会計士（もちろんそれ以外の方々も）を説得するために、本章では追加的に、QFRの根底にある考え方が正しいという証拠を提供したい。前章ではっきりと説明したのは、投資管理研究協会（AIMR）の財務会計方針委員会が、もっと役に立つ企業報告を強く要求している点についてであるが、筆者もAIMRも、単独でこの要求を表明し変化を働きかけているわけではないということを理解していただきたい。これから先で説明するポイントは以下のようになる。

　これから説明するが、筆者はこうしたの発想の一部を、初めて作り出したわけではない。もちろん、経営者や会計士はだれかからこれまでとは違ったことを始めるように要求されるのを待っているのではなく、彼らが自分で変化する能力や可能性を否定しているわけではない。

　次のポイントは、多くの人々は現状の問題点から目をそらしてきており、従来の考え方である、「一般に公正妥当と認められた会計原則（GAAP）を順守すれば十分であり、そうすることこそが最善の措置である」という考え方にはもはや限界があるのに、多くの人々はその限界を理解していないというわれわれの主張を裏づけることだ。筆者が指摘したように、会計基準規定者および規制当局は、機能障害の共

依存症に陥り、革新的な考えを生み出すこともないまま、従来と同じことを行っていた。

筆者が提唱する3番目のポイントは、いくつかの調査で実証されているように、4つの原理に備わっている真実は、資本市場から生み出されているということである。実証分析の裏づけがないというQFRへの批判は、この事実により少しは和らぐことになろう。QFRが立証されても、依然として原理の有効性に異論を差し挟むのは、これまでやってきたことを変えることを恐れているだけであると筆者は考える。これについての立証は第9章で行っている。

本章で取り扱う情報源は次のようなものである。

調査に基づく研究
- ジェンキンス委員会（The Jenkins Committee）
- 価値報告革新（The Value Reporting Revolution）
- エプスタインおよびパレプ

著名な専門家
- バルーシュ・レフ
- ウォーレン・バフェット
- ニール・フォスター

もちろん、ほかにも多くの情報源があり、おそらく筆者が未確認のものも数多くあるだろう。ただし、筆者は証拠となり得るすべてのリストを作ろうとしているのではなく、筆者の考え方が信頼に足るもので、有効であるという説得力のある情報を提供したいと考えているだけである。

調査に基づく研究

　筆者のテーマのひとつとして、本書の冒頭から、経営者は、顧客、従業員および供給業者と付き合ってきたのと同じスタンスで、資本市場参加者と付き合うべきであることを力説してきた。市場参加者の要望・要求の満たされた部分と満たされていない部分を明らかにする調査を実施することで、その第一歩が踏み出された。実際、すでに、この種の調査は数多く実施されてきたのである。

　この領域の3つの努力成果に触れる前にあらかじめ言っておかなければならないが、この調査が示唆していることは役には立つが、新しい概念を発見する人間の能力は限定的にしか発揮されないものであるということである。例えば、25年前に、ある人物が管理アシスタントとタイピストに対して、仕事をもっと迅速かつ丁寧に行うためには何を支援してほしいかと質問したときに、彼らはタイプライターおよび修正液を改善するように進言したであろう。彼らはけっしてコンピューターのメモリーに関する要望を訴えたり、変更やまちがいの訂正をスクリーンに表示して行う方法を思いついたりはしなかったはずである。にもかかわらず、ワードプロセッサやレーザープリンタが出現し、タイプライターや修正液に完全に取って代わったのである。筆者の言いたいのは、人々に希望することを聞くだけでは改善方法を創造できるとはかぎらないということである。

　こうした調査反応以外でも、非常に有能なグループや優秀な個人でさえも、規制制度の下で義務づけられた報告規則を打破することができずに、財務報告における問題点を見逃してきたことが、まさに上記の議論に該当すると筆者は考える。

ジェンキンス委員会

　1990年代初めに米国公認会計士協会（AICPA）は財務報告特別委員会を設立し、経営者が投資家および債権者に提供すべき情報の種類を識別し、監査人がこの情報に対応するべき方法を推奨する任務を負わせた。この委員会は3年の歳月をかけて1994年報告書を作成した。これは議長のエドムンド・ジェンキンスの名をとって通常はジェンキンス委員会報告書と呼ばれている。[1] この報告書の公式題名の『事業報告改善——顧客の視点』は非常に多くの点でQFRと一致している。委員会および職員は、利用者の要求および要望に関する情報収集についてさまざまな調査計画を企画し実行した。さらに特筆すべきことは、他者が追加的に調査できるように、だれでも入手可能なデータベースを作成したことである。

　しかし、委員会の構成員は公認会計士が優位を占めており、それ以外は企業会計士数名と学術者ひとりであった。この構成員名簿には利用者が含まれていなかったのである。おそらく、公認会計士が優位な地位を占めていたこの状況こそが、研究成果に制約が加わった原因であると思われる。財務報告実務は規則によって作成されなければならず、GAAPの範囲を超えた自主的な努力によって作成されるものではないとする委員会の明確な前提条件があったために、委員会が十分な成果を上げることが阻害されたと筆者は考える。報告書に見られる以下の文章を見れば、財務諸表利用者の疑問に応えて財務報告上で自由に回答できるようになることを委員会が警戒する理由が分かる。

　「相対的に有効な情報を評価する能力なしには、……（変更の）推奨規定は、利用者の意思決定プロセスを改善しない情報を要求するだけで無意味なものになり、結局は報告プロセスにおいて不必要な費用を負わせてしまうことになる」(p.11)

結果として、ほとんどが監査人で占められていた委員会は、先行者が犯したのと同じ過ちを繰り返し、報告情報を「供給」する当時者側だけから意見を聞いて、利用者のニーズを把握していなかった。報告情報の供給に関して報告当事者の意向を反映させるだけにとどめたのである。「不必要な費用を負わせてしまう……」という表現からも彼らの考えや感覚が伝わってくる。力のある者が力のない者に不必要な費用を負わせるという構造、つまり、委員会のメンバーは財務報告書の内容は必然的に政治的な権力に左右されるものと考えており、経済的な動機から、経営者が報告方針を自主的に改善しようとして、新規費用を進んで負担することなどはまったく想定していない。

　確認の意味で以下の文を掲げるが、ここには、報告情報に対する同様の需要の高まりと規制当局に頼る考え方が明確に示されている。

　「長い準備期間を経て、事業報告の改善を達成しようとしてきた今日においては、会計基準規定者および規制者は、利用者の刻々と変化する要求に対応しなければならない」(p.15〜16)

　おそらく1994年にQFRが唱えられてからというもの、この方法によってこれまでとは異なる考え方が示されてきた。これは、会計士や監査人のグループが、あらゆるニーズをくみとって有効な情報にたどり着くというもので、政治権力を利用してすべての経営者に報告を義務づけるようなものとは異質のものである。旧来の考え方から思い出されるのは、計画経済の工場長の委員会が、消費者ニーズや予算を考慮せずに製品の原価と製造しやすさだけを基準にして、次期に何を製造して売ればよいかを決めている光景である。個人の製造者が調査を実施し、製造できる、もしくは適正な利益で販売できるという確信がもてる製品を市場に出すことに取り組むほうがはるかに理にかなって

いる。

　このような欠陥があるが、ジェンキンス委員会報告書には前述のとおり、QFRの概念が確認できる。例えば、以下の引用文では、委員会は利用者に共通する評価の方法を発見しており、経営者はGAAPの制約内で財務イメージを操作するだけでは資本市場の信任を勝ちとることができないという筆者の主張を支持する内容となっている。

　「財務諸表利用者は、事業報告情報が信用できるものかどうか非常に心配している。多くの企業経営者は問題点や芳しくない企業業績の報告について正直ではなく、問題のある企業は深刻な状況ではないという印象を与えるために骨折っている。利用者は、一部の経営者が高潔であるかもしれないが、多くの経営者が一般的に情報開示問題を先送りし、利用者独自の分析による評価よりも自社の状況について楽観的な見通しを発表すると考えている。例えば、経営者は特別損失を強調するが、その一方で継続的利益のなかに特別利益を隠すことなどがあると利用者は信じている。また、以前に発生した繰延損失や、現在認識しているが本来は将来に認識すべき費用や、認識したくない損失を生み出す悪いニュースといったものを報告する場合に、経営者は認識を拒む傾向があると利用者は考えている」(p.32)

　少なくとも、この所見は経営者の過大表示、虚偽および平滑化によって参加者を欺く考え方を非難している。
　委員会はまた、報告情報と報告主体の資本コストとの関係の議論に時間を費やしている。報告書は以下のような主張から始まる。

　「有効な情報が増加すれば、利用者が誤って資金を配分することが少なくなり、利用者は恩恵を受ける。これは事業報告書の個人利用者にとっては直接的利益となる。この情報開示によって利用者は企業見

通しの質を高めることになり、この結果誤って資金を配分するリスクが減少するのである」(p.38)

委員会は、利用者の将来キャッシュフローを評価する能力が向上し、利用者がより適正な意思決定を行うことができるようになることで、以下のような効果が生まれると述べている。

「……企業の資本コストが公開されるという効果がある。この利用者にとっての利益は、企業の利益である低い資本コストに転化する。このことは情報公開を進めるすべての企業において起こり、その結果企業の平均資本コストは低下する」(p.38)

4つの原理を引き合いには出していないが、委員会は続けて議論を進めている。高品質の情報によって、資本コストを低下させることになり、たとえ企業にとって悪い情報を報告した場合であっても以下のようになる。

「……芳しくない見通しを情報開示する場合、企業の経済上のリスクは高いことを意味するが、その情報が資本コストを上昇させるわけではない。経済的リスクをより深く理解させることができれば、平均的企業にとってはやはり資本コストを引き下げることになる」(p.39)

言い換えると、委員会が本調査やほかの研究に基づいて確認したことは、より完全な情報を報告すれば、不完全な情報開示を行う企業よりも資本コストが低くなるということである。「豊富な情報を開示することによって資本コストは低下する」という命題を実証するものがないことを委員会は嘆いた。筆者は次章でこの問題に取り組むことに

する。

　もちろん、委員会が考える、新しい基準を導入して経営者に強制的に報告させるべきであるという別の多くの論点が、この報告書には盛り込まれている。このように、ジェンキンス委員会報告書は、経営者がやる気になれば自発的に提供できる事項についてもっと知りたい人にとって良い情報源である。

　いまさら言っても遅いかもしれないが、情報の供給者が望む情報、あるいは公表を義務づけられている情報を提供するのではなく、情報を需要する側に真の情報を提供する目的で、経営者がGAAPの最小限の制約を超えた情報開示をするべきであり、そのためには、規制を用いた管理を行うのではなく、経済的な動機づけを基準とするQFRパラダイムを用いるべきであることを委員会メンバーが理解できなかったのは残念である。

　このような限界はあるものの、委員会の報告書は筆者の主張する考え方を支持するものであると考える。

価値報告革新(The ValueReporting Revolution)

　数年経過後、グローバル会計事務所のプライス・ウォーターハウス・クーパース（以下、PwC）はQFRに類似する「価値報告」(ValueReporting) と呼ばれる独創的構想を発表した。ただし、これには、広範囲にわたる有効な情報を報告することで経営者が恩恵を受けるだろうという筆者の考え方とは異なり、ひとつの新しい分野の項目を報告することに重点が置かれている。

　このプロジェクトは、PwCが取り組む前に、ハーバード大学経営学教授であったロバート・エクルズの統率の下で進められていた。このプロジェクトは、利用者が不確実性にさらされているなかで推測に基づいた意思決定をする必要がないように、企業の特定の業績測定値

(ほとんどが財務外のデータ)に関して、経営者に対してより多くの情報を報告するように働きかけるものだ。4人で構成されたプロジェクトチームのほかのメンバーは、ロバート・ヘルツ(2002年に財務会計基準審議会(FASB)の議長に任命された)、メアリー・キーガンおよびデビッド・フィリップスであった。このグループは2002年にジョン・ウィリー&サンズから『企業情報の開示——次世代のディスクロージャーモデルの提案(The ValueReporting Revolution)』(東洋経済新報社刊)という題名の本を刊行した。

この執筆者はQFRに極めて近いと筆者が思う手法を用いて以下の表現で問題提起している。

「この革新の名称は『価値報告(ValueReporting)』である。これは、企業の内部運営に活用する情報を市場にすべて報告して、経営者についての透明性を確保することを要求する宣言書である。また、その他の株主が同様に重要と考える社会的責任および環境責任といった側面も考慮している」(p.5)

この引用では、言葉を合成するという同社特有のやり方を書名で示しているだけでなく、PwCチームがQFRの考え方に取り組んでおり、経営者は率直かつ徹底的に報告を実行すればもっと状況が改善するはずであるという考えに基づいていることを示している。

この著作の重要な部分は、大規模な調査の結果を踏まえたうえでのもので、そのことが下記のように簡潔に記述されている。

「1997年と1998年には、プライス・ウォーターハウス・クーパースが14カ国で何百もの機関投資家およびセルサイド・アナリストを調査した」(p.3〜4)

調査結果が示すのは、財務諸表利用者および経営者の双方ともに、現在の財務報告の規則に対する満足度が低い水準にあるということであり、この点は実に興味深い。

「投資家の19％、およびアナリストの27％だけが、財務報告書が企業の真実の価値を伝達するのに有効であると考えている。この傾向は、報告書の作成者、つまり企業自体にも見られ、自社の報告が有効であると考える経営者は38％だけである。もっと注目すべきことは、米国およびカナダの先端技術産業に関する同様の調査では、投資家の7％、アナリストの16％および経営者の13％だけが、企業の価値測定をするうえで、報告情報が非常に有効であると考えている」（p.4）

余計な投資アドバイスをしたくないがために、GAAPで満足していると答えたアナリストの16％はだれなのか、また投資信託の購入を躊躇させないためか、あるいは企業の年金プランに不安を与えないためか、いずれにしても消極的な理由から満足していると答えた機関投資家の7％はだれなのか、オフレコでもいいから本当のところを知りたい。

この調査結果ではっきりとしたのは、自社の財務報告書が真実に基づくものであると答えた経営者が財務報告の利用者の2倍もいるということである。この統計数値は、経営者および会計士は財務報告が需要ではなく、供給主導で基準が作られるべきであると考えているという筆者の仮説を裏づけているようである。

この本では、QFRを自主的に採用して財務報告制度を超えた自発的な独創力を発揮することにはメリットがあるとする筆者の主張を支持する内容が随所に見られる。

「資本市場に深く内在する問題を解決する鍵が、製品市場にあるの

は当然である。市場はさらにもっと有効な情報を渇望しており、かつてないほど情報が高速で伝達されるようになりつつある。これはいずれ実現されるであろう。企業家は、市場の情報の渇望を満たす機会をとらえることができれば、そこから利益を得ることになろう」(p.7)

「経営者は、しばしばストックオプションを保有し、かつまちがいを犯すものであるが、一般に市場より高く自社の価値を認識する傾向がある（親が自分の子供だけは特別であると考えるのと同じである）。おそらくこれはもっともなことであるが、逆に市場は、この企業株式を過小評価する傾向にある。結局、こうした経営者は市場には提供されていない自社に関する情報を保有しているのである。このような内部情報が提供される場合にだけ、市場は株式価値に関して合理的な判断を下すことができるのである」(p.48～49)

以下の主張は4つの原理を支持するものである。

「適正な情報が不足すると不確実性をもたらし、また売り上げ、利益およびキャッシュフローに関してより保守的な予想を市場に与えることになる。不確実性によってさらにリスクの認識が加速され、高い資本コストのせいでより高い割引率が利益予想に対して適用されることになる。この結果、情報が質量ともに提供されていた場合の適正な価格よりも低い株価となる」(p.49)

「極端な場合では、企業に関する情報不足の結果、投資家はとにかくその銘柄に投資することを回避する可能性がある。インベスター・リレーションズ・マガジン掲載のリベル・リサーチ・グループが行った最近の調査が、この根拠を提供している。調査対象となった1700人

の投資専門家のうち78％は不適正な情報しか提供しない銘柄に関しては推奨しないあるいは投資しないと答えている」(p.49～50)

　経営者と監督当局との無気力な共依存関係、および変更に対して経営者が示す根深い抵抗を改善することが必要であるとして、エクルズらは、以下のような新しい基準および規則を待たない自主的報告に関する発言を行っている。

　「経営者は、（利益）ゲームを改善するように働きかける新規構想を積極的に支援してはいけないのだろうか。実際に経営者がゲームを自分自身で変更するために活発に対処することはできないのだろうか。
　『われわれはもはや利益ゲームをやめた』と明言し、市場が望み、要求している財務外の測定値および無形資産についての情報提供を開始することはできないのだろうか。
　だれもこのような情報提供を企業に要求していないが、しかし、企業はこれが不可能であるとは言っていないのである。ほとんどの経営者は自社の株式が過小評価されていると考えているようだが、そんな経営者は特にこの方向性で行動すべきである。また、利益情報をできるだけ定期的に提供することも心がけて、四半期の利益発表の事件的な性質を軽減するべきである」(p.102)

　「市場が望む情報の必要性を満たすような措置が、体系的にはほとんどとられていないというのが残念ながら現実である。それどころか、特に米国において、監督機関や会計基準規定者の活動の結果、適正でないと人々が判断する財務報告規則をさらに複雑化してしまう規則を制定し続けてきた。同じく残念なのは、新しい報告開示規則を整備する措置を迅速に行うことへの障害が、強固に構築されていることである」(p.103)

何よりも、現状の支配を回避し、かつ自主的な変更を採用するために最初に踏まえておくこととして、以下のようなことが述べられている。

「プレーヤーはみな、内容およびプロセスの両方において、企業開示そのものの性質を歪曲する制度上の障害の構築に対して、責任ある対応をすることが可能である。しかし、このような変更を避けられないならば、企業は先行者の例に従い、プロセスを導き、監督機関の一歩先を行くべきである。結局、市場は変更が必要であると判断し、規制上解決されたかどうかに関係なく、変更実施を要求するだろう」(p.105)

　次のコメントは、既存の規制制度には、資本市場の要求に対応できるような革新をもたらす意思が反映されていないので自主的な報告が必要不可欠である、という筆者の主張を強力に支持するものである。

「監督機関、専門の会計基準規定者および学術者は、実業界からの支援がなければ、新しい措置に必要な新しい報告規則を『導入』することができない。資本を必要とする企業を経営する企業役員には投資家が必要とする情報を供給するという責任がある」(p.109)

　この執筆者は筆者と同様に、情報開示が改善されれば全当事者が多くのメリットを受けるという見解をとっている。以下に記述されているように、他者の信頼に関する調査で、この見解について裏づけを行っている。

「機関投資家およびセルサイド・アナリストに関するプライス・ウ

ォーターハウス・クーパースの世界的な調査の結果、情報開示改善の5つの最も重要なメリットとして、こうしたグループが判断するのは、経営者の信頼性の向上、長期投資家の増加、企業をフォローするアナリストの増加、新しい資本へのアクセス改善および株価の上昇である」(p.189)

以上から、筆者は、価値報告（ValueReporting）とQFR革新は同じ目的への異なる経路であると考える。さらに、財務報告を取り巻く多くの関係者がスタンスを変更する準備ができているのではないかと感じられる。

最後の引用文では、エクルズ・グループは、経営者がほかの市場で採用したのと同じ方法で資本市場をパートナーとして扱えば恩恵がもたらされる、という筆者の意見と明白に合致する意見を示している。

「経営者が株主を真の意味でパートナーととらえ、また株主を企業の主な責任者と密接な関係がある最上の立場のものとして扱うべきである。経営者は株主に戦略計画および業績についての情報を伝えるべきであり、積極的にお互いの意見交換を進めるべきである。株主が企業戦略を好まない場合や企業業績に不満を示す場合、経営者は株主の苦情を聞き、迅速にその原因を知るべきである」(p.209)

類似してはいるが、この最後の主張もアプローチ上では筆者と異なることを示している。経営者の責任として、筆者の見解よりも彼らは多くのものを期待しているようだ。筆者は、高い水準の責任および任務を経営者に求めるのではなく、経営者の行為を改善するには、高い株価を求めるのに十分な相互の経済上のメリットが条件となることを指摘することにとどめている。だからといって、報告改善には責任の次元を論ずる必要がないと言っているわけではない。筆者は、義務を

要求するより、真実を伝える経済的影響のほうが、行為を変更するための原動力になると考えるだけである。

　高い水準の義務を要求している点、および財務業績および財務状況の報告にGAAP財務諸表を十分なものとして許容する傾向がある点を除けば、筆者は価値報告（ValueReporting）革新にほぼ賛同できる。

エプスタインおよびパレプ

　別の調査は、認められた財務報告原則と財務諸表利用者が希望する情報との間のギャップに関する補足的な証拠を提供している。マーク・エプスタイン教授およびクリシュナ・パレプ教授は、要望が満たされていると思うのはどの点で、またどのような点で不満が残っているかについて質問を投げかけ、多くの証券アナリストからの意見を求めた。[2]例えば、この結果についての全体的な要約として、以下のような説明がなされている。

　「ほとんどのアナリストは年次報告が重要な情報源であると考えている。経営者による事業概況報告書およびその他の部分はよく読まれ活用されている。しかし、貸借対照表上の無形資産の取得原価および任意の消却については信頼性が低く不適切であると思うアナリストが多い。

　脚注については、アナリストが最も不満をもっているようである。年次報告のどの部分に記載されているか理解するのが困難であるため、もっと詳しい説明が必要と思う個所として、有力アナリストたちは脚注を最初に挙げている。アナリストの35％は脚注を理解するのが困難であると考えており、また55％が脚注のもっと詳しい説明を要望している。アナリストの18％がキャッシュフロー計算書を理解するのに問

題があると回答しており、34%はこの財務報告についてもっと詳しい説明を要求している」(p.50-51)

　最小限の会計基準に従うだけでは資本市場の欲する情報の要求を満たすことはできないという実証結果が以下に示されている。
　エプスタインとパレプはこの発見を提示した後もとどまることなく、経営者が追求すべき有望な財務報告方針についての自分の意見を記述している。

　「重要なのは、証券アナリストが企業に望んでいるのは自社の財務情報開示に積極的になり、外部の財務諸表利用者に『企業ニュース』を伝達するような自発的な情報開示をもっと提供することである、ということだ。企業が発表したい新たな都合の良いニュースがなければ、規制上要求される情報だけを提供する傾向があると利用者は一般的に思っている。企業開示が信頼されるようになるには、良い情報の場合も悪い情報の場合も完全に情報開示がされなければならない。証券アナリストおよび株主の両者に対する開放的かつ正直なコミュニケーションの重要性を認識するコーポレート・コミュニケーション戦略が企業株式の公平な評価のために重要である」(p.51)

　筆者が1997年以来行っているQFRの要求と同じことをこの執筆者が述べているのを発見し、筆者も喜ばしく感じる。

著名な専門家

　さらに、ほかの有名な専門家の記述のなかで、QFRが支持されているのを発見した。この３人の考えは、QFRを支持するものとしてここで紹介する。ほかにもまだあるが、筆者の主張に信頼性を与える

ものとしてはこの3人で十分であると思う。

バルク・レフ

　現ニューヨーク大学教授バルク・レフは、財務報告の改善方法を追求することに学術キャリアを捧げてきた。本書の執筆時点では、彼はまさに、財務諸表の無形資産に関する有効な情報報告に関する問題に取り組んでいた。彼の現在の仕事は幅広く引用され、認められている。[3]

　レフの初期著述のいくつかに、特に彼が1992年にカリフォルニア・マネジメント・レビューで公表した論文（表題は『情報開示戦略（Information Disclosure Strategy）』）にQFRを支持するものを発見した。この論文は観察と質問から始まっている。

　「経営者は、生産、マーケティングおよび財務のようなほかの企業活動に対するように、情報開示に対し細心の注意を払ったり十分に計画したりすることはほとんどない。例えば、大手米国公開企業100社の情報開示活動に関する調査結果によると、1981～1987年の7年間において55社が4回未満の自主的情報開示しか行っておらず、年1回以上の自主的開示を実施したのはわずか16社だけであった。このような控えめな情報開示姿勢の原因は、情報発表の成果が意味のあるものでなく、その場かぎりのものであると経営者が考えているからなのだろうか……

　控えめな情報開示姿勢の理由が何であれ、経済理論および経験的な証拠から判断すると、自主的な情報開示を妨げてしまっていることは、企業およびその株主に対して有害であることを実証している。特に、実証結果から、自発的情報開示が意義あるものであり、かつ永続的であることが示されている」（p.9）

こうした考えから、情報開示が要求されていない財務情報を提供しないまま保留している現在の経営者の行為に、筆者だけが困惑しているのではないということが分かる。

次にレフは筆者が序文のなかで提示したのと同じ関連づけを行った。

「資本市場の効率性は情報開示のメリットを否定しない。もっと正確に言えば、資本市場の効率性は情報開示のメリットを増強するものである。また、情報開示の法律および規則が広範囲にわたり制定されているにもかかわらず、自発的な資本市場とのコミュニケーション手段に関して、自由裁量の余地は多く存在する。最も重要なことは、情報開示活動が投資、生産およびマーケティングのようなほかの企業活動と基本的に変わらないという点である。情報開示することでメリット享受と費用負担が同時に発生することを考えると、企業活動において細心の注意を払うことや長期的計画作成が必要であることと同様、情報開示戦略が必要となるのは当然である」(p.9〜10)

レフは、QFR戦略を導入することが、資本市場に企業の株式を十分に評価させるためには不可欠であるという筆者の主張に一致する以下のような意見表明をしている。

「情報開示戦略は積極的かつ綿密に計画されてから、実行されるのでなければ、部外者(投資家、証券業者および顧客)が企業およびその将来性の本源的価値を十分評価できない」(p.12)

彼は資本コストに関する4つの原理にも言及し、以下のように言明している。

「企業が開示する情報は、時には開示がなされないこともあるが、部外者が景気および将来の見通しを認識するのに影響を及ぼす。この認識は、企業の資本コストのような重要な決定変数に影響を及ぼす」(p.13)

小さな会社であっても首尾一貫した情報開示戦略をとることで恩恵を得る可能性があるとして、彼は重要な主張を行っている。

「情報開示は2つの方法で価値を創造することができる。つまり、直接的に情報ギャップ（不調和）を縮小して企業についての投資家の不確実性（エージェンシー費用）を減少させることがひとつ、また間接的に資本コストを低下させ、顧客との取引条件を改善することによって価値を創造することがもうひとつである。特定の理由（小規模であること、特殊な事業であること、アナリストへのフォローに制約があること）のために、一般の人々には馴染みのない企業にとっては情報ギャップおよびエージェンシー費用にかかる不利益が特に強調されることに注目することは重要である。したがって、開示戦略のメリットはそのような企業にとって特に大きくなる」(p.16)

QFRを採用することを経営者が躊躇している理由は、資本市場において企業の価値が本来の（あるいは「本質的な」）価値より高く評価されているからである。こうした、企業に関する財務ニュースを注意深く巧妙に作ること（誇大表示および虚偽表示）によって、外見上は良い状況を確保し、今後もその状況を継続することができるということに心動かされているのである。レフは、この状況は新しい株主（経営者が現在雇われているオーナー）に不利で、株式を売却した旧株主に恩恵を与えることになるので、過大評価は最適ではないと指摘し、この考えを一喝した。さらに、以下に述べられているように、経

営者の不利にもなるのだ。

「一時的な過大評価は、期間中に付与された従業員ストックオプションの権利行使価格を増加させてしまうため、将来の従業員収益と同様にそのようなオプションの奨励効果も縮小する。したがって、経営者は、投資家に対しできるかぎり本源的価値と近い価格で、継続して市場価値を維持することに責任を負うべきであるので、一時的な誤評価に対し何もしないままでいることは許されない」(p.17-18)

後段でレフは、株価を押し上げるようにする虚偽報告の罪を非難している。また、彼は倫理上の判断を下さずにそれを行った。
レフは、さらに高品質の情報を頻繁に報告することが株価の乱高下を防ぐのに役立つと主張する。

「極端な驚きを与えるニュースが時々リリースされることとは反するかもしれないが、信頼性のある情報が公表されるだけでも、株式のリスクと流動性の特性をさらに改善し、『長期にわたって』株価の乱高下を減少することになるだろう」(p.19)

沈黙のままの戦略に関してレフは次のように言う。

「『自主的情報開示をしない』政策をとることで安堵しようとする人は、競争環境における情報の基本的特性である『何もニュースがないのは一般に悪い知らせと認識される』ことに気づくべきである」(p.21)

レフは続けて詳しく説明する。

「自発的情報開示の効果は経営者への信頼性を大きく左右するだろう。信頼性を維持するためには、強要されて初めて提供する場当たり的な情報開示ではなく、部外者と継続的にコミュニケーションを実行することが求められる。信頼性は長期的に一貫した情報開示戦略を取り続けることで高まり、その長い年月の間では良いニュースと同様に悪いニュースも開示される。経営者は、証券アナリストおよび機関投資家を失望させることで発生する費用のほうが、彼らのプラスの驚きから得られる利益よりも一般に高くつくことを認識すべきである。この両者の考え方の違いがあるからこそ、企業の営業活動にマイナスに影響する出来事を開示するときに、出来事に対処するために講じられた処置に関する詳しい記述や、相当な注意を払って率直な対応をすることが要求されるのだ。一般的に、戦略は投資家の驚き（特にマイナスの驚き）を最小限にすることを目指すべきである」(p.26)

筆者が4つの原理を発見するよりも前の日付であることを、この論文中で確認したが、一見したかぎりでは、筆者が提唱する前にレフはQFR戦略を主張していたからといって、筆者は驚いたりしない。レフが発見する前にすでにQFRの根底にある真実が長期間知られていたのである。本書の目標は、できるかぎり多くの人々に、従来からの基準が人々に有害であり、資本市場を妨げ、経済活動を阻止しているという事実を説くことであり、筆者の考えを分かりやすく説明することなので特別心配していない。筆者の人生目標がノーベル賞の受賞であれば、会計学ではなく、医学、物理学あるいは経済学を勉強していたであろう。[4]

ウォーレン・バフェット

20世紀を回顧すると、世界における事業および投資界の偉人のひと

りとして挙げられるのは、まちがいなくネブラスカ州オマハ出身のウォーレン・バフェットであろう。彼の伝記は、次々にさまざまな記事や書物で伝えられている。優良株長期保有の重点的投資を通じて、バフェットはマイクロソフトのビル・ゲイツに次ぐ個人資産を蓄積した。何人かのインターネット関連企業の創業者と比較して、バフェットの財産はしばらくは後塵を拝していたが、バブル崩壊後は確固たる地位を築いている。

多くの投資家がバフェットのあらゆる言葉に依拠し、彼の投資手法を模倣している。また、ある投資家はバフェットに勝つのをあきらめて、バークシャー・ハサウェイ株を買い、彼の七光に便乗しようとしている。バフェットの評価基準でクラスAの株が2002年に7万5000ドル付近の値段のレンジで取引されていたことを考えると、バークシャー・ハサウェイ株の購入者は一時かなり投資がうまくいっていたことになる。多くの人々が早い段階で彼の考え方に乗らなかったことを悔やんだ。

バフェットは比較的控えめな生活様式を続けていたせいか、彼の成功は控えめに語られており、富の構築に焦点を当てた「古風な」ファンダメンタルズ財務分析を独特の方法で組み合わせるという手法で長く知られていたこともあって、多くの人から慕われてきたという別の面も垣間見ることができる。これによってさらにバークシャー株価は上昇し、また当然彼の資産価値も増加した。

バフェットには、自社の財務諸表に真実の記載をするという非常に変わった習慣がある。彼は個人的に年次報告書を記載し、自分の成功を神秘的な運の成果と考える一方で、失敗の非難を負うことを躊躇しない。彼の報告書には、ほかの経営者が発行する年次報告書を特徴づける高級写真や光沢のある上質紙、および自画自賛の美辞麗句といったものがまったくない。彼はさらにだれもが同時に情報を得られるようにすべきであると考え、自社に関する財務情報およびほかのニュー

スを遠方にも伝達できるよう、インターネットをいち早く取り入れた。事実、筆者がQFRを命名し、その概念を公式化するかなり前に、バフェットはQFRを実行していた。結局、彼の事業は投資であり、財務報告の暗い側面に何度となく遭遇した。彼は崖っぷちに立たされて初めて大衆に従うというような愚かなことはしないのである。

バフェットについてさらに説明を続けることは可能であるが、紙面がかぎられているので、彼の見解をいくつか見てみよう。出所は、バフェットが1996年に最初に発行し、1999年に改定した資料である。そもそもこの資料作成の発端は、クラスA株式の価格が多数の投資家が取引単位どころか1株も投資することができないほど高い水準に達したので、通常の慣行とは別にクラスB株を発行することを決定したことであった。既存パートナーだけではなくこれまでバフェットを知らなかった新投資家の多くが、このクラスB株購入に動くということをバフェットは分かっていたので、投資哲学とその哲学の実践方法、それに新投資家がバフェットの資金運用方法を理解する補助となるさまざまなほかの事項が記述された『オーナーズ・マニュアル（An Owner's Manual）』と呼ばれる資料を作成した[5]。このマニュアルには、バフェットの財務報告へのアプローチに関するコメントおよびほかの経営者のやり方と異なる方法に限定されない内容が含まれている。バフェットの言葉は、QFRの根底となる概念を明らかに支持している。

過大表示と虚偽表示について正直に話すことの重要性をバフェットは次のように語っている。

「長期間にわたって、実際に、われわれの事業はすべて期待を超過する成果を上げてきた。しかし、時には期待外れの場合があるのも事実であり、われわれは幸福な経験を記述するときと同じように、期待外れの場合も所有者に通知するときには正直になるように努める所存

である」

　バフェットは、さらに一部始終を話すのにはGAAPを信頼せず、GAAPとは無関係に富を増加させることに最善を尽くす約束をしている。

　「会計上の結果によってわれわれの営業活動および資産配分決定が影響を受けることはない。取得原価が同じであれば、標準の会計原則で処理が可能な1ドルの価値のものを購入するのではなく、会計原則で処理が不可能な2ドルの価値のものを購入することを選ぶ」

　バフェットの株主への感情移入およびリスク許容度を反映する、独自の投資決定アプローチの特異な見識は次のように示される。

　「チャーリー［バフェットの長年の友人で共同経営者であるマンガーのファーストネーム］と私が活用している金融計算法を使っていれば、数パーセント超過する収益を得るためにわれわれの取引を一瞬たりともやめなくてもよい。私は家族および友人の財産および必要物を、彼らが望んでいないものに投資させてリスクにさらしてきたことはないと確信している」

　本章の初めの引用で、経営者が、自社株式が市場に正当に評価されていないと考える傾向があることに言及した。そして、バルク・レフが誤った評価を受けることのデメリットについて言及せざるを得なかったことも見てきた。この点について、ほかの多くのCEOの意見とバフェットの考えがどのように異なるかに注目してみよう。

　「われわれがクラスB株を募集したとき、バークシャー株が過小評

価されていないと表明したが、それを衝撃と感じた人々もいたようだ。この反応は事実に基づいたものではない。仮に過小評価されている状況で株式が発行されているのであれば、衝撃が見られたであろう。公募増資のときに自社株式が過小評価されると表明する経営者は、既存の株主の資金を無駄にしていることになる。経営者が実際の価値が1ドルの資産を80セントで慎重に売却する場合、既存の株主には損失を与えることになるからだ。われわれは最近の募集で、この種の罪を犯さなかったし、今後も犯さないだろう」

さらに、彼は通常の考え方をするCEOから距離を置くために、以下の宣言を行った。

「また、われわれは率直であることが経営者として大切であると信じる。他人を欺くCEOは、最終的には自分自身を欺いていることになる」

自分が関与している、正直で十分な報告をすることについて、バフェットは次のように言う。

「われわれは事業価値の評価において重要なプラスおよびマイナスを強調し、投資家の皆様への報告において正直になるよう努める。われわれの状況がどのようになっているか、事業内容を投資家に伝えることがわれわれの使命である。われわれはまちがいなく投資家に所有されている。さらに、重要なコミュニケーション事業をもつ企業として、投資家に報告する場合に、他人が自社について報告するニュースよりも正確性、バランスおよび的確性で見劣りする基準を適用することはけっして許されない」

GAAPの境界内でゲームを行うことに関して、バフェットは筆者が行ったようにゴルフの例えを引き合いに出して、以下のように説明している。

「バークシャーでは、四半期や年度ごとの業績の操作または改ざん、さらには『平滑化』のような『粉飾』会計処理は行っていない。われわれは各ホールで何打数であったか投資家に常に伝えており、スコアカードの改ざんはしない。スコアが非常に大雑把な『当て推量』である場合には、保険金を準備するなど保守的になるだろう」

彼が完全開示の公約を記述しており、（完全な情報が不確実性、リスクおよび資本コストを縮小すると説く）4つの原理で筆者が主張する考えをバフェットは支持していると考えられる。

「われわれはいくつかの方法で株主とコミュニケーションを図るだろう。年次報告を通じて、私は合理的な分量の報告書のなかでできるかぎり多くの価値を定義する情報を株主全員に提供する所存である。さらに、四半期報告書では、豊富な量の凝縮された重要な情報を提供する。ただし私はこれを記述しない（年間1回の詳述で十分である）。さらに、コミュニケーションのもうひとつの重要な機会は、われわれの年次会議である（チャーリーと私は、バークシャーについての質疑応答に5時間以上過ごすのが楽しみである）。しかしそこには一対一でコミュニケーションができない一方通行の状態が存在する。何千人ものバークシャーの株式保有者がいることを考えると一対一の対話は実現可能ではない」

何とかして彼が株主ひとりひとりと実際に会話をかわして、株主が知りたいことを伝えられるようになりたいという彼の思いを筆者は感

じる。

　バフェットの方法は証券取引委員会（SEC）およびその規則FD（Fair Disclosure　公平な情報開示）に先行する方法であった。さらに、FDによって資本市場での取引能力が阻害されたと主張するFDの反対者よりも先のことを考えた方法でもある。

　「コミュニケーションのすべてにおいて、われわれは特定の株主が優位に立たないようにしている。われわれは、アナリストまたは大株主に利益『ガイダンス』をしたり、ほかの価値のある情報を与えるような通常の慣行には従わない。われわれの目標は株主全員が同時に最新情報を入手できるように便宜を図ることである」

　バフェットの資本市場における情報の役割に対する信念は、真実を十分に伝えると同時に株式の公正価格を明確化するということに関して以下の声明で明らかにされている。

　「チャーリーも私もバークシャーの株価を管理することはできないのは明らかである。しかし、われわれのポリシーおよびコミュニケーションを継続していけば、より合理的な株価を形成する所有者の合理的な行為を促進することになるだろう。過大評価は過小評価と同様に良くないと考えるわれわれのアプローチは、株主の一部を失望させるかもしれない。しかし、これによってバークシャーが、パートナーの投資の誤りによってではなく、企業の発展による利益を求める長期的投資家を引きつける最良の見通しを提供することになると信ずる」

　上記のことが正しいかどうかは分からないが、筆者は両名ともバフェットのファンである。彼はバークシャーの資産および負債の公正市場価格に関する補足の情報を提供することで、安い資本コストと高株

価を享受できたと考えている。結局のところ、FASBはSFAS第89号で、この実施をずっと以前に推奨していたのである。さらに、FASBは直接法で営業キャッシュフローを報告することを企業に推奨していたのに、バフェットは従わなかった。彼にはこの点について注意を喚起したい。ストックオプションの報告に関しては、だれにも（彼自身にさえも）オプションを発行していないので、バフェットは自由な立場であり、したがって彼は損益計算書あるいは脚注のいずれかに費用を記載するかどうか決める必要はない。

オプションに関して今回は別のバフェット主義を共有したい。以下の引用は1993年の年次報告書であるが、これが配布されていた期間は、FASBがストックオプションの会計処理で大きな論争に巻き込まれたときであった。

「ストックオプションが報酬の様式ではない場合は何になるのか？ 報酬が費用でない場合は何になるのか？ また、費用が利益の算出のために計上されないのであれば、費用はどこで報告されるのだろうか？」

これだけでは財務諸表でゲームをする者すべてを非難するのには十分でないようで、さらにバフェットはストックオプションを「経営者と会計士による、現実を直視しない行為の最悪の状況」と呼んだ。まったくそのとおりと同意したい。

最後に、前に第2章で示したバフェットからの引用を繰り返したい。

「年次報告書を手にとって脚注の内容が理解できなければ、私はたぶん、いや絶対にその会社には投資しない。なぜならば、企業が私に理解を望んでいないという意図が分かるからである」

投資家および被投資会社という資本市場の両側面の立場にいる人物として、また明らかに常識を失わないで驚異的な成功を享受する人物として、バフェットが最初のQFR実践者賞を受賞した[6]。財務報告で真実を報告することが悪い結果を生むという恐れをもつ読者はすべて、彼の例から学んでほしい。

ニール・フォスター

さらに、財務報告についてのもうひとつの考え方が、1993年以来の財務会計基準審議会の会員であるジョン・M・（ニール）・フォスターから示されている。フォスターの経歴は少し変わっており記述に値する。コロラド大学の経済学部卒業生であり、会計学でのキャリアアップを必要として、コロラド大学コロラドスプリングズで2学期分専攻科を履修した。その後ヒューストンのプライス・ウォーターハウスで職を得たが、数年後に退職した（ほかの多くの者ように公認会計士を目指した）。その後、新しい事業の立ち上げ（コンパック・コンピューター）に参画し同社に1993年まで在籍した。彼は財務担当重役協会（現在、国際財務担当の役員として知られている）によってFASBに任命されたが、審議会員に関する彼の記録から、彼が典型的な作成者のような行為を行っていないことが示されている。実際、数多くの会計基準に対して彼が反対投票を投じたのは、彼自身がFASBの改革を達成する可能性および権限が不足していると判断したからである（オプションに関するSFAS第123号への彼の反対投票が含まれている）。

1998年2月27日に『現状報告の問題』というタイトルでフォスターがカリフォルニア大学における会議で行った財務報告に関する演説を公表した。彼の言葉の多くはQFRを強く支持しており、彼が企業会計士および会計基準規定者の2つの立場から語ることは強い説得力を

もつであろう。冒頭付近で、あたかも筆者の文章を読んだかのように彼は下記のように言っている。

「多数の学術的な研究が下した結論は、多くの情報が市場に存在すれば、資本コストはより低下するということである。これについて考えるときに、経験に基づく裏づけがあればよいが、実際にはこの結論に達するには学術的な研究を必要としない。ただ直感だけである。
……不確実性が、高い資本コストに帰着する例は毎日市場で見られる。例えば、ジャンク債は財務省短期証券よりも著しく高い利回りとなる。ジャンク債が高い利回りなのは、ジャンク債投資を回収するときに多くの不確実性があるからなのは明白である」

あたかも4つの原理を読んでいるかのように、さらに彼は次のように言っている。

「あるものに関してより多くの情報があれば、不確実性はより少なくなり、その結果、投資に要求するプレミアムもより低くなる。言い換えれば、情報開示の改善によって資本コストは低くなる」

次に彼は、FASBが企業経営者および会計士から受けとったある種の返答を嘆いた。

「『より多くの情報提供を行えば資本コストが低下する』という意見に耳を傾けようとしない財務諸表作成者の数人の行動を見れば明らかである。新しい基準の提案をするたびに、われわれFASBに対して彼らが示す抵抗はあからさまである。七面鳥に対して感謝祭に賛成してほしいと頼んだ場合に期待される返答と同じ反応が情報開示草案には見られる。また、最近、話題の言葉『情報開示の重荷（Disclosure

Overload)』が台頭している。これは矛盾した考え方である。思慮深い投資家であれば自分の投資あるいは予想される投資に関する情報を集めることにいくらでもコストをかけるはずである」

完全な財務報告の根底にある常識に関してフォスターは、別の企業経営者の利益について記述している。

「名高い技術会社であるサーモ・エレクトロンの会長、ジョージ・ハツポラスがかつて語ったこととして、彼と面識のあるほとんどのCEOが、市場が自社について理解していないので、株式は過小評価されていると常にこぼしていたとのことである。彼は、『もしそれが真実ならば、だれの罪だろうか？ 明白なのは、もし市場が企業を理解していないのであれば、その原因は経営者が十分適切に自社の情報を伝えなかったからにほかならない』と主張した」

この考えは、筆者が主張してきたことと完全に一致する。
SECが、外国および米国内企業に対し、米国資本市場で国際会計基準が採用されるように行動したら、どのような影響があるか、ということに関するフォスターのコメントは次のとおりである。

「米国で国際会計基準委員会（IASC）基準での提出が認可された状況で、この基準が米国のGAAPほど厳格でないと判断される場合に、IASC基準を採用すれば、米国のGAAPを採用した場合とは異なり、比較可能な株価収益率が見当たらないことにすぐに気づくはずである。IASC基準にはさらに多くの不明瞭な性質があるので、ペナルティーは市場から企業に課せられるであろう」

事実、フォスターは最小限の報告では不確実性の増大および株価の

低下をもたらすとしている。

　見栄えを良くして恩恵がもたらされる会計基準を制定するようにFASBに働きかけて、情報開示方針目標を自己の利益のために利用しようとするマネジャーに対しては、彼は筆者に似たような見方をしている。

「財務諸表中の認識および報告の有無にかかわりなく、情報開示のコストおよびメリットは存在する。財務諸表の利用者からある情報の財務的影響を秘密にすることは、短期的には企業にメリットがあるかもしれない。しかし、長期的に考えると、企業の資本コストがこの情報が開示された場合よりも高い水準に達するだろう。また、マクロ経済学上は、非能率的な経済的意思決定および資源配分ミスに結びつくことになる」

　本源的価値を超える一時的価格上昇を勝ちとることが企業に利益をもたらすという提案以外は、筆者は彼の声明すべてと一致する。
　フォスターの考えは、次の最後の引用に要約することができる。

「私が言いたいのは、自由市場の価値を認めるならば、できるかぎり誠実な情報が提供されるような中立で信頼できる確実な財務［報告］こそが、みなの心臓と同じくらい大切に違いないだろう」

　ここで彼が言っているのは、最良の方針とは、嘘をつかず、重要事実を省略せず、そして真実と嘘とを混同しないよう最善を尽くすことであるとしている。3つのうち2つだけでは不十分である。QFRを実行するメリットは、もっと多くの有効な情報が豊富にある場合に、企業、その経営者および株主の範囲を超えて広く自由資本市場システム全体にまで達することになる。筆者は彼のコメントに非常に勇気づ

けられた。もしFASBにフォスターのような人物があと6人いれば面白くなるだろう。

要約

筆者の主張を支持する多くの情報源がほかにも多数あることは明らかである。さらに、注意して探すと、「多くの情報を提供すると、株価に悪い影響がある」「作成費用が高いので、QFRを実施できない」「株主には企業情報を知る権利はない」「市場はより多くの情報をどのように処理してよいか分からないだろう」「市場価値が不適正である」「株式オプション費用は現実には費用ではない」などのように人々が主張する多くの情報源がある。筆者は上記のいずれも信じてはいないし、また、この正体を暴くために本書の貴重なスペースを無駄にする意思はない。

注

1．ジェンキンスは1997年FASBの議長に任命された。
2．詳細は『証券アナリストの要望』(ストラテジック・ファイナンス、1999年4月刊)という白書に記されている。
3．レフの考え方より詳しい情報は『新しい数学』(バロンズ、2000年11月20日号、p.31〜36)を参照。
4．科学においてよく知られた事実としては、コペルニクスが地球と惑星が太陽の周りを回るのであり、惑星と太陽が地球の周りを回るのではないことを確証したので功績が称えられたことが挙げられる。彼の著書である『天体軌道の回転について』が1543年に発表されたとき、彼は臨終の床にいた。しかし、太陽系の構造はギリシャの哲学者兼天文学者のアリスタルコスが紀元前3世紀に、実質的に1800年も前に鮮

明に記述していた。コペルニクスの理論はアリスタルコスの理論と呼ぶべきであるが、現実はそうではない。歴史上の研究によれば、コペルニクスは自分の著作を発表する前に、数十年間執筆活動をしていた他人から考え方を盗んだことも明らかにされている。名声や運命の流れはこのようなものである。

5．『所有者マニュアル』はバークシャー・ハザウェイのウエブで入手できる（www.berkshirehathaway.com）

6．この点において、彼は21世紀のQFR実践者になるだろう。

第9章

学術研究――
経験主義者の逆襲
Academic Research—The Empiricists Strike Back

　本章は、筆者の主張であるQFRを支持する文献証拠を扱う3つの章の3番目である。第7章では博識の証券アナリストの記述を広範囲に引用し、また第8章ではほかの多くの資本市場参加者が考える見解について説明してきた。本章では、難解であまり公表されていない会計および財務の学術研究に触れてみる。この研究について理解していない方々のなかには、これは不明瞭な記述と複雑な数学で定められた特殊な事柄であり、自明なことをわざわざ問題にする無駄な研究にすぎないと考える人もいるだろう。一方で、この研究を理解する人々は、多くの場合、その重要性を誇張し方法論だけを論じて悦に入る傾向がある。その両者の間を仲立ちする中道があると筆者は考える。QFRの4つの原理と関係する問題に取り組み、かなり最近の動向を判断したうえで、この研究成果を振り返りたいと考える。個々の研究論文を見る前に経験主義的な研究について若干説明したい。

経験論

　哲学者が地球上に出現した初めのころに、真実とは人間が認識するものであるのか、あるいは物質上、本質的なものであるのかをめぐって議論がなされていた。物質至上主義を排除した人々（最も著名なの

はプラトン）は、この汚れ（けがれ）を回避するために理性を基礎とする完全な認識を求めた。経験主義者と呼ばれるグループ（最も著名なのはアリストテレス）は反対の立場をとり、唯一の真実は感覚で認識されると主張した。当然、この2つのグループは互いに相手を打ち負かそうと常に競合していた。また、だれひとりとして反対側のだれとも意見が一致しなかった。歴史上は解決がなされないまま千年間、論争は継続してきた。驚くべきことに、この論争に対する答えを知ることなく、人々は生まれ続け、教育され、社会に貢献してきたのである。哲学者に関する皮肉は別にして、筆者が言いたいのは次のようなことである。

　人々が物事を信じ行動する前に、出来事や状況に対する証拠が必要だと多くの人々が言うのはたしかに理解できる。この学問のアプローチ方法は科学上何世紀も踏襲されてきた。さらに、ここ30年ほどの間で、学術的な会計士の間でも適用されるようになった。この観点から、経験に基づく証拠に大きな重点が置かれていると言えよう。これが経験主義の本質である。

　学術的会計士に加えて、経験主義的な会計学研究に大きな価値があると考える別のグループがある。このグループは、常識論をないがしろにして、研究成果を積み上げることで議論上は負けることを認めない経営者、監査人および会計士で構成されている。この条件の下では、「これは経験上の研究によって証明されていない」と彼らは声を大にして主張する。実に奇妙なことに、資本市場の効率性が会計および財務以外の理論における経験主義的な研究によって明らかに支持されているにもかかわらず、彼らは多くの場合、資本市場の効率性の概念自体を拒絶する。彼らが経験主義的な研究を好むのは、研究成果が彼らの意向を支持しているか、その成果がない場合なのだ。しかし、彼らの意向に反する場合には、無視する傾向がある。

　なぜ学術者は、経験主義的研究にこれほど多くの価値があると考え

第9章 学術研究——経験主義者の逆襲

るのであろうか。すぐには答えられないが、どんなに自明でも当然と認めず、絶えずより高いレベルの研究方法を求める知的習慣と関係するのではないか。業界の有力機関紙にこの種の研究が公表されるのは最高に名誉なことなので、学術者が経験主義的研究を行うのには経済的心理的な理由が存在するのである。したがって、学術的な経験主義者にはこうした習慣および偏好があるため、筆者が主張する「有効な情報を数多く提供することによって、資本コストが低下し、高い株価をもたらす」というような自明の発言に遭遇すると、自分の研究領域が侵されたと感じる。前章では、同様の主張を含むジェンキンス委員会報告書について記述した。コフキコガネを求めるアヒルのように、原理と呼ばれる根本原則の有効性を評価するために、多くの状況に裏づけられた証拠を見つけられるかどうかを確かめようとする経験主義者もいるようだ。

本章は、簡潔にこれらの研究成果のいくつかについて記述する。概して筆者は、筆者およびほかの人々が主張した常識のほうを研究成果は支持すると信じる。QFRへの前進が、経験的な証拠がないために停止されるべきであるなどとはけっして考えていない

方法論

実証研究を構築するにはさまざまな方法がある。ここですべてを列挙することは割愛するが、そのひとつにこうした多数のものを共通の糸で結ぶ刺激反応モデルと呼ばれる方法がある。図9.1のなかで示されるように、何か（原因、あるいは刺激）が起こるとき、次にはほかの何か（結果、あるいは反応）が発生する。この研究の目的は、刺激に対する反応が実際にあるか判断し、もしあるのであれば刺激と反応度との関係を算定することである。最終目的は将来の刺激に対する将来の反応を予想することである。

図9.1 基礎研究モデル

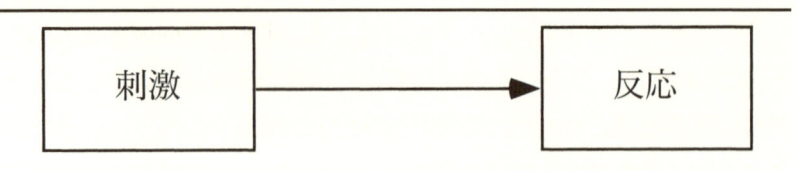

```
┌─────────┐         ┌─────────┐
│  刺激   │────────▶│  反応   │
└─────────┘         └─────────┘
```

　多くの刺激とさまざまな反応は同時に生じるために、財務報告および資本市場にかかわるさまざまな種類の事象についての調査がなされる。図9.2の図形は簡素化されすぎているが、状況をよく表している。

　結果を見ると、だれもが常に、刺激および反応すべてについて詳しく説明しようとしない。ひとつの原因（あるいはいくつかの原因）およびひとつの結果を調査することができるように問題を限定しようとするのである。この状況では、特定の一片の情報が株価の変化のたった2〜3％にしか影響しないという研究成果が大きな発見になるだろう。

　刺激から反応の伝導状況を調べる多数の調査があるが、これもすべて列挙するわけにはいかない。一般的な調査は条件を大きくグループに分別することから始まる。例えば、多数の銘柄の株価を多くの期間調査したほうが、少数だけの調査よりもずっとよいのは明らかである。また、どの企業が調査対象となるかはもっと重要である。一般に、剰余変数の影響を減らすために同種企業を調査することが推奨されている。同質のグループに焦点を置き、別の調査を減らすことによって、刺激調査の数は減ることになる。

　別の研究問題では、刺激および反応の大きさの測定方法を発見している。ある場合には、直接比較することが可能ではないため、一般的には代替変数、つまり置換変数を選ぶことになる。この代替変数の変動性は実物の変動性と等しいという十分妥当な根拠があるという理由

第9章 学術研究——経験主義者の逆襲

図9.2 現実世界モデル

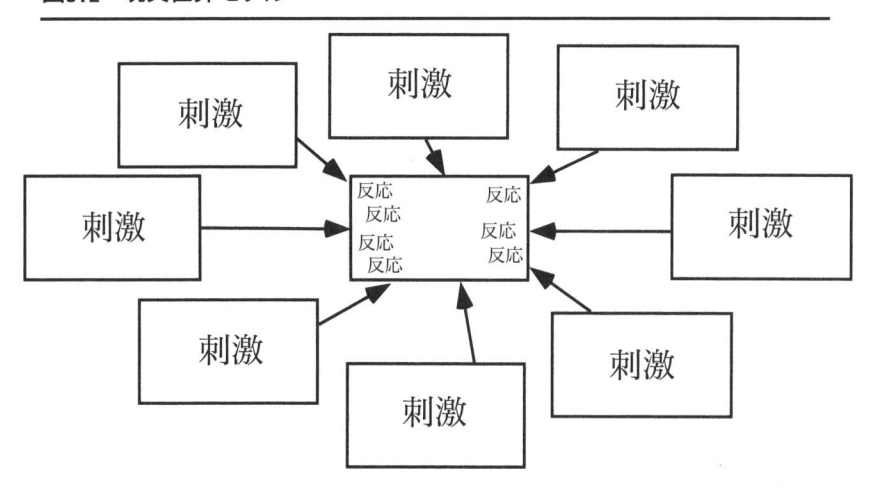

図9.3 代替物による調査モデル

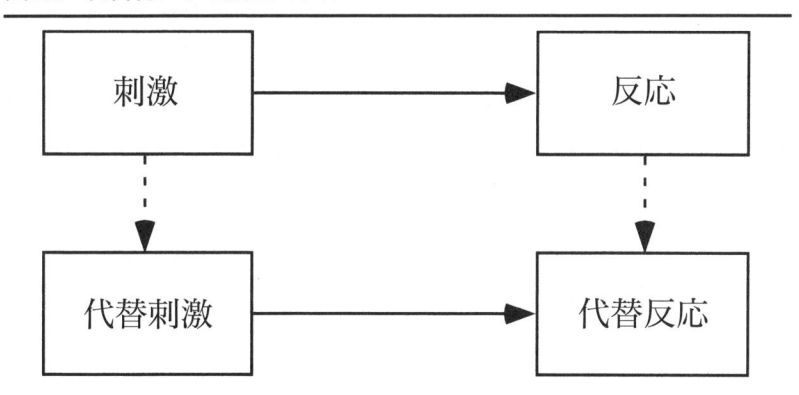

に基づいて選ばれている。この状況は図9.3で表されている。

研究者は、容易に観察される代替物が現実の現象と密接に関係しており、現実の現象との関係に関して重要な結果が得られることを想定する。

測定には、統計値として数字で処理分析することができるような変数の確認作業が要求される。特に一般的な分析は相関および回帰分析で、刺激の大きさを変化させると反応の大きさはどのように変化するかを確認しようとするものである。図9.4で示されるように、この目的は統計上の条件を使用し、独立変数と従属変数との関係を測定することである。

この分析の手法は、従属変数の値にさらに影響を与えるほかのすべての独立変数（刺激）の影響を測定することである。[1]

この研究に従事している人だけが、その難しさが分かると言えば十分であろう。同様に、この研究に携わっている人だけがその限界を把握しているとも言える。ただし前述のとおり、研究者は自分の発見事項に陶酔することがあり、また自分が依拠している理論に関する証拠を見つけ出した研究者は極論に走る傾向もある。いずれの場合も、研究者は自分の発見事項を過大評価しすぎる傾向にあることが原因となっているかもしれない。

情報の質と結果

情報品質と報告企業の資本コストの関係についての最近の研究を概観する方法を簡単に説明しよう。図9.5は、その提案を表している。

研究を行うときの難問はたくさんある。最初に、研究者は、情報の質を評価する方法を見つけなければならない。この課題に関しては、他人が達成した研究に依存することも考えられるし、実物のデータへのアクセスを増加させ独自の評価を行うことも考えられる。もう一方

第9章　学術研究——経験主義者の逆襲

図9.4　基礎的統計モデル

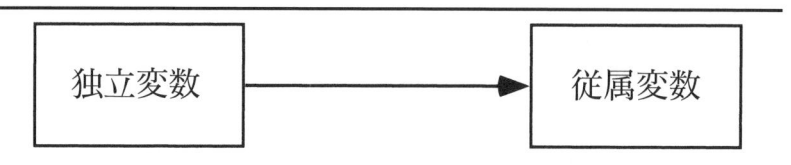

```
┌──────────┐        ┌──────────┐
│ 独立変数 │──────▶│ 従属変数 │
└──────────┘        └──────────┘
```

図9.5　QFRによる調査モデル

```
┌──────────┐        ┌──────────┐
│ 情報品質 │──────▶│ 資本コスト│
└──────────┘        └──────────┘
```

で、資本コストを測定し、かつ報告情報と関連づける方法を見つけなければならない。例えば、連邦準備制度理事会が不意に利上げを実施すれば、この報告情報の質の変動性とは無関係に、このニュース（外部刺激）によって会社の資本コストは上昇（反応）するだろう。あるいは、インフレまたは失業に関してポジティブな材料が出されれば、各企業が作成する情報の質とは関係なく、ほとんどの企業の株価が上昇するとも考えられる。繰り返しになるが、筆者が言いたいことは、モデル、数字および統計を通じて材料がもたらされることになるということである。

情報の品質の研究

　学者たちは、自明の原理やほかの一般通念に対して問題提起をする傾向があることから、情報品質が資本コストに影響を与えるという主

張を無視してこなかった。より単純な手法からより複雑なものまで取り組まれており、最近は徐々に進歩してきている。

　筆者が示唆するように、この問題のひとつとして挙げられることは、真の品質を表現するために便利な方法を見つけようとしていたことである。情報開示の量を測定すること（単語、文あるいは頁の数量など）が容易である一方、内容の品質は適正な言葉と数量が使われているかが問題であり、言葉と数量が多ければ良いという問題ではないので、内容の質はとらえるのが難しい。さらに、文章（語り）による情報開示は、財務諸表中の数値の代わりによく使用され、したがって質の評価が主観的に行われる。この主観性は偏見を抱かせることになり、それは品質測定の信頼度の低下を招く。別の問題は、情報開示内容のうち、どの内容に市場が敏感に反応するのかを識別する方法である。分かりやすいものとしては証券取引委員会（SEC）に提出する年次報告書が挙げられるが、その公表日は実際の出来事よりかなりあとなので、発表内容が株価に大きな影響を与えたと考えるにはかなり無理がある。この問題をほかの問題とも合わせて考えてみれば、研究の結果として得られるものは明らかに限定的である。

　次に考えることは、資本コストに関してはまったく異なる問題が存在するというものである。概念はよく理解されているが、現実に資本コストを測定することは非常に複雑である。他人資本に対する費用は過去の金利およびGAAP（一般に公正妥当と認められた会計原則）帳簿価額などのいくつかの方法で測定することができる。もうひとつの測定値は、社債の利回りおよび市場価値に基づくものである。簿価は資本コストを一般的に示すのに対して、時価は市場の現実を反映する。残念ながら、正確性を望む者にとってみれば、自己資本にかかるコストを測定することは、他人資本の場合とはまったく異なってしまう。事実、資本コストとは、株式の市場価値と予想将来キャッシュフローとの関係のなかでとらえられる投資家の収益率である。市場価値

を把握することはできるが、予想将来キャッシュフローを見つける統一された方法はない。その結果、資本コストを測定するときには、株価のリスク調整後のパフォーマンスを評価するだけでなく、ほかの評価の方法も試みるなど、一般的には異なる方向性の評価方法をとる必要がある。株式パフォーマンスおよび資本コストを測定するために使用されるモデルは完全ではなく、方法論および統計分析についての複雑な問題があることが多い。

この種の複雑さは、学術的な研究者がアイスクリームおよびケーキのどちらを好むかという問題に似ている。彼らにしてみれば、最初にありふれた命題を識別する（正体を暴露する）代償は非常に大きいので、この作業を行う価値が十分ある。次の議論のなかでは、情報品質と資本コストの関係に注目したいくつかの最近の研究成果を要約する。

ウェルカー

最初に紹介する論文の執筆者であるマイケル・ウェルカーは、報告情報の品質の尺度を見つけるのに、公表されている評価結果を使用した。特に投資管理研究協会（7章に記述された学術論文を作成したのと同じAIMR）によって作成された品質調査を使用した。ウェルカーの研究は、学術機関紙コンテンポラリー・アカウンティング・リサーチの1995年春季号で『株式市場における情報開示方針、情報不調和および流動性（Disclosure Policy, Information Asymmetry and Liquidity in Equity Markets）』というタイトルで公表された。

ウェルカーが使用したAIMR刊行物は「企業報告実務年度調査」と呼ばれるものである。この報告書は、残念なことに1996年に中止になるまで毎年公表されており、企業の実際の情報開示が有効であるかどうかを評価する目的で、著名な証券アナリストからなる産業ごとの小委員会によって作成されていた。①年次報告書、②四半期報告書お

よびその他公表情報、③アナリストの質問に対する経営者の回答およびほかのIR活動——という３つの観点からの情報の調査に基づいて評価された。このことから、この調査事項はQFRに含まれる活動種類を含んでいると言えよう。アナリストは企業のコミュニケーションの姿勢およびそれらの適時性の内容を考慮したうえで評価を作成した。ある要約によれば、この一連の調査の典型的な報告書には27業種460社の企業についての記述がある。[2] また、平均13人のアナリストが各産業を評価する小委員会に参加した。完全に客観的であるとは言えないが、AIMR報告書の評価は財務報告を行ううえでかなり信頼できる品質の尺度であった。

　刺激の測定と同じように、次にウェルカーは測定する具体的な項目を選択しなければならなかった。先の研究に基礎を置き、かつジェンキンス委員会報告書でのコメントに重点を置き、AIMR品質ランキングに出ている企業の標本の呼び値スプレッド（bid/askスプレッド）を調査することを選択した。一般に、呼び値スプレッド（bid/askスプレッド）が拡大すると、企業の株式のリスクは大きくなると考えられている。したがって、リスクは資本コストの代替であると言える。リスクがスプレッドと直接関係のある場合、図9.6で示されるように、資本コストの代替変数としてスプレッドを使用することができる。

　予想どおり、ウェルカーの結果は、有益な開示を代替している高品質ランキングの企業は、（資本コストの代替変数である）呼び値スプレッド（bid/askスプレッド）が狭まっていることが実証されている。発見した事項を特別に、以下の表現で要約している。

　「下位３分の１の情報開示ランキング企業の呼び値スプレッド（bid/askスプレッド）が示した実験分布は、上位３分の１の開示ランキング企業の呼び値スプレッド（bid/askスプレッド）よりも約50

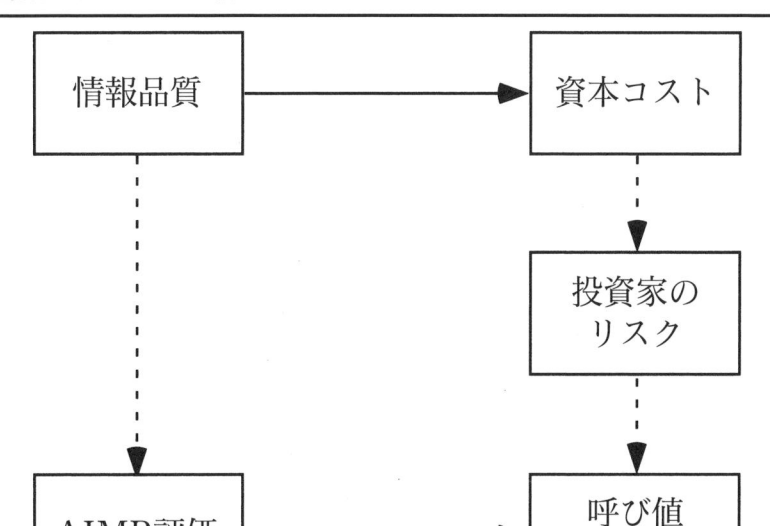

第9章 学術研究——経験主義者の逆襲

図9.6 ウェルカーの調査モデル

```
┌──────────┐          ┌──────────┐
│  情報品質  │─────────▶│ 資本コスト │
└──────────┘          └──────────┘
      ┆                     ┆
      ┆                     ▼
      ┆               ┌──────────┐
      ┆               │ 投資家の  │
      ┆               │  リスク   │
      ┆               └──────────┘
      ▼                     ┆
┌──────────┐          ┌──────────┐
│ AIMR評価  │─────────▶│ 呼び値    │
│          │          │ スプレッド │
└──────────┘          └──────────┘
```

％高い結果となった」(p.801)

　言い換えれば、低品質の財務報告として評価された企業の株主にとってみれば、株式の購入時点での高い価格と売却時点での安い価格に直面することになるため、経営者による開示不足の代償のつけを負担しているのである。

　資本コストは高品質の情報開示企業であれば低くなると、この研究は示唆しているが、呼び値スプレッド（bid/askスプレッド）と資本コストとの二重関連を仮定するだけで検証していないので、完全に満足できる証拠ではない。

ラングおよびルンドホルム

同様の研究に、マーク・ラングおよびラッセル・ルンドホルムの『企業開示方針およびアナリストの行動（Corporate Disclosure Policy and Analyst Behavior）』があり、アカウンティング・レビュー1996年10月号に発表された。この研究でも、執筆者は品質の代替としてAIMRランキングを使用している。リスク評価に対し彼らは、アナリストの企業株式にかかわる活動の情報を報告する公表情報源に目を向けた。したがって、図9.7で表されるように、やはりそれらは代替変数を使用している。

ラングとルンドホルムは以下のように発見事項を要約した。

「……より有効な情報開示方針の企業（現実にAIMRスコアが高い企業）はアナリストのフォローが大きく、アナリストの予想もより正確になり、個々のアナリスト予想のばらつきが小さくなり、また予想修正の変動が小さくなる」（p.467）

その後、彼らはこの証拠を用いて以下のように述べている。

「……情報開示を改善することで得られるメリットは、投資家の支持が大きくなり、評価リスクおよび情報不調和が減少することであるが、その各々のメリットは、理論的研究において資本コストが縮小することであると示している」（p.467）

ウェルカーの論文と同様に慎重に表現しているが、より有効な情報開示がより低い資本コストと関連することを証明してはいない。

こうした限界があるにもかかわらず、この2つの研究が有力機関紙で公表され、「確固たる」発見事項と呼ばれたことでほかの研究者が

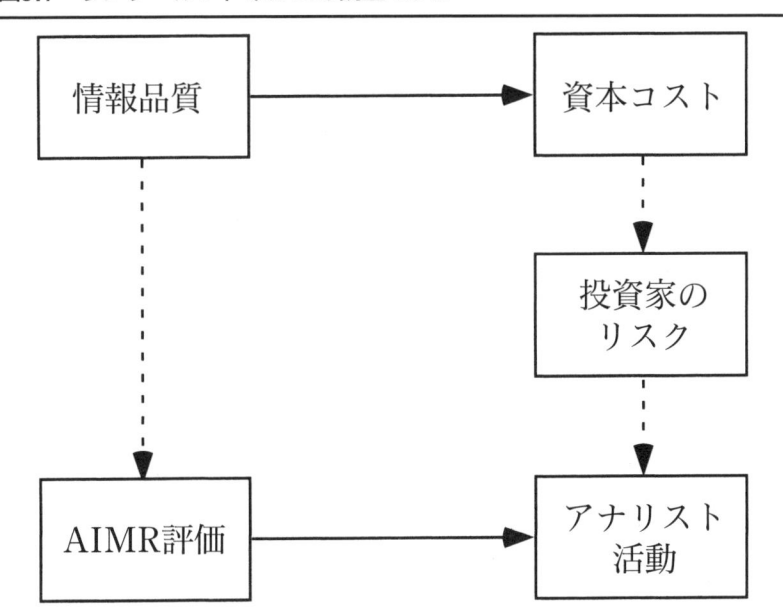

図9.7　ラング・ルンドホルムの調査モデル

```
┌─────────┐         ┌─────────┐
│ 情報品質 │────────▶│資本コスト│
└─────────┘         └─────────┘
     ┆                   ┆
     ┆                   ▼
     ┆              ┌─────────┐
     ┆              │投資家の │
     ┆              │ リスク  │
     ┆              └─────────┘
     ▼                   ┆
┌─────────┐         ┌─────────┐
│AIMR評価 │────────▶│アナリスト│
└─────────┘         │  活動   │
                    └─────────┘
```

刺激を受け、情報開示の品質と資本コストとの関連により直接的な検証を実施する調査を推進するようになった。

ボトサン

　これに関連して次に紹介する重要な研究は、アカウンティング・レビュー（1997年7月号）で発表されたクリスティーン・ボトサン教授の『情報開示水準と自己資本コスト（Disclosure Level and the Cost of Equity Capital）』という論文である。

　この研究は意欲的なもので、賞を受賞したが、前の2つの論文とは異なり、品質の尺度としてAIMRランキングに依存していない。[3] 依

存する代わりに、ボトサンはDSCOREと呼ばれる独自の情報開示の品質尺度を開発しているが、これは大手企業へ異常なほど重点を置いているAIMR報告書に内在する固有の偏りを反映しないので、より広い範囲の企業を包含するものであった。彼女は、標本に非大手企業を含めるというこのアプローチで2つのメリットを得ることができた。まず、異なる領域に尺度を適用することで、理論を検証して一般法則に導くことができる可能性がある。次に、非大手企業は資本コストの範囲が広くなる傾向があるので、従属変数の広範囲の観測値（刺激に対する反応）が測定されることになり、分析について豊富な情報が供給される。ボトサンはまた、GAAP財務諸表の変数に依存する残余所得モデルと呼ばれる所定の方法を使用して、企業の自己資本コストの直接的測定を試みて新境地を開いた。彼女の研究は図9.8で記述することができる。

　はっきりさせると、DSCORE尺度とは、投資家および証券アナリストにとって有効かどうかについて、ほかの調査で識別された5つの別個の要素を使用して、経営者の自発的報告状況を評価するものである。品質の代替としてのDSCOREの適合性は、標本企業の年次報告書にだけ基づいていることによって制限されており、四半期報告書、プレスリリースおよびアナリスト会議などの広範囲の経営者通信は含まれていなかった。さらに、公平無私な第三者ではなくボトサン自身によって開発され適用されたことによって制限されていた。

　余計な影響を除去するため、ボトサンは1990年の1年間で特定産業（機械製造業）の122社の企業標本に注目して、同様の営業および環境上のリスクだけで企業を調査し、以下のように結果を要約した。

　「この論文は、資本コストと情報開示水準との関係の直接的証拠、およびその結果の大きさについて表示するものである。アナリストのフォローが比較的低い企業標本については、情報開示をすることが資

図9.8 ボトサンの調査モデル

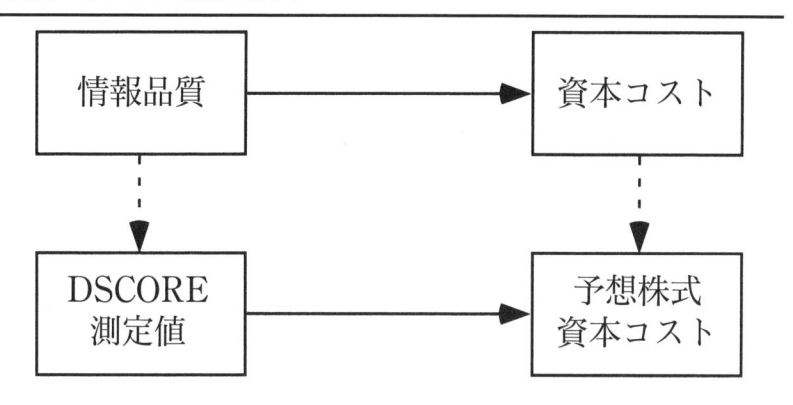

```
┌─────────┐         ┌─────────┐
│ 情報品質 │────────▶│ 資本コスト │
└─────────┘         └─────────┘
     ╎                   ╎
     ▼                   ▼
┌─────────┐         ┌─────────┐
│ DSCORE  │────────▶│ 予想株式 │
│ 測定値  │         │ 資本コスト│
└─────────┘         └─────────┘
```

本コストの低下により大きく関連することをこの調査結果は示している」(p.346)

これらの結果はアナリストのフォローが高い企業には当てはまらない。ボトサンが示す発見事項は以下のような可能性の場合にのみ該当する。

「……情報開示尺度は、年次財務報告に限定し、開示水準に影響を与えるような存在となってはならない。そのときにはアナリストがコミュニケーション・プロセスにおいて重要な役割を果たすことになっている」(p.323)

情報開示と資本コストとの間の重要な関連性の確認に加えて、彼女はさらに次のように言っている。

「……論文は、資本コストを縮小するときに重要な役割を果たすと

思われる情報開示に関して補足的証拠を提供している。アナリストのフォロー度の低い企業にとって予想情報および重要な非財務統計数値の情報開示は特に重要であり、また一方でアナリストのフォローの高い企業にとっては時系列の簡略な情報開示が有益である」(p.347)

このことを無視する経営者は、リスクを自己判断したうえでそのように無視しているだけかもしれないが、残念ながら結局は株主がそのリスクを負担することになる。

セングプタ

見たところ、パーサ・セングプタは、ボトサンが追随し独自の成果を導いたのと同じ先例に刺激され、アカウンティング・レビュー1998年10月号で「企業開示品質および負債費用（Corporate Disclosure Quality and the Cost of Debt）」という論文で研究を発表した。

最初に登場した2つの研究の執筆者と同様に、セングプタは品質の代替としてAIMRの品質基準を使うことを決定した。資本コストの代替として品質基準を使用した先の研究と異なり、また自己資本コストを評価しようとしたボトサンとも異なり、セングプタは債券が内包する新しい問題点に基づいた負債コストの直接的測定を行うことに決めた。彼の研究モデルの図形は表9.9で表される。

ある意味では、セングプタの研究は非常に有効であった。彼は品質と負債コストの基準との間に強い負の相関関係を発見しただけでなく、AIMRスコアで定められた企業の新しい負債コストの予測を可能にする等式を作成した。彼は簡潔に次のように発見事項を要約した。

「企業開示の詳細、適時性および明瞭性について評価するときに証券アナリストが好意的に評価する企業は、債務不履行リスクが低く、

第9章 学術研究——経験主義者の逆襲

figure 9.9 セングプタの調査モデル

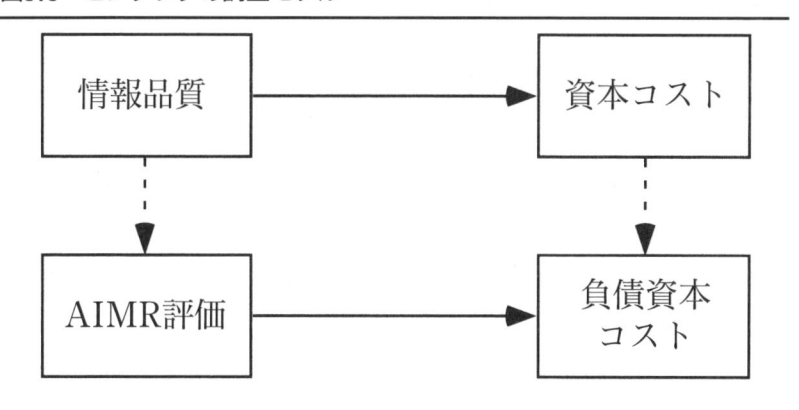

```
┌─────────┐        ┌─────────┐
│ 情報品質 │───────▶│ 資本コスト│
└─────────┘        └─────────┘
     ┆                  ┆
     ▼                  ▼
┌─────────┐        ┌─────────┐
│AIMR評価 │───────▶│負債資本 │
│         │        │ コスト  │
└─────────┘        └─────────┘
```

また負債コストが低い企業であることが明らかにされている。さらに、研究成果からは、企業を取り巻く不確実性が高い場合、特に開示情報に大きな信頼が置かれていることを示している」(p.473)

さらに負債に関する情報の重要性について以下のように記述している。

「従来の研究はこの関係を調査していないが、借り入れによる資金調達が、米国公開企業にとっては外部からの資金調達を行うときの主な方法であるため、この問題は重要である。例えば、1992年に、普通株式および非転換優先株式を通じた資金調達額が公開企業においては約9320億ドルであったのに対し、投資適格企業からの借り入れ調達額は、2兆7640億ドルであった」(p.460)

繰り返しになるが、作成者はこの記述を読めば現実を直視せざるを得ない。財務情報の品質が重要であることは明らかである。

ヒーリー、ハットンおよびパレプ

ポール・ヒーリー、エイミー・ハットンおよびクリシュナ・パレプ（前章で既述）の3人のチームは、刺激と反応の状況について同様の論文を公表した。この論文は「情報開示の進展に左右される、株式パフォーマンスおよび介在するものの変化（Stock Performance and Intermediation Changes Surrounding Sustained Increases in Disclosure）」というタイトルでコンテンポラリー・アカウンティング・リサーチの1999年秋季号に掲載された。彼らは以前の研究に新しいひねりを加えたので、この論文は研究の流れのなかでは斬新なものの典型例となっている。

ほかの研究者と同様に、ヒーリーらは独立変数の測定基準としてAIMR品質報告書を使用した。しかし、ほかの研究者と違うのは、年度間で品質格付けの変化を経験した企業にだけ注目し、株式パフォーマンスも変化したかどうかを確認した。彼らのモデルは図9.10で表すことができる。

この研究のプロセスにおける重要な点は、企業の情報開示の質の変化以外の要因から引き起こされたと考えられる、AIMRスコアの変化を除いていることである。特に企業が次の事項を提供したとき、AIMRスコアに大きな変化を示す兆候が見られたとしている。

(a) セグメントに関する情報開示の改善
(b) 営業および財務業績金融のより詳細な開示、また年次・四半期報告書の企業予想のより率直な経営者説明
(c) ファクトブック中の補足情報開示の掲載
(d) 最高経営者に対するアナリストのアクセスの増加によるインベスター・リレーションズ（IR）活動の改善、およびアナリスト向け会社説明会の追加開催。（p.489）

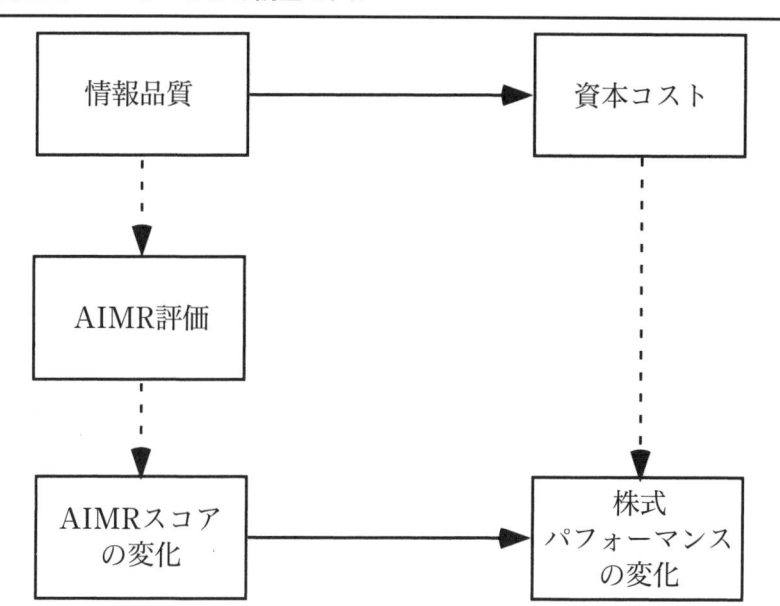

図9.10 ヒーリーほかの調査モデル

```
┌─────────┐              ┌─────────┐
│ 情報品質 │─────────────▶│資本コスト│
└────┬────┘              └────┬────┘
     ┆                        ┆
     ▼                        ┆
┌─────────┐                   ┆
│AIMR評価 │                   ┆
└────┬────┘                   ┆
     ┆                        ┆
     ▼                        ▼
┌─────────┐              ┌─────────┐
│AIMRスコア│─────────────▶│  株式   │
│  の変化  │              │パフォーマンス│
└─────────┘              │  の変化  │
                         └─────────┘
```

　情報開示の質の変化に起因する株式パフォーマンスを測定するため、彼らは最近の株価、呼び値スプレッド（bid/askスプレッド）、機関投資家保有状況を観察した（機関投資家保有比率は、リスクが低下するとこの比率が増加するというような固有の投資リスクを示すと考えられる）。財務会計基準審議会（FASB）状況報告（2000年9月29日）で、FASBは以下のようにこの結果を要約した。

「平均的標本企業は、情報開示増加の年度で株式パフォーマンスは7％改善、次年度は8％の改善を示した」（p.2）

さらに、高スコアの企業について、高スコアが記録された3年後には、機関投資家の保有比率が12〜24%増加していることを発見した。繰り返しになるが、この実証研究は質の良い情報開示が資本コストを縮小するという原理を裏づけるものである。

ラングおよびルンドホルム（続編）

前に引用したのと同じ、ラングとルンドホルムのチームによるもうひとつの研究は、コンテンポラリー・アカウンティング・リサーチ2000年冬季号で「自発的情報開示および株式募集——情報非対象を緩和するのか、または株式の過大表示か？（Voluntary Disclosure and Equity Offerings：Reducing Information Asymmetry or Hyping the Stock?)」として発表された。

ヒーリー・チームのように、ラングとルンドホルムは新しい財務報告方針の根底にある動機を解明するために、今回はAIMR格付けの変化に注目した。とりわけ、彼らは新しい報告方針を実施した企業が、変更をしなかった（あるいは高い格付けではない）企業よりも、新報告方針が効果を上げた後に新しい債券を発行する傾向があることを発見した。この傾向は、経営者が短期的に負債コストを低くするために情報開示の改善を利用していた可能性があることを示唆している。その後、彼らは経営者が長期的傾向として新方針を実際に実行していたかどうかについての疑いを示した。

特にこのプロジェクトに関して目立つ点は、初期の研究の中心問題であった刺激と反応との関係を検証していない点である。現在では、高品質な情報開示がまちがいなく低い資本コストをもたらすことを経験的に証拠が示していると考え、この問題を解決済みと考えているようだ。この結論はQFR推進を進める内容であるので、筆者の耳には快く聞こえる。

バース、ホール、クルツマン、ウェイおよびヤーゴ

　プライス・ウォーターハウス・クーパース会計事務所からの資金やその他の援助の下で、大掛かりな研究が、メアリー・バース（新しい国際会計基準委員会のメンバー）、トーマス・ホール、ヨエル・クルツマン、シャンジャ・ウェイおよびグレン・ヤーゴからなる5人チームによって実施された。このプロジェクトは、規模も大きく、また情報開示の質と資本コストとの関係に関する調査を、米国外の資本市場で実施したという事実が重要な意義をもっている。研究成果は不透明指数（The Opacity Index）と呼ばれる報告である。[4] この研究については、執筆者は最近よく用いられる「不確実」という用語を使って、以下のように定義される不確実性と呼ぶ変数の調査によって高品質な会計実務について記述している。

　「（不確実とは）事業、財務および政府にかかわる、広い活動領域において、明瞭で、正確で、公式上の、容易に識別可能で、かつ広く認められた慣習が欠如していることを言う」（p.3）

　彼らのアプローチは、さまざまな経済的な要素へのインパクトを評価することである。その経済的な要素には財務報告の質も含まれており、国家が資金調達するときの費用として認識される資本コストへの影響を認識するものである。同時に、この結果が海外直接投資への障害を創出しているのか、あるいは取り除いているのかをも示している。彼は5つの重要な不透明要因を用いて、35カ国の政府資本コストとリンクするモデルを開発した。このモデルは図9.11の図で示されている。

図9.11 バースほかの調査モデル

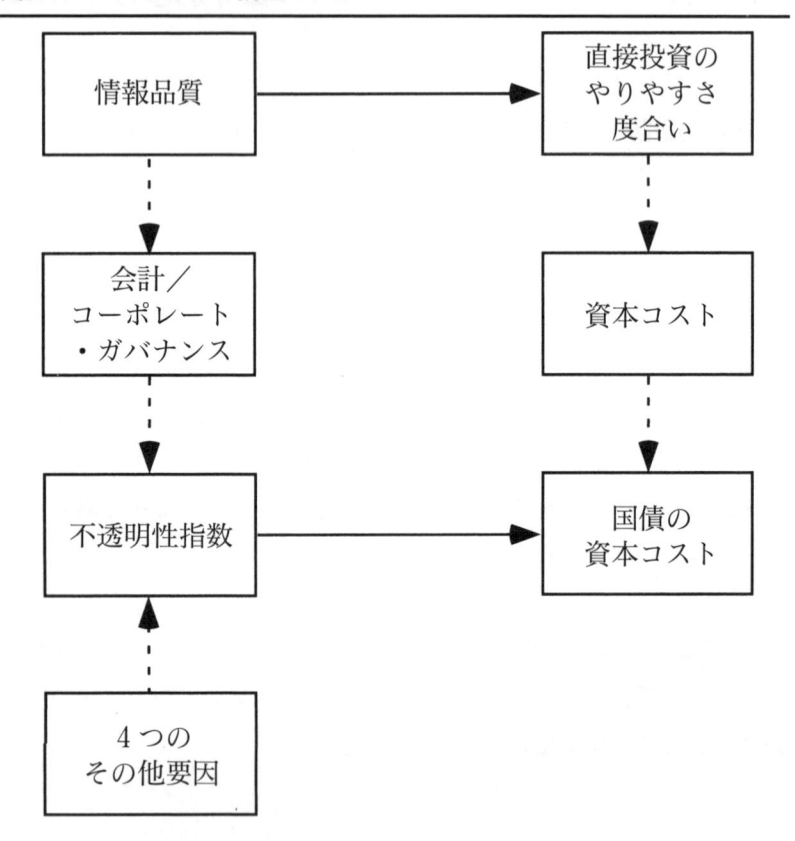

```
┌──────────┐         ┌──────────┐
│          │────────▶│ 直接投資の│
│ 情報品質 │         │やりやすさ│
│          │         │ 度合い   │
└────┬─────┘         └────┬─────┘
     ┆                    ┆
     ▼                    ▼
┌──────────┐         ┌──────────┐
│ 会計／   │         │          │
│コーポレート│       │ 資本コスト│
│・ガバナンス│       │          │
└────┬─────┘         └────┬─────┘
     ┆                    ┆
     ▼                    ▼
┌──────────┐         ┌──────────┐
│          │────────▶│ 国債の   │
│不透明性指数│        │資本コスト│
│          │         │          │
└────▲─────┘         └──────────┘
     ┆
┌──────────┐
│ 4つの    │
│その他要因│
└──────────┘
```

　国家経済に不透明指数を割り当てるプロセスは、5つの異なる要因を評価することであった。そのなかのひとつには筆者が関心のある、公開財務報告の情報品質が含まれていた。この要因は単純に会計／コーポレート・ガバナンスと呼ばれている。総合不透明スコア（Oファクターと呼ぶ）は5つの構成要素すべてに均等に加重し、0〜150の範囲で測定され、数値が高くなると不透明度が上昇することを意味し

ている。

　執筆者は研究した35ヵ国で国債イールドの差異について説明するのにOファクター・スコアを利用できることを発見したが、これについては以下のように的確に述べている。

　「……Oファクター・スコアの1ポイントの増加は、投資家がある国家の新発債を購入するために要求する利率の25.5のベーシス・ポイント増加をもたらす」(p.11)

　言い換えれば、不透明度が大きくなれば、資本コストが高くなるということである。拡大解釈すれば、同じ種類のリスク・ペナルティーはその国で営業する企業が発行する有価証券にも適用されるということであろう。

　読者は、Oファクター・スコアがシンガポールの29の最低値から中国の87の最高値までの範囲になった理由を知りたいと思うであろう。米国は比較的低く36の同じスコアでチリと引き分けて第2位タイであった。さまざまなランキングのなかでは、米国は会計／コーポレート・ガバナンスではシンガポールより高得点であったが、ほかの4つの要因では悪かったのである。実際、米国は35ヵ国中ほかのすべての国よりも会計／コーポレート・ガバナンスが最高スコアであった。アメリカ人はこの格付けを国家主義的に誇りたくなるかもしれないが、QFRが目指す到達地点こそがまさに自分たちが実践可能な最上の地点であり、単に他国との競争で第1位になるだけが目標ではないということを肝に命じる必要がある。前の章において、米国のGAAPでは、資本市場が必要とする資産の生成および配分に有効な情報提供を行うのに不十分であることを示した。つまり、まだまだ改善の余地が多く残されている。米国の経営者が会計実務を改善しない場合、ほかの国々の経営者が追いつくことは可能である。さらに、どの国の経営

者であろうと、高品質の財務報告を実行することにおいてほかの経営者を凌駕するならば、大きな恩恵がもたらされるだろう。

要約

　半ダースほどの調査研究は比較的少数派のように感じられるかもしれないが、前述の研究事項が、4つのQFR原理の基礎をなす常識が正当であることを裏づける重要な証拠となっていると筆者は信じる。

　たしかに、方法論、標本および統計分析に関しては議論の余地があるが、これから先、読者は本章を読みはじめた時点よりも自信をもって残りを読み続けることができると考えている。高品質の情報によって資本コストの低下がもたらされるという基本の仮定に関して、実証的証拠が乏しいとしてジェンキンス委員会は嘆いていたが、現在は十分な実証的証拠があると筆者は思う。

　もし、筆者が思うように、財務報告がより高品質な形態へ発展することを抑えようとして、反対者がわざと煙幕としてQFR原理を批判しているのであれば、こうした研究によってそんな煙は吹き飛ばされ、十分に新鮮な空気が提供されるはずである。しかし、反対者に正常な論理的議論をもちかけても、彼ら自身がこの研究を直視しようとしなければ、QFRのメリットを否定し続けるであろう。そのような状況では、資本市場から好意的な扱いを受けようとQFRの実行を決定する経営者にとっては、競争相手は極少数しか市場には存在しないことになる。

注

　1．前述のとおり、研究者はひとつだけの要素を調査することに限定されるわけではない。重回帰によって多くの独立変数およびひとつ

の従属変数のモデルを構築することができる。十分な観測によって、反応の総合的な要因それぞれの影響度を測定することができる。

2．M・ラング、R・ルンドホルム共著「企業情報開示方針とアナリストの反応 (Corporate Disclosure Policy and Analyst Behavior)」(アカウンティング・レビュー、1996年10月号)。この論文は次節で記述されている。

3．この研究に敬意を表する証として、アメリカ会計学会はボトサンに1996年度優秀作品賞および2001年度会計関係文献功労賞を授与した。

4．指数および評価対象各国の価値に関する情報はwww.opacityindex.comに出ている。

第10章
異議を唱えよう
State Your Objections!

　筆者がさまざまな場所でQFR概念を紹介すると多くの疑問を投げかけられる。自分の考えについて、良い点、悪い点を指摘してもらう貴重な機会であり、ほかの人々に見せることが自分の考えを磨く良い方法となる。筆者は下記のような反論に遭遇した。

- 「強制することはできない」
- 「これは企業秘密だ」
- 「市場はそれほど効率的ではない」
- 「法外に高い」
- 「ほかにだれもしていない」
- 「手元に情報はない」
- 「告訴されかねない」
- 「しかし、もし私が悪いニュースを報告しなければならなければ、どうするのか」
- 「悪いニュースを報告したらどうするんだ」
- 「不安定であるという印象を与えかねない」
- 「利用者は理解できないはずだ」
- 「情報開示の負担が大きすぎる」

　ここまで読まれた読者のなかには、同じような異議を感じている人

もいるだろうし、また本書を読み進めていくうちに心中では別の異議をもたれた方もいるだろう。先に進む前に、そのような障害物を取り除き、次章以降で取り上げる追加の考えを理解しやすくなるように本章を活用したい。

「強制することはできない」

　これは最も一般的なQFRへの反論であるが、経営者およびその会計士、監査人、財務諸表利用者、監督機関、および学術専門家といった実業界のほとんどの関係者が、義務づけられた現状の報告制度に慣れてきたことから生じてくる発想である。現状では、必要とされない情報は基本的に何も財務諸表には報告されない[1]。財務会計基準審議会（FASB）あるいは関連当局が新しい規則を規定することで、新しい要求が示されるのが通常の手続きである。事実上、例外なく経営者は新たな規則を義務づけられたくないと考えるため、規則の制定に反対する。もちろん、この点は理解できる。

　しかし、筆者がQFRの採用を要望しているからといって、筆者が道理にかなうと思うことを経営者に強制するために新しい規則および規制を要求するつもりはない。資本市場をより効率的にする新しい規則を強要するような、強い政治権力を行使する意思はないのである。経営者が実行すべきことについて意見しようとも思わない。

　反対に、QFRはまったく自由意思で行われるものであり、選択するのは自由である。実行すべきかどうかの決定は経営者次第である。たしかに、QFRへはほかの経済活動と同じくらい真剣な姿勢で取り組むべきである。つまり、参加者が知ることが有効である情報は何かを理解しようとする、経営者の資本市場に対する姿勢こそが大切なのである。その後、いったん理解が得られれば、経営者の努力は、利用者の不確実性およびリスクを縮小させるため、情報に信頼性と適時性

を提供することに向けられる。

　重要なのは、経営者がQFRを採用することや筆者の考えを実行しないからといって、何らかの公的な罰則が下されると主張しているわけではないという点である。筆者が行っていることは、QFRを採用しなければ、高い資本コストと低株価という罰則が、市場からすでに課せられていると認識するように経営者を促しているだけである。一方で、QFRを採用する人々は、より低い資本コストおよびより高い株価を獲得できることを知るだろうし、まただれも自分の意思に反することを強要されているわけではない。

　ほかに異議を差し挟もうとするならば、この状況を念頭に入れてほしい。反対意見を聞き入れないことを不満に思う方々は、自分たちは何をすべきであるのか今一度考えてみてほしい。

「これは企業秘密だ」

　より多くの情報提供に反対する根拠として多くの経営者が真っ先に考えるのは、競合他社が多くの情報を得た結果、それを顧客市場で利用して優位な状況にもちこめるので、情報提供すれば、その企業は不利な状況になるのではないかと危惧することである。この自己防衛過剰の姿勢の極端な例がフェルディナンド・ピエヒが経営するフォルクスワーゲンに見られ、「フォルクスワーゲンの欠陥」と題してフォーチュン（1999年3月29日号）に掲載された。掲載記事の引用は彼の態度を次のように要約している。

　「ピエヒがドイツの会計方針を好むのは、ドイツの会計方針ではフォルクスワーゲンが資金をどう投資するか競合他社に正確な情報を伝えないことを許容されているからである。企業には利益を十分に開示しないでよい裁量権が認められている。さらに、ドイツの会計基準を

用いていれば、納入業者、労働組合および収税官からの情報開示要求も回避できることになる。ピエヒは以下のように語った。『私は、株主がフォルクスワーゲンよりも大切でないと言っているのではなく、株主はわが社の顧客および従業員と同様に大切な存在である。これがヨーロッパのやり方である。わが社の株主のためにドイツの会計制度を通じて十分な信用力を確立している。これ以上、わが社がこれから行おうとする事業についての情報を競合他社にさらけ出す必要はないと考えている』」(p.102)

資本市場への情報開示を回避することによって、ピエヒは信頼を構築していると考えたのである。彼は株主に十分な誠意を示していなかったと筆者は判断する。なぜそう考えるのか。

「ピエヒが解決していなかった問題のひとつは、フォルクスワーゲンの株主との後進的関係であった。ドイツの自動車産業におけるほかのCEOとは異なり、ピエヒはドイツの不透明な会計方針を好み、米国会計基準および国際会計基準を拒絶している。……この姿勢をとることで影響は広範囲に及んでいる。『この姿勢は明確にフォルクスワーゲンの評価を損なっており、資本コストを上昇させた……』とモルガン・スタンレーの証券アナリストであるグレッグ・メリックは語った」(p.102)

その後、ライターのジャネット・ガイヨンはピエヒの姿勢から生み出された具体的な結果について以下のように記述している。

「この損害は1997年に最も顕著に表面化した。このときにはフォルクスワーゲンが急に方向転換し、株式時価発行増資によって37億ドルを資金調達する意向を表明したが、投資家に調達の意図を説明するこ

とを怠ったのである。これによって、フォルクスワーゲン株価は急降下し、つい昨年まで募集を延期することを余儀なくされた。結局、フォルクスワーゲンは、買収のための資金調達であったと遅ればせながら表明したが、当初予定の半分の金額を調達したにとどまったのである。フォルクスワーゲンは投資家とのコミュニケーションをとり損なったことを現在は認めている」(p.102)

　この逸話はQFRの根拠を明確に示していると筆者は考えるが、さらに内容を調べる必要がある。第一に、財務報告の範囲が財務上の論点であることを考えてみよう。競合他社に将来の製品やほかの計画、つまり最も闇に包まれた企業秘密を開示した財務諸表を提供したりすれば、財務報告の範囲のものすごい拡大ということになるのではないのか。

　第二に、競合他社に実際に競争力がある場合、自社の活動内容を発見するために研究所、設計センター、予算事務局、情報システムセンターおよび工場の内部と接触するほかの手段を確実に講じているであろう。もし元従業員を監禁したり、鍵を捨てさせたりしていないのであれば、彼らの記憶は競合他社に漏洩されている確率はかなり高いことになる。この情報漏洩は、会計士とその部下が新しい職場に転職した場合、財務報告の職務においても発生する。要するに、企業秘密を厳重に管理しているからといって、財務報告によって競合他社がまだ知らないものを現実にさらけ出すことになると考えるのは認識が甘い。

　第三に、企業は少なくとも2つの市場（顧客市場および資本市場）で競合している。この反対は、ピエヒが言うように、前者だけが重要であり、必ず死守しぜひとも保護しなければならないと実際に主張されているが、もちろん誤った考えである。この姿勢では、隠し立てしたまま財務情報を公表するので、必然的に資本コストが高くなるという悪影響を無視することになる。もちろん、企業の秘密情報が早期に

開示された場合、メリットが失われる可能性はあるが、追加情報を報告するか、報告しないかの決定は完全に経営者次第であるというのが冒頭の所見である。筆者が言いたいのは、経営者は決定するまでもなく、徹底して情報提供を保留することを考えているのである。。

四番目のポイントとして、広告と類似していると考える。広告について考えれば、宣伝用のキャンペーンとは、購入することで体力がどれほど向上するかが理解できるように、見込み顧客に自社製品およびサービスの特徴および性能を認知させるように企画される。しかし、顧客にこの特性を広告すると同時に、競合他社にも何を提供しているかの情報を教えることになる。経営者が有効な情報を競合他社に知られないように、顧客とのコミュニケーションをすべて遮断できると考えることは非現実的である。同様に、市場競争力を高めようと考えるのであれば、資本市場とのコミュニケーションを改善するべきであろう。競合他社には自社製品の性能を発見するほかの方法がある。その製品を購入しさえすればよいのである。

要約すると、企業秘密という異議はほとんど根拠がないのである。もちろん、筆者がQFRに対する有効な反論と考えていなくとも、経営者が自分自身で決定するのは自由である。

「市場はそれほど効率的ではない」

ついこのあいだまで、筆者のうちのひとりは、長年学術団体のリーダーであった会計士のためにQFRを要約しようとしていた。最初のうちは彼は目を白黒させて、「市場が効率的であると信じなくてはいけないのか」とつぶやいていた。効率的な資本市場とはこの男の心のなかでは、サンタクロースやイースターのうさぎやグレート・パンプキンと同じような存在であったようだ。彼は、QFRをすべて架空の概念ととらえたようで、あまり真剣に受けとめていなかった。

第7章で示したように、投資管理研究協会（AIMR）の研究論文を作成した有能な証券アナリストたちは、市場が効率的であるという概念を受け入れている。さらに、市場参加者に情報が自由に流れることや、より多くの情報を手に入れようとするアナリストの活動から効率性が生まれると、アナリストは考えている。要するに、市場が効率的であるという多くの証拠がある一方で、反対に非効率であるという証拠はわずかしかない。つまり、筆者が、市場が非効率だと認めないのは、効率性という言葉の意味が十分理解されていないと考えるからだ。

　効率的だからといって、それは市場が常に正しいということを意味するわけではない。常に予期しない出来事が発生し、調整を引き起こす。実際、予想された（まだ一時的な）出来事が起こり、不確実性を縮小する場合、調整が生じることさえある。効率性はまた、株価の全面的な安定を意味するものではない。実際、ニュースの迅速な配信によって短時間に多くの買い手および売り手に連絡されるので、効率的市場は非常に不安定になることもある。

　効率性が意味するのは、印象が強く、強力な、目新しい、これまで未知であった情報によって保有者が正常な収益を上げることが可能な状態である（もちろん、予期せぬ良いニュースが発生する場合にある銘柄を保有していれば、幸運を享受できるが）。反対に、効率性のおかげで、年次報告書あるいは前日のプレスリリースを拾い出してその内容を活用して大儲けすることはできないことも意味する。今日の市場では（特に米国およびグローバルなほかの市場ではさらに）、通信ネットワークが発達しているので、プレスリリースの新しい情報でさえ、有効期間は限定的であるのが実状である。多くの資本市場調査研究の結果、ニュースが公式に発表される数時間あるいは数日前に株価が動いていることが現実に示されている。

　ここに、一種の市場の効率性を例証する別の実話がある。ある夜、

筆者のうちのひとり（だれであるかはあえて言わないことにする）は、大学で会計学理論のセミナーを教えていた。そのクラスの前期の議論題目が市場効率性であり、市場効率性が存在するか否かという問題に関心が集中しているときに、それはちょうど起きたのである。出勤が遅かったのでいつものように駐車場から教室まで駆け込んだため、座席の上にうっかり資料を忘れてしまい車まで取りに行ったのである。教室建物の隣の駐車場最後列に駐車していたが、車に向かう途中で、2、3の空き駐車スペースを見つけたため、もっと便利な場所に自分の車を移動させて授業後の歩行距離を短くしようと考えた。車に乗り込んでエンジンをかけて空いていた場所へ行くまでに、空きスペースはすべてふさがってしまっていた。結局は肩をすくめて前の場所に逆戻りすることになった。ところが、別の車がその場所に駐車していたのである。彼は、もっと離れた駐車スペースから重い足取りで歩き、授業に戻るのに遅れてしまったのである。しかし、少なくとも市場の効率性に関して学生に教える新しい実例を得たのである。この実話には教訓がある。自動車駐車場の市場が非常に効率的なので、空きスペースに関する情報が約30秒程度しか有効ではないのである。それならば、財務情報の価値の数百万ドルが文字どおり、数週間、数日、数時間どころか数分ともつはずはないのである。

　あらゆるすべての研究によって、それ以上に、資本市場効率についての考えの根底にある常識によって、一般的に米国市場が高度に効率的であると考える傾向がある。したがって、万人が、特に経営者があたかも米国市場が99.9％効率的であるという前提で行動するのは道理にかなっている。上記の数値が正しいのであれば、1000人のうちひとりの経営者だけが見つからずに巧みに株価操作を行っていることを意味する。いくらうまくいく確率が高くても、市場の効率性が非常に短い時間だけしかそのような状態を許さない確率のほうが高い。いったん詐欺が暴露されれば、市場は実行者に対して不信を抱いたまま激し

く報復し、株式にはより多くのリスクが内在すると判断し、ひいては会社の資本コストのリスクプレミアム部分を増大させるだろう。

すべての観点から、経営者は市場が実際に効率的であると考えたうえで財務報告を行うことが大切である。また、それが財務報告に取り組むときの唯一の合理的方法であると思われる。それによって何ら不都合は起こらない。

もちろん、市場が非効率的ならば、企業の見通しを脚色して市場を欺くことができると考える者もいるかもしれない。しかし、市場がいくら非効率的であるとしても、経営者が市場をある種の策略を使ってだまそうとしていることに市場参加者は気がついている。したがって、市場で認知されるリスクは増加し、また市場は見直しを必要とする株式すべての評価を減価するだろう。しかし、万一、経営陣が正直かつ率直であると表明し、さらに有効な情報を提供することでそれを立証するのであれば、たとえ非効率的市場であっても、この事実を市場参加者は知り、より高い株価という報奨を経営者にもたらすであろう。繰り返すが、方針は同じである。つまりQFRを活用することである。そうすれば、市場が効率的でも効率的でなくても実践者は報われる。

「費用がかさむ」

通常次のような言葉でこの異議が唱えられているのを非常によく耳にする。「追加情報をすべて提供するのには非常に費用がかかるだろう」筆者のうちのひとりは、ある日、成長公開企業のCEOと昼食を一緒にとり、次のようなやりとりをした。

「わが社の拡張を支援してもらうための融資を受けるために、われわれは異なる銀行へ行かなければなりませんでした。しかし、こうした銀行はわれわれが現在依頼している監査人ではなく、ビッグ5の会計事務所で監査をするように要求してきました。新しい監査人に自社

のシステムがどのように機能しているかについて教えなければならなかったので、私は気が動転していました。彼らは非常にたくさんの料金を課すのです。監査をすべて終えたとき、会社は費用負担以外何も得るものはなかったと思います」

「有利な利率で必要とした融資を受けられましたか」

「はい、あなたの言いたいことは一体何ですか」

「ビッグ5の監査なしで融資を受けられましたか」

「いいえ」

「それこそがあなたの行動によって生み出された価値だと思いますよ」

　これについては作成費用にのみこだわる致命的な罪を取り上げた第2章ですでに説明している。

　財務報告のための実質原価を求めるには2つの変数が考えられる。作成費用と資本コストである。資本コストは少なくとも3つのものを反映している。つまり、資本（将来のキャッシュフロー）、市場の処理費用（財務分析および補足のデータの蓄積を含む）およびリスクの需給である。経営者は作成費用に過度にこだわり、ほかの点を省みないように感じられる。もし安上がりに済ませ、参加者が望むものあるいは必要とするものを市場に与えなければ、参加者は追加的な情報収集および処理費用を負うことになり、より高いリターンを要求するようになるだろう。もちろん、別の可能性としては、リスクおよび処理費用が高すぎるので、参加者が企業に背を向けるだけになることもあり得る。

　状況を説明するために、図10.1のレバーは企業の情報作成費用と財務諸表利用者の情報処理費用および情報収集費用との間の平衡を示している。

　支点が中間にある状況では、図10.2で示されているように、作成費

第10章 異議を唱えよう

表10.1　作成費用　対　情報処理費用（その１）

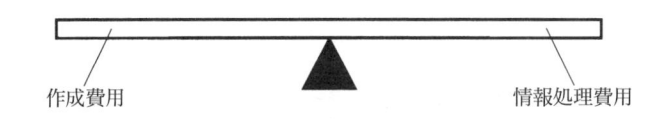

```
        ┌─────────────────────────────────┐
        │                                 │
        └──────────────▲──────────────────┘
         作成費用                              情報処理費用
```

用の縮小は、ほぼ同額の利用者の処理費用の増加によって一致するだろう。

　この状況で、わずかな金額を節約して有用な情報を報告しないことを決定すれば、利用者の費用は同様の増加となり、結果的には企業の資本コストがより高くなることをもたらす。この仮説の状況では、作成費用の削減によってあまり損害がないように見えるかもしれない。

　しかし、見て分かるように、作成者にとっては有効な情報にアクセス可能な状況であり、難なく情報を入手できる状態であるので、レバーは資本市場のなかで均等に平衡を保つことができなくなる。象徴的に、図10.3で表されているように、不調和の条件によって支点は作成者の側（左側）に偏るだろう。

　この状況の下では、図10.4の図で表されるように、CFOの職務を削減すること、つまりわずかな金額を節約するという経営者の決定によって、利用者はかなり高い費用を負担することになるだろう。

　レバレッジ（てこの原理）がいくつかの要因によって発生することになる。最初の要因は、自分の費用を負担してまで投資意欲をもつ利用者が繰り返し情報収集を行うことである。2番目の要因は、利用者が第二次、第三次の情報源を探索する必要があるということである。3番目の要因はこうした情報の不確実性であり、情報が直接入手されたものではなく、また監査人が精査したものでもないことである。こ

表10.2 作成費用 対 情報処理費用（その2）

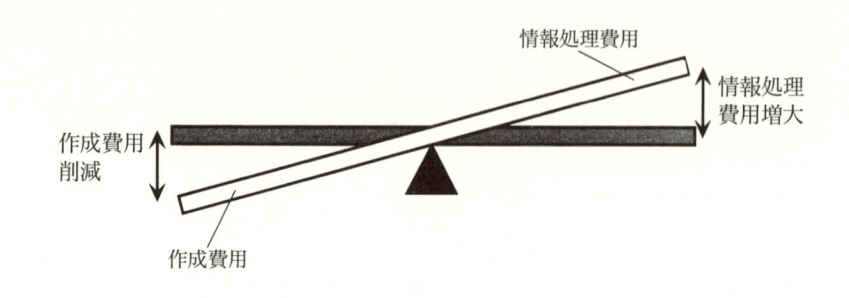

作成費用削減
情報処理費用
情報処理費用増大
作成費用

表10.3 作成費用 対 情報処理費用（その3）

作成費用
情報処理費用

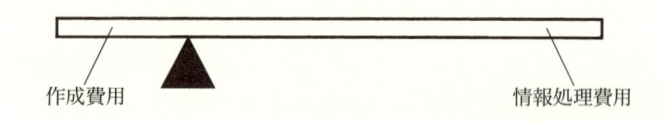

表10.4 作成費用 対 情報処理費用（その4）

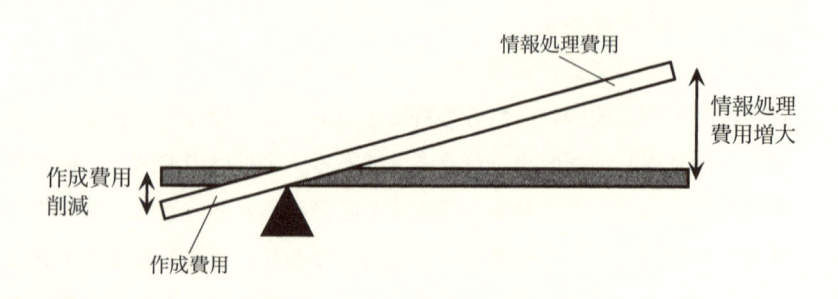

情報処理費用
情報処理費用増大
作成費用削減
作成費用

の結果、作成費用に関しては比較的わずかな費用削減であっても、利用者の処理費用を大幅に増加させてしまう。この増加によって今度は株主からどんでん返しをくらう。つまり、企業は資本コストの上昇および株価の低下という状況に直面するのである。

他方では、経営者がQFRに取り組み、有効な情報提供を大量に行うために必要とされる追加作成費用の負担を決定する場合、このレバレッジは逆の効果を生む可能性がある。図10.5のレバーの最終バージョンを参照してほしい。

利用者が望むような有効な情報を作成し、その情報を監査するためのわずかな出費を負担することによって、はるかに大きな元金回収ができるはずなので、経営者はすすんで出費するであろう。利用者にとって処理費用がはるかに低くなり、またもっと重要なのは、未監査の第二次情報源に極度に依存する必要がなくなるので、このようなプラスの見返りが発生するのである。したがって、不確実性が減少する結果、低い要求収益率（企業が低資本コストおよび高株価を享受することを意味する）を享受することが可能になるだろう。

QFRはまったく自由意思に依存するものであるので、追加作成費用の負担を決定するのは完全に経営者の裁量次第である。経営者がこだわるのが自己の費用負担だけで、負担することを決定しないのであれば、この分析は理解できないであろう。しかし、このような誤解が発生するのは、規則を順守するときに発生する費用だけを考慮して評価されるシステムの下で、財務報告という職務がCFOに任されている場合である。そのようなケースには、会計士に対して劣悪な品質の情報が企業から発信されている場合に、何が発生するのかが考えられていない。自社の作成費用削減をインセンティブとする現在の報酬制度では効果がないのである。その解決方法はもちろん、CFOの報酬評価基準のひとつとして資本コスト削減を入れた人事考課を考えることである。

表10.5 作成費用対情報処理費用（その5）

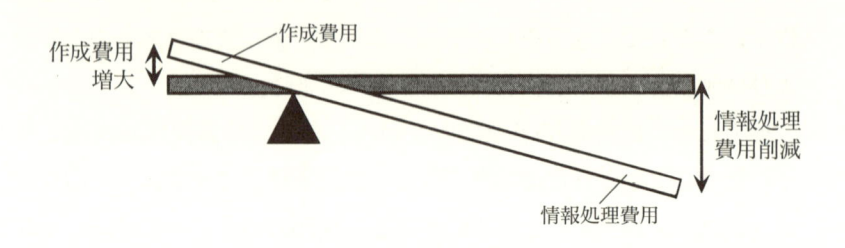

［天秤図：作成費用増大／情報処理費用削減］

　この先に進む前に、QFRに基づいて作成される新しい財務情報は、経営者が自社の内部決定を下すのに役に立つものであるかどうかを読者に尋ねたい。一般に公正妥当と認められた会計原則（GAAP）情報のさまざまな欠陥および基本的に取得原価に基づいた情報の妥当性の欠如を考慮すれば、筆者は、公開財務諸表として慣例的に作成される不適当な情報が支持されることを、到底理解できないのである。[2]したがって、合理的な方法および有効な内部決定をする際に費用／利益分析の別のメリットに期待を抱いているのである。

「ほかにだれもしていない」

　筆者のQFRの説明に対し、「だれがQFRを行っていますか」あるいは、「QFRが非常に良くても、だれもそれを行っていないではないですか」というような反応が多い。会計学の教授とは、他人の非難を回避することばかり考えているという説明に激怒したMBAクラスの学生がいたことを思い出す（あとで分かったが、彼女は現役の公認会計士であった）。この質問は、記者、編集者、経営者およびほかの教授、さらには筆者の両親からも出された。筆者はこの質問には憤慨しない。実際、この質問は適切なものだからである。さらに、未知の新しいも

のを試みる開拓者になりたくないということに対しては、ある種の慎重な姿勢があってもおかしくない。

　4つの原理およびQFR概念が、どうして当事者の関心事に上ってきていないかについては当初の議論ですでに説明した。主要な原因が、市場の効率性に対する認識不足、考えを実行するときの官僚的制度への信任、および経営者と会計士の不適当な教育であると筆者は考える。この原因にはさらに、多くの自己満足と報告政策の確立に当たって弁護士に過度に依存していることも加えることができる。その結果、新しい報告実務を採用しないで現状維持に固執することになる。類推するに、エジソンが最初の実用電球を持って研究室から出てきたとき、ある批評家は彼に以下のように尋ねただろう。「おやおや。この発明が偉大なら、なぜだれも使用していないのですか？」。それから長い歳月を経たが、全世界は電灯で満たされるにいたっている。

　筆者は、慎重さから出た質問と、単に進行を妨害するために発せられた質問との間に大きな違いあることを知った。結局、「なぜだれも行っていないのか」という質問には、基本的に答弁できないものである。それが、好奇心および実際に理解しようとする要望として尋ねられている場合、質問者とともに回答を求めることを続行できるので、筆者は満足である。これに対し、QFR概念は偽りで排除すべきものであるとして質問されるケースも多い。筆者がこうした人々のためにできることは、冒頭から本書を再読してもらうよう依頼することだけである。

　再び本題にもどると、ワード・プロセッサを開発した人々がどうだったか考えるべきであろう。新技術の構想が描かれ探求され、使用可能になり実証されるまで、人々が求めていたのは、より安いタイプライターおよび誤字を修正する、より巧妙な方法であった。現在ではタイプライターを使用することなど、だれも想像することができない。だれかが変化のためのビジョンをもち、それを明瞭に表現するまでは、

現状と変わらない状態が続き、比較的小さな改善にとどまり、劇的な変化は起こらない。

さらに、新たな機会が提示される場合、いくつかのリスクが常に存在するが、多くの人々はリスクを取り除きたいとは考えないものである。QFRはほとんどの人々が行っていることとは異なるので、リスクがあるように見えるかもしれない。筆者はこの点をほかのだれよりもよく理解している。しかし、QFRの根拠および論法は、頭を使わなくても済む簡単なものである。

筆者の問いかけに対し、ある経営者はほかの経営者全員がQFRを行っていれば、QFRを使用すると回答している。これではメリットをとり逃しているのではないか。最初に行動する人々はおそらく恩恵を手にするだろう。しかも最大の恩恵である。そのあとに行動する人々は開拓者を模倣するだろうが、大きな恩恵を受けることはないだろう。言うまでもなく他人がうまく儲けたあとでも拒絶する抵抗者は、フォルクスワーゲンのフェルディナンド・ピエヒと同じ状態になるだろう。つまり、以前よりも高い資本コストを負うこともあり得る。このようなケースでは、抵抗が単なる隠蔽であるという印象を与えるので、単に抵抗する者に対し、ペナルティーは特に重くなる。不信感は一層増大し、企業の株価の減価額をさらに増加させるだろう。

先に進む前に、正直に報告することが役に立つことかどうか考える場合、ウォーレン・バフェットとその成功を思い出すようにあえて進言する。

「手元に情報はない」

作成費用負担に反対するひとつのパターンとして、手元に情報がないため、市場価値に基づいた情報を報告することに反対する経営者が必ずいる。FASBは、営業キャッシュフローの会計報告に直接法の採

用を歓迎していたという証言を思い出す。作成者の一部は企業のキャッシュフロー収支を事実上把握していないと述べた。私たち筆者が互いに口にしたのは、もし自分たちが取締役会のメンバーならば、FASBの勧めをくみとって財務情報を自社自身にまず把握させて改善を図り、それからキャッシュフロー計算に直接法を要求するだろうということである。それによって、株主および債権者、あるいは一般の資本市場参加者も財務情報を把握できるようになる。

市場価値情報

インフレ、為替レートの変化、および新技術の迅速な導入と経済的変動の影響を考慮すると、有能な経営者がどうして自社の市場価値をモニターせずに自社の資産および負債について判断することができるのか理解できない。保険金額の設定においても、自社の資産が実際にどれくらいの価値があるか経営者は把握していなければならない。金利と為替レートが変動する現代の時代では、企業の負債の市場価値をモニターしないような、知的で有能なCFOは存在しないだろう。もしも質の高い市場価値情報が手元にないならば、経営方式と同様にシステムを変更する必要がある。さらに、資本市場が企業の資産および負債がどれくらいの価値があるのか推測しようとしている場合、資本市場の望む情報があるのに、企業が公表を控えて非効率性を助長するのはおかしい。資本市場参加者が企業の資産の価値を推測する場合、意図的に過大評価するとは思えないし、また、市場参加者が企業の負債の市場価値を意図的に過小評価するとはけっして思えない。

実際には、それとは逆に、市場参加者が自身の保護のため企業の資産を過小評価し負債を過大評価すると筆者は考える。著しく低い簿価で有形資産を報告した場合、資本市場が実際にその数値を信じて反応したときに企業にとって最悪の事態が発生するだろう。

別の面では、この既知の市場価値に関する情報提供を控えることによって、利用者の処理費用を大幅に増加させる結果になる。AIMR委員会は『1990年代以降の財務報告（Financial Reporting in the 1990s and Beyond)』においてこの点を述べているが、この記述は重要である。

「費用がかかりすぎるという言い分を財務諸表の供給者からよく耳にする。われわれの応答は、財務諸表作成費用が高いように感じるかもしれないが、①企業が一度、情報を提供するだけの費用を負担することで、利用者ひとりひとりに対して情報提供することになるため、個々の利用者は繰り返し費用負担をする必要がなくなり、総体として情報提供の費用を最小化できる、②企業が情報源となることによってアナリストが二次的情報源から信頼性に欠ける情報を買い漁る必要性を減らすことができる、③企業からの情報は、ほかの情報源を確認するか否認する追加の情報源となり得る——という財務諸表利用者の恩恵に比べれば経営者側の費用は小さいものである」(p.81)

したがって、まだ手元に質の高い情報がない場合は、早速それを入手すべきである。すでに手元にある場合は、すぐに進んで公表すべきである。市場は有効な情報に対して企業に恩恵を与えるだろう。第15章では市場価値情報の妥当性および信頼性について、その需要とともに詳しく説明する。

「告訴されかねない」

訴訟に関する反論を説き伏せるのは大変である。訴訟が流行の時代に、基準の外に踏み入るのは法的措置をとらざるを得ない事態を引き起こす可能性があるように感じられる。訴訟を回避するために慎重な

態度をとっているならば、強く抗弁することができない。たしかに、裁判沙汰にならず、また無罪であったとしても、訴訟は非常に費用のかかるものである。

しかし、私たちが示唆したように、弁護士は法的環境のなかで訓練されている。彼らは裁判手続きの完了後に下される評決に向けて意思決定する世界で生きている。裁判官あるいは陪審員は、証拠に関する厳しい規則に従って、法廷で示される情報だけを材料にして評決に達しなければならない。したがって、弁護士は顧客の事件を有利な状況に持ち込める場合か、より高い権威者が開示を要求する場合にかぎり情報を明らかにする傾向がある。裁判官はある種の手順に則り、不正な証拠をその入手方法によって判断して、しばしば除外する。

この種の考え方を資本市場の財務報告過程と同一視するのは大きな誤りである。市場参加者が手にする情報は、企業が一方的に提供する監査財務諸表の情報だけに制限されていない。市場参加者は陪審員のように、被告の自白を無視したり、目撃者の法廷証言を無視するように命じられることはない。市場参加者は、どこかに有効な情報を見つければ、それを活用する。また、たとえGAAP財務諸表で提供されていたとしても、市場参加者が有効ではないと考えるものに依存するよう強制することはできないのである。

もうひとつのポイントは、この項で説明する価値がある。米国の法律制度には欠点があるものの、ある程度整備されており、悪行を処罰し善行を処罰していない。古い格言では、名誉棄損で訴えられることに対する最良の防御手段は真実を語ることであるとしている。同様に、不完全な財務報告のせいで発生する訴訟を回避する最良の方法は、報告することがすべて、事実と真実に基づく根拠があることを保証することである。筆者は判例についての知識の不足を認める。しかし、真実を語るという最良の努力を払った場合に、不正行為で訴えられた人のことを耳にしたことがない。さらに、慎重に綴られた文言と注意書

きが訴訟のリスクを緩和するだろうと考える。

　訴訟リスクに特に弱い財務報告の個所は将来の出来事の予想である。筆者の考えでは、また他人からも支持されているように、予想は財務分析の領域にあり、経営者と会計士から提供される情報を使用して、アナリストによって作成されるべきである。第8章に記述されたジェンキンス委員会報告書から引用した次の表現を考慮するとよいだろう。

　「予想情報が妥当であるとしても、……財務諸表利用者は次の理由のために、事業報告における経営者からの予想情報を一般に必要としない。
- 利用者は独自に予想することを一般に好む。多くの利用者が自分自身を企業の予想・評価、あるいは信用リスクの評価の専門家と認識しており、自己の役割の不可欠な部分として予想を考えている。さらに、利用者は自身がより客観的であると信じている。
- 将来の財務業績の推定値は本質的に不明確である。また、利用者は経験上、経営者のこうした予想は楽観的すぎると信じている。
- 予想は企業に対する訴訟を増加させるだろう。企業の業績予想が、あとになって改めて考えると、将来を正確に予告していなかった場合、通常は、株価が低下した企業は訴訟の標的になりやすいだろう」(p.30)

　用心深い経営者は予想には立ち入ることなく前向きの情報を提供する方針をとる。ひとつの方法としては、あるシナリオが想定される場合、経営者が何を行おうとしているのか説明することである。これを実行すれば、正確な予想を作成するリスクに経営者がさらされることなく、アナリストの予想の助けとなるだろう。

　財務報告が訴訟の引き金になりかねないことがあるのは確かである。しかし、真実を述べることおよび平易に述べることに重点を置き、十

分注意すれば、合法的な基礎的防衛手段になると考える。もちろん、顧問弁護士に相談することは意味がある。しかし、弁護士が資本市場を、また、経営者が遂行しようとしていることを理解しているかどうかは確認すべきである。あたかも市場が法廷で、投資決定が陪審員評決と同じように管理されているかのように行動させてはならないのである。

「悪いニュースを報告したらどうするんだ」

この反論は、作成者が外見を良く見せることに財務報告方針の目的の中心を置いているために出てくる。彼らは否定的な成果が発生したことに正面から取り組むのではなく、過大評価されるように誇大表示する罪を犯すことを好むのである。

規制当局は長い間この反論に気がついており、悪いニュースの報告を促進させるために注意深く規則と規制を構築してきた。例えば、低価法に基づく資産報告方針によって、経営者は損失が発生すると速やかに報告することが義務づけられている。FASBは経営者に対して偶発利益の報告を抑制する一方で偶然損失の報告を義務づける（あるいは情報開示をさせる）目的で、偶発事項に関するのSFAS第5号を公布した。証券取引委員会（SEC）およびFASBの両者は一般的に経営者に資産価値の減耗の報告を要求しているが、資産価値の上昇による利益の認識をほとんど認めていない。SECには様式8－Kという特定の様式があり、非日常的な出来事（例えば損失など）を発生後数日以内に報告し、悪いニュースの速やかな報告を確実に実行するよう全公開企業に要求している。

こうした規制当局からの要求事項にもかかわらず、最後の瞬間に強制されるまで、経営者は、可能なかぎり悪いニュースを報告したくはないのである。例えば、企業会計年度の第4四半期には、かなり多く

の利益修正がほかの3四半期以上に報告される。推測するに、監査人が、経営者に対して認識を先送りして悪い情報を報告するように強要したのではないか。

AIMR委員会報告書が予想外のサプライズに関して述べたことを思い出せば、「悪いニュース」に関しては学ぶものがある。

「財務諸表の発表に市場価格を変化させるような特定あるいは複数の『サプライズ』がある場合、アナリストが洞察力を欠いたか、企業が二枚舌を使ったかのいずれかである」(p.12-13)

このコメントは、財務報告での唯一の悪いニュースとは、経営の貧弱さを反映する情報だけではなく、不意に到来するメッセージであることを意味すると筆者は解釈する。この解釈では、売り上げが2倍になったとか、価値のある新しい特許がその値段の何分の一かで得られたとかいう、報告書で遅れて伝えられた驚きの事実が、ある種の悪いニュースとしてとらえられるのである。なぜならば、情報開示を控えた行為のせいで、買いあるいは売りの2つの当事者をどうすべきか戸惑わせる状況に追いやり、証券取引およびその他の処理が生じているのにそのまま放置していたからである。この状況をもたらしたことで、経営者には払拭することが難しい不確実性の疑惑がかけられてしまったのである。

同様に、良いニュースとは、何が発生したのか、何が発生しようとしているのか、あるいは何がこれから発生する可能性があるのかが速やかに明確に開示されるような情報である。迅速に発表されることによって、ニュースは市場の期待を早く、より少ない不確実性で調節することになる。経営者があらゆる形で、適切な情報を迅速に明瞭に公表するすることを示せば、市場は不意打ちを食らう可能性が少ないことを理解し、リスクを縮小するこの行為に報いるだろう。

このことは、QFRを実践することで経営者の報告が促進される。前向きで、正直で、適時性があるという定評および評判を得ることができれば、資本市場参加者の不確実性およびリスクを縮小することになるので株価を上昇させ資本コストを低下させることになるだろう。

　対照的に、規制当局の圧力によって、あるいはほかの情報源の存在によって、報告することを強いられるまで経営者が情報を開示しなかった場合に何が起こるか考えてみよう。経営者が最終的に情報を報告したときにどんなにサプライズが少なくても、市場をだますことができる、あるいは価格の低下を回避することができると経営者が考えたという事実によるマイナスの影響があるだろう。その結果生じる不信感によって不確実性が増大し、リスクを助長し、要求収益率および資本コストを上昇させ、必然的に株価を減価させることになる。おそらく、経営者が正直に情報開示し、何が起こっているのかを明らかにした場合に比べ、さらに大きく株価は下落しただろう。

　ついでに言えば、会社の状況が崩壊状態で衰退の一途をたどっている場合ですら、高株価の予想を続け、積極的に買い推奨をしているセルサイドのアナリストについても同じ現象が発生し得る（例えば、まさに2001年の秋に株価が大暴落したときでさえ、エンロン株の推奨を継続するアナリストが見られた）。このようなアナリストは自分の見解の信憑性を低下させることになるだろうし、もっと重要なことは、たった１回でも自分の判断がまちがったことが発覚すれば、取り返しのつかないことになるだろう。

　もちろん、QFRは強制的ではないし、経営者は情報を公表するか隠ぺいするかに関して自分で決定することができる。ただし、遅かれ早かれ、真実は知られるようになり、その影響が及んでくるに違いない。一方、情報が欠如している場合、何が起こっているのかと資本市場参加者が疑問に思うことになる。また、参加者はこの状態を高いリターンの要求で相殺するだろう。筆者の主張を確認する意味で、価値

報告革新 (ValueReporting Revolution) のエクルズ・チームの以下の引用を考えてみよう。

「……市場が重要と考える情報を経営者が報告することを遅らせるか抑えている場合、市場は最悪の事態を想定するだろう。つまり、その経営者には何か隠し事があり、おそらく実際隠している」(p.193)

沈黙によって株価が上昇するという考えはまちがっているのである。

「不安定な印象を与えかねない」

筆者は平滑化の罪について前に述べたが、通常この罪が犯されるのは、経営者とその会計士および監査人が、予期しないあるいは好まざる変動性を隠すために会計技術を駆使する場合である。経営者が最も神経を使う変動は利益の変動である。なぜなら、利益の変動が見られるということは、経営者が会社の状況をうまくコントロールできていないことを露呈することになるからだ。さらに、予期しないサプライズが将来に発生する可能性を創造することになるが、筆者が記述したようにサプライズは悪いニュースである。

もちろん実際の変動性に対処する方法が2つある。第一の方法は、変動性が起こる場合にできるだけ忠実に報告しつつ、経済状況を管理して再発防止のために万全の注意を払って対処することである。例えば、利益を増加させる方法として市場性のある証券に投資する前に、この投資は価値が予想外に変化すること、つまり実際の変動性を創造することを意味していることを認識する。そして、投資をしないことによって変動性を排除するか、あるいは分散するかヘッジポートフォリオを構築して変動性を緩和するようにするのである。

実際の変動性に対処するもうひとつの方法は、利用者の視点からは変動性が見えない財務諸表を作成することである。虚偽報告をすることでこれは可能であるが、この方針はほとんどの状況で適さない。ある意味で、GAAPを使用して投資の会計処理をすることがその会計処理である。証券を「売却可能証券」として分類することができさえすれば、投資資産を売却するまで損益計算書上はいかなる価格変動による利益あるいは損失も報告する必要がないのである。ほかの例は多いが、減価償却が最適（最悪）の例であろう。経営者は資産における現実の価値の変化を報告せずに、資産の耐久年数の各年次にどれだけの費用が生じるか前もって決定するだけであり、変動性は視界から消えることになる。金融収支もGAAPによって平滑化され、また所得税や年金費用も同様である。

　第二の方法を要約すると、経営者はGAAPを履行するだけで変動性を排除できることが多いのである。もちろんこれを行っても、実際の経済上の変動性はまだ残っている。だれも容易には発見できないというだけである。「外見をよく見せる」方針をとることで現実的に発生するリスクは、経営者が変動性は実際に存在しないと錯覚し、最適とは言えない経営判断を下してしまうことである。ウォーレン・バフェットが『所有者マニュアル（Owner's Manual）』で、経営者が財務諸表の利用者を欺こうとする場合に直面するリスクについて賢明にも以下のようにコメントしている。

　「また、率直であることが経営者として大切であると信じる。社会的に他者を欺くCEOは自分自身をも欺いていることになる」

　別のマイナスの副作用は、資本市場参加者にとって必要であるがまだ手に入れていない経済的なメッセージを、人為的な平滑化によって消し去ってしまうことが挙げられる。したがって、参加者は経営者が

数値を操作していることが分かっている場合、予想収益率を増加させ、企業の株価を減価する傾向がある。

この背景を念頭に置けば、経営者のなかにQFRを実践することに抵抗する者がいるという理由を理解することができる。つまり、変動性が大きい状況で真実を述べると、財務諸表利用者に変動性があり、外見が悪いことが伝わってしまうからであろう。経営者のなかには正直に数値を報告すると株価が下落するのではないかと懸念して、QFRを実践したいと思わない者がいるのだ。

他方で、公表されたデータには正直に現実の状況が表されていないことを財務諸表利用者が理解していれば、現実の変動性およびそれに関する有効な情報が不足しているために、さらに大きく株価が下落するだろう。したがって、真実を伝えない行為の代償を埋めるためには、真の変動性を正直に告白することこそが大切である。

また、前述のとおり、変動性について真実を伝えることは、経営者がGAAPの活用いかんにかかわらず変動性を隠すことなく財務報告に対処することになり、真の意味で変動性に取り組むことになる。また、経営者が報告数値を操作するような小手先の方針をとることなく有効な経済上の方針を作成する場合、現実のリスクが縮小されることになり、資本コストが低下するのである。

「利用者は理解できないはずだ」

第3章に戻ると、政治上都合のよい仮定としては、一般投資家こそが財務諸表の主要な対象者ということになっているものの、現実では、主要な利用者は、事情をよく把握している企業、業界および機関投資家の証券アナリストであり、一般投資家が依存しているのは財務諸表ではなく財務アドバイザーであるという事実上のギャップについて説明した。

一般投資家が主要な利用者であると経営者が誤解しているならば、QFRだけでなくGAAPにも反対するだろう。なぜなら、業績の情報は非常に複雑なので、こうした個人投資家には理解できないという根拠からである。

　他方で、主要な利用者が高度な訓練を受けた経験豊富なアナリストであることを経営者が悟りさえすれば、もはや複雑だからといって詳細な情報提供を拒むことはないだろう。もちろん、このような現実的な仮定を置くからといって、報告書を複雑にして一般人にとって分かりにくくしてよいというわけではない。

　しかし、筆者はこの分野では知識・経験が豊かである。多くの作成者が、財務諸表は難しすぎるので利用者にとって理解しにくいことを暗にほのめかして、FASBの提案に反対する意見を耳にしてきた。間接的に聞いたかぎりでは、実際とは異なる話が聞こえてくる。つまり、作成者はFASBが実行しようとしている提案すべてを中止させる方法を何とか見つけようとしていると言うのだ。

　もちろん、利用者や有能なアナリストその他が実際に財務報告書を理解することができないならば、QFRの実行を決定する経営者はQFRの可能性に順応し、報告書に適切で信頼できる情報を記載することに力を注ぐだろう。つまり、そのような経営者は報告書を理解可能なものにしようという大きな動機を与えられることになる。

「情報開示の負担が大きすぎる」

　「情報開示過剰負荷」の不満は、上記の「利用者が理解することができない」という反論に非常に似ている。この趣旨は、古臭いＳＦ映画のなかで火花を散らし煙を出して動かなくなってしまうロボットのように、情報開示の過剰負担で身動きがとれなくなる前に、意思決定者は情報を処理することができるという主張である。この主張の誤解

を解くための対処方法が２つある。

　第一に、公表する情報が理解できるものであり、かつ利用可能であることを保証するのは、明らかに経営者の責任である。それでもまだ、年次報告およびSEC提出報告書を見ると、法律用語、技術的な説明、同じ題目の情報について単なる寄せ集めの脚注が目につくのである。たとえ過剰負担が強いられようとも、ほとんどの非難は報告書を作成する人に向けられるというのが結論である。

　第二に、繰り返すと、財務報告書を主として、というよりも独占的に使用するのは、ありふれた個人投資家ではなく、高度に訓練されて経験を積んだ専門家であるという事実を指摘したい。また、このような賢明な利用者は数百万ドルを投資することができる（あるいは投資を引き上げる）立場にいる。単に情報をたくさん提供することで個人投資家をごまかすことができたとしても、専門のアナリストが経営者に向かって大声で、「もうやめていい。十分、分かったから。われわれはもうほかの情報は知りたくない。勝手にこの資金をもっていっていいから、そっとしておいてくれ！」と叫んでいる図を想像することなどけっしてできない。

　情報開示過剰負担に反対する者が頭に抱く構想は、やはりナンセンスである。そのほかの反論と同じように、自分を傷つけることが分かっているから事実を語りたくないという理由で事実を隠すことを意図した煙幕のようなものである。もちろん、QFRはこういう経営者がこの点でまちがっていることも明らかにする。

もう一度

　本章の初めに述べたように、この反論すべてに関して、筆者が本書で説明した事項を何もすべて信じる必要はないし、また常に行っていることを続けるために筆者と議論する必要もない。実際、筆者はこれ

までQFRを強制しようとはけっしてしていない。強制するような考えは、筆者が人々に自主的に採用してもらおうと試みているQFRの姿勢とは真っ向から矛盾するものである。

さらに、財務報告における支配的な考え方は、作成者は要求される事項だけを報告すべきだということなので、非常に多くの潜在的な革新および改善が、現在封じ込められ未使用のまま放置されていると筆者は考えている。この未開発の大量の有効な情報がリリースされる場合、経営者が競争相手より有効な情報を提供することで資本市場に前向きな競争関係が発生すれば、会計士とアナリストは腰を抜かして驚くだろう。政治的に都合のよい会計基準を機械的に順守するだけでは、常に素晴らしい成果を達成できるとはかぎらないのではないだろうか。

最後に、QFRを好まないのであれば実行する必要はない。もちろん、QFRを実行しなければ、不必要に高い資本コストおよび大きく減価された株価を背負うことになる覚悟をしなければならない。

注

1．第8章での説明を繰り返すと、バルク・レフは以下のように述べている。「大手米国公開企業100社の情報開示活動に関する調査結果によると、1981〜1987年の7年間において55社が4回未満の自主的情報開示しか行っておらず、年1回以上の自主的開示を実施したのはわずか16社だけであった」(『情報開示戦略(Imformation Disclosure Strategy)』、カリフォルニア・マネジメント・レビュー、1992年、p.9)。明らかに、ほとんどの経営者は、有効な情報を独力で報告することができるとは思っていない。筆者は本書の見解に基づいて経営者が自発的に決断できるように促されることを望んでいる。

2．10年ほど前に管理会計の世界で、活動基準原価計算(ABC)の導入およびその広範囲の採用が実施されてきた。筆者は当時から現在

にいたるまで、ＡＢＣの根底をなす基礎となる注意深い分析を支持している。しかし、例えば、最終成果が減価償却などの配賦平均取得原価に基づいた製品またはサービス単位の原価であるという考えにはついていけない。情報がどれほど減価し減耗しても最終評価は取得と同価値であり得る。また、製品とサービスへの取得原価および平均原価を配賦するＡＢＣのシステムは、内部あるいは外部決定に完全に役立つとは言いがたい。

３．QFRのプレゼンを聞いたあとに、ドイツの紳士が、株主として企業の経営者からの情報不足によって悪いことは何も起こっていないということを述べて遠回しに異議を主張した。その後、「家に小さなお子さんはいますか」という質問に彼が「はい」と答えたので、「子供たちが別の部屋で遊んでいて、まったく静かな場合、どう思いますか」と彼に尋ねた。彼はにやりと笑って、「私は今あなたの言いたいことがはっきり分かりました」と答えた。

第IV部

QFRは身近な存在である
How Close Are You to QFR?

　第IV部では、実際のチェックを行うときの一般論のレベルまで読者をご案内したい。さあ、頭のなかだけで考えるのはここではやめよう。

　第IV部の3つの章には、資本市場および財務報告への取り組み姿勢、会計報告方針を選択した過去の決定方法、および監査人との関係を評価するように設計された3つの短い質問表が含まれている。こうした質問について議論したり、想定される回答を分析したりすることで、現在の財務情報に関する供給主導の状況の欠点、および自発的に、一般に公正妥当と認められた会計原則（GAAP）やほかの規則の最低水準を超えたときに手にするQFRのメリットの根拠を示すことになる。最低しか法令順守しない状況が不確実性を生成しているのが確かであれば、現在満たされていない要求を満たすような、より多くの情報を経営者が積極的に提供する場合に見積もられる資本コストと比較した場合、最低限の法令順守の場合に見積もられる資本コストは高くなる。

　未知のものと引き換えに、長い間慣れ親しんだものを手放すことが容易でないことは理解できる。しかし、その時期が来たときにはやらなければならないのである。第IV部を読めば、この時期がすでに到来していることを読者のみなさんに実感していただけるであろう。

第11章

これまでのやり方を見直す時期である

It's Time for an Attitude Check

　QFRの裏側にある理論が広い範囲の関係者に報告方針として提供され、説明され、正当化され、保持され、解釈されてきているという意味で、今までの状況からの転換点が来ているというのが本章である。概念の側面からは十分に説明できたと考えられるので、これからは個別のレベルで、QFRに関連する問題にさらに取り組んでいく。

　これまでの章で筆者は、QFRが特定の方法というよりも姿勢そのものであると何度も強調してきた。経営者がQFRの姿勢を採用する場合、相互に有益な関係を構築する目的で、資本市場を企業のパートナーとするように働きかけることになる。うまくいく関係の根底には正直で完全な情報開示があり、次には信頼と尊敬があると考えられる。最終結果としては、根本的な営業上のリスクを適切に反映する投資家の収益率、および企業の資本コストが導かれることになる。

　この段階の取り組み姿勢を調査することによって、企業がQFRを独力で実行してきたか、あるいは他社と同様に、一般に公正妥当と認められた会計原則（GAAP）の規則に準じることをしてきただけなのかを、だれもが判断することが可能となる。後者のようにQFRを実行していないということは、完全な真実を述べることを怠り、報告書に細工を施して見栄えを良くしようとしているということなので、最小限の報告を選択する人々と変わりない。もちろん、この調査を行

って、まだQFRを受け入れていないことが分かった場合には、次のステップを用いて自分自身の姿勢を古い思考パターンから新しいものに取り替えるように調整してもよいだろう。

試験

　表11.1は、10問からなる質問表の最初のものである（これ以降は次の2つの章で続けられる）。単純にYESあるいはNOで、この質問に答えていただきたい。もちろん、読者の現実の態度および過去の取り組み状況を反映する回答をしなければ、何も得るものはない。したがって、正直に回答し、自分自身について深く知るようチャレンジしていただきたいと思う。この質問は最高経営幹部、あるいは財務担当副社長、CFOのような財務報告担当の幹部が対象者となっている。読者が現在こうしたポジションにない場合は、このポジションにいる人々のひとりになりかわったつもりで答えてほしい。

　質問に答え終わったら、次に答えの意味を解釈することになる。ほかに何も気づかなくても、YESの答えは読者（および読者の会社のほかの人物）が明らかに現在QFRを実行していないという表示となるように質問を設計している、ということは分かるだろう。実際、回答した10の答えのうちひとつでもYESがあれば、十分成長する余地が残っていると考えられ、QFRを実践すればそのメリットを十分に享受できると考えられる。各質問と自分の回答の意味をもっと注意深く見てみよう。

質問1

　最初の質問では次のように尋ねている。

表11.1

取組調査	Yes	No
1. 業績がどのように達成されたかに関係なく、報告利益の増加および減少に対して資本市場が反応すると思うか。		
2. 自社の株価を高く保つために、資本市場へ情報が流れるのを妨げたことがあるか。		
3. 悪い財務情報に関する報告をできるだけ延期しようと考えたことがあるか。		
4. 自社の期待利益を実現するために会計方針を選択したことがあるか。		
5. 自社をフォローしている証券アナリストたちは、経営者に対して戦略と戦術の変更ではなく、会計方針を変更して目標を達成するよう推奨するか。		
6. 新しい会計方針の採用を検討する場合、不確実性および資本コストを縮小するかどうか判断せずに、情報作成費用の節約を考えて採用を見送ったことがあるか。		
7. 会計方針および会計方針の実施においていまだ解決されていない倫理上の疑惑で、自社の財務部門から退いた人がいるか。		
8. 自社の財務諸表によって経営上の情報が競合他社に暴露されると懸念するか。		
9. 年次報告書では簡略した財務諸表だけを提供しているか。		
10. 常に利益がより高く測定される見積損益計算書を公表するか。		

「業績がどのように達成されたかに関係なく、報告利益の増加および減少に対して資本市場が反応すると思うか」

YESと答えていれば、最も重大な財務報告の罪を犯していることを示すことになり、これは資本市場が現実に機能していることを認識

していないということである。実物の市場について、多くの経営者が、市場が何でも自動的に動くと信じているとすれば、思っている以上に事態は深刻である。実際、GAAP基準の利益発表のような公表の刺激に対し自動的に反応して市場が予想可能な数値分だけ予想可能な方向に動くとすれば、たしかに非効率的であり、ひどく非効率的な状態であることになる。米国の資本市場は、このような非効率的市場ではないことは明らかである。事実、世界の市場がすべて、おそらく思った以上に効率的であると考えることは正しい。

　もっと重要な点は、経営者が送るGAAP財務諸表の財務メッセージは不完全であり、有効であると言うには程遠い。また前述のとおり、GAAPには自由裁量で選択できる会計手法がたくさん存在しており、「基準を満たす」という意味では、財務諸表に同じ事象および状況を記載する方法はほとんど無数に存在すると言える。したがって、市場が見る唯一の情報は報告上の1株当たり利益であると信じるとすれば、経営者が一般に認められた会計方針で会計年度に利益を捻出するさまざまな方法があることを見落とすことになる。この事実が最終的に意味するのは、証券アナリストは、経営者がどの選択を行ったか、またそのためにどのように報告利益数値が影響されたかを把握するために、公表された財務諸表の分析に膨大な時間と手間をかけなければならない。表11.2は経営者に選択決定権がある代案の例を示している。表に記載された項目以外にも、経営者は特に不良債権処理に関して幅広い自由裁量権をもっているのである。

　こうした背景のなか、根底にある算定方法を考慮に入れないまま資本市場が報告利益の数値に自動的に反応しているとするならば、世界経済がある種の問題を包含していると感じざるを得ない。また、アナリストがリスクについての別個の評価をしていると考えられるのは、アナリストはある特定の利益数値に対する市場の反応を予想しているのであり、この行為をゲーム感覚で株価変化の引き金を引こうとして

表11.2 GAAPが認める選択方式を採用した場合の報告利益に対する影響

区分	一般に認められた選択方式	報告利益に対する影響
棚卸資産	FIFO、LIFO、平均原価法	売上原価は、この選択により影響を受けて変化する。FIFOを選択した場合には、会計年度中に保有および売却された在庫の価値の増加分を総利益のなかに含む。これに対し、LIFOを選択した場合には、収益からこの利益が控除されることになる。いずれの方法を採用しても、あるいは残った選択肢である平均原価法を採用しても、付加価値活動やほかの何らかの価値変化によって生じる在庫品の真の損益を表現することにはならない。
投資資産	売買目的有価証券、売却可能証券、満期保有証券のポートフォリオ（分類は経営者の裁量に一任される）	経営者が売買目的有価証券に属するものとして投資資産を分類する場合、売却されなくとも会計年度中の市場価値の変化は収益に含まれる。売却可能証券に分類される場合、会計年度に売却した有価証券の損益だけが損益計算書に計上され、認識される金額は当該有価証券が当初購入された時点から累積する損益と等価になる。この結果、損益計算書は特定会計年度に発生した損益を記載すべきであるという理念とは矛盾する。経営者が満期保有証券と投資資産を分類する場合、貸借対照表には現在の市場価額が報告されず、また損益計算書には売却されるまで損益は計上されない。
減価償却	定額法、加速償却法——異なる耐用年数を使用することができる。	その名前のとおり、減価償却は損益計算書上に費用として有形資産の価値の目減り分を計上することである。減価償却費は（財務諸表利用者の都合ではなく）会計士の都合のよいように、予想および仮定に基づいて「計算」され（観測されるのではない）、また、経営者の予想と意図に従って費用が損益計算書に金額が割り当てられる。明らかに、このような操作によって都合のよい思惑を生み出しており、経営者は情報の有効性を台無しにしている。

表11.2（続き）

区分	一般に認められた選択方式	報告利益に対する影響
アモチゼーション	さまざまな資本化関連規則	アモチゼーションは減価償却と類似するが、有形資産にではなく無形資産に適用される。しかし、割賦償却の実態はもっとひどいものである。GAAPによって、異なる種類の無形固定資産に異なる措置が要求されるからである。研究開発費については、会計年度全体で原価が損益計算書に費用として計上されるので、経営者は資産およびアモチゼーションには計上しない。著作権と特許の申請、取得および保持費用は資産の価値と関連のない資産勘定残高に加えられる。しかし、ソフトウエア開発費のなかには資本化されるものもあり、また費用計上されるものもあるが、その選択基準は経営者に裁量が委ねられている。営業権は、経営者によって見積もられた被合併会社の資産および負債の市場価値合計が取得費用を超過する金額として計上される。この金額が市場価値を表しているのであればそれは単なる偶然であり、真の営業権の価値とは等しくない。また、経営者が選択する任意の期間存在することを仮定するにすぎないので、そのアモチゼーションも有効ではない。SFAS第142号の下では、取得原価をそのまま繰り越すかそれとも評価額を切り下げるかどうかを経営者が決定することになっているが、逆に評価増は絶対にできないことになっている（移行期には、当初の数年間は営業権のアモチゼーションが行われるが、残りの年度は行われないので、年度間の比較が非常に困難になる）。 要約すると、報告されるアモチゼーション費用が実際の出来事と関係があると考えてはならない。無形資産として貸借対照表に計上されている金額についても同じことが言える。GAAPにおいて無形固定資産を考案した起草者を、ピュリッツァー賞の小説部門にノミネートしてもよいのではないか。
企業結合	持分プーリング法およびパーチェス法	吸収合併において持分プーリング法処理を行うことで、被合併会社の資産および負債の不適切なGAAP帳簿価額と、買収会社の連結貸借対照表における資産および負債の不適切なGAAPの帳簿価額とを合算することにな

第11章 これまでのやり方を見直す時期である

表11.2（続き）

区分	一般に認められた選択方式	報告利益に対する影響
		る。その後、この不適切な数値が今後の報告利益を算出する根拠として会計士に利用される。これとは対照的に、パーチェス法処理を行うことで、被合併会社の資産および負債の市場価値が、買収企業の不適切なGAAP帳簿価額に加算されて連結貸借対照表に記載されることになるため、損益計算書上では依然として大きな混乱が生じることになる。結果的に企業結合は常に不完全であり、合理的な会計処理がされていない。つまり、この事情を認識している資本市場参加者は連結GAAP財務諸表で提供される数値を信用したり、これに基づいて行動したりすることは決してない。SFAS第141号によって持分プーリング法が廃止されたものの、財務諸表から過去の持分プーリング法の数値をさかのぼって除去することは要求されていない。したがって、過去に持分プーリング法の買収を報告してきたGAAP財務諸表は将来の会計年度においても信用できない。
ストックオプション	認識、開示	何度か前述したとおり、GAAPは経営者が損益計算書のなかではなく、脚注でのオプションに基づいた補償費用の記載を許容している。これが意味するのは報告利益が不完全で信頼性に欠けるということである。
年金給付債務および退職医療給付債務	割引率、予定利率および保険数理予測から選択	経営者はこうした給付金支払いという名目で、未知の期間に未知の個人に未知の金額を支払うことを約束することになるので、見積もり不能な大きなリスクを負っていることになる。したがって、従業員への給付金に関連する年次費用の合理的測定方法は存在しないのである。SFAS第87号およびSFAS第106号で採用された方法では、経営者の裁量権を要求しており、またＦＡＳＢが政治的色彩を強くしていたため、「何が発生したか」ではなく「何が期待されるか」に基づいた費用が文字どおり計上されることになった。これが利益算定に用いられることになれば、だれも財務諸表の数値を信じなくなるであろう。

いるなどとはもはや言えないからである。

したがって、この第一の質問にYESと答えた場合、市場への理解が不足しているため、QFRを導入することで不確実性を縮小し、より市場効率性を高めることになることを理解する必要があると判定される。

質問2

第2の質問は次のように尋ねている。

「自社の株価を高く保つために、資本市場へ情報が流れるのを妨げたことがあるか」

繰り返しになるが、この行為の根拠には、公表される報告書の情報を操作することによって、また独自の手腕を駆使することによって、市場を欺くことができるとする姿勢がある。経営者は、有効であるが自社にとって否定的な情報は省略し、監査人が要請しなければ情報開示を行わず、さらにはかえって混乱の原因となり得る規則に従った情報開示を実行するのである。[1]

この行為がもたらすものは、資本市場との関係における猜疑心と不信感である。経営者が知らせなくても、資本市場参加者は明確にその会社で何が起こっているのか分かってしまうことをよく理解すれば、そのような行為は行わないはずである。さらに、なぜ経営者は、逮捕されるリスクを抱えて、仕事を続けるようなことをするのか、筆者は理解できない。[2]

QFR戦略はもちろん、ウォーレン・バフェットが先駆けて達成したものとまさしく同じであり、彼は見習うべきモデルと言えよう。

質問3

次の質問は以下のように尋ねている。

「悪い財務情報に関する報告を先送りしようと考えたことがあるか」

実際、この項目は、悪いニュースが判明した時点で直ちに開示する必要性を認めている点を除けば、質問2とあまり違わない。典型的な悪い経営者の行為とは、報告を強制されるか、あるいはほかの通信伝達経路で外部に報道されるまで、情報を開示しないことである。

ある経営者が過去にこの姿勢をとった実績がある場合、タイミングよく適切な情報は公表されないであろうとみなされるため、市場においてこの事実は忘れられることなく株価に対する高い減価率という形でペナルティーが課されるだろう。この反面、情報開示の必要が生じるごとに「おっ」と市場が正直に反応するという評判が得られれば、市場は経営者に報いるだろう。しかし、この場合、失敗の結果は当然市場に反映されるものの、それは一時的な影響にすぎない。この状況で経営者がQFRの姿勢を示すようになれば、何も内容が見えない状態から情報開示されたことに対して課されるような、追加的なペナルティーが課されることはないだろう。

質問4

第4の質問は次のようなものだ。

「自社の期待利益を実現するために会計方針を選択したことがあるか」

期待利益の概念を持ち込むことによって、この質問は現在の資本市場に存在している奇妙な状況に触れている。特に、投資活動において用いられる主要な数値は、経営者が実際に報告する数値ではなく、経営者が報告すべきであろうとアナリストが考える数値であるという事実に、筆者は大きな矛盾および嫌悪を感じる。この状況から言えるのは、四半期報告書のタイミングが適切でないということである。

このような点を踏まえて、経営者がアナリストの企業の財務報告に関する予想内容を配慮しないまま、正当な手続きを経ないで、ただ単に目標数値を達成しようとして利益管理を行っているのではないかを調査するのが、この質問の内容である。[3]

しかし、このように利益目標値を達成するだけの会計処理がいくら一般に普及しようが、そんなことをすればするほど破滅をもたらす結果となる。利益目標を達成するために操作を行っていることを市場参加者が気づけば、彼らは目標を設定するゲームと認識して、際限なく次々に高い目標設定を行うことになるため、企業はその状況を継続できなくなるだろう。この結果、実際に報告された情報と、開示されるべき有効な情報との間で大きなギャップが生まれる。

利益管理は広く普及しているが、市場では不確実性を不必要に増加させているので、すべての当事者（この操作にかかわっていない当事者でさえも）が不利益を被る無意味なゲームであると強く確信する。

プライス・ウォーターハウス・クーパースのエクルズ・チームは、その著書『企業情報の開示――次世代のディスクロージャーモデルの提案（The ValueReporting Revolution）』で一章全部を使って「利益ゲーム」の問題に取り組み、このゲームの実施に反対する、優れた事例を作成した。例えば、以下のように述べている。

「否定的な見方をすると、経営者は短期的な目先の業績成果を発表することで、長期的なメリットを犠牲にする決定をしていることにな

る。典型的な例は、工場および設備の維持の遅延や、会計期間の終了する直前に売り上げを上げるために安売りをすることなどが挙げられる。このような決定は、正当な会計上の「裁量事項」とされており、考えられる最も見栄えの良い数値を反映させることになる。状況次第では、これほど多くの自由裁量権を行使すれば許容範囲を拡大することになるだろう。許容範囲を超過する場合、会計不正行為になる。いずれにしても、これは利益管理であり、企業、投資家、監督機関および学術者に深く関係する問題である」(p.76)

さらに次のように意見を述べている。

「報告利益はそれ自体が最終目的になってしまっている。また、企業は特定の方針で利益の数値を発表することに非常に熱心になっている。彼らは事業を管理するために利益を使用しておらず、市場を管理するために利益を使用している」(p.90)

次のように別の考えを冷静に述べている。

「少なくとも利益操作は非生産的な行為であり、多くの時間、エネルギーおよび創造力が浪費される。なぜならば、利益ゲームにおけるルールがそうさせるのである。また、乱費された時間、エネルギーおよび創造力は高くつくことになる。
　CFOマガジンの調査では、5人のうち3人のCFOが勤務時間の10％以上をアナリストとの対応時間にあてており、また5人のうちの2人はアナリストの応対に勤務時間の20％以上を費やしている。こうしたアナリストの対応に費やされる時間は、本来的には事業管理および価値を産出するために費やされるべき時間であることは明らかである」(p.83)

詳細については、エクルズ・チームの著書の第4章を読まれることを推奨する。

質問5

第5の質問は、異なる角度からの同じ問題を調査する。

「自社をフォローしている証券アナリストたちは、経営者に対して戦略と戦術の変更ではなく、会計方針を変更して目標を達成するよう推奨するか」

この質問にYESで答えるということは、証券アナリストが平衡感覚を失っており、株式の本源的価値を見つけて利益を得ようとしておらず、無能な証券アナリストと経営者が機能障害を起こした共依存関係にあることを表している。このやり方で市場取引を成立させるためには、こうした無能なアナリストは、同じ誘惑に駆られてゲームを行いたいと考えている経営者、あるいは無知な（あるいはだまされやすい）経営者を見つけなければならない。万一、YESと答えたならば、①自分の態度を改めること、②自分の担当アナリストを変更すること――という2つを実行する必要がある。

経営者はQFRを活用して、このゲームがどういう状態なのかを冷静に判断すべきである。要するに、最終的に会計上の不正行為となる可能性があり、近視眼的でリスクが高い徒労にすぎないのである。監査人が会計方針の選択を認めることにかかわっている場合、このゲームはさらに複雑になる。また、筆者は経験上、会計方針の選択は監査人が提言し実行させている場合があることも知っている。このような監査人は経営者、株主および特に市場に対して何ら役に立っていないのである。

筆者がこの状況を分析するときにいまだに倫理の問題には触れていないことに注目してほしい。QFRの考え方では、市場を欺こうとする行為が、自分自身に対して相当の経済的ペナルティーを生み出すのである。もちろん、筆者およびほかの方々にとっても上記のような財務報告ゲームを実行することは不道徳であることはまちがいない。[4]

質問6

次の質問では次のように尋ねる。

「新しい会計方針の採用を検討する場合、不確実性および資本コストを縮小するかどうか判断せずに、情報作成費用の節約を考えて採用を見送ったことがあるか」

この質問では、情報が生むメリットを考慮せずに作成費用にこだわる財務報告上の罪について明らかに問うている。ほとんどの企業の財務責任者がこの質問にYESと答えているに違いないと筆者は確信している。

実際に、QFRの考え方は高価すぎるものとして、新方式としての採用は拒絶されるかもしれないが、費用便益分析の観点からは低い資本コストを実現して費用を節約することになる。事実、この決定を行うためには、CFOの立場から最高経営者に働きかける必要があり、新しい会計方針が、実行費用より大きく新しい株主価値を創造するというコンセンサスを構築しなければ、QFRの考え方を採用することができない。経営者はさらに、新しい方針が自身および従業員の依存する従来の報告よりも良い内部決定を下すことを可能にするかどうかを考えなければならない。費用便益分析は単純な原価分析よりはるかに複雑である。しかし、複雑だからといってこれを実施しないことは

許されないのではないだろうか。

エンロンの場合には、経営陣が単純に財務諸表を良く見せるためだけに財務諸表の作成費用を使ってしまうという過ちを犯したようである。実際、彼らはお金を浪費し虚偽表示の財務報告書を作成することで、株主に対し二重の悪行を行ったことになる。

質問7

第7番目の質問はかなり立ち入った質問である。

「会計方針および会計方針の実施においていまだ解決されていない倫理上の疑惑で、自社の財務部門から退いた人がいるか」

筆者がここで言いたいのは、QFRを使用した財務報告を前提にして下される決定と、真実を語ることを重視する倫理上の骨組みを順守して下される決定とはかなり類似しているということである。その類似点というのは真実を述べることを重視している点であるが、しかしながらそれぞれが依拠する根拠は異なる。つまり、QFRにおいては真実を述べることが経済的恩恵をもたらすと主張するが、倫理システムにおいては単に真実を述べることは正当であるというだけの理由から真実を述べるべきであるとしている点である。

では、この質問は何を意味するのだろうか。それは単純である。財務会計報告を担当する従業員が倫理上の問題で辞職する羽目になるのでは、と恐怖感を抱くような状況になっているならば、真実が尊重されていないか、語れないような状況をだれかが作り出しているのである。そんな状況では、財務諸表は本来の有効性を発揮することができないので、株価の減価というペナルティーを避けるために情報開示を改善させることで既存の情報開示手法を一新すべきであろう。

この状況に関して別の見方をすると、ほとんどの従業員にとって、倫理上の理由から退職するという極端な行動をとることは現実的に容易なことではない。もしだれかが退職したとか、辞職する危機に瀕しているとすれば、ほかの多くの者もおそらく同様に感じているが、救済する勇気あるいは金銭上の余裕がないことを意味する。さらにまた、企業文化が影響して、予算に関する内部報告およびほかの種類の原価管理における内部報告に不道徳な空気を吹き込んでいるのかもしれない。

どのような場合でも、倫理面で財務報告分野に問題があるという兆候が見られた場合には、最高経営者が速やかに注意を向けなければならない。[5] もっと端的に言えば、真実を語ることに関して倫理上の問題がある場合、有効な財務情報が資本市場に行きわたらないことになる。当然、この結果は株価を減価させる。

質問8

第8番目の質問は次の課題について問うている。

「自社の財務諸表によって経営上の情報が競合他社に暴露されると懸念するか」

財務事項について完全な開示をしても、自社およびその製品また自社の経営計画に関して競合他社が把握していない情報を暴露するようなことにはまずならないことは前に述べた。自社の将来キャッシュフローの見通しに関して資本市場に情報提供することをいくら拒んでも、競合他社は非常に多くの代替的手段で情報を収集しているのである。

実際のリスクとして、企業が故意に市場に有効な情報を与えない場合には、高い資本コストを負わされることになってしまう。それは、

競合他社に情報を隠しておくことから得られるとされる、真偽の疑わしい営業上のメリットよりもはるかに大きなものである。もちろん、QFRの実行に当たって、情報提供を阻止できると考えるのは、市場から直接的ペナルティーを受けないと考えるからであろう。しかし、ちょうどフォルクスワーゲンのCEOのピエヒがこの方針を押し通したときに経験したように、資本市場に代償のコストを支払う覚悟が必要である。したがってこのような状況に陥るなどと考えるべきではない。

質問9

下記の質問は、増加している会計方針の傾向に異を唱えるために問いを投げかけている。

「年次報告書では簡略した財務諸表だけを提供しているか」

事情に精通していない利用者が理解し活用できるように、財務諸表を容易にするのは明らかに正しい行為である。しかし問題となるのは、その目的が株主に有効な情報を提供しないようにすることである場合、「簡略化」を追求することは詐欺行為を正当化するだけのつじつまあわせの行為にすぎない。

この選択を支持する一般的な根拠として挙げられるのは、財務報告に精通していない個人株主に配慮してのものであるとされる。一方で、財務報告書のサイズを縮小し内容を簡略化したところで、証券アナリスト側は、SEC提出の10-K様式を使用することを好むという事情がある。この意見が真実かもしれないが、簡略な報告書だけを提供する行為は、経営者が株主に有効な情報を知らせていないと認識される可能性をぬぐい去れない。筆者の経験では、例えば報酬ストックオプシ

ョンについて記載している脚注が、簡略報告書ではなぜか省略されていたのを目にした。このような省略が簡略化のあとに起こることがある。また、経営者が見せたくないと考えるような報告書の情報を、経営者が割愛したいと考えて、結果として簡略化する決定がなされたとも考えられる。

経営者が否定的な情報を隠しておくために簡略化している場合、市場において不信感（大きな不信感かもしれない）が生まれ、最終的には株価が減価され、資本コストが高くなるだろう。資本コストの膨大な増加に比べれば、年次報告書の印刷および配布にかかる比較的小さな費用の削減などはたいした金額ではない。つまり、簡略な報告書を提供することで、その簡略化がもたらすコスト削減効果以上に多くの問題を引き起こすリスクを創出することになる。やはりQFRこそが進むべき良い方法である。

質問10

本章中の最終質問は次のとおりである。

「常に利益がより高く測定される見積損益計算書を公表するか」

この時点まで筆者は、見積報告というもてはやされている分野について説明してこなかった。一昔前の見積財務諸表の作成とは、経営者、債権者あるいは投資家に対し将来の業績がどのようになるかを示す事項として、損益計算書および貸借対照表に関する予想数値を提供することを意味した。最近の約10年間では、経営者のなかで、GAAPにおいて要請されていない利益予想を示す目的で、加工した数値を損益計算書で「見積」という名前をつけて報告するようになっている。

ある意味では、QFRはこの種類の行為に結びつくだろう。QFRの

下では経営者がGAAP財務諸表を示し、次にいわゆる修正GAAP財務諸表および補足情報のなかで、金額を再整理し、再測定して、何が実際に発生したのかを示すだろう。では、QFRと質問が尋ねている見積活動との間に差異はあるのだろうか。この差異は姿勢そのものである。現在の見積報告で行われているのは、何とかして売り上げおよび利益を増加させ、費用と損失を縮小させようとするものである。よく使われる方法のひとつは、EBITDAという支払利息、税金、減価償却費控除前の利益を示すことである。この数値に関する問題点は、金利および税が過去に支払われ、また将来も支払われると仮定することである。読者がご認識のとおり、筆者はGAAPで測定される減価償却費について深く憂慮している。しかし、減価償却費を利益算出から単に除外すべきであるとは考えていない。もっと正確に言えば、筆者は減価償却費については資産の市場価値の変化としてとらえるべきであると考えており、それはGAAP数値と異なる金額になるであろう。

つまり、この質問にYESを答えたならば、QFRに到達するにはまだ長い道のりを必要とする。ここにたどり着くには、発生したことをありのままに報告する必要があり、その報告は、自分が望んだ事態でも、単に業績を良く見せるための情報の一部でもない。この考え方は、自社についてできるかぎり真実をとらえることである。そして、財務報告を解読するためのあらゆる材料を経営者サイドから提供することで、市場に独自に分析させ、将来を予想させることになる。

結果を振り返って

筆者が冒頭で言ったように、YESを1点として、合計点数が0より大きければ大きいほど、QFR経営者になるにはまだ未熟であることを示している。

4〜7点の範囲の読者は、市場が有効に機能するための方法あるいは市場が必要とする情報に関して、過去に意識をしてこなかったことを示している。また、財務報告書を見抜き、かつ何が起こったかを把握できる市場の力を十分に理解していなかったことも示している。完全な詐欺ではないにしても、すでに確立してしまった資本市場での悪い評価を払拭したければ、不確実性の排除に取り組むとともに、QFRを全面的に採用すれば株価の大幅な上昇をもたらすことができるだろう。そうすれば、すべてのYESの答えは消えるだろう。

　その一方で、読者が8〜10点の範囲であれば、常習的な相場操縦師で、ほとんど市場の悪評を払拭することができないだろう。賢明な財務諸表利用者であれば、財務報告上の罪を犯す人物にかなり気がついている。QFRに切り替えれば、ある種の回復をもたらすことはあるものの、GAAPの緩やかな指針に堅実に基づいていても、欺いた報告で定着してしまった評判を克服するには時間と多くの労力が必要となる。

　これに反して、読者がこの試験で0の得点であるならば、筆者は財務報告の目的を深く把握している読者を称賛する。しかし、筆者はすべて問題のなかった人物にはいまだに出会ったことも聞いたこともないので、読者がイースターバニーかサンタクロースのように架空の存在である可能性があり得る。0点であることは万人の目標地点であると考えるべきであろう。読者が0点であったとしても、改善の余地は常にある。またこれらについて読者からのご意見を賜りたい。

注

1．エンロンの経営者は故意に分かりにくくした財務報告情報を作成して、この種の陰謀を達成しようとした。さらに彼らは詐欺情報の作成を意図して、一連のGAAPに対する計画的違反行為を実行したこ

とも明らかになった。

2．筆者の友人であるヴェーバー州立大学のロン・マノ教授は、いつの日かSECからの電話を何の心配もなくとることができるようになれば理想的であると語っている。

3．もちろん、社内の利益目標は、CFOの代わりに、CEOあるいはほかの人が安易に設定しているのかもしれない。たとえ目標が公開情報でなくとも、CFOには予想数値を同様に公開するように求められている。

4．筆者はGAAPの要請に基づくと、誤解を招く情報を作成してしまう恐れがあると独自に判断した。したがって、筆者はGAAPを順守することは道義に反していると考えているが、会計士の学術団体およびSECは、順守しないのは道義に反すると考えているようだ。読者が監査人を試したい場合は、「わが社はGAAPに従うべきであるか。それとも真実を述べるべきであるか」という難問を投げかけてみるとよい。監査人は真実を語りたがらないだろうが、本心ではこの板挟みの意味を理解するだろう。少なくとも、この質問の回答から、心理的な壁がどれくらい会計士の思考パターンを支配しているかを推測することができよう。

5．エンロンの件に関して書かれた記事のうち初期のものに、副社長シェロン・ワトキンズから返送されてCEOのケネス・レイが受けとった匿名の手紙がある。この手紙では、会計上の不正行為および詐欺行為が発生し、同社、従業員および株主に対して脅威が発生したことをレイに警告していた。CEOはこの手紙を無視し、この危険信号が本当かどうかについて調査し見極めようとはしなかった。何もしなかったことが、すぐに調査した場合よりもはるかに大きな反対告訴に自分をおとしめる結果となったのである。

第12章

選択方法を確認すべき時期である

It's Time to Check Your Choices

　本章は前章で省いたものを取り扱う。全体として質問は、財務報告および資本市場に対する個々の考え方をチェックすることを意図しているが、本章中の質問は読者が選択した方法が、市場に対する不適切なコミュニケーションにつながっていないかどうかを評価する目的で、読者の過去の行動について調査するものである。

別の試験

　前章のように、表12.1の質問は、CEOあるいはCFOのような経営者、あるいは財務報告方針を選択し実行する権限を有する人物に対して向けられている。読者が現在こうしたポジションにない場合は、現在の勤務先企業で観察される状況に従って答えてほしい。

　前回と同様、この質問は読者の選択がQFRに反する場合に「ＹＥＳ」の答えが出るように作成されている。ＹＥＳひとつにつき１点で、０点より高い点数であれば、読者には自分を変えなければならない個所があることになる。なぜなら、財務報告書上でQFRを実行することでメリットを得ることができるようになるからである。

　それでは各質問を順番に見てみよう。

表12.1

選択調査	Yes	No
11. 財務諸表へ意図的に肯定的情報を掲載したことがあるか、また否定的な情報開示を避けるために会計処理の時期を操作したことがあるか。		
12. 財務諸表の報告方法にこだわるあまり、自社にとって経済的に正常な会計処理を行うことをやめたことがあるか。		
13. 変動性の根本的な原因を明らかにしないまま、変動性を縮小する会計方針を選択するか。		
14. キャッシュフロー計算書では、営業活動からのキャッシュフローを報告するときに間接法を使用しているか。		
15. 脚注で、報酬ストックオプションを報告するか。		
16. 持分プーリング法を用いて会計処理できる吸収合併の権利を得るためにお金を使ったことがあるか。		
17. 簿外負債となるようにリース契約を締結したことがあるか。		
18. 低い利益を報告することを避けようとして、先入先出法(FIFO)の棚卸資産会計を採用することに決めたか。		
19. 収益の市場価値変化に関する報告を回避する目的で、自社が行っている株式投資を売却可能証券に分類しているか。		
20. 報告利益を管理する目的から、自社の減価償却期間に関する方針を確立したか。		

質問11

このリストの最初の質問は次のようなものだ。

「財務諸表へ意図的に肯定的情報を掲載したことがあるか、また否定的な情報開示を避けるために会計処理の時期を操作したことがある

か」

　この質問の目的は、資本市場に財務諸表を提供する目的は企業取引と経済事実を反映することである、ということを強調することにある。それにもかかわらず、多くの経営者はこの重要な目的を軽視している。財務諸表の見栄えを非常に気にしており、見栄えの良い財務諸表を作成するために取引および出来事を脚色するのである。[1]

　ひとつの例として、持分プーリング法で会計報告される企業結合の形態が挙げられるが、これについては質問16の議論に記述されている。別の例としては、株主の財産を管理するという要求事項を履行する目的からではなく、意図する利益あるいは損失を損益計算書に計上する目的で、会計年度終了の直前あるいは直後にタイミングよく特定資産の売却を行うことである。さらに、別の例は、損益計算書上に利益計上する目的で、1980年代に多くの企業が経験してきた「実質的債務ディフィーザンス」が挙げられる。

　これらの例は非常に一般的な取り扱いである。言うなれば、われわれは、個人所得税をやりくりすることのように慣れているのである。しかし、財務報告の目的は、資本市場が将来のキャッシュフローを評価し、リスクに見合った収益率を計算することを補助することにある。情報を操作するために取引を管理すれば、コミュニケーションをとりにくくし、資本コストに関する計算を混乱させる。不確実性が大きくなれば、資本コストは低下ではなく上昇するのである。

　ある業界関係者は、ウォール・ストリート・ジャーナル（オンライン・バージョン、2001年1月8日）掲載の「嘘をつく人々になぜ投資するのか（Why Pay People to Lie？）」と題する記事で不満を表明した。マイケル・ジェンセンは、そこに2つの問題があると提案している。まず、財務報告が報奨目標を設定する経営者のゲームになっている点である。ジェンセンは、目標数値に直結した報酬システムの下

で働く経営者は、報告情報が正確に描写されることに興味をもたないと言っている。たしかに、経営者が遂行できることを過小評価することが彼らの最大の関心となっている。次に、財務報告が目標実現のゲームになっている点である。ジェンセンの観察では、「目標を見失って危機状態にある経営者は、出荷および売り上げを次年度から当年度に繰り上げ、費用を当年度から次年度に先送りする。この結果、たとえ、翌年の利益が減少してしまっても気にしていない」。ジェンセンの提案する解決方法は、報奨基準に予算目標を使用するのをやめることである。それが達成されて初めて、われわれは、嘘をつかないで高い業績を上げる企業への投資を安心して行うことができる。

　この種の行為への市場反応の最近の例を、フォーチュンの2001年9月17日号でジェフリー・コルビンが報告している。彼の「利益がすべてではない（Earning Aren't Everything）」という論説は、回答企業を協力および非協力の2つの種類に分類したスターン・スチュアート・コンサルティングによる広範囲な調査結果を報告している。協力グループは、株主と同じ利益を共有する経営者のグループと定義される。同じ産業で対をなしている協力および非協力の企業業績の分析結果は、「4年弱の期間で、協力企業の株式が非協力企業の2倍程度の価値になることを示した」。言い換えれば、2種類の企業グループでは異なる状況が起きていると市場が判断したのである。コルビンは財務会計の2つの例を挙げている。

　「2つの企業グループはどのように異なった行動をとるのであろうか。企業がどのように調査の質問に答えたか見てみよう。『貴社には最新の新製品あるいはサービスの機会があるとする。この開発事業に力を注ぐと、次の数四半期の利益を低下させることになりかねないとする。貴社はこれを実行するか』という質問であった。協力グループ中のほとんどの企業は、実行すると答えている。非協力グループの企

業はほとんどが実行しないと答えている。

　別の実例は次のようになる。『貴社は新しいベンチャー事業を始めようとしている。また、操業開始コストを資本勘定に計上するか、報告利益を縮小することになるが、税金を縮小し、現実にキャッシュフローを増加させることになる費用計上することができるとする。どちらを選ぶか』。ほとんどの協力企業は操業開始コストを費用計上すると回答している。また、ほとんどの非協力企業の回答は、資本勘定への計上である。

　要するに、業績不振の企業は、報告利益について心配し、利益を獲得するために株主の財産をさらに損なうことを容認している。業績が優秀な企業は、実際に重視すべきであるのは報告利益ではなくほかの要素であることが分かっている。それは財務用語で経済的利益（つまり、税引き後営業利益から実質資本コストを控除した残余額）と呼ぶものである」(p.58)

　ここでは、すぐれた財務報告は不確実性および資本コストを縮小し、それによって経済的利益の増加をもたらすことを実証している。

　当然のことながら、筆者は一部の経営者がQFRをすでに実行しているという最近の動向を目にできて喜ばしい。より多くの経営者がメリットを認識し、財務報告を改善することに対して報奨を出すという奨励策を整備して一致団結すれば、異なった世界になるだろう。もうこれ以上は待てないのではないのか、と筆者は問いかけたい。

質問12

次の質問は次のように尋ねている。

「財務諸表の報告方法にこだわるあまり、自社にとって経済的に正

常な会計処理を行うことをやめたことがあるか」

　この項目は、悪い情報の見栄えを良く見せるように処理する質問11と関連がある。特に、悪い報告を隠すために善行をやめたことがあるかどうかについて尋ねている。前述のジェフリー・コルビンのフォーチュンの記事からの引用は、ここでも非協力経営者が外観を良く見せようとつくろっている点で同様に当てはまる。

　例えば、企業が発行した債券の繰上償還請求日が来たと仮定してみよう。企業は、10年前に12％の年利で債券を発行して調達した1億ドルの債務として帳簿上は処理している。それ以来、金利が下がり、企業の債券の理論的な市場価値は現在1億2000万ドルとなっている。この金額が理論上の数値にすぎないという意味は、債務契約上は企業が1億600万ドル支払って債券を繰上償還することが可能であるからである。企業が1億600万ドルだけ支払うことによって1億2000万ドルの本源的価値の債務を償還させることができ、その結果1400万ドルの株主の実質的財産を増加させるので、繰上償還請求は有利である。しかし、問題点は、大幅に過小表示した債務の簿価を上回る支払額であったので、一般に公正妥当と認められた会計原則（GAAP）の規則では600万ドルの損失を報告することが義務づけられるということである。したがって、株主にとって良いことであっても企業の外観は悪くなり、株主にとってよくないことを実行することが企業にとって外観を良く見せることになる。

　同様の状況が資産売却のときにも起こる。例えば、損益計算書上の投資資産の処分から発生する実現損益を活用すれば、見栄えが良くなるように含み益がある投資資産を処分し、外観が悪くならないように損失を抱えた投資資産を保有する、いわゆる「いいもの選び」をすることをGAAPは実際に奨励しているのである。この行為はどんなに控えめに言っても時代に逆行しているとしか言いようがない。

読者が、GAAP財務諸表で外観が悪くなるからという理由で、真実に良い行為を躊躇しているならば、勇気を出してQFRに移行すれば、良い行為を実行できるに違いない。

質問13

　この質問は一般的もろさを指摘する。

「変動性の根本的な原因を明らかにしないまま、変動性を縮小する会計方針を選択するか」

　報告利益の変動性ほど、財務報告を行うときに経営者が神経を使うものはない。変動幅が四半期比較あるいは年次比較で乱高下する場合、2つの否定的イメージが形成される。第一に、予想が困難なため、企業に投資するときに認識されるリスクが高くなる。第二に、業績数値が乱高下することは、経営者が事業状況を管理できていないことを暗示しており、それによって事業をリスクにさらすことになるというものである。

　第10章に記述したように、変動性に対処するためには2つの方法がある。それは、現実の根幹の問題に取り組んで事業方針を変えるか、GAAPで平滑化する手段をとるかのいずれかである。第一の方法では、リスク自体を変化させるが、第二の方法で実際行うのは、現実に何が発生しているのか把握しようとすることもせず、変動性を隠すだけである。

　読者が後者の方針で定期的な運営を行い、変動性を隠しているのであれば、明らかにQFRを採用することで効果が出るだろう。この人為的な平滑化の行為（ある人は「会計アービトラージ」と呼ぶ）は、実際に企業において何が起こっているかに関して、資本市場とコミュ

ニケーションをとれなくしてしまうだけである。市場は現実の変動性を問題にするので、企業は何が発生しているのか市場に知らせるようにして、十分に変動性を伝えなければ、市場が企業の行為に報いることはないだろう。

ところで、読者のみなさんはだまされてはならない。GAAPの内容は、利益のでこぼこを平滑化する規則であふれかえっているのである。例えば、これに該当するのは定額減価償却および償還法、所得税繰延、株式セクションでの未実現損益の報告、および確定給付年金にかかわるあらゆる種類の利益および損失の繰り延べなどが挙げられる。こうした状況において、企業に義務づけられているのはGAAPに従うことだけであり、そうすることででこぼこの数値は平滑化される。事業の変更を行う必要はないのである。それはだれにとってメリットがあるのだろうか。おそらくだれのためにもならないだろう。しかし、現実の問題は、あらかじめ平滑化された財務数値を資本市場がどのように扱うかということである。賢明な証券アナリストはいるもので、彼らは自分が受けとるメッセージが完全ではないことを把握している。この不完全な情報を踏まえて、アナリストは多くの不確実性、リスクおよび処理費用を勘案して、高い収益率を企業に要求することになる。

財務諸表の数値が平滑な数値になるはずがないのに、平滑化をする目的でGAAPを活用して対処した企業もある。1990年代に多くのソフトウエア企業は損益計算書を攪乱させる会計方針を発見した。つまり、プログラムの新バージョンを市場に出したときには、一時に大量に販売を行うことになる。ところが、その後数年間は次のバージョンの開発に取り組むことになるため、新製品の販売ができなくなり、企業の費用は高くなり利益は少なくなる。そして次のバージョンがリリースされたときには、売り上げと利益についてもうひとつ別の巨大な歪みが生じることが予想されたのである。この変動性に対処する方法として、経営者がこの問題を認識しすべてをきちんと管理しているこ

とが分かるように、利用者に対し発生している内容の一部始終を報告書のなかで丁寧に説明することが大切である。財務諸表上の変動性は、複数年次にわたる製品の周期とは違って、年次報告の周期の結果にすぎないため、変動性の報告は良いものとして市場に判断されるだろう。別の方法としては、景気循環対策の業務戦略を考案することで、主な製品をリリースする合間にほかの製品の製造および販売を行うことであるが、これは毎年の変動が現実に除去される効果がある。

しかし、この解決策は経営戦略変更および完全なコミュニケーションを必要とする。もっと簡単な方法はないだろうか。

もちろんもっと簡単な方法はあり、大手企業はすでに自分のものにしている。GAAPの古い方針では、売り方が代金回収で何らかの懸念に直面している場合、売り手は売上高のすべての収入を報告することができないというものである。例えば、売り手の実際の販売数よりも多い数量を発送する状況では（ペーパーバック本あるいはレコードがそうである）、報告に当たって、適当な返品を見越して売り上げを縮小しなければならない。ソフトウエア事業では、新版のリリースを実行し、かつコードに潜伏するバグの解決をすることが、顧客を幸福かつ有意義にすると判断したのである。彼らはこの機会をとらえて、売上収益が大きい年度に実際にかなりの「備蓄」を作り、さらに売り上げが少ない年度にこの繰延収益を充当した。目に見える数値としては、たしかに変動性はなくなっている。証券取引委員会（SEC）は何が行われているか察知し、調査し、経営者に以前に提出した財務諸表を再表示させ、かつこの平滑化を再度実行することをやめさせることを強制したので、一応この手法は消滅した。ただし、SECが明かりを灯してサイレンを鳴らして到着するよりも前に、資本市場ではすでに、問題に対して株価に影響していたことは想像にかたくない。[2]

結論として、変動性をすっかり隠そうとしている、あるいは、財務会計基準審議会（FASB）による処理に甘んじているのであれば、自

分のアプローチ方法を変更して資本コストを縮小させ、QFRのほかのメリットを享受することができる立場にあると言えるのである。

質問14

次の質問ははるかに具体的である。

「キャッシュフロー計算書では、営業活動からのキャッシュフローを報告するときに間接法を使用しているか」

SFAS第95号ではFASBは、経営者に対し、直接法に基づいた、総キャッシュフロー収入から総キャッシュフロー支出を差し引いた総額を示す営業キャッシュフローを報告することを推奨している。しかし、FASBは作成者からの要請に妥協し、総額について記載せずに純利益と純営業キャッシュフローとを一致させる間接法を許容している。第7章で引用したように、証券アナリストを代表する投資管理研究協会（AIMR）委員会はこの劣後するほうの選択をした経営者に具体的助言をしている。

「この問題の合理的な解決策を見いだすことは可能である。FASBは直接法を義務づけてはいないが、国際会計基準委員会（IASC）も同じ状況であり、両者とも直接法を好ましい方針であると推奨するだけである。アナリストを重視し、直接法を採用する革新的企業の出現を妨げるのは怠慢としか言いようがない」(p.67)

これについては、米国公認会計士協会（AICPA）の2000年度版『会計のトレンドおよび手法（Accounting Trend and Techniques）』の600社を対象とした財務諸表に関する年次調査で、7社しか直接法

を採用していないことが判明した（この7企業のうちの1社は筆者とのやりとりで2001年度に間接法に変更したことを明らかにした)。

結果的には、本書を読まれている経営者の大部分がこの質問にYESと答えていると思う。

別の考え方として、資本市場にとってより好ましいことを実行して、既存の方法にQFRの考え方を取り入れていくという方法もあると筆者は考える。

直接法のさらなるメリットに関しては、財務諸表情報に直接法を採用している経営者は、間接法を採用するよりもはるかに内部的なキャッシュ管理において有効であることを理解しているはずである。[3] 第17章ではキャッシュフロー報告について詳しく説明している。

質問15

この質問は次のように尋ねている。

「脚注で、報酬ストックオプションを報告するか」

当たり前の質問かもしれない。報酬オプションを発行している企業に勤務していれば、事実上全員がYESと答えると筆者は予想する。筆者が聞いたところでは、FASB推奨の会計処理に従っている大手企業は、ボーイングおよびウィン・ディクシーだけである。したがって、読者がほかの企業に勤務しているのであれば、明らかに非QFR経営者である。

筆者の判断が的確であるとする理由は実に単純である。FASB推奨の損益計算書上の認識と脚注での情報開示の唯一の違いは、情報が表示される場所にある。費用はいずれの報告方針でも同じ方法で算出される。したがって、法令順守の観点からは、費用に関しては問題はな

いのである。どの場所に費用を記載すべきかに関する経営者の判断では、純粋に外見が良いことを選択しているだけであり、経営者は報告利益が大きいほうが見栄えが良いと考えるのである。

対照的に、脚注で表示することは、実際の数値以上に高い利益を上げているかのように資本市場を欺くことができると経営者が考えていることを露呈しているだけであるので、資本市場においては印象が悪くなると筆者は考える。市場が、経営者には積極的な開示をする意思がないと判断すれば、不確実性とリスクが大きくなり、資本コストも同様に上昇する。結局、AIMR委員会が言ったことは以下の点である。

「ストックオプションには価値があり、経営者に報奨を与えるために使用され、さらに財務諸表上の人件費と認識されるべきであるとわれわれは信じる」(p.47)

したがって、読者がQFRを始めようと思うのであれば、オプションからまず着手すべきであろう。勇気をもって進んでいただき、資本市場に働きかける先駆けになっていただきたい。また、古い思考パターンは排除すべきである。第17章は、オプションに関する補足的な情報を提供するために、企業が提案可能な多くの事項について説明している。

質問16

この質問は別の自由裁量の選択に関することを問うている。

「持分プーリング法を用いて会計処理できる吸収合併の権利を取得するためにお金を使ったことがあるか」

この質問と質問15との違いは費用の問題である。オプションの会計報告の場合には、何らかの方針を選択するときに追加のキャッシュフロー支払費用は発生しない。しかし、パーチェス法あるいは持分プーリング法として企業結合を会計報告する場合には、持分プーリング法としての要件を満たすためには膨大な費用の支払いが必要である（これは、SFAS第141号が公布されたので、すでに過去の事実である）。その理由は、企業結合を規定した古い会計基準（会計原則審議会意見書＝APBO第16号）は持分プーリング法の条件を満たすために12の特定の基準を規定したからである。そこには、両企業の株主が新企業の株主として合併を存続させるための多くのポイントが挙げられている。つまり、自己株式の過去および将来の取引に関する規則が定められている。[4] この規定がもたらした結果として、持分プーリング法を利用したいと考える経営者は、株主資本を弁護士および会計士のために浪費し、高い買収価額を売り手に支払って、企業の処分に関して制限をかけられるだけであった。皮肉なことに、こうした支出によって不完全な財務諸表を作り上げることになり、結果として損益計算書上の利益報告を増加させることになった。したがって、経営者は株主の資金を大量に支出しているのに情報開示を控えており、その一方では資本市場に対し劣悪な情報を提供して低株価をもたらしているのである。最後の疑問であるパーチェス法と持分プーリング法との唯一の違いは、新企業の帳簿に表示される仕訳であることは明らかである。記帳係のキーボード上で打たれた内容を変更するために費やされていた何千、何百万ドルのお金のことを考えてみるべきである。

　筆者が最後に言いたいのは、持分プーリング法のためにお金を使用したならば、その人はQFRを実践している人物ではないということである。読者が持分プーリング法を行ったことがなければ、QFRの地位を獲得できるが、それは思い切ってパーチェス法を導入して企業

結合を会計報告することができる場合に限定される。実際に何が起きたのか、また実際に何が存在するのかを報告しなければならい。第16章では企業結合についての多くの考えを記述している。

質問17

次の質問はさらに、経営者が真実を報告しているかどうかの姿勢の核心に迫るものである。

「簿外負債となるようにリース契約を締結したことがあるか」

便宜的な問題から、あるいは何らかの経済的メリットから、ある期間他人の財産を借りて手数料を支払うという、いわゆるリース契約の経験がある人は多いだろう。しかし特に、資金を借りているにもかかわらず、貸借対照表からその事実を省略して企業の財務イメージを操作する目的のためだけに経営者がリース契約を締結する場合は、おかしなリース契約行為が発生する。その意図は、負債および株式の構造が現実の状況とは異なっているように認識させて資本市場を欺くことにある。ご存じのとおり、真実を把握している場合に真実を表示しないことは虚言である。また、もし真実を知れば人々が実行しないという判断ができるにもかかわらず、人々に対し虚言によって実行させることは詐欺である。QFRの視点で世界を観察すれば、財務諸表がGAAPを順守して作成されていても、またGAASに従って監査されていても、詐欺（あるいは詐欺未遂）による活動の結果、株価の低下および資本コストの上昇という事態を招くことになる。[5]

リース賃借人が、資本化の回避を可能にするリース契約を締結することは合法ではあるが、資本市場は公表された財務諸表だけを使用して株価を決めるわけではない。さらに、SFAS第13号では資本化され

ないオペレーティング・リースに関しては、多くの情報を開示するよう経営者に義務づけている。こうした脚注は企業に対して大きな経済的インパクトを与える内容を含み、もっと重要なことに、これら経営者には資本市場を欺こうとする意図があることを露呈しており、有能な証券アナリストであればこのことに気がついているはずである。これは、辛辣な表現かもしれないが、おそらくこれこそ、QFRが呼びかける内容であると筆者は考える。詐欺が根底にあるという単なる倫理観の問題ではなく、金銭を浪費し株主を困窮させる状態に放置する無意味な戦略を実行しているにすぎないという正しい見識が不足している。

　筆者は、FASBに簿外資金調達の実行を許可するよう要求した無価値の政治力を乗り越えて、QFRを実行することを熱望する経営者に呼びかけたい。愚かな詐欺的行為をやめて、真実を伝えることに邁進することから生み出される経済的インセンティブを受け入れてほしい。

　先に進む前にあと2つの点を説明したい。第一に、いくつかの企業の経営者は、所定の事務所の備品および設備をリース会社に売却し、それと引き換えにオペレーティング・リースでの賃借に変更していることを筆者は知った。一夜のうちに従業員以外、企業の備品・設備が貸借対照表から消えたのである。何と非常識なことか。第二に、FASBおよびほかの会計基準規定機関は、何年間もリースに関して研究し協議してきた。彼らは既存のGAAPの欠陥を認め、会計基準すべてのリースを資本化することを義務づけるときが到来することを期待する2、3の研究報告書を公表している。[6] 新しい基準が遡及して適用されるとすれば面白いことが起こる。リースされて消滅した備品・設備すべてが、負債とともに貸借対照表に舞い戻ってくるのである。第16章では、QFRの利用がリース関連の情報報告をどのように変更するのかについて説明している。

　この経営者の過ちを許す根拠はもはや存在しないのである。FASB

および国際会計基準審議会（IASB）さえも行動を起こさないで放置していた長年の詐欺行為を、QFRを導入することで断ち切ることになるだろう。財務情報の品質にこだわることでメリットを得るべきである。

質問18

次の質問は以下のとおりだ。

「低い利益を報告することを避けようとして、先入先出法（FIFO）の棚卸資産会計を採用することに決めたか」

棚卸資産に関する会計方針の決定は、経営者にとってジレンマとなる。つまり、後入先出法（LIFO）を選択して節税およびより高い利益計上を実現するか、あるいは先入先出法（FIFO）を選択し多額の納税で低い利益計上を達成するか、のいずれかである。悩ましい問題点は、複雑なGAAPの状況下では、LIFOを使用して現実に健全な報告をすると、損益計算書上は低い利益の報告となり、外見が悪くなることを強いられるが、FIFOを使用すれば高い利益報告で外見が良くなるという結果をもたらすことである。

FIFOを選ぶ経営者はいずれも、金融操作を施して作成した財務諸表の見た目のことで頭がいっぱいになっており、株主の財産について何が発生しているのか関心をもっていないと筆者は判断する。こうした経営者は明らかにQFRを実行していない。

しかし、早合点しないでほしい。LIFOを選択したからというだけでQFR実践者であるということを意味するのではない。結局のところ、LIFOを使用しながら損益計算書で情報を省略して（つまり売り上げ前に棚卸資産の価値増加による収益を開示しないで）、節税を実

行しているのである。このような収益情報の省略は財務諸表が不完全であることを意味し、この結果、節税しているにもかかわらず資本コストが上昇することになる。棚卸資産に関してQFRを達成するには、GAAPの要求以上に多くの情報を示す必要がある。第16章では何を行うべきかについての提案を提示している。

質問19

最後から2番目の質問は以下の問いである。

「収益の市場価値変化に関する報告を回避する目的で、自社が行っている株式投資を売却可能証券に分類しているか」

比較的最近に出されたSFAS第115号を制定するときに、市場性のある証券を3つのポートフォリオのうちのひとつに分類することをFASBが認可したため、現実に基づくべき財務報告への信用性を危険にさらす結果となった。つまり、報告される投資金額およびその市場価値の変化に基づいて導き出される利益の基準として、それぞれ異なる基準が規定されたのである。「売買目的有価証券」(trading securities)の処理では、発生時点ですべての価値の変化は損益として報告されるので、投資によって発生する現実の変動は、すべての関係者が理解しかつ判断できるように損益計算書に明示される。しかし、同じ有価証券が売却可能証券として分類される場合、その損益は損益計算書上で報告されずに、貸借対照表の株式記載欄で集計されて目立たない場所に隠されることになり、利益に計上することは認められていないのは確かである。[7] 有価証券がどのポートフォリオに属するかということを決める主たる決定要素は、経営者の意向である。忘れてならないのは、企業は有価証券を保有すれば、経営者の意向にかかわらず、

その価値は変化し、株主価値は増減するということであり、この事実は揺るがすことのできない現実なのである。この事実があるにもかかわらず、投資をどのポートフォリオに分類するかの選択が許容されているというのは、財務諸表の真実の記載を歪めてしまうことになるのである。

このように、本書の読者であるかもしれない経営者の一部は、資本市場で外見をつくろい自社の財務諸表の解読を困難にさせて、低い資本コストを獲得したと考えているかもしれない。しかし今ではもう、QFRが何を伝えているかご理解いただいているだろう。つまり、常に、市場を欺く者は信頼されないということである。

質問20

最終質問は以下の問いである。

「報告利益を管理する目的から、自社の減価償却期間に関する方針を確立したか」

この質問に対する率直な答えは、100％近くがYESになると筆者は予想する。とにかく、外見を良くすることと、会計上の変数の予想に関する自由裁量との間に直接的関係は認められるとは到底考えられない。[8]誤解した経営者は、減価償却期間（およびほかの関連方針）の選択によって、何の疑問もなく資本市場に承認されていると考える。筆者は、本書の読者全員がもはやこの方法を選択しないことを切に願うところである。

取得原価基準に基づいた予想値をもとに計算される減価償却がGAAP報告規則の一部であるかぎり、この種の方針決定をしなければならないであろう。QFRによるこの問題の解決方法としては3つ

挙げられる。第一に、結果として生じる減価償却費の数値が実態とは何の関係もないと考え、したがって内部的に使用せず、また企業外部の人々に対してもこの数値に基づいて予想させてはならない。第二に、自社の減価償却方針に関するすべてを開示し、さらに異なる減価償却方針で報告される場合の測定値の見積額を記載すべきである。第三に、資産の現実の市場価値およびその変化に関する補足情報を提供すべきである。この事実にこそ資本市場が実際に要求する情報が含まれているからである。第16章でさらに減価償却とQFRに関して説明する。

全体像

各質問を完了した今、読者ひとりひとりが、実際の財務報告活動の場における具体的なQFR適用方法についてアイデアを膨らませているのではないかと思う。米国の会計士がGAAP制度に関して自発的に称賛していることを考えると、この制度を改善する見込みがもはやないと思わざるを得ない。しかし、こうした質問を投げかけることで、資本市場に役立つ情報を提供する多くの機会を浮き彫りにすることになるだろう。この制度化された自己欺瞞は過去のものである。

注

1．この点についてウォーレン・バフェットが述べたことを注意喚起する意味で、筆者は第8章の以下の引用を繰り返す。「会計上の結果によってわれわれの営業活動および資産配分決定が影響を受けることはない。取得原価が同じであれば、標準の会計原則で処理が可能な1ドルの価値のものを購入するのではなく、会計原則で処理が不可能な2ドルの価値のものを購入することを選ぶ」

2．SECが悪者に対して講じる最も厳しい処置のひとつは、最初に

悪事を犯していないと言っていたことを撤回させ、さらにそれを再び犯さないと約束させることである。問題は、SECの職員が証券法に従うことを人々に命じるように裁判所にねじ込むというかなり強硬な措置を講じている点である（われわれすべてが従わなければならないのだろうか）。このような問題点と、米国が世界で最良の証券法規を有しているというコンセンサスを鑑みると、万事機能しているのか疑問に感じるところである。

3．例えば、ケビン・トラウト、マーガレット・タナーおよびリー・ニコラス共著、「正しい直接キャッシュフロー（On Track with Direct Cash Flows）」（マネジメント・アカウンティング、1993年7月号、p.23～27）の記事でこのことが論点になっている。

4．筆者は、この所有権にこだわることが将来キャッシュフローを考えるうえではまったく意味がないということを指摘せずにはいられない。資本市場にかかわる問題は、資産および負債において将来発生する事項（これは将来キャッシュフローに影響を及ぼす可能性がある）であり、株式を所有あるいは所有していない当事者（将来のキャッシュフローに影響を及ぼさない条件）ではない。

5．かなり前にポール・ミラーは、SFAS第13号の資本化基準を逃れるリース契約を締結していた監査顧客がいるかどうか、大手会計事務所会社のパートナーに尋ねる機会があった。彼は微笑んで、「ポール、われわれは、顧客がそれを実行するのを支援している」と答えた。当時若い教授であったポール・ミラーは、公認会計士会計報告の実務の実態と、もし真実が公表されれば、少なくとも監査人の一部は職業上および社会的責任を問われる可能性があるということを知った。

6．ウォレン・マクレガー著『リース会計　新方針──リース契約におけるリース賃借人の資産および負債の認識（Accounting for Leases: A New Approach—Recognition by Lessees of Assets and Liabilities Arising under Lease Contracts）』、FASB、1996年7月

刊。ハンス・ネイラーおよびアンドリュー・レナード共著『リース——新実務の実施（Leases: Implementation of a New Approach）』、FASB、2000年2月刊。

7．ポール・ミラーおよびエド・ケッツはアカウンティング・トゥデー（1996年5月20日、および6月2日号）に「重箱の隅をつつくことの限界はあるのか（Hairsplitting and Nitpicking—Is There No Limit？）」という表題で論説を寄稿した。同紙が報道したのは、ネーションズバンクの経営陣が、1日の市場下落で発生した700万ドルの損失計上を回避するために取得日時点で売買目的有価証券から売却可能証券に投資を再分類し直したという手法についてであった。自社の従業員によって起こされた訴訟で説明を要求されたとき、経営者がこの種の事実を否認したり、また正当さを主張したりしたのは非常に愚かな行為に違いない。損失が発生し、それが事実であれば、経営者は会計処理しなければならないはずである。損益計算書からこの損失を取り除いてしまうと、真実を変更したものであるということは容易に判断できなくなってしまう。実際、彼らの否認および隠ぺいは、別の機会があればまた実行するのではないかという印象を市場に与えただけであった。

8．例えば、九割がたの会計士が資産の耐用年数を10年間であると予想するのは正しいかもしれないが、この合意によって、その耐久年数が現実に10年になるということを実証するものではない。10年が経過するかあるいは資産価値がなくなるか、いずれかが最初に到来しても、この事実を確認することはできない。したがって、予想耐久年数が立証可能でない場合は信頼できない。また、信頼できない場合、作成された情報もすべて信頼性が低く、有効ではなくなるのである。

第13章

経営者と監査人との関係
How Are Things Between You and Your Auditor?

　3つのシリーズの3番目に当たる本章では、あと10個の質問を問うものとする。今回の主題は監査人と経営者との関係、および資本市場と経営者との関係の質が与える影響についてである。ロナルド・レーガンが言ったとされる発言に、「だれかと一緒に働く関係にあることは素晴らしいが、信頼することと確認することは常に大切である」というフレーズがある。

　第三者による財務諸表監査を行う目的は分かりやすい。マネジャーが財務報告書のなかで自由に外見をつくろう誘惑に負けてしまいがちなことを資本市場は認識しており、経営者および市場の両方が信頼する第三者によって監査される場合、その報告書に信頼性があると資本市場が判断するためである。この信頼性を加える目的は、財務諸表の情報の信頼性に関する不確実性を縮小することであり、これは同様にリスクおよび資本コストを縮小するための重要な措置でもある。

　QFRの観点から見ると、第三者の監査は付加価値活動であるべきである。リスクが縮小される結果、企業およびその株主は低い資本コストおよび高株価で、監査報酬として支払ったものを補うことになるだろう。したがって、監査人の活動および報告書が実際に不確実性を縮小する場合のみ、監査は価値があるのである。この成果の達成は、監査人の専門的能力および現実に疑問を解き明かす能力に左右される。

一般的なコミュニケーションと同様に、外見の良さはすべてではないにしても重要な要素であると言える。

監査の価値は1930年代に強く認識され、証券取引委員会（SEC）はすべての公開企業に監査を義務づけた。その後年数が経過するとこの認識は失われ、例えば監査が運転免許証の更新や固定資産税の納税と同様に、法令順守上の日常的課題にすぎないようなものとして経営者に認識されるにいたった。一部の監査人も同じように感じているようで、経営者に非監査サービスを売る機会を広げる目玉商品として利用することができる、補足的なものとして監査を考えている。これに関連する事項は本章で後ほど説明する。

経営者が企業から見て第三者である監査人との関係を厳正なものとしてとらえ、その内在する価値をもっと利用することができれば、財務報告に対する自分の姿勢に関して多くのものを発見することができると筆者は確信する。この目標は本章の以下の質問で達成しようとするものである。

最終テスト

前の各章と同様、表13.1の質問は、CEOあるいはCFOのような経営者レベル、あるいは財務報告方針を選択し実行する権限を有する人物に対して向けられている。読者が現在こうしたポジションにない場合は、現在の勤務先企業で観察される状況に従って答えてほしい。

前回同様、この質問は、読者の選択がQFRに反する場合に「YES」の答えが出るように作成されている。読者がどう行動してきたか、また、その答えが何を意味するかを見てみよう。YESが1個あるだけでも、かなりの改善余地があることを意味していることを覚えておいてほしい。

表13.1

監査関係調査	Yes	No
21. 最も安い監査費用を提示されたので、監査人に決めたことがあるか。		
22. 契約書では、実際に監査人が勤務する時間とは関係なく固定監査報酬を規定しているか。		
23. 契約書において、監査人が実施する監査について何か制限をつけているか。		
24. 監査法人に支払う非監査業務関連の報酬は監査報酬の25%を超過しているか。		
25. 監査人の提案する調整案を拒否したことがあるか。		
26. 会計方針あるいは調整案に関する意見の不一致が原因で監査人を変更したことがあるか。		
27. 財務諸表のイメージがもっと魅力的になるという理由だけで、監査人がある会計方針を推奨したことがあるか。		
28. 長期間にわたって同じ監査人を採用しているか。		
29. 自社が契約している監査法人出身の人物が、従業員として経理部に多く配置されているか。		
30. 法律によって要求された形式的なプロセスとして監査を認識しているか。		

質問21

この表の最初の質問は以下のような問いである。

「最も安い監査費用を提示されたので、その監査人を採用したことがあるか」

1972年以前には、CPAの倫理規則によって監査顧客を獲得するのに競争入札方式を行うことは禁止されていた。ある考え方から、入札

は専門家にとって不適当であると考えられていた。別の考え方では、監査人は競争入札が実施されると、不確実性を縮小するという監査業務に支障がでると判断された。もしも監査人が故意に安く入札していると考えられるならば、監査人の仕事の質も当然にそれなりのものになると考えられたのでる。

しかし、情勢の進展は避けられないもので、企業間において競争抑止的であるという根拠に基づき、米国公認会計士協会（AICPA）は入札の制限を撤廃することで連邦通商委員会（FTC）と和解に達した。実際、非競争的であったので、こうなるのは当然の成り行きであったのである。

その後年月が経過したが、この小さな変更によって、もし経営者が少ない費用で仕事を行うことを監査人に強要しようとして入札方式を利用すれば、多額の監査費用を節約できるようになった。実はこのことが大きな変化となったのである。企業が見落としているのは（読者がYESの回答をしたならば同様に見落としていることになるが）[1]、低い競争価格は品質を劣悪にしてしまい、財務報告の信用力を低下させるのである。この結果は、筆者が以前に説明した状況と類似したものになる。多くの作成者は財務報告を単なる法令順守課題とみなす傾向があるので、廉価な監査を選択することが多い。残念なことに、経営者は、低い信頼性が企業の資本コストおよびその株価に対して悪い影響を及ぼす要因となっているとは考えていない。経営者が、信頼性があるとは言いがたい財務諸表を作成した結果、不確実性とリスクを増大させ、また株価を大きく減価させているのである。

しかし、「市場はどのようにして監査費用が安いことを知るのだろうか」という疑問が次に出てくる。第一の回答として、市場が効率的で、公表されている報告書の信用性に影響を及ぼす要因がある場合、市場が見つけ出すと考える。第二にまったく異なる回答として、株主を含む部外者に自分が行っている状況を知られないことを望むような

経営方針を持つ経営者にとって、この質問が何を意味しているのかを考えれば推測できよう。古い倫理の格言に「新聞の第一面に醜態をさらしたくないならば、常に何もしないことだ」というのがある。それと同じで、経営者は、安い予算を選択したという誤った意思決定を隠したことをわざわざ発見されるような余分なリスクを冒すはずはない。公表することを「容認」されているからといって、必ずしも「強制」されているわけではないのである。

この議論では、企業が格安の費用で監査を依頼する場合に、顧客が予想するのはどのような種類のサービスであるのかという問題点には触れていない。お金を節約する方法を見つけることは意味がなくはないが、ほかの経済効果についても経営者は認識する必要がある。

QFRを実践するために、経営者は評判が良い監査人を雇い、価値に相当するものを監査人に支払い、監査人に不確実性および資本コストを縮小する報告となるような職務上の権限を与えるべきであるのは明らかであると筆者は考える。

まったく別の観点から柔軟に発想して、監査される経営者とは別の第三者が監査人を雇用し監査を行い、報酬に関連する独立性の問題を解決することを考えてみよう。例えば、報酬関連の圧力をなくすことは、経営者と監査人との間に位置する中間組織を設立することによって可能となると思われる。この頁を読んでいる読者にもっと良い考えがあれば、実行してほしい。必然的な結果は、経営者が監査人に報酬を支払うという不明瞭な点に起因する不確実性が取り除かれ、資本コストの低下につながるだろう。

質問22

この質問は以下のとおりである。

「契約書では、実際に監査人が勤務する時間とは関係なく固定監査報酬を規定しているか」

　この項目は質問21で扱った問題との類似点を調査するものである。特に、企業の監査契約が、監査人が企業の信用性を増大させることを妨げたり、財務諸表の情報に関する不確実性を縮小させることを妨げたりする制約を課していないかどうかについて確認する。

　固定料金契約は監査人に対し否定的動機づけをすることになるため、低競争価格と同じくらい悪いものである。つまりできるかぎり少ない仕事量で切り抜けようとするのである。この状況が生み出す問題は、仕事にかけるエネルギーが少ないと、少ない信用性と確実性しか得られないことである。予備監査で売掛債権に問題があることが発覚したと想定してみよう。これに対処するには監査人はもっと多い人員および多くの職務時間を必要とする。固定料金の状況であれば、監査人はこの任務を省略しがちであり、報告書に署名するときに見つからないことを神頼みするだけである。経営者はおそらくいくばくか金を節約できたが、何が大きな問題であるのか見つける機会を失ったのである。さらに市場がこの料金契約に気がついた場合、財務諸表に不確実性が増大し、株価が低下する結果になるだろう。

　固定料金ではない場合のリスクは、監査人が監査費用を勤務時間に応じて受領できるので、自分の望むだけ時間を浪費することになり、しまりがなくなってしまうというリスクである。これはもちろん、個人の問題で、誠実性が問われる問題である。経営者が自社の監査人をプロとして信頼することができない場合、資本市場がその監査人をプロと認識することができるはずはない。

　したがって、質問21あるいは質問22にYESで答えたならば、QFRの考え方とは大きく乖離していることが示唆されたと言えよう。

第13章　経営者と監査人との関係

質問23

この質問は同様の脆弱性を突いたものである。

「契約書において、監査人が実施する監査について何か制限をつけているか」

ごくまれに、経営者は財務諸表に信用性を加えるために監査人を忙しくさせるが、通常は背中を向けて、株主が目を向けないことをほじくり返す「時間の浪費」をやめさせようと情報に目隠ししてしまっている。こうなってしまうと、監査人は、「立入り禁止地域」で何が発生しているのかまったく分からないし、契約を拒否すべきかあるいは責任保険をかけるのかという選択に迫られ、不快感を覚えるに違いない。この制限が重大な事項に及ぶ場合、監査報告書にはそれについて記述しなければならないが、資本市場はこの限界を知っており、その結果、財務諸表あるいはこれを作成した経営者のいずれかを信頼せずに行動する。

要するに、監査人に制限を設けることは有効ではない。

質問24

次の質問は方向性の違うものである。

「監査法人に支払う非監査業務関連の報酬は監査報酬の25％を超過しているか」

当時のSEC議長アーサー・レビットおよび会計主任のリン・ターナーは2000年夏に、公認会計士業界を震え上がらせる提案をした。彼

らは、監査人がある種の非監査サービスを供給し、特に監査法人が経営管理や職務上の品質を証明しなければならない役割をも担っているのであれば、委員会は監査人が監査顧客とは独立した存在ではないと判断する趣旨のSEC規則の変更を提案した（SECは、監査顧客でない企業に監査法人が非監査サービスを提供することについて否定的な見解を出そうとはしなかった）。多くの反対が起こったが、これはほとんど政治的なものであった。監査人が非監査取引関係に深く従事している場合に、適切な報告書を作成して、顧客の財務諸表の信頼性を証明することができるのかという核心をつく問題に取り組まなかったので、やはりちぐはぐな議論となった。

　ここで筆者はQFR主張者として（また楽観論者として）、財務諸表作成者が監査人に非監査業務を行わせることが生み出す悪い影響について意識するようになるのであれば、この点について議論することには意味があると考えた。また、監査人が非監査サービスから得る利益を追求すれば、財務諸表に付加価値を与える監査の権限が縮小されることに監査人がもっと敏感になれば、議論はさらに健全な方向に向かうとも考えられた。

　その後の政治的決着によって、筆者の希望が無駄だったことが示された。五大監査法人のうちの3つはこの動きに対して強烈に抵抗し、彼らが指導的地位を占めていたAICPAも同様に抵抗したのである。[2] この反対者は、さらに数人の国会議員を説得して（おそらく愛国的な誇りに訴えることで説得したわけではないだろうが）強引に審議を始めて、次々にすごみをきかせた発言をした。結局は本質的な議論が完全になされないまま、監査人の独立性が妥協して処理され、財務諸表の信用性および有効性が実質的に損なわれ、破壊されたということが認識されたのである。反対者の主張には、委員会が非監査サービスの提供が独立性を危険にさらしたことを示す「経験主義的」調査がないままで提案を進めようと性急に行動していたというものがあった。

辛辣な異議および時間的制約（従来の慣習に従って、どの政党が勝利しようとレビットが次期大統領によって2001年に再任されることはないため、SECの議長を務めたのはこのあと6カ月間だけであった）を考慮したうえでレビットとターナーは提案の実現を断念し、前年に経営者から監査法人に支払われた非監査および監査費用の金額の開示を経営者に要請するという安全圏での対応で妥協せざるを得なかったのである。反対者は勝利を勝ちとったことに多少満足したようだが、残念なことに本質を見失っていたのである。監査人はいまだに、自分たちが推し進めた規則の下での自由を保ち、少なくとも自分たちが感じている独立性を危うくする非監査業務を行って監査意見の価値を損なっていながら、本当に顧客に価値のあるサービスを提供していると言えるのであろうか。筆者の見解では、現行のGAAS監査が財務諸表に対してまったく付加価値を生まないという現実に直面していると考えている。[3]もし実際にそうであれば、監査人は政府機関に提出される1枚の書類に署名するだけのために報酬を受けとっていることになってしまう。QFRでは、監査人が、第三者の立場から財務諸表をより確かで有効なものとし、そこに本当の意味で付加価値を付与することができれば、極めて大きな利益を生み出すことになると提言する。

　その後、少なくともひとつのチーム（リチャード・フランケル、マリリン・ジョンソン、カレン・ネルソン）がこの問題についてのある実証研究を行い、「監査人、非監査サービス報酬および利益管理との相互関係（The Relation Between Auditors, Fees for Non-Audit Services and Earnings Management）」というタイトルで論文を発表した。[4]この研究では、独立性（刺激）の不足を測定するのに、新規に開示が義務づけられた非監査報酬の開示データを使用し、次にいくつかの反応変数を観察した。この非監査報酬の開示データ・テストのひとつが示したのは、標本である2450社の4分の1に当たる企業で株式が著しく下落していたが、これは（全手数料に対する非監査報酬の

比率で）最高水準の報酬を支払っている企業であった。さらに、（非監査報酬比率が高い監査法人という意味で）非独立監査人は報告利益を操作しようとする経営者の意図に同調し、従順だったという証拠を発見した。繰り返すと、この研究者たちはいくつかの論点を実証分析し、それらが真実であることを明らかにしたが、レビットとターナーが行った反対者への対応を助けるには残念ながら間に合わなかった。

これを質問24と合わせて考えると、監査法人から提供されるほかのサービスに関する契約の調印前に、経営者が取引全体を考慮すべきであると筆者は考える。もちろん、どこまで妥協して処理するか、その結果次第で料金はいかようにも決まるので、質問の25％水準という数値には特に意味があるものではない。ちなみに、フランケル研究プロジェクトでの標本では、非監査報酬の平均値は対監査費用で100％弱の水準だった。エンロンの非監査報酬は、崩壊の前年で監査費用の108％だった。

低く設定された競争価格を提示する監査人をやみくもに追求したり、固定報酬を設定したりすべきではないのと同様に、QFR経営者は、監査人を非監査サービスに従事させることを選択するべきではないのは明らかである。こうした堅実な選択の結果、不確実性水準を縮小させ、資本コストを低下させることになる。[5]

質問25

次の質問は以下のとおりだ。

「監査人の提案する調整案を拒否したことがあるか」

経営者に向けた、監査の最終段階におけるプレゼンテーションで、監査人が一般に公正妥当と認められた会計原則（GAAP）に財務諸

表を対応させる調整について経営者に提案するときの調査である。通常両者ともに注意深いコミュニケーションおよび神経の細かさが要求される、極めて緊張感のある局面である。この調整が報告利益を増大させる、つまり財務諸表の外見を良くするものであれば、経営者にとって判断は簡単である。現実に交渉が難しいのは、利益の減少、資産の縮小、あるいは負債の増加（あるいはこの3つすべて）の場合である。非QFR経営者は、財務諸表の外見が悪くなるので、当然株価が低下することになると判断し、この変更に抵抗しがちである。

筆者はこの反射的な反応が基本的に経営者の誤解であると確信する。単に外見が良いだけでは問題を解決できない。経営者そのものが良くなければならないし、また報告書が信頼できなければならない。監査調整によって企業の報告書を強力にし、より有効な情報を伝達することになる場合、経営者には市場からその率直さに対して恩恵が与えられるだろう。経営者が監査人と争えば、噂は外に広まり、また経営者の信用は完全には失われないまでも、ある程度は損なわれることになる。

監査人と問題点について議論することは素晴らしいことである。結局のところ、監査人がまちがっているかもしれない。そのとき再び議論してもよいが、自己防衛の姿勢が過剰である場合には、どうして失敗したか、あるいはどのように改善すべきかについて確認することをついつい怠ってしまう可能性がある。QFR経営者も、監査人と調整案について議論するだろう。しかし、やみくもに抵抗したりはしない。むしろ、調整すべきものがほかにもあったかどうか確かめるために、逆に監査人に質問するのではないだろうか。

質問26

この質問は前の質問を深掘りする。

「会計方針あるいは調整案に関する意見の不一致が原因で監査人を変更したことがあるか」

　監査人との不協和が一線を越えると、監査人を解雇し、経営者側の考えに従うような新しい監査人を雇う措置がとられる。このような措置を過去に行ったことがある場合、資本市場が問題なくいつでも速やかに財務諸表を受け入れるとは思われない。正反対に、長期間、経営者の発言すべてを信じなくなることが予想される。このような経営者は、監査人とのやりとりで見方が偏っており、偏屈なことを示したことになるので、市場は否定的にとらえるのであろう。それだけではなく、市場に対して、偏見に満ちた役に立たないメッセージの伝達のためだけに、株主の財産を浪費する性癖があることも示したのである。
　こうした理由などから、SECは、経営者が監査人を変更した理由を説明するステートメントを委員会に提出することを義務づけている。（元監査人には、経営陣のステートメントが完全ではない、あるいは正確ではないと確信する場合に、自分のステートメントを提出する機会および義務があるとされる）。この極端な出来事の結果、新しい監査人が監査を完了したあとの財務諸表は、より信頼できるものとして市場で受け入れられない可能性が高いのである。
　監査人を変更する前に、経営者はほかの監査人と契約を交わし、状況を判断したうえで議論の的になっている会計処理について経営陣に提案を行って承認あるいは不承認を得る。このような行為は「オピニオン・ショッピング」という表現で非難され、資本市場に対して、財務諸表に疑惑があること、また経営者に対する信用水準が低下していることを表すことになる。あちこち見てまわったような意見で財務諸表のメッセージが表示されてしまうと、どんなに見栄えが良くても、市場に欠陥があるものとして烙印を押されることになるだろう。この状況では、企業株式の価格は大幅に下落する。

QFR実行者は上記のいずれの措置も選択することはない。なぜならば、財務報告の目標が市場に有効な情報を提供することにあると考え、疑わしい状況下で新しい監査人との契約によって証明される不正加工された情報を提示しないからだ。

質問27

次の質問は監査人の態度を調査するものである。

「財務諸表のイメージがもっと魅力的になるという理由だけで、監査人がある会計方針を推奨したことがあるか」

有能な監査人であれば、企業の会計方針および決定がGAAPを順守しているかどうかを機械的に確認するだけでなく、それ以上のサービスを提供するものであることを認識すべきである。さらに有能な監査人は、企業の財務諸表の品質を改善する方法を提案することもできる。この質問では、真実を記載するよりも、財務諸表が見栄え良くなることのほうが好ましいと考える経営者と同様に、監査人が無知かどうかを調査するものである。

外観を良く見せるために会計方針変更を承認するように、経営者が監査人を説得することがある。しかし、同様の変更を監査人が経営者に提案することは完全に異なる問題である。第一に、この状況は監査人が経営者に忠実であるが、株主や資本市場に対して忠実ではない[6]。第二に、監査人は、市場の役割に関して誤った知識しかもっていない。第三に、顧客および資本市場にどれだけの価値を与えて貢献することができるのか、また、多くの社会が監査人には上記の弱点が2つともないという仮定に依拠していることを、監査人が理解していないとも言える。

重要なのは、財務諸表でゲームをする新しい方法を手ほどきしようとする監査人がいる場合は、必死になって反対の方向を模索すべきである。そして、この監査人を解雇し、年次報告書にその理由を説明するべきである。前任の監査人の基準は緩すぎ、GAAPに従ってはいたものの、企業に対する認識について誤解を招く財務諸表を作成することを推奨されてしまったので、企業としては監査人を変更せざるを得なかった、と記載する場合、アナリストがどのように反応するか想像できるだろうか。世の中がひっくり返ったようにニュースで一面に取り上げられるだけでなく、この行為によって資本市場は当該企業についての信用を高めて財務諸表を見るようになるだろう。それは、不確実性が少なくなり、リスクおよび資本コストが低下することを意味する。繰り返すが、QFRはやはり確実に有効なように思われる。

質問28

次の質問は以下のとおりである。

「長期間にわたって同じ監査人を採用しているか」

通常の社会では、長期的な忠実な関係というものは高く評価される。旧友ほど得がたいものはない。しかし、この考え方は監査活動の分野では複雑な問題となる。もちろん、ほかの場合と同じように長い間同じ監査人を使用することは可能である。しかし、毎年同じ視点から報告が繰り返されると、ある段階からは、資本市場はその財務諸表を疑いの目で見るようになるだろう。ひとつの理由に、万人すべてには盲点が生まれるという認識からである。また別の理由は、関係が長くなれば、お互いの欠点および弱点に対し、まるで友人のようになり、それほど客観的でなくなってしまうからである。さらに別の理由は、厳

しいことを行って長年の顧客を失いたくないと考えるからで、年を追うごとに監査パートナーおよび監査法人の経営者にプレッシャーが増大する。したがって、独立性を回復させ、かつその客観性を新たに修正する措置がとられなければ、市場が不快に思いはじめることは実に道理にかなっている。

こうした理由のため、たとえSECの規則によって義務づけられていなくても、多くの監査法人はパートナーの規則的交代を要求している。顧客である経営者は幸いこれらの変更に抵抗することはないが、新しいパートナーが仕事に慣れるのに追加費用が発生し、なおかつ新しい会計方針についての議論が発生するような場合には、経営者が抵抗することもある。しかし、変更によって信用性が高まり、不確実性が縮小され、資本コストを低下させるというのがQFRの考え方である。筆者は、この効果は費用および不都合を補ってあまりあると考える。

極端に走らずに、経営者が単純に4年おきぐらいで監査人を交代させ、かつ、この変更は客観性が失われたという認識を払拭するために行ったということを明らかにすれば、同様の肯定的な成果がもたらされるだろう。念のため断っておくが、筆者は経営者がそのような変更を要求されるべきだと思っているわけでも、主張しているわけでもない。自発的に行うことこそが効果をもつのである。

質問29

最後から2番目の質問は以下のとおりである。

「自社が契約している監査法人出身の人物が、従業員として経理部に多く配置されているか」

一般通念として、公認会計士としてのメリットのひとつは、自分が仕えた顧客との間に、後年の雇用のためのネットワークを構築できるということがある。もうひとつの一般通念は、システムにすでに慣れているので、経営者が監査法人の会計スタッフを雇うことには意味があるということである。公認会計士が、顧客だった企業にみごと転職したOBが何人もいると得意そうに話して、学生を採用しようとする話を筆者は耳にしたことがある。

　ある面では非常に良い話である。個人としては自分が希望する職場で働く権利があり、また経営者には希望する人材を採用する権利があることは、何の問題もなく理解できる。筆者が問題だと思うのは、元監査人を雇うことが、実質的にではなくとも少なくとも外観上は独立性を歪めることになるのではないかということである。また、資本市場が企業の財務諸表の信頼性を評価している場合、この外観というものは非常に重要なものとなる。したがって、思いつきで元監査人を雇うことは、必要以上に企業にとってリスクをもたらすことになる。

　極端な例として、ウェイスト・マネジメントのケースが挙げられる。経営者はGAAPの範囲を拡大解釈して、監査人（アーサー・アンダーセン）が却下しなかった複数年度の財務報告で不正行為を犯した。報告利益を水増しするために業界基準を超えて資産の減価償却耐久年数を引き伸ばしたという事実が明らかになったのだ。最終的に事件が落ち着いたときに、ウェイスト・マネジメントの財務責任者の多くがアンダーセンの元社員であったことが判明した。結局、この監査法人はSECの法的措置を逃れるために数百万ドルという膨大な和解金を支払った。似たような状況がセンダントでも発生したが（さらに大規模で、より悪質な財務報告上の詐欺的行為であった）、この企業の4人の財務責任者がその監査法人（アーンスト・ヤング）の元社員であった。

　この2つの逸話だけでは、当然、法廷において説得力のある証拠と

はならないだろう。しかし、この裁判の現場は資本市場であり、また前述のように、陪審員は投資の意思決定をするときに、どんな情報だろうと利用することができる。仲間内で雇用を行うことで監査の信頼性がはがれおち、市場参加者への危険信号となり得るのである。

　元監査人を雇うことは悪なのか。もちろんそんなことはない。経歴のせいで、自動的に悪いことになるのか。もちろんそんなこともない。そうすると、このリスクは何か。企業の職員が監査人と親しすぎるがゆえに、ほかの状況と同様に、不確実性を縮小する方向で職務が遂行されていないと資本市場が判断してしまう懸念があることである。

　この状況に対処するひとつの方法は、この起こり得るリスクの存在を公開することである。結局、企業が「告白」していさえすれば、この情報がほかから漏れたときほど恐ろしいことにはならない。さらに、元監査人の責任について記載してもよいし、独立性と客観性が損なわれないことを保証するために、どのような規則が整備されているかという説明を記載しておくのもよい。別の対処方法は前述のとおり、時折監査法人を規則的に交代させて、特定監査法人の元社員の雇用を増やさないことだ。最も厳しい対処法は元監査人を雇うことを拒否することである。もっとも、一般大衆の認識を変化させるには、このような厳しい対処法を示す必要があるかもしれない。

　このようなQFR実行によって高い株価がもたらされるだろうか。筆者は、株価が下落しないだけであると考える。QFRの効果を決定するのは読者であり、監督機関でも筆者でもない。

質問30

　最後の質問は次のようなものである。

　「法律によって要求された形式的なプロセスとして監査を認識して

いるか」

　筆者が「形式的な」という単語を使ったということは、喧嘩を売っていると思っていただいてかまわない。ただ、そこまで口にしたのは、この点についてどうしてもはっきりとさせたかったのである。

　筆者が現実に見てきたものは、監査人、経営者、監督機関およびそのほかの当事者の間において、第三者の監査が単に証券法（あるいは民間企業の契約）に則った簡単な問題にすぎないということが一般的に信じられている点である。その証拠のうちのいくつかは、すでに本章で触れてきた。例えば、最低料金の契約、固定料金契約、範囲制限監査、拡大する非監査サービス、調整案への抵抗、オピニオン・ショッピング、監査人の変更、といったトピックである。監査団体の指導的地位にある人々は、監査が単なる商品にすぎないと述べている。例えば元AICPA議長のロバート・エリオットは、アカウンティング・ホライズン（1995年12月号）の「将来の保証サービス――学者への影響（The Future of Assurance Services: Implications for Academia）」というタイトルの記事で次のように達観した言葉を述べている。

　「監査の市場は飽和状態のようである。過剰設備と過当価格競争が見られる。……監査サービスは一般化され、フリーサイズの商品になっている」（p.118）

　この観点から見ると、質問30にYESと答えることも理解できるのではないか。しかし、QFRはこの現状に対し問題提起する。[7]監査が商品になったからといって、法令順守が、商品やほかのものにならなければいけないわけではない。

　前述のとおり、監査は、民間企業や公開企業において財務報告プロ

セスの重要な構成要素である。監査がなければ、財務諸表利用者は、経営者が報告書を作成するときに正しいことを実行しているかどうか信頼できない。歴史的な経緯および自然な感覚である懐疑主義を念頭に置くと、すべての財務報告書が平等に信頼できるわけではないと、資本市場が考えてしまうことは理解できる。

　したがって、監査を実施することで財務報告書に価値を付加することになるため、高い費用を支払ってもそれ以上の経済的見返りを得ることになる。この主張によって、監査には価値がないと言う人々に対して筆者は異議を唱えたい。鍵となるのは、監査は経営者および監査人の両者によって取り扱われるものであり、また監査は経営者の情報開示があって初めて可能となるという事実である。結局、財務諸表に多くの信用を付与するのは、義務的な開示項目以外に関する監査契約に基づいた監査意見、あるいは信頼できると思われる監査の開示内容に裏づけられた特別意見ではないだろうか。経営者は従順な監査人を雇うのではなく、口うるさくて厳しい監査人を見つけるべきで、また財務報告のすべての問題を解決するために十分な費用を支払うべきである。経営者は、監査人の財務会計報告方針をチェックし、単に最低限度の法令基準に従うだけではなく、財務情報に本当にコミュニケーション能力があるかどうか確認するべきである。さらに、この先の数章に出てくるが、監査人はGAAP財務諸表を修正する方法について助言を行い、またGAAP基準を上回る追加的情報開示を行うことで、高い信頼性が得られることを証明していくべきである。

　第2章に記述したように、監査の終了時点での典型的な質問は、財務諸表がGAAPに順守しているかどうかを尋ねることである。もっと良い質問は、財務諸表に有効な情報が含まれているかどうか、および、もっと財務諸表を有用にするにはどうすべきかを質問することである。このようなQFRの考え方を用いることですべてを変えていく可能性がある。

さらに大きな全体像

　この3つの章で30の質問を終了し、QFR実行者になるのは非常に身近なことであるという考えが理解できたはずである。さらに、この水準に達するための別の手掛かりもつかめたはずである。

　しかし、筆者は読者に対し、QFRに到達することは永遠に続くプロセスであると申し上げたい。事態が「十分に良い」と感じられるようなことはない。低い資本コストおよび高い株価を求める資本市場での競合で、競合者によってゴミのなかに取り残されないように、QFR主義の経営者（およびその監査人）は、先頭に立つことを絶えず要求されるだろう。

　次の各章では、QFRを継続するための方法を紹介する。

注

1．倫理規則上で入札が許容されたと同時に、これまで禁止されていたことであるが、顧客に安い金額で良い仕事をすると売り込むことが、AICPAによって許容された。それまでの規則は明らかに企業間競争抑止的なものであったが、これはまた一方で、監査人が同業者との競争で値引きするようなことはない、という安心感があったとも言える。言い換えると、競争がないことによって、監査人は財務諸表を改善するように経営者を説得するといったような、経営者に対する多くの権限を有していた。意図的ではないにせよ、競合禁止規則を撤廃したことの結果は明白である。監査は今や商品であり、また監査人には権限がなくなってしまった。

2．この3つは、アンダーセン、デロイト・トウシェ、KPMGであった。レビットの提案はほかの2つのアーンスト・ヤングおよびプライス・ウォーターハウス・クーパースに支持された。

3．この見解を繰り返すことをご容赦いただきたいが、GAAPの順守によって有効でない情報が作成される場合や監査で財務諸表がGAAPを順守していると証明される場合、監査にできることは、財務諸表には役に立たない情報が含まれていると宣言することだけであるのが実態ではないだろうか。

4．この論文はアカウンティング・レビューから近日紹介される予定である。

5．本書の最終執筆段階が2002年6月なので、連邦法案のいくつかの部分には監査人による非監査サービスの禁止が含まれていた。案の定、その案には監査法人およびAICPAが抵抗した。さらに、ハービー・ピット（レビットの後任のSEC議長）が反対した。

6．さらに、経営者と監査委員会との関係における経営者の利益相反について考えてみるとき、権威のある委員会および特別対策本部から提案されるものに対して、筆者は懐疑的な見方をしている。この監査委員会は常に、経営者に指名された後に株主代理人によって取締役会で選任される個人から構成されている。そのため、実質的にも外観上も監査委員会の独立性が損なわれる可能性があると判断される。

7．教えることの喜びのひとつは、予想できないことに出会えることだ。権威機関の結論を覆そうと研究していた会計理論クラスの講義の真っ最中に、ある学生が手を挙げて、「権威機関が言うようなことを私たちに講義するとは、あなたは一体どういうつもりだ」とポール・ミラーに意見した。なかなか興味深い出来事である。

第V部
始めるに当たって
Gettig Started

　本書の残り3分の1に入るに当たって、読者が一般に公正妥当と認められた会計原則（GAAP）の信奉者であればこれまで不快感を覚えたと思うが、その一方でQFRはGAAPに代わる理論的枠組みとして大きなメリットがあるということを理解されたのではないか。

　第V部の4つの章は、市場に対して完全な情報を確実に供給するために経営者は何ができるのかという観点から、筆者の提案を行うことを意図している。第14章は、最小限の法令順守では最小限の財務諸表しか作成できないということを説明すると同時に、GAAPを順守しつつ、より多くの有効性を提供する、修正された報告書を作成するにはどのようにしたらよいかを教授する。さらに、大量の補足情報の開示を通じて、GAAPと現在使用されている規則のどちらを用いても作成が不可能である、より質の高い財務諸表を作成するにはどうしたらよいかを示したい。

　この方向に進むには、読者が経営者であろうと会計士であろうと、現状に存在する問題点に立ち向かう必要があるだろう。特に、時価の問題に取り組むことは重要である。第15章は、時価が取得原価とはまったく異なるという明白な問題点について、分かりやすく説明することを目指している。筆者は、GAAPが低価主義に基づくべきかどうかという無意味な論議に巻き込まれたくはない。否定できない事実は、

①経営者がコスト主義に基づいたGAAPに従わなければならない、②時価情報はGAAPへの順守だけでは得られない多くの有効な事実を含んでいる——という点である。

　第16章および第17章は、最小限のGAAP財務諸表で済ませる方法、修正されたGAAP財務諸表を作成する方法、および有効な補足開示を作成する方法を示すことで、12に及ぶ重要な財務報告の原則を読者に紹介する。

第14章

GAAPのギャップを埋める
Filling in the GAAP Gaps

　筆者がこれまで述べてきたことすべてを基礎として、経営者がQFRの達成にさらに近づくために取り組むことが可能な活動について、具体的に話を進める段階になった。本章から本書の最後までで、筆者の考え方の基本的なポイントを説明することになる。

　特に、一般に公正妥当と認められた会計原則（GAAP）の最小限の順守だけでは、いかなる場所においても、量、適時性および将来キャッシュフローの不確実性の観点において、資本市場が株式を効率的に評価するのに必要となる有効な情報を提供するには不十分であることが理解できたと思う。GAAPを規定した政治的システムでは、財務諸表に正しい情報を記載させる革新的な方法を確立するにはいたっていない。この問題は、基準制定プロセスにおいて監査人および作成者が長年優位であったことから事態が悪化したものであり、この結果、有効な財務諸表が求められているということに対してほとんど配慮されず、供給側の観点からGAAPが規定され、議論され、決定されてきたのである。

　したがって、経営者がQFRに取り組もうとした場合、独力で、自由意思で、かつ強制あるいは命令されることなく推進するためには、筆者は次の2つの主な戦略方針を提案する。

1．有効な情報を提供するために、最低限の規制項目を順守するよう

綿密にGAAPに対応する。

2．十分に理解可能で信頼性のある高品質な補足情報を数多く提供する。

　両方の戦略の目的は、個別企業の情報が完全に普及している資本市場を形成することにある。最終目標は、資本コストが低下し、株価が高くなるように、ほかの経営者と市場で首尾よく競合することである。

　筆者の提案を分かりやすく説明するために簡単な図をいくつか作ってみた。

GAAPの充足

　はじめに、図14.1においては、小さい円がGAAPに基づいて提供しなければならない情報を表し、大きい円は、資本市場において不確実性が減少する環境で良い決定を下すために必要とされることを示している。

　見て分かるように、また筆者がそのつまらない詳細を説明したように、GAAP財務諸表に含まれる情報は市場の要求を満たすには十分ではない。この状況に関して少なくとも2つのことを説明することができる。第一に、多くの経営者が、キャッシュフロー報告に間接法を使用したり、ストックオプション費用を損益計算書のなかではなく脚注に記載したり、簿外負債を計上したりするなどのGAAP基準における最も有効でない選択肢を採用していることである。第二に、供給主導の会計基準制定措置から、市場が要求しない情報を義務的に報告する規則を作成してきたことである。

　筆者は、この見解に基づき、具体的な2つの重要点を指摘したい。第一に、GAAP財務諸表で現在提供されている情報は、ほとんどのものが市場の要求に応えていないということである。第二に、多くの

図14.1 GAAP対資本市場が必要とする情報

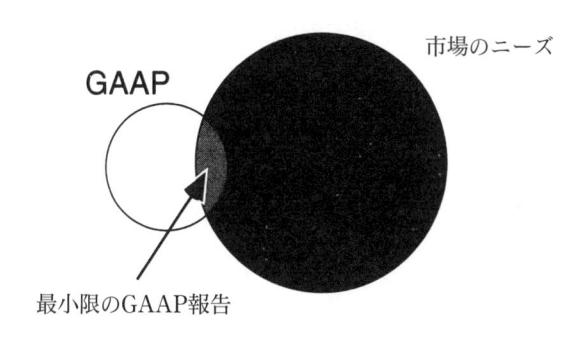

市場の要求が満たされていないということである。この両方の状況をとらえることこそが、経営者にとって重要なことである。

前の各章において、いまだ満たされていない市場の要求を満たすことを目標とする新しい考え方であるQFRについて提言してきた。経営者が分かりやすい情報提供を怠っているので、2つの事態が発生している。第一に、経営者が記述していない真実の状況や業績に関する評価、およびほかの推測を行う（アナリストおよび財務アドバイザーのような）仲介者に対して市場参加者が多くのお金を支払っているということである。この資金に関して経営者は気づいていないが、市場が仲介者に依存する度合いを縮小することで、企業を魅力的にすることが可能である。第二に、外部的に作成された情報の質は低く、その多くが第二、第三の情報源からもたらされたものであるため信頼性が低いため、アナリストおよびアドバイザーが不確実性をなくす目的ではほとんど活用できない。その結果、資本市場は大きく株価を減価し、収益率を低下させるので、結果として経営者は実際よりも多くの資本

コストを支払っていることになる。

　QFRを指向する経営者はこうした市場の要求に対処し、不確実性を縮小し、高い株価および資本の低コスト化を実現しようとする。しかし、図14.2で示されるように、たとえ報告企業の経営者が自主的な情報提供の実施を目的として、QFRを完全に採用したとしても、市場はほかの情報源からの情報を必要とするであろう。

　本章の初めに述べた2つの戦略的方針の1番目に戻ると、QFRの採用はGAAPを順守した報告を包含するものでなければならない。結局、株式会社に関する法律および多くの民間企業の契約にはGAAP財務諸表が要求される。もし、報告内容が最小限の義務的水準を満たしていないが、十分に高品質な報告書を提供したと経営者が主張したとしても、それは刑務所の独房からの主張ということになるだろう。しかし、本質的にGAAPを順守しているという場合には、形式的な法令順守を意味するものではないと筆者は考える。そうではなくて、QFRを十分に実施することは、制約のある状況で可能なかぎり有効な情報を盛り込むようにGAAPをフル活用することである。図14.3は、筆者の言いたいことを要約したものである。

　市場の要求となるべく合致するように右側にGAAPの円を移動させることが目指す方向である。この動きは、市場のニーズをもっと満たすようにGAAP報告を改善するQFR経営者の努力を反映するものである。筆者は、政治的措置を通じてGAAPを変更して状況を改善しようと提案しているのではない。筆者の提案するポイントのひとつは、最小限の法令順守だけを実施するのではなく、市場が必要とする情報をより多く提供するように、QFRを実行する経営者が自由意思で（あるいは新しい社内上の報奨制度の結果として）GAAPの範囲内で異なる選択を行うということである。筆者はこの措置を「修正GAAP報告」と呼んでいる。例えば、こうした経営者は簿外資金調達を実行したり、損益計算書外で費用を計上したりはしない。彼らは、

図14.2　QFRはもっと市場のニーズを満たす

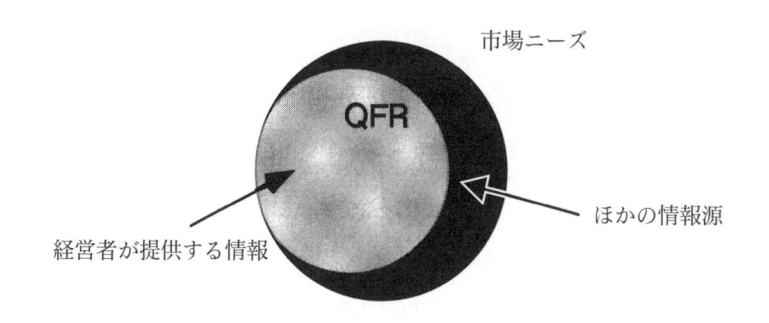

市場ニーズ
QFR
経営者が提供する情報
ほかの情報源

事実を不明瞭にする会計方針を採用することはない。また、分かりやすい脚注を構成するはずである。また、うまくごまかしたり、あるいは真実を隠したりするような簡略な財務諸表を提供することはなく、株主およびほかの資本市場参加者に重要な事実を隠したりはしないはずである。前述のとおり、この点は、GAAPと市場の要求が大きく重なり合う部分を示すものである。

　修正GAAPを順守すれば、品質の高い情報を作成することになるが、QFRとして完全に効果がある情報というにはまだ十分ではないだろう。特に、GAAPの範囲外に現在位置している部分は、経営者がさらに多くの開示を行うことができる情報である。したがって、QFRを完全に採用することは、さらに補足開示を行うことでかなり多くの高品質な情報を提供して、義務的な最低限の開示をはるかに超える情報提供を行うことを意味する。

　本章の残り、そして本書の残りでは、この2つの戦略をさらに詳しく述べ、これを実行するために経営者が講ずることができる具体的処置を提示する。

図14.3 QFR達成へのステップとしての修正GAAP報告

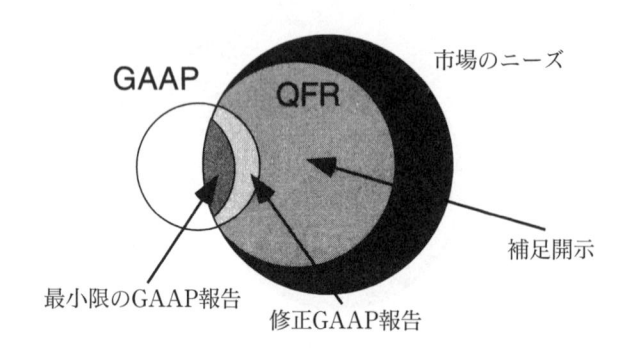

（図：GAAP、QFR、市場のニーズ、最小限のGAAP報告、修正GAAP報告、補足開示）

修正GAAP財務諸表

　QFRは特定の方法ではなく考え方である。この考え方はQFR経営者がGAAP財務諸表を作成するときにも応用できる。QFR経営者は、見栄えの良いだけの情報提供をしたりしないし、また解読不能な記載をしたりしない。そんなQFR経営者が、GAAPの範囲で企業の現在の状況、過去の実績および将来の展望を記載しようとしている。この姿勢は、驚き、混乱および疑惑を最小限に抑えようとする一方で、公開、明瞭および信頼を最大限にしようとする。修正GAAP報告では、コミュニケーションを高めるためのごまかしのない会計方針が必要とされる。このアプローチ方法の採用は、外見の良い情報を作成することを行うだけの愚かなゲームをもはや求めないことを意味する。そうではなく、より確実にかつ完全に、発生した情報を開示する、新しい方法を強力に追求するのである。

　修正GAAP財務諸表を実行する経営者は、無意味な合計数値で業

績を簡略化することをせずに、より多くの詳細データを明確に提供する。HTMLやXBRLなど、最新のコンピューターのプレゼンテーション形式を用いて、利用者が希望する詳細な水準まで、彼らが慣れ親しんでいる電子ファイルを用いて簡潔な財務諸表を公表することができる。例えば、利用者が売り上げの項目をクリックすると、セグメントあるいは分野ごとの四半期、月次および週次の数値、数年度のトレンドライン、キャッシュフローおよび貸方残高合計、あるいはほかの詳細な無数の項目にアクセスできるだろう。もちろん、費用に関連した同様の情報を提供することもできるだろう。貸借対照表については、利用者が売掛債権をクリックすれば、年数調べおよび期日予定が表示されるが、またその一方で資産項目からのリンクで異なる項目、配置、減価償却条件、あるいはほかのすべての内容を示す付属明細表が表示されるだろう。できるだけ報告を少なくして不確実性とリスクを発生させるのとは異なり、こうした分析を推進する経営者は、利用者の希望に沿う形で報告書を丹念に調べることを支援して、利用者がより多くの確実性を獲得できるようにするだろう。

　これまでに本書の数カ所で、GAAPではいくつかの選択肢から選択できることを明らかにした。QFRに熱心な経営者は、少ない情報提供を行うのではなく、できるだけ多くの情報提供を行うという観点からこの選択を行うだろう。筆者の気に入っている３つの選択例は、キャッシュフローの直接法、ストックオプション費用、および時価に関する補足情報である。しかし、ほかにも多くのものがある。QFRに基づいたアプローチでは、経営者がほかの方針と比較してなぜこの方針を選択したのかを説明し、その方針の影響について記述する補足的な情報を提供するだろう。簿外資金調達や有価証券の売却可能ポートフォリオへの分類のようないくつかの方針は採用されない。良心的なマネジャーであれば、財務会計基準審議会（FASB）が持分プーリング法を不完全であり容認できない手法であると公式に言明した以上、

過去に実施した持分プーリング法による財務諸表への影響を無効にすべきである、と筆者は提言する。その作業は膨大であるが、不確実性を除去し、証券アナリストが行わなければならない予想の作業量を減らし、さらには経営者と資本市場の信頼関係構築に大いに役立つだろう。全体的な方向性ははっきりしており、明らかである。この結果は、「ユーザーフレンドリーな」財務諸表になるだけにとどまらない。この目標は利用者に完全な情報を与えることにある。もし例を挙げるのであれば、筆者は再度バークシャー・ハサウェイとウォーレン・バフェットを挙げるが、修正GAAP財務諸表を用いれば、彼らでさえ、もっと良い仕事を行うことが可能となる。

補足開示

　図14.3で示されているように、補足開示はGAAPの範囲を超えた情報提供をするには最も効果的な手法である。補足開示においては、事実を述べるだけであり、特段の制限はない。経営者のなかには、自分の意思決定プロセスに基づいて、報告事項に関するアイデアを自分で考えだす人もいるかもしれないが、ここでは、利用者が有効と判断する情報を発見し、その情報提供を行うことを特に強調していきたい。[1]

　企業資産および負債の時価に関する情報は、利用者が判断するのに必要不可欠なものであり、同時に情報公開されて信頼性のあるものでなければならないことは当然であろう。この領域については過去にも論争の的になり、情報提供者の観点から頻繁に取り上げられてきたが、さらに説明を加えるために第15章すべてを割り当てた。不確実性とリスクを増大させるような確証のない評価を予想したり、そのような情報に依存したりする必要性を減少させるために、情報提供を行える立場にあるのは経営者だけである、とだけ言えばここでは十分であろう。

　さらに、補足開示は、異なる仮定の下での財務諸表項目の測定値を

示す、有効な感応度分析を提供する格好の場になるだろう。これについて記載された分かりやすい個所は、取得原価に基づく減価償却の費用配分の領域についてである。減価償却は将来の出来事・条件の予想に依存するので、選択する減価償却の方法ごとに耐用年数と処分価値などの起こり得る範囲を示す表があれば、利用者にとって非常に有効な情報になると考えられる。もちろん、これらの資産に関する時価情報があれば、有効性をさらに高めることになる。

　また、GAAPにおいて開示されていない重要な領域としては、棚卸資産を挙げることができる。LIFOを使用する企業は、FIFO基準の業績を示すことができるはずであり、その逆も同じである。また、両者ともに、平均原価および純然たる再取得原価で見積業績数値を表示することができるだろう。棚卸資産会計実務は、連邦歳入局によって強制された「適合規制」(conformity rule) で制限されているが、まだかなりの柔軟性と自由度があり、この種の情報を報告することができる。

　将来の予想数値のなかには有効なものがあるが、この領域に踏み込むことは、会計実務上報告すべき事実の範囲制限を無理に拡大し、利用者に属する証券アナリストの領分を侵食することになる可能性がある。それでも、AIMRは『1990年代以降の財務報告（Financial Reporting in the 1990s and Beyond）』において、経営者が将来の予想数値に取り組むよう、以下の簡潔な文章を綴っている。

　「過去および現在だけではなく、経営者の将来の戦略、計画および予想の見通しを含めた場合、財務報告が最も有効なものになる。例えば、経営者は年次報告のMD&Aセクションのなかで、過去3会計年度のそれぞれの業績がどのように異なっているのかを株主に報告することが現在義務づけられている。証券取引委員会（SEC）は、経営者がどのように、将来の会計年度の業績が過去と異なると予期するのか

について、同様の議論が行われることを強く推奨しているものの要求はしていない。なぜ経営者はこの推奨に対応するのがこんなに遅いのだろうか？　最近いくらか改善されたが、ペースは非常に遅い」(p.21)

　経営者は無価値な情報開示しかしない、という予想を裏切って価値のある情報を提供すれば、心地よい驚きを利用者にもたらすことになる。

　筆者の次の推奨は、ほとんどのCEOに対して心臓が止まるほどの衝撃を与えるかもしれない。経営者がこの領域の問題に取り組むことによって、株主が経営者を信頼することができるかどうかという基本的な問題に影響を及ぼすことになる、非常に難しい報告およびガバナンスの問題を改善することになるだろう。問題の領域とは、オプションをも含む、経営者が受けとる報酬である。この領域は非常に微妙な問題であるのは周知の事実である。この事実に関して明らかにすれば、疑惑を氷解させるうえで重要かつ有効なものになる。株主総会の委任状を読むだれもが、しばしば報酬の問題が取り上げられることを知っている。また、株主提案では、報酬についてより多くの情報が報告されることを提案するはずである。経営者が報酬に関して公表しない場合でも、経営者が報酬についてどのように考えているか知る権利が株主にはある。実際に経営者は、「私たちが金額をはっきり開示しなければ、株主は私たちがあまり報酬を受けとっていないと思うに違いない」と言うかもしれない。もしこれが喜劇であれば大爆笑が起こる場面であろう。

　この問題は想像の世界にだけ存在するのではない。2001年に、筆者はコンソリデーテッド・エジソン・オブ・ニューヨークの経営陣を批評した論説をアカウンティング・トゥデーに寄稿した。同社の年次報告書では、何度も株主の要求に役に立つことを実行していると派手に

宣言しているが、事実はこれに反して、簡略な財務諸表を公表しただけであった。さらに非難すべきことは、経営者に支払われた報酬に関してより多くの情報を報告することを要求する株主提案を、経営者が拒否したのである。筆者が論説で述べたのは次のとおりである。

「筆者が興味をもっている問題は、経営者が株主価値を高めるためにGAAPを自発的に超越して情報発信するかどうかという問題である。コンソリデーテッド・エジソン（CEI）の事例では、その気がまったくない、というのが答えである。この状態では、われわれは情報を得ることが不可能である。委任状勧誘（proxy solicitation）の内容は、経営陣の健全性および有効性を評価する株主の権利を高めるために、25万ドル以上を受領した全経営幹部の報酬を開示することを要求する株主提案である。

それでは、株主指向の経営陣ならどのようにこの提案に対処するのだろうか。次のような表現で対応したのである。『役員報酬の開示は証券取引委員会の委任状勧誘によって管理される。この規則に従い、CEIは5人の高報酬の経営幹部に関する情報提供を現在行っている。本提案では、SEC規則によって他社が課せられているよりも厳しい開示をCEIに強いるものである。取締役会は、開示要求の変更はSECから発せられるべきであり、規則に従うすべての会社に一律に適用されるべきであると判断する』

言い換えれば、『われわれは最低限の情報開示以上のことを行う意思はなく、またわれわれを強制できない』ということである」[2]

この抜粋は、この経営者は株主に対し高慢な態度をとっているだけでなく、財務報告上の新しい変革に対して責任があるのは官僚的規定制度であると主張することによって、この会社の経営陣とSECとが、強度の機能障害のある共依存関係にあることを明らかにしている。こ

の経営者は明らかに、資本の低コスト化を勝ちとるために資本市場で他社と競合しているとは思っていないようである。筆者は把握しているわけではないが、この回答をした人物は、遠慮のない株主提案をうまくやりこめたと考えたと思われるが、そのような行動に対してわれわれは眉をひそめざるを得ない。ここで彼らが語ったのは、CEIの経営者は情報の品質と信頼および企業株式の価値の関係について何も知らないということである。たしかに、ほかの会社の経営者は、QFRを採用し、資本市場における競合でこのような人物に打撃を加えることができる。

補足報告に関してはほかにも、ラッセル・ルンドホルム教授が、「経営者の過去における自由裁量の活用や経営者の信用性を利用者が評価できるようにすべきである。そのための措置として、経営者が十分な情報を供給することが大切である」とアカウンティング・ホライズン1999年12月号で提言した。ルンドホルム教授は、例えば情報開示によって、実際の業績と経営者予想とを比較することが進むだろうと示唆した。具体的ポイントのひとつは貸倒引当金である。しかし、経営者の自由裁量が利益に影響を及ぼす状況はほかにもたくさんある。

QFRのおかげで、経営者が情報を整理せず索引をつけずに、膨大な量の情報を単に放出するだけで済むわけではない。再び繰り返すが、コンピューター技術の革新によって、多くの追加の補足財務情報を取り扱うことができるようになれば、利用者の利便性を大いに高めることになる。重要なのは、利用者自身が不確実性を縮小するために情報にアクセスし、理解し、加工することができるかどうかである。

監査人の関与

論理の連鎖を考えてみよう。
● 財務諸表は経営業績および将来のキャシュフローに関する不確実性

を縮小するために提供される。
- 財務諸表の記載内容を規制して不確実性を縮小するために、GAAPは作成される。
- 財務諸表はGAAPに従っているという経営者の主張の不確実性を減少させるために、監査は実施される。
- 監査人が保証する品質の不確実性を縮小するために、監査はGAASに従って実行される。
- 監査人の信頼性の不確実性を縮小するために、GAASおよびほかの職業上の基準によって、監査人には高い能力が要求され、独立した存在であることが要求される。
- 職業団体と政府機関は、法令順守に関する不確実性を縮小するために、職業上の基準の順守を強制する。

　こうした手続きが、低品質であるGAAP財務諸表の不確実性を縮小させることだけを目的として実施されるのであれば、独立した第三者の専門家の綿密な調査に対して有効な補足開示による情報提供を行うということは、さらに大きな意味があるのではないだろうか。もし、経営者が、証券アナリストおよびほかの利用者に的確に理解され信頼されることを希望するのであれば、補足開示を行うだろう。たとえ、すでに高い水準の信頼性があると評価を受けている経営者グループにおいてでさえも、この結論は有効であると筆者は考える。
　また、監査人が広範囲にわたる補足報告を作成することで、単に最小限のGAAP財務諸表を監査するよりも、対経営者の総合的財務報告業務に大きな付加価値を与えることになり、専門家としてのビジネスチャンスとなると考える。さらに、監査法人は、経営者が新しく報告する項目および報告書の作成を支援することで、QFRコンサルタントになる可能性がある。プライス・ウォーターハウス・クーパースは価値報告（ValueReporting）フレームワークの促進によって、こ

の方向で先導的地位にある。

報告頻度

　前の各章のさまざまな個所で、経営者、監査人、監督機関およびAIMRの証券アナリストたちが四半期ごとの報告の継続で満足していることに対して、筆者は批判を行ってきた。第7章の終わりに説明したように、会計実務の改善が行われたのは、1934年の証券取引法が可決された時代、つまり70年近く前という大昔であった。文字どおりネットワーク社会と言われる、瞬時にコミュニケーションがとれる現在の社会では、もはや大昔に確立された頻度で財務報告を行うことでは不十分である。当時は、データベースは革装の台帳に記録され、主要な入力装置は粗悪な鉛筆および万年筆であり、情報を作る最も速い方法は複数のカーボンコピーにタイプすることであった。筆者の誇大表現を許してほしい。しかし、電話を手にすれば瞬時に世界のあらゆる場所にいる仲間に話しかけることができ、いかなる場所からも巨大コンピューター化された数多くのデータベースにアクセスできるアナリストからの不満が意外にも少ないことは理解しがたい。アナリストにとっては、新しい財務情報を90日も待つことは耐えがたいはずである。これらに対する理由は筆者には分からない。[3]

　規則策定には筆者自身がかかわってきたので、SECおよびFASBが今日の重要問題に熱心に取り組むことが可能であるのにもかかわらず、重要性を認識していないので取り組んでいないことも筆者には分かっている。しかし、筆者は彼らの怠慢を許すわけにはいかないのである。また、会計報告期間の終了後になるまで入手できないようなデータを使って、帳簿を記入し締めを行うという作業は退屈なプロセスであることはよく分かる。しかし、筆者2人が持つデスクトップパソコンの性能は、計算力が極めて高く、またデータ記憶容量が莫大であるとい

う点では一致している。つまり繰り返しになるが、結論は、現在財務諸表利用者が望んでいる報告頻度はどれくらいなのか、あるいはどのくらいの頻度のものがこれから要求されるのか、ということが問題なのではなく、財務諸表をどれくらいの頻度で供給することが可能かということが問題なのである。

したがって、さらに繰り返すと、財務報告の世界の暗い部分に、QFRパラダイムが明るい光を当てることになることも分かっている。4つの原理では、不完全情報を高い資本コストおよび低い株価の原因であるとしている。筆者が思うには、90日程度ごとの報告では間隔が開きすぎており、60日たった時点で、情報が不完全であるがゆえに不確実性を生み出し、株価はすべて下落してしまう。この事実は、今日の資本市場での最新情報はアナリストの利益予想数値であるという奇妙な事実を合理的に説明している。経営者からのタイミングの良い情報提供が欠如していることで、このようなアナリストによって適宜提供される数値が非常に価値あるものになっている。タイミングの良い情報提供が欠如していると、何か事件が発生したときには、経営者が報告をより頻繁により速く提供した場合よりも、市場ははるかに非効率になってしまう。

このような点を考慮して、もし企業の経営者が6週間、月次、2週間、週次、あるいはリアルタイムで信頼できる財務情報を公表しはじめるなら、市場がどう反応するか考えてみよう。こうした状況では、アナリスト予想にどれほどの価値があるだろうか。おそらく、価値はほとんどなくなってしまうであろう。別の点に注意を向けると、もし信頼できる財務情報がこのような頻度で入手可能ならば、資本市場の変動性に対して影響を及ぼすことになるのは何か。外部リスク要因を反映すること以外は、変動性が事実上なくなるであろう。

この方向に沿って熟考した結果、多い頻度で報告する経営者が経営する企業の株価は、より高くなり、資本コストが低下し、株価の乱高

下はなくなるという結論にいたる。結局、最新の信頼できる情報が公表されるまで、市場はほんの短期間だけ待てばよいのである。

資本市場にQFRの輪を構築するとういうビジョンのある経営者にとっては、大きなチャンスが到来したと言えよう。日次の売上額あるいは週次のキャッシュフローなどの、部分的で監査がなされていない情報であっても、市場はこうした企業への投資需要を増大させ、株価を引き上げるに違いない。これはかなり信憑性の高い仮定であると言えよう。

より高い頻度で報告する技術的な手法としては、主としてインターネットのウエブ上に企業の情報を公表する方法が挙げられる。この案に対して異議を唱え、そんなことは実行不可能であると思う人もいるだろう。監督機関に主導権を委ね、変更が強制されるのを待ったほうがよいと考える者（特に経営者）もいるだろう。また、競合他社が最初に取り組むのを見極めてから、そのあとを追い上げようとする者もいるだろう。さらに、不届きな経営者だけが自社株を高くつり上げようとしてこの手法を利用しているのではないかと異議を唱える人もいるだろう。証券法を調べてみると、どのような手段を用いても財務報告書に誤解を招きやすい情報を記載することは重大な犯罪であるとされている。財務情報が、印刷された頁に記載された場合より、インターネット上に記載された場合のほうが悪質になるというのは理屈に合わない。

これまで述べてきたように、多少のリスク負担を許容し利益を求めている経営者の手の届く範囲に、大きなチャンスが存在していることを筆者は感じている。経営者がその機会をうまくとらえれば見返りを享受できよう。唯一の費用はサーバーを設置し、高品質なデータができるだけ高い頻度で供給されるように努めることだけである。

まとめ

　経営者が既存の財務報告手法の問題点を把握し、QFRのメリットに気がついていれば、以下の方法で既存の方法に変更を加えたいと考えるであろう。第一に、最小限の法令順守の基準に基づくのではなく、GAAP基準を満たしつつ極力理解しやすい有効な財務諸表を作成する。この方法では、FASBあるいはSECが変更を強制するのを待たずに、自らやり方を変更することで達成できる。第二に、QFRの構想を描く経営者は、過去から現在までの間で、いまだ満たしていない要求事項に取り組んで、本当に使える補足開示を作成しようとするだろう。3番目の戦略は、できるだけ多くの人々に、より頻繁に、より幅広く報告することである。

　次の3つの章では、財務報告書の有効性を高めるために行うことに付随する多くの提案について詳細に記述する。

注

1．プライス・ウォーターハウス・クーパースのエクルズら4人組（第8章を参照）によって主張された、「価値報告（ValueReporting）戦略」によれば、経営者の革新の最も重要な領域は、戦略的計画および評価を実行するときに経営者が使用する、内部業績指数に関する情報を報告することであろう。万人を同じように標準化し行動させようとする一般的な概念とは異なり、価値報告（ValueReporting）においては、経営者が自社のビジネスモデルおよび経営方針を反映するようなユニークな指標を報告することを勧めている。

2．ポール・ミラー、ポール・バーンソン共著「コンソリデーテッド・エジソン——『有効な情報提供をする意思はないし、強制されたくない』(Con Ed : 'Disclose Useful Information? We Won't and

You Can't Make Us!')」（アカウンティング・トゥデー、2001年7月2／22日号、p.14〜17）。

3．ある仮説では、SEC規則FDに優先して、四半期報告書に発表されるいわゆる「ガイダンス」のときに、経営者にアナリストが接触することからこの沈黙がもたらされるとしている。経営者が情報開示をタイミングよく行わずに、この規則に対応する場合、ほかの全投資家と平等な条件で競争することから締め出されたアナリストからの不満がさらに増加するだろう。

第15章

時価報告
Reporting Market Values

　筆者は財務会計で最も論争の的になっていて最も永続的である問題について議論するつもりであることを、本章の初めに忠告しておきたい。筆者の忠告は2つの点である。①筆者は実務家には馴染みのないことを議論することになる点、②最後の頁がめくられても、従来の感覚では、問題が解決されていないと考えられる点——の2点である。筆者は読者を悩ましてしまうことや、問題に答えが出せないことを弁解しているのではない。時価会計にアプローチしたほかの人々とは違い、筆者はQFRを主張しているのであり、一般に公正妥当と認められた会計原則（GAAP）によって新しい強制的な規則を作ろうとしているわけではない。したがって、読者のなかには筆者の主張に対して不快感を覚える人もいるかもしれないが、できれば最後まで読み続け、筆者が現状に対する新しい解決方法を示唆できたかどうかを見てほしい。

古い問題

　ここで言う永続的な論争とは、公表される財務諸表が取得原価または時価のいずれに基づくべきかという従来の問題のことである。この問題ほど会計士の意見が分かれ、彼らを惑わせる問題はない。しかし、

筆者はこの問題を解決しようとするつもりはなく、またそのための十分な理屈も持ち合わせてない。特にQFRにおいては、この問題を些細な問題と認識しているので、筆者はこの問題に対してあえて答えるつもりはない。

従来の財務会計の考え方では、財務会計規則が政治的な基準制定プロセスを経て決定されてきたために、常に、あらゆる事件や状況を報告するような、単一の最良の会計方針が求められてきた。したがって、この問題においては、対立関係が強調されてしまっており、「取得原価対時価」という構図を描き出して、あたかも両者のいずれかがすべての状況で使用されなければならないかのように描写されたのである。

このような論理を組み立ててしまった要因がいくつかある。第一の要因は技術的なことである。つまり会計システムはコストをかけて構築、運営されているので、経営者はひとつだけしかシステムを持とうと思わないのである。第二の要因は、心理的なものである。つまり、会計実務の最良の方針はひとつだけであると判断して、取得原価を採用するということは時価を使用できなくなることになる、あるいは逆に時価を採用することで取得原価を使用できなくなると考えてしまうからである。ところが、第三の要因は政治的なものである。特に、GAAPは歴史上の経緯に沿って「受け入れられてきた」実績を徐々に積み上げることによって構築されてきた。したがって、その状態に実践者は満足するようになった。特に時価会計に移行するかどうかというような重大な問題の場合、この方向に変更することは、以前に行われたものすべてを否定することになるので、彼らが変更に対して抵抗することは自然な行為であろう。したがって、彼らが取得原価対時価という問題を考えるときには、「われわれは現状にとどまるべきか、それとも未知の会計方針に変更すべきなのか」ということを自問することになろう。その結果、どのようにしたら進むべき道が見つかるのかという問題に焦点を当てることができなくなり、それ以外の解決方

法を思いつくことはますます困難になる。

　しかし、QFRにおいては、このような質問を投げかけても（また回答しても）改善には結びつかないことを示している。似たような例として、ファストフードレストランの経営者たちが、すべての顧客にハンバーガーだけを出すほうがよいのか、あるいはすべての顧客にチーズバーガーだけを出すのがよいのか、何年間にもわたって議論をするようなことは考えられない。当然、両方の製品を売る場合に売り上げおよび利益を最大化できるということをすぐさま理解するに違いない。別の見方をすると、ある顧客にハンバーガーを販売するという決定は、別の顧客にチーズバーガーを販売しないということではない。また、個人的に好きでないというだけの理由で、チーズバーガーを売ることをやめてしまうことは極めて愚かな選択である。どれくらい愚かであろうか。ここで重要なことは、顧客が進んでお金を支払うものを売るということである。基本原則は、供給の管理によって経営者のニーズを満たすのではなく、需要に応えることによって市場ニーズを満たすように自社の戦略を決定することである。

　財務報告に戻ると、QFRにおいては、どんな種類の情報があるのか、あるいはいかなる情報が有効なのか、さらにどのような情報を提供すべきなのかを把握することが大切であることを示している。さらに、何を報告すべきかに関する決定は、情報提供のコストだけではなく、経営陣が提供しない場合にアナリストが負担する「探索および収集」コストを含んでいることを示している。さらに、課題となるのは、完全な情報を提供することに起因して、低い資本コストを享受することができるというメリットを考慮に入れる必要がある。

　こうした所見によって、以下のように3つの独立した問題としてこの問題を再構成することができる。
1．取得原価は有効であるか。そうならば、これを報告すべきである。
2．時価は有効であるか。そうならば、これを報告すべきである。

3．ほかの種類の情報は有効であるか。そうならば、これを報告すべきである。

　言い換えれば、各測定システムは状況に合わせて使用されなければならないということである。取得原価が有効で純然たるメリットをもたらす場合、時価あるいはほかの種類の情報が何を決定するのかを配慮せずに、取得原価を報告すべきである。時価についても同じことが言える。その両方とも需要がある場合、一方を報告する決定が、他方を報告することをやめさせてはならない。

　さらに、企業はGAAPに基づいた報告書を提供しなければならないので、取得原価対時価の対立概念は無意味である。時価がより有効であることを証明することができたとしても、すべての作成者、監査人および利用者に対して強制力をもつ基準制定プロセスが生み出す規制を無視することはできない。したがって、例えば、時価がGAAPの唯一の根拠であるべきであると主張することは、実務的な意味をほとんどなさないのである。よほどのことが起こらないかぎり、本書を読む、あるいは執筆する人物の一生の間にはGAAPが時価で統一されるようなことは起こりそうもない。

　したがって、QFRの下では、この問題に関しては大きな議論はない。GAAP報告書を提供しなければならないことを考えれば、残りの問題は、もし経営者が自由意思で時価情報を提供すれば、ユーザが直面する不確実性がもっと少なくなるかどうかという問題である。したがって、問題は補足情報がGAAPより有効であるかどうかではなく、それがGAAPに対して有効な補足情報であるかどうかである。このような議論の整理を行うことで、議論をより単純化して物事をよりよくする方法を考えていく。

歴史的経緯

　議論がいつもこのように進められてきたわけではないことを示すために、取得原価と時価をめぐって数多くなされた議論のうち、最近起こったものについて、いくつか簡単に述べることにする。1960年代に、学者はどちらの方式が良いのかについて数多くの論文および文献を著した。やがて、時価の提案者は、報告された時価が取得価格または売却価格に基づくべきかどうかという第二の問題でさらに分裂した。これについての資料は（少なくとも筆者には）興味深いものであるが、振り返って考えてみると、それらは実行される可能性がほとんどなかった。

　さらに、財務会計基準審議会（FASB）が1973年に設立され、基準制定プロセスを示すための概念を構築していく役割を担うことになる。第2章で記述されているように、フレームワーク（財務会計概念のステートメント第1号）のなかに見られる最初の公式見解は1978年に公表され、財務報告は有効な情報を提供するべきであると規定した。[1] これに続くほかの規定は、有効な情報の性質の識別（SFAC第2号）および財務諸表の要素の識別（SFAC第3号）、さらには非営利法人として報告する目的（SFAC第4号）である。これらの努力はすべて次の段階につながり、どんな種類の測定値を報告しなければならないかという問題に答えを出した。1980年代における財務報告書の供給者主導のパラダイム支配、および1960年代の文献遺産を前提として、取得原価と時価との対立概念という形でFASBのために問題は構築され、砂の上に線が引かれたのである。議論は長く白熱し、審議会員は時に感情をあらわにする場面もあった。[2] FASBへの出資金は非常に膨大な金額に上ったが、これは特に、GAAPが時価基準になることを恐れた人々から出資されたものであった。案の定、政治的プロセスを経て予想された事態となった。つまり、政治的プロセスが変更を減速させ、

結局は変更に対して抵抗することなったのである。このようななかでFASBは分裂状態にあったが、議長はFASBを存続させようという配慮からか、幾分中立的な立場をとっていた。SFAC第5号では、事実上そのどの頁にも新しい概念が含まれないままで、1984年に発行された。論争を踏まえて、審議会員は、いくつかの異なる基準が取得原価と時価とが混在するGAAPに則って、状況に応じて使用されるべきであると意見を述べてはいるものの、この取得原価と時価とが混在した方針が今後継続されることを予想すると意見するにとどまったのである。審議会員にとって、数年間にわたる努力の結果、問題は未解決のまま振り出しに戻った。

　さらにFASBは、時価情報の補足開示を要求するに当たり、SECから圧力を加えられた。補足開示の要求は、1979年のSFAS第33号の発行で実施された。しかし、FASBはこの基準を実験と位置づけて、約1400社の大手公開企業に対してのみ適用した。結局、包括的な開示を要求するにはいたらずに、測定のときには広い範囲の自由裁量権を与え、情報の監査を要求しなかったのである。ポール・バーンソンがこの実験の結果を評価するFASBスタッフ・メンバーだったとき感じたのは、最初は審議会員のだれもが、FASBは必ず結果を出せるはずだと思っていたようだ。

　概念を構成する努力がいったん無に帰したことを受けて、FASBはSFAS第89号を発行し、1986年にSFAS第33号を無効にした。この基準は筆者が現在QFRパラダイムと認めるものと偶然一致しており、経営者の時価による財務報告を自由意思で継続し、これを提供する新しい方法を実験するよう勧めている。しかし、これは、最小限の法令順守という供給側の要因による古いパラダイムにも抵触しないので、財務諸表利用者が時価情報を希望し、社内および社外決定に時価情報が役立つという広範囲で説得力のある証拠があるにもかかわらず、実際には、経営者は時価による情報提供を実行していない。

以下の頁で筆者は時価が取得原価より有効であることを証明するつもりはない。しかし、原価に基づいたGAAP情報が不完全で、時価情報がその不完全部分をいくらか補うことができることを示したい。筆者はFASBにすべてを変更するように嘆願することにあきらめを感じてきたが、QFRに熱心な経営者が、経済的恩恵を追求して資本市場に有用な情報を供給する場合、真の発展が起こるだろうと固く確信する。

時価情報に対する需要はあるだろうか

 上の質問に対し、筆者の答えは明確にYESである。このような筆者の回答には、FASBが発行したSFAC第1号の需要主導の考え方、つまり、財務報告には報告主体の将来キャッシュフローの金額、適時性および不確実性を評価するのに役立つ情報を提供する目的があるということへの理解および支持を反映させている。特に、報告主体の資産および負債に関する情報は、目的を達成するために役立つものである。
 時価情報が有効なのは、資産あるいは負債に内在する将来キャッシュフローの本源的価値に関する、多くの買い手と売り手の間の現在のコンセンサスを反映しているからである。例えば、ある資産が別の資産より大きなキャッシュを生み出すと予想される場合、ほかのすべての条件が同じならば、より大きな価値をもつのである。ある資産が同じ金額のキャッシュを別の資産より早く実現する場合、ほかのすべての条件が同じならば、市場はより高くそれを評価するだろう。また、ある資産が同じ金額のキャッシュを生み出す可能性が別の資産より大きい場合、ほかのすべての条件が同じならば、それはもっと価値があるとみなされる。これら3種類のキャッシュフローについての情報は、時価に最も多く含まれているのである。[3]このように、利用者が報告主

体の資産および負債の本源的価値に関する情報を必要としているのであれば、時価情報が有効なことはまちがいない。

　いくら理論的に議論を戦わせようが、時価は過去の取得原価からは明らかにならない有効な情報を提供する。特に、キャッシュフローの金額、適時性および不確実性に関する予想が異なっている場合、取得原価は過去のある時点での資産あるいは負債の本源的価値に関する二者間だけのコンセンサスを反映することになる。別の角度から見ると、清算が発生する場合、どれだけのキャッシュが回収可能かを評価することができるように、債権者（特に担保を設定する人）は債務者の資産時価に関する情報を必要とするのである。また別の見方からも、時価は資産から得られた収益の妥当性を判断することにも役立つ。究極の代替戦略はその資産を売却し、ほかの資産へ投資して収益を得ることであろう。過去の取得原価を現在の収益の分母にすることは、資産を保持するか処分するかという判断を行うには不適切である。したがって、時価に関する補足情報を用いれば、取得原価では不可能な見方が可能になる。

　さらに、資産価値の変化を含まない収益率尺度は不完全なものと言わざるを得ない。同じことは、価値の変化に関する推測的な仮定に基づいた収益率尺度についても当てはまる。したがって、真実の利益を完全に記載しようとするならば、時価に基づいた含み損益を含み、なおかつ規則的な減価償却および増価の見積金額を控除した財務情報が提供されるべきであろう。

3つの基礎的概念

　先に進む前に3つの基礎的な概念について説明したい。第一に、報告主体の時価は資産および負債の時価の合計とまったく異なると筆者は認識している。企業価値の評価は会計士ではなく証券アナリストの

職務である。しかし、財務報告書の構成要素の時価に関する情報は、全体の時価を評価するためにアナリストに役立つものでなければならない。

第二に、筆者は時価を特定の金額ではなく金額の分布と考えるようにしている。価値は会計期間中の多くの買い手および売り手によって値づけされた価格について記載されるので、単一の金額ではなく、ある種のベル型曲線の分布であると考えるのがより現実的である。会計士の正確な測定値のなかには極端なこじつけがいまだに散見されるので、こうした見方をすることは有効であろう。適切な価値の近似値のほうが、別の計算根拠で精緻に計算した値よりも意思決定にはより役立つことが分かっている。

第三に、時価とは「資産を購入する場合、"過去時点で"支払ったであろう金額」を表す数値ではない。正しくは「資産を購入するためにほかの人々が"現在時点で"支払っている金額」と等しい現実の数値である。この考えから、時価の信頼性とは何かを理解し、かつ信頼性が低い「たら・ればの」仮説数値として時価をとらえている過去にとらわれた考え方を乗り越えることができた。時価は真実のコストと同じものであることが分かったのである。

利用者の声

この議論は興味深いが、財務諸表利用者はどう考え、どのような意見があるのだろうか。当然ながら筆者が利用者を代弁することはできないが、第7章で引用した投資管理研究協会（AIMR）委員会報告書からのいくつかの追加のコメントを示すことによって、利用者の意見を提供することにしよう。

価値によって（過去のフレームワークに則った）取得原価を変更するべきかどうかについては、証券アナリストの間でも意見の分かれる

ところであるが、彼らが分析を行ううえで時価情報を利用可能な状態にすることを望んでいることは明らかである。『1990年代以降の財務報告（Financial Reporting in the 1990s and Beyond）』から、時価に賛成する次の率直な意見を考慮に入れるべきである。

「過去の一時期の価値を把握するより、現在の価値を把握することのほうがよいことは自明である」(p.39)

「個々の資産および負債の時価を知りたいと思わない証券アナリストはいない」(p.39)

次のコメントは、アナリストがGAAPを否定することに対しては乗り気ではないとしながらも、時価情報へのアクセスに強い希望があることを示している。

「われわれは、時価報告の機会を与えられることを希望する。たとえ財務諸表が政治的な問題として保護される必要があるとしても、われわれは変動性が実際にどれだけ存在するか、その範囲を認識する必要がある。現在の時価が分からないかぎり、証券アナリストは財務諸表を使用することができない。情報開示の媒体を通じて、証券アナリストに現在の時価を入手する機会を提供するようにすべきである」(p.87)

時価を取得原価に代用させることに対する同様の不満は次の引用に表現されている。その一方で、アナリストの職務を遂行するために役立つ時価情報に対する希望についても記述している。

「重要な問題は、時価会計が取得原価の欠陥を改善するものかどう

かである。AIMR構成員のなかには、誠心誠意これを支援し、財務諸表上の取得原価に代わるべきであると考えている者もいる。また、ほかのAIMR構成員のなかには、時価会計について態度を保留したり、反対の立場を表明している者もいる。ただし、時価の情報開示に反対する者はだれもいないし、また大部分はこれが重要であると考えている。

　要するに、われわれは時価に関する情報が重要なものであることで意見は一致しているが、重要性の程度、および時価が財務報告書に組み入れられるべき範囲において意見が異なるだけである」（p.31）

　時価の利用者の需要について記述したコメントはあと2つある。最初のコメントは、FASBが時価情報の開示を自由意思とした（SFAS第89号）ため、作成者からの時価情報の提供がなく、結果として利用者が時価情報を入手できないというものである。

「財務会計基準第33号（FAS第33号）で供給された情報は、不明確とは言え、証券アナリストが理解できる天の恵みであり、職務上使用することができるものだった」（p.86～87）

　この文で2つの点に気づくべきである。まず、彼らは情報が不明確であるがそれでも有効であったと認めた。次に、それを天の恵みと呼ぶことによって、必要であるがほかの手段によって代用不可能だったことを明言したのである。
　GAAPを市場に基づいた方針に変更することが望ましいかどうかに関して、アナリストは、玉虫色の見解を表明している。

「証券アナリストおよび投資マネジャーのなかには、明らかに時価会計に反対している者がいる（また、一貫して賛成している者もい

る)。しかし、大部分は成り行き待ちの態度をとっている。この変更によってその主張者の約束が遂行されるかどうかが不確かであれば、結局は取得原価を放棄することはできない」(p. 4)

　QFRの観点から判断して、アナリストは時価情報を切望していることは明らかである。このメッセージがうまく潜在的な財務情報の送り手に伝わることを切に望む。繰り返すと、利用者である専門家たちは、経営者が情報提供さえするならば、よりよい意思決定をするために時価情報を利用したいと率直に述べている。さらに、彼らはこの情報がGAAP財務諸表に含まれていなくとも有効になり得るとも言っている。

　したがって、この要求に対応すれば、より高い株価およびより低い資本コストをもたらすことになることはまちがいないと筆者は確信している。なぜかというと、時価の有効性に関するこのコメントから推測するに、利用者は独自の見方に偏った、あるいは信頼できない時価の推定値を使用して意思決定を行っているのが現状であると考えられるからである。同様に、彼らの評価は、資産価値を少なめに評価し、負債価値を多めに評価する保守主義に立脚したものであるようだ。そこにもっと信頼できる評価数値を公表すれば、2つの効果があるだろう。第一に、アナリストによって大雑把に評価されている数値の不確実性のうち、いくらかを取り除き、リスクおよび資本コストを縮小することになるだろう。第二に、経営者が公正な評価額を提供すれば、将来キャッシュフローの予想を助けることになり、資本市場への新しい情報提供となるだろう。そうならば、単に外見の良いデータではなく実際に使える新しい情報に反応して株価が上昇すると予想することは合理的である。[4]

　SECあるいはFASBを説得して、時価情報を報告することを経営者に要求するという考えは、筆者の本意ではないことをご理解いただき

たい。潜在的な情報の供給者が、情報の需要者の要求を理解したうえで自由意思で情報提供を行うことこそが、筆者の考え方である。筆者の強い信念は純粋に、QFRパラダイムおよび需要主導に焦点を絞った考え方に基づいている。

信頼性

　時価は妥当であるという理由から、時価情報の需要が強いということを（少なくとも頭のなかでは）整理できたので、今度は時価情報を信頼できないとする、よくある反対意見に目を向けることにする。この反論においては、取得原価の性質である事実の記載という特徴を論拠としている。一部の経営者がこの特徴の有効性に注目して議論を展開しているが、ここでは、このような表面的な議論を押し返すことになる意見を述べようと思う。

　第一段階では、時価情報が信頼できるかどうか判断するときに問題になる、信頼性の有無を決めるのはだれであるかを考えてみる。歴史を振り返ると、米国の会計基準制定プロセス自体が監査人の影響を受けたり、支配されてきたりしてきた。さらに、信頼性に対する監査人の判断は明らかに、ある事実の表現についての正確性を確認することではなく、報告された数値を防御することに重点が置かれている。したがって、後日、報告数値が資産を有効に表しているかどうかを考慮せずに報告金額の確認だけを行う場合、監査人は請求書が信頼の証拠になると考える。特に、この時代遅れの考え方に基づいて計算された数値は、コストが発生した後ある程度時間が経過したとすれば、将来のキャッシュフローを評価する材料として使うには信頼できるものにはなり得ない。したがって、財務諸表利用者が、将来のキャッシュフローの金額、適時性および不確実性を予想し評価するのに利用できる、有効で信頼できるものとして、取得原価を考えることはできない。

特に資産および負債が頻繁に取引されない場合には、時価情報の裏づけが得られないのではないかという問題がたしかにある。しかし、大抵の場合、同じ資産を含む取引データベースにアクセスし、時価測定値の裏づけを得ることが可能となってきている。こうした状況を踏まえると、時価は、ほかの買い手および売り手がかかわった最近の多くの取引事例を反映しているので、取得原価よりも証明可能と言えよう。対照的に、取得原価について同様の証明はできない。報告書のなかで利害関係があると考えられる両者（報告主体である経営者を含む）の合意に基づいた取引価格が記載されるからである。

　徹底的な因習打破主義者のようになってしまったが、筆者は、ほとんどの時価情報が、補足開示によって十分有効性を発揮し、最低限信頼できるという判断にいたったのである。従来の供給主導の思考パターンから脱却し、何のために情報が利用されるのかをよく考えてみれば、だれもが同じ結論に達するだろう。こうすることで、信頼性に関する現状の概念について不適当である点を発見することになり、改善される方向に向かうであろう。

利用者と信頼性

　AIMR委員会は、時価の信頼性および有用性の判断において何と言っているだろうか。

　以下の『1990年代以降の財務報告（Financial Reporting in the 1990s and Beyond）』からの引用には、取得原価が情報提供されるべきであり、利用者は取得原価を受け入れるべきであると主張する会計士を諭すように、多少皮肉の意味合いを込めてコメントが綴られている。

「証券アナリストが妥当で信頼できる情報を望むのは確かである。

しかし、アナリストが優先するのは妥当性のほうである。この場合、アナリストが好むのは、情報がまちがっているという事実よりもむしろ、何となく正しいと考えられる情報である。経済的価値に関する暫定値に基づく評価は、過去取引の正確な記録に基づく評価よりも有効であると一般的に言われている」(p.33)

言い換えれば、経営者および会計士が、報告するコストを請求書あるいは減価償却付属明細表に関連づけていかに正確に記録しても、賢明な利用者にとっては何ら役に立たない。つまり、過去の記録が必ずしも合理的な優れた時価評価よりも役に立つとはかぎらないので、その暫定的な数値の提供が重要となる場合もある。

誤った固定観念との決別

取得原価の信頼性に関するもうひとつのポイントに触れなければならない。特に、ほとんどの会計士が考えているのは、「取得原価の測定は、単なる資産をキャッシュで購入するという単純化されたモデルをベースに行われるために信頼できる」という結論である。実際には、ほかの多くの取得状況（資産交換、繰り延べ払い、多数の資産の一括購入、資産・株式交換、付随的支出および企業結合など）で、個々の資産の取得原価が正確であるかどうかに関して、重大な不確実性をもたらす要因が存在していると考えられる。取得原価の償却が曖昧な基準で行われてしまうと、財務報告の信頼は根底から損なわれることになる。このような状況を踏まえると、GAAPで使用される取得原価測定において、これほどまでに信頼性を損なう状況が発生していることに当惑せざるを得ない。しかし、ほとんどの経営者および会計士（また、さらに言えば会計学教師も）は、この実態が分かっておらず、変更の必要性に迫られることをひたすら避けて、見て見ぬふりをして

いるのである。

ここまでの要約

繰り返しになるが、筆者は妥当性および信頼性の観点から、財務諸表利用者の時価情報に対するニーズがあることを示すにとどめており、けっしてGAAPを改善しようとはしていない。経営者や会計士は時価について不慣れであり、正確性に対する概念が欠如しているので時価情報を扱うことに不快感を覚えるかもしれないが、それでもこのニーズが存在することは事実である。もちろん、QFRは、このニーズに応えることによる潜在的なメリットを明らかにする。これを踏まえて、次に進むことにしよう。

比較可能性

有効な情報と呼ばれるものの特徴としては、類似した事象や状況について類似点を記載しており、異なる事象や状況では相違点を明らかにできる点が挙げられる。この性質は比較可能性と呼ばれる。

おそらく、取得原価を支持する最も一般的な理由は、「取得原価を報告すれば、だれもが同じものを報告することになるので、この情報は比較可能である」というものである。しかし、この論法は安直すぎる。異なる取得原価が異なる時点で発生している状況下で、取得原価を報告することが、比較可能な妥当で有効な報告になると言うことは到底できない。1960年代の初めに購入した工場の原価、および1990年代の初めに購入したほとんど同一の工場の取得原価を考えてみよう。それぞれ取得原価があるが、帳簿価額（つまり減価償却後の簿価）は2002年においては、キャッシュフローを生み出す能力について比較可能な記載ができないに違いない。財務報告書上は現在時点で本源的価

値が類似しているにもかかわらず、取得原価において大きな違いが生じるであろう。つまり、意思決定がなされた時間に左右されているのである。他方では、企業すべてが同じ日付に時価で資産および負債について記載すれば、その結果は将来のキャッシュフローを生成する能力について比較可能な報告となる。

AIMR委員会は以下のコメントでこの点を詳しく述べ、時価データの比較可能性に対する批判に回答している。

「時に応じて償却されて時価が提供されることになっていれば、過去の取引に基づいた取得原価でも問題ないだろう、と主張する人もいる。

これに対する反論は2つある。第一に、取得原価が時間の経過とともに現在の資産時価とは乖離してしまっているかもしれないので、貸借対照表に（わずかに時間が経過している）時価が表示されることになれば、妥当性のある数値として認識されるに違いない。第二に、時価データは比較可能である。企業がすべて同じ日付で貸借対照表を値洗いするとすれば、これは同間隔での従来の方法である。取得原価データが企業間で比較可能でないのは、異なる日付における取得原価が、異なる企業で（あるいは同一企業内でさえも）発生しているからである」（P.39）

時価は比較可能であるが取得原価は比較可能でないと賢明なアナリストが考えており、また、彼らが比較可能性が重要であると考えた場合、経営者がその時価に基づいた情報を供給することは、重要な意味合いをもっていることは当然であろう。

インフレと計測尺度

　米国の会計士は取得原価の弱みおよび時価の強みを否定するだけでなく、数十年の間、インフレは時間の経過とともに貨幣価値を減価させるものではないという誤った認識をしてきた。インフレが通貨の購買力を変動させるので、異なる時点で発生した名目上の取得原価を比較することは有効ではない。したがって、異なる日付で取得原価を合計することに（あるいは、引き算をするか、平均するか、ほかの算術的演算を行っても）論理的な有効性はない。それらの尺度を表現する通貨単位が等しくないのである。[6] このように、GAAP報告に必要な取得原価および過去の通貨単位に関するデータは、不完全なものであるように思われる。

　他方では、時価がすべて同じ日付で測定される場合には、合計あるいはほかの算術演算の結果は、少なくとも論理的な有効性をもつ。たとえ異なる日付の時価を比較するときに、日付の平仄が合わないという点が問題となっても、FASBが『貨幣価値修正会計（constant-dollar accounting）』と名づけたプロセスを通じて物価水準調整を行うことができる。

　繰り返すが、QFR経営者が時価の補足報告をすれば、GAAPの欠点を克服するのに有効である。筆者は時価会計を強制するために新基準が必要であると主張しているのではない。筆者が言いたいのは、経営者がGAAPの不完全な点を克服する手段として時価を報告するという方法があり、それによって低い資本コストおよび高い株価を達成することができるというだけのことである。

実現会計の問題

　1960年代に戻ると、何人かの学術志向の会計士は、取得原価計算書

を時価計算書に変換するシステムを開発した。それは新しい分野であったが、過去のパラダイムおよび慣行を依然として使用し続けていた。[7] 特に、未実現損益と実現損益との間で著しい誤差が発生しており、過去の概念においては不利な表示が行われていた。はっきりさせておくと、未実現損益は所有している資産価値の変化、あるいは負債価値の変化が生じた場合に発生する。対照的に、実現損益は所有していない資産、あるいはすでに負っていない負債に対して発生する。筆者が把握するかぎりでは、この違いは実際の経済上の差異を反映したものではない。それにもかかわらず、この違いは、特に売却可能証券のポートフォリオとして保有される投資資産の会計処理で実務においては継続されている。SFAS第115号の下では、このポートフォリオに計上された投資資産に関する未実現損益は報告可能な利益ではない。そうではなく、購入以来累積され、貸借対照表上の企業の株主持分に増減されるべきものであるが、累積額の年次の変化額は包括的利益の項目として報告されている。[8]

しかし、投資資産が売却される場合、実現損益は年度利益の一部として報告される。致命的な欠点は、その年度の売却利益にその年度に発生した金額ではなく、購入以来累積された全金額の損益が含まれるということである。その結果が信頼性の低い報告利益数値になる理由は、売却年度または価値変化の年度において株主持分の増減を正確に表示していないからである。

筆者が言いたいのは、資産売却（または負債の返済）は富を生成したり消費したりはしない、ということである。例えば、売却前に10万ドルの価値の資産を保有し、売却後に現金10万ドルを所有するとする。この取引は単にある資産を別の形式の資産に変えただけである。また、富は生成されず、消費されていない。同じ方法で、現金の10万ドルの負債を10万ドルの現金で返済すれば、正味の富の変化を生成していない。資産の売却は現金に変わったが、その結果はキャッシュフロー計

算書に報告され、利益に影響は及ばない。また、この取引が、経営者にとっての将来の時価変動リスクを変動させたが、その結果は貸借対照表上で報告されるものの、損益計算書には記載する場所はない。筆者の考えでは、このような損益計算書の表示を行う理由はないし、別の方法でもっと分かりやすく表現すべきであると感じている。筆者の結論を繰り返すと、取引自体が富を生成したり消費したりしない場合、その取引の結果から、損益計算書上に有効な報告がなされることは何もない。

　例に戻ると、売却日の帳簿価格が10万ドルの資産を仮定する。したがって、損益計算書上に損益はない。しかし、もし帳簿価格が異なる場合どうするか。前会計年度の終了数週間前に、当時の時価で9万ドルの資産が値洗いされたと仮定する。今年度、資産の価値が1万ドル分増加し、またその変化額だけが今年度の利益であると考えることができることを意味する。さらにこれは売却からではなく、価値が上昇している期間に資産を保有していたことから発生したものである。

　売却しても利益が出ない場合に売却利益を報告して、損益計算書の有効性を損なうことはまったく意味がない。売却発生時点までの資産保有期間中の全累積利益を報告するのは一層意味がない処理である。例えば、この資産が10年前に5000ドルで購入された場合、取得原価会計では売却年度に9万5000ドルの利益を報告するであろうが、実際には1万ドルだけがその年度に案分され、売却によって何ももたらされないのである。お分かりのように、従来のGAAPの処理によって損益計算書を分断したために、情報が有効でなくなり、財務諸表利用者が過去を判断したり、または将来を予想したりすることができなくなっただけである。繰り返しになってしまうが言っておきたい。実現会計に関しては、GAAPに固執しても、有効な情報を求める市場のニーズをけっして満たすことはできない。ただ、情報供給者の自己防衛を進めてしまうだけである。

この「過激な」考えが、読者のうちの何人かを不快にしているかもしれない。視点を変えてこの実務の起源をさかのぼってみよう。

実現会計の起源

監査人がGAAPを統制し、GAAPが会計にまつわる慣習および用語を生み出し、この慣習および用語が思考プロセスを形成した。今日の会計慣習によれば、未実現利益は処理が発生していないので、「架空の」ものと認識されている。しかし、処理を行わなければならないのはだれだろうか。答えは監査人である。なぜならば、利益の裏づけとして、請求書、小切手あるいは領収書を必要とするからである。この裏づけが存在しない場合に、監査人は問題があると考える。監査人には規則を制定する権限があり、しかも自分のニーズを満たすように制定することができ、未実現利益が利益の一部ではないという会計実務を構築した。この構築プロセスには合理的な理由はない。本音としては監査人が告訴されないようにこのプロセスを構築したにすぎない。監査人が自己の利益の最大化を考えること自体は非難されないが、この供給側の要因によるアプローチの結果、利用者に十分な情報が提供されていないのは問題だ。

反対に、監査人は未実現損失についてどのように考えているのだろうか。もちろん、監査人は、この損失が見いだされた後、速やかに認識され報告されることを強制するGAAP作成に意欲的には取り組まなかった。この意欲のなさを示す証拠は、GAAPに浸透している「低価主義」に多く見られる。例えば、棚卸資産は時価評価まで切り下げられるが、けっして取得原価を上回って評価されることはない。減損会計の対象資産には評価切り下げはあっても評価増はない（この方針はSFAS第144号によって規定され、2001年8月に公布された）。この偏向を是認した最近のものは営業権に関するSFAS第142号（さ

らに2001年に公布）である。この無形資産の取得原価は償却されないのである。もっと正確に言えば、経営者は、評価切り下げを行わなければならないような時価の減損が生じたかどうかを確認するために、定期的に時価をチェックしなければならない。この場合もやはり評価増はできない。このように事実を一方的に見る理由は、反対告訴から情報供給者を保護するということである。しかし、それも十分な理由とは言えない。このような考え方は、利益および損失両方の情報を欲する消費者のニーズを反映したものではない。

もっと多くの情報提供を

では、QFR財務報告書においては保有損益をどのように扱えばよいのだろうか。実際は、恣意的に取り扱うことができる。これこそがQFRの特徴である。しかし、より現実的な対応方法を考えてみると、現行の会計方針の大きな欠陥は、未実現および実現損益に関する修正情報によって補うことが可能であると思われる。GAAP損益計算書は、当期および前の数会計年度に実際に発生した実現損益の金額を表示するように構成できる。使用する書式の一例は以下のようになる。

現行の会計方針	
処分による実現利益	9万5000ドル
QFRの修正会計方針	
処分による実現利益	
当年度	1万ドル
前年度以前	8万5000ドル
合計実現利益	9万5000ドル

この説明では実現項目に関するいくつかの事実を明確にしているが、

会計年度の未実現損益を扱っていない。既存のGAAPの下では、会計年度においてごく少数の未実現項目関連の情報が報告され、ほとんどの項目は損益計算書の外部に記載される。[9]

包括的利益（Comprehensive Income）の報告

未実現の損益については、別のQFR修正会計方針のなかで、会計年度における包括的利益の構成要素を詳細に示すことになるだろう。SFAS第130号によって、経営者は包括的利益の項目の報告が義務づけられている。包括的利益とは、純利益に株主持分（投資未実現損益および外国為替損益）の変化を足した数値である。

お分かりのように、ほとんどの経営者は損益計算書にこの呈示をしておらず、株主持分計算書のなかに隠して表示している。このような処理が行われると、経営者はできるかぎり不透明な計算書を作成して、利用者に何が発生したのか分かりにくくしているのだと考えたくなる。QFRでは単純に反対のことを行うだけであり、経営者が包括的利益を明確かつ十分に報告するように導くだけである。

時価会計への移行

時価会計を実施することで財務報告をより高品質にさせることを考えるように経営者を説得することと、経営者に時価会計を実施する方法を正確に教えることとはまったく別のものである。[10]時価に基づいた財務諸表の構築には規則や規制が存在しないので、希望することはすべて試みることができる。しかし、初めに手をつけるべきところは、GAAP財務諸表の補足開示にかかわる部分である。

筆者が時価会計に移るのなら、貸借対照表の補足開示から取り組む。例えば、研究開発、知的財産、その他のマーケティング・人事関連の

ソフト資産などのGAAPでは認識されない資産を含めて、自社が保有するすべてを時価で評価することにとりかかるだろう。利用者が容易に分析できるように、あるいは分析しなくても分かるように、貸借対照表中のソフト資産を精緻に分類することが重要であると思われる。ソフト資産は、おそらく通常の貸借対照表上には記載されないだろうし、時価評価できないほかの資産も記載されないだろう[11]。さらに、すべての負債の時価を報告する。そうすることで株主持分は、単に資産および負債の時価合計の差になるはずである。

　筆者の考える補足の時価ベース損益計算書は一見すると従来のものとほとんど同じに見えるかもしれないが、多くの項目でかなり異なった数値を示すことになる。GAAPの下では、いくつかの項目（販売費および経常費など）が、一般に認められた市場価格あるいは見切り値で報告されている。売り上げから控除するのは繰延収益の実現部分であり、筆者はこれを簿価ではなく時価で損益計算書に記載するだろう。収益に関してほかに違う点は受取利息であるが、GAAP簿価に当初の過去の利率を乗じた値ではなく、売掛債権の市場価格の変化として認識するだろう。ほかの主要な改革点は、製造在庫の付加価値を考慮して収益を認識することである。この数値は全製品の価値と製造に費やした費用との差額と等価であるはずである。在庫が売却されていなくても収益が報告されるだろう。実際に、筆者は実現主義の思考パターンから脱却しようとしている。

　経費では、売上原価および減価償却費に大きな違いが出てくる。売上原価は取得原価ではなく、売上高を報告することになる（この方針は製造中に製品に加えられた価値と等価の収益の報告と一致している）。また、減価償却額を算出するのではなく、時価の低下を測定するだろう。評価切り下げ（あるいは評価増）の金額は、増減を考慮すべきであるが、会計年度における有形固定資産の市場価格の変化額と等価になるはずである。無形固定資産は償却されないだろうが、その

代わりに損益計算書には、利益からの控除額あるいは増加額として同様に時価変化額を反映させる。

筆者の考える費用は、従業員（あるいはほかの者）に報酬として付与されるストックオプションに関連して、固定価額で株式を売る自社の債務の時価変動を反映したものとする。もしオプション時価が増加すれば費用を報告することになる。もし時価が下落すれば、負の費用を報告するだろう。

その結果、損益計算書に内在する未実現損益をすべて報告し、会計年度中に発生した時価変動だけを報告することになる。損益計算書上で報告される実現損益は、前期の貸借対照表と処分日との間の資産・負債の時価の変化額と等価になるはずである。

所得税に関しては、納税額（あるいは当期支払額）と等しい費用を報告し、当年度に発生した将来の税金負担に関する予想影響額を表示する。繰延税金負債に関しては容易に利用できる市場価格がないので厄介である。この場合、繰延税金負債を実際には考えるべきではない。

自分たちの方法が、筆者の想定する方法より、財務諸表利用者にとってより有用であると感じた場合は、上記とは異なる自分たちの方法を検討してほしい。解決しなければならない問題は無数にあるだろうが、筆者はここですべてを論じるつもりではない。QFRの下で徹底した完全な情報を提供し、財務諸表利用者の不確実性を減少させることを目指せば、個々の問題は解決されるはずであると言えば十分であろう。このような自由が、単に自社の外見を良くする方針を選択するためのものであると読者が思うのであれば、この方針を考えるのをやめるか、あるいはQFR経営者と名乗るのをやめるべきである。覚えておいてほしいのは、QFRの目的は、利用者が過去に何が起きたのか、現在何が起こっているのかを理解するのを助けることであり、そして今後起こることを予想できるようにすることである。補足の時価計算書は、経営者が財務上の美容整形を行うことを目的としたもので

はない。

再び利用者の声

本章を終える前に、時価会計に移行することに関し、AIMRからの引用をもうひとつ付け加えたい。

「AIMR会員は時価に関する異なる見解をもっている。ほとんど全員が時価の開示、少なくとも金融商品の時価の開示には賛成である。情報開示することでアナリストの利益を損なうと考える者はいないようであり、また少数を除いて、時価による情報開示が有益であると考えている。大部分は取得原価を時価に代えて報告することに反対しているが、少数派ながら有力なグループがこれに賛成している。大部分は金融資産から実物資産まで時価会計を広げることに反対しているが、少数が賛成している。時価会計が強制されるのであれば、貸借対照表の貸方と借方の両方に冷静に適用すべきであるということに、ほとんど全員が同意している。値洗いされるのは、値洗いが可能な特定の資産および負債だけであることに全員が同意している。つまり、企業全体を時価評価するのは財務報告ではなく財務分析の領域である」(p.38～39)

表面的な類似点に戻ると、このコメントが連想させるのは、あるファストフード顧客がチーズバーガーよりもハンバーガーを常に好み、またある顧客は常にハンバーガーよりチーズバーガーを好むということである。同じように、ある証券アナリストは現状で情報が提供されることを好むが、ほかのアナリストは自分の要望をより有効に満たすことになるまったく異なる情報を好む。時価に関する補足報告は要求への対応であり、これはSFAS第89号で一般に認められ、促進されて

いる。FASBのように、筆者はこれを推奨するが、筆者にはこれを強制する権限がないし、この権限を持ちたいとは思わない。

　利用者がこのような時価に関する補足情報を得る場合、どのように感じるだろうか。以下の引用はAIMR研究論文の中心的執筆者であるピーター・ナトソンの言葉であるが、アカウンティング・ホライゾンズ1998年6月号で公表された「財務会計基準の評価にAIMR財務会計方針委員会が採用した基準（Criteria Employed by the AIMR Financial Accounting Policy Committee in Evaluating Financial Accounting Standards）」という論文からの抜粋である。

　「財務会計基準（FAS）第33号の『財務報告および物価変動』が無効になったことをわれわれは嘆いている。これによって概算額ではあったが、われわれ多くにとって参考になり役立つ情報が提供されたはずなのだ」

　ここに、賢明なアナリストが求める意見が明確にこめられている。GAAPの範囲を超えて、情報提供を確実に行うことに大きな意味があると考える。その選択は読者自身がするものである。

注

1．奇妙に感じられるかもしれないが、公開草案に対してFASBに送られた意見文書ではたった37％にしか支持されなかったため、この題材は議論を呼んだ。今振り返ってみると、目的が曖昧すぎたようだ。そのときは古い慣習を新しい慣習に変更するという新たな挑戦であった。ほとんどの会計士は、情報供給側ではなく情報需要側に重点が置き換えられたことに対して不快感を覚えていた。多数の会計士が現在でもいまだその状態にある。

2．ポール・ミラーは1982年から1983年までこのプロジェクトに任命され、FASB職員の一員になる幸運に恵まれた。この立場から、彼は、一般大衆には見ることができないことを含めて多くの経験をすることができた。

3．同じ分析は負債にも当てはまる。結局、売掛債権はカウンターパーティーにとっての買掛債務になる。

4．企業の推定本源的価値は、企業に関連するリスクを前提として、キャッシュフローを市場金利で割り引いた予想将来キャッシュフローの現在価値である。資産と負債についての時価を公表することで、（リスクが縮小することになり）割引率は縮小し、（推定キャッシュフロー流入額が増加することによって）予想キャッシュフロー数値が増加するだろう。この結果、推定本源的価値は増加することになる。そして、この増加した推定額によって、資本市場はより高い水準に企業の株価を押し上げることになるだろう。

5．こうしたデータベースは簡単に入手できないという異論に対し、QFRへの変更によってこの需要が大きく増大し、サービスの価値も高まり、結果として入手可能になるだろうと筆者は予想する。近い将来に、この需要は供給が増加することで満たされるだろう。

6．現在の貨幣価値で測った売却価額としての時価と、取得日時点における貨幣価値で測った取得原価として時価との差を当該有価証券の売却差損益として、納税者がキャピタルゲインあるいはロスの計算を行う場合、この不合理が所得税法の下でも存在することに注意すべきである。明らかに不公正であるにもかかわらず、議会はインフレの影響を認識すれば課税価額を縮小させて税収が減少してしまうことを懸念して、現実には損失が発生しているため課税されないはずであるのに、取得原価では利益が発生しているため課税するいう政策を変更しようとはしないだろう。

7．第8章の注で、地球が太陽の周囲を回っているのであり、この逆

ではないと唱えたコペルニクスおよび彼が唱えた既存の考え方を大きく揺るがす論文について記述した。この考え方自体は有効な考え方であったが、他方でコペルニクスは天体が天球であり、さらにもっと小さな球体（周転円と呼ばれる）であると信じている点から考えても、まだ古い考え方にとらわれていた。パラダイム・シフトは、創始者であっても完成させることはなかなかできるものではない。

8．利用者（特にAIMR）からの要求に応えてFASBがSFAS第130号を公布した。そのために、経営者は包括的利益の報告を義務づけられ、包括的利益にこの項目を報告している。本来は、経営者はこの情報を開示する意思はなかった。

9．GAAPが無意味で欠陥がある例として、売買目的有価証券ポートフォリオでの有価証券投資の未実現損益は損益計算書に計上されるが、売却可能証券および満期保有証券のポートフォリオでの投資の未実現損益は損益計算書上に計上されない。

10．筆者は「実行できない者は、教えることができない」という古い格言があることをつい思い出してしまう。基本的に、経営者および会計士が他人から言われてから受動的に動くのではなく、うまくいくように独自の方法を見つける形でQFRの理想を実現したい。

11．営業権を情報供給側の従来の発想として考えると、実体がなく非常に厄介なもので、営業権の対処方法についてはバルク・レブ（第8章を参照）ほど確かな考えはない。重要なことは、営業権に関しては財務諸表利用者が知りたいと考えているということだ。けっして、筆者が報告されるべきであると考える情報でもないし、経営者が報告したい情報でもない。さらには監査人が喜んで監査したい情報でもないのである。第7章では、経営者が買収日付で営業権を消却すべきであるというAIMR委員会の要求を引用した。この処理が広く使用されるようになれば状況は改善されると筆者は考えている。

第16章

QFRの方法──パートⅠ
How to Do QFR—Part I

　昔から、「ハウツーもの」ほどよく売れる書物はないと言われてきた。『ポピュラー・メカニクス』のような人気のある雑誌、無数のドゥ・イット・ユアセルフの本、ダミー・ガイド、無数のウエブサイトおよび多数のケーブルテレビのショーなどは、土なしでトマトを育てることから、巣箱の作製、空を飛ぶ自動車を作ることまでさまざまなことに話題が及んでいる。本書では、QFRの概念について説明し、QFRのパラダイムに移行するメリットに賛成しつつこれまでの15章を進めてきたが、もっと具体的な話をしなければならないということを痛切に感じている。

　したがって、本章および次章では、理論的な議論から離れて、QFR概念を財務諸表の特定分野に適用する具体的な方法論を短く述べ、筆者の基本的考え方を読者と共有できればよいと考えている。[1] 本章では、簿価会計、在庫フロー、リース、不動産、工場および設備、無形資産、企業結合、および債権および債務について議論する。各パートを見ていただければ分かるように、簡潔に背景を示しながら、一般に公正妥当と認められた会計原則（GAAP）履行を目的とする従来の最小限の方針に基づいた報告方法、GAAP順守と修正財務諸表の作成を同時に可能にする方法、さらにQFR達成のための補足情報の開示方法を順番に説明する。

各パートを読むに当たってひとつ注意しておきたいことがある。QFRは、より生産的なコミュニケーションに結びつく考え方であるということだ。具体的に、2つの状態を考えてみる。ひとつは、適切なコミュニケーションをとる気がないから正しい態度をとれない状態。もうひとつは、正しい態度をとらないから適切なコミュニケーションがとれない状態。このような2つのことは同時に起こり得る。つまり、単に形式的に次の方法を実行しようとしても、QFR経営者にはなれないということである。

簿価会計

筆者が話を展開してきたように、筆者は（ハーバード・ビジネス・スクールから1987年に出版された『レレバンス・ロスト──管理会計の盛衰（Relevance Lost）』（白桃書房刊）の著者のトム・ジョンソンおよびロバート・キャプラン教授のように）、簿価会計では人々が期待する情報をほとんど伝達しないという結論に達している。その欠点は、直接的に観察できるものではなく、通常、予想や仮定に基づいて、諸経費を一律に配分することに依存するところから発生している。この結果は、平均取得原価測定値の合計にすぎないため、有効性の低い数値となっている。別の欠点としては、簿価会計では生産工程が製品に付加価値を与えていることを認識することができない点である。その結果、GAAP損益計算書は報告期間に対応する業績をかなり誇大表示することになるが、GAAP貸借対照表の売れ残りの在庫測定値は、その価値をかなり過小評価していることになる。特に損益計算書においては売り上げが発生するまで付加価値の収益を認識しないので、これによって生産工程で付加される価値を過小表示することになり、マーケティングからの収益を誇大表示することになる。この非常に保守的なアプローチは、可能なかぎり最後まで収益を報告しないよ

うにする監査人の姿勢が原因であると筆者は考える。彼らはこれまで有効な情報に対する需要を無視してきたので、利用者が情報不足の環境下で最終的な意思決定を行わざるを得なくなり、結局は資本コストを高めて株価を低下させることになった。

従来のGAAP

　従来のGAAPの方針では、経営者が製品および事業活動に間接費を配分するために、グループ分けを行ってさまざまなコスト分析を行っている。活動基準原価計算はグループの数を増やすことで、コスト分析をより論理的に行っている。しかし、このプロセスでは、依然として市場評価ではなくコスト配分を行っている。生産ライン管理あるいは在庫管理をこのように行うためにGAAP情報を使用するのは、もうやめてもらいたい。ここで情報提供される数値は、平均数値でありコスト配分の結果でしかないため、将来キャッシュフローの評価などの内部的および外部的意思決定において役に立つ情報とは言えない。それにもかかわらず、GAAPには準拠しているので、どうにかその場をつくろうことができてしまうのである。

修正GAAP

　経営者が自力で在庫に関する会計情報の品質を向上させることができるだろうか。筆者が知るかぎりでは、GAAP財務諸表そのもののなかには品質向上が期待できる点はそれほど多くはない。簿価会計をさらに改良しても、異なったコストとなるだけであり、本質的な問題はそのまま残ることになる。経営者はこの数値を信じてはならないし、利用者に信じてもらえると思ってはならないという点に留意すべきであろう。

補足開示

経営者が生産工程に関して補足情報開示を頻繁に行うことで、GAAP財務諸表を補足することができると考えられる。具体的には、仕掛品および製品の在庫の時価について情報公開することだ。さらに、将来のキャッシュフローは、商品の販売に大きく左右されることを示す適切な注意書きをしたうえで最終的な売値を予想することも、有効な情報開示手法と考えられよう。

在庫フロー

在庫管理に関しては、最近の数十年間にわたりまったく改良されずに放置されてきた。経営者は、製品の品質改善や生産ラインの拡張には力を注いできたが、在庫が事業展開を行ううえで重要な要素であることも合わせて認識している。したがって、トヨタ看板方式の広範囲な普及とともに、内容、規模および配置の管理については非常に注目されてきた。こうした背景があるにもかかわらず、GAAPは第二次世界大戦以降、ほとんど変わっていない。さらに、これらの会計実務の目指すところが、資本市場に対する有効情報の提供にはなく、所得税に対する配慮に大きく影響を受けていることはあまり知られていない。第5章および第12章で説明したように、GAAPにおける在庫フローの処理方法では、株主に誠実な行動ではあるが財務諸表の外見を悪くするか、株主に対して不誠実であるが財務諸表の外見を良くするかのどちらかを受け入れるように経営者は選択を迫られている。これは経営者にとって辛い選択であり、ある意味犠牲者になっているとも言えるが、結果として資本コストが必要以上に高くなってしまっている。

従来のGAAP

最小限のGAAP財務諸表を作成するためには、合理的な方法を選択し使用しなければならない。LIFOを使用すれば、所得税をある程度を繰り延べることができるが、報告される利益の幅および純利益自体は少なくなる。FIFOを使用すれば、損益計算書は外見がより良くなるが、株主の資金を内国歳入庁に必要以上に多く納税することになる。従来のGAAPでは、情報供給者が自己の裁量でLIFOかFIFOを選択し、情報を消費するものがこの選択を受け入れるしかなかった。

修正GAAP

LIFOを選択するほとんどの経営者はFIFO数値での情報開示を始め、LIFO手法へ変換するための変数を使用してLIFOに変換する。その結果、彼らの手元にはFIFOとLIFOの両方の数値があることになる。わざわざ推測する必要がないように、財務諸表利用者との間でこの情報を共有することは意味がある。この情報開示の最も簡単な方法は貸借対照表でFIFO数値を表示し、これからLIFO引当金（何だかおかしな言葉だが、従来からLIFO引当金と呼ばれている）を差し引くことである。もし、LIFOに変えないでいまだにFIFOを使用しているならば、FIFOを採用していることで不要な税金をいくら支払っているのか計算してみるべきであろう。

筆者はまた、棚卸資産の取替コストの近似値として、貸借対照表にFIFO数値を記載する一方で、損益計算書の売上原価および売上総利益を測定するためにLIFO数値を使用する「LIFO／FIFO」と呼ばれる手法にも注目している。[2] 2つの方法における期末棚卸資産の評価方法の違いは、含み益に関して、一方は未認識だが、もう一方は完全に実現されている点である。経営者は税務申告でこの含み益の計上を省

略し、納税をいくらか回避することになる。残念なことに、GAAP損益計算書における含み益計上の省略が影響して、この報告書は資本市場にとって不完全あるいは不適当になっているのである。

棚卸資産会計において改善されるべき課題は、経営者の自由裁量に内国歳入庁がさらに厳しい規制を課して管理運営すべきだということだ。内国歳入庁および財務報告監督機関が、多くの面で税務の規定とGAAP会計の規定とが著しく異なっているにもかかわらず、何の措置も講じていないため、筆者はこの問題がまだ解決されていないことに時代錯誤の感を抱く。より意義のあるものにしていくには、60年以上も前のLIFO容認規定を見直すことが必要である。なぜなら、資本市場に十分な情報公開を行うという公益目標に反していると言わざるを得ないからだ。

補足開示

繰り返しになってしまうが、前節で記述したように棚卸資産に関するあらゆる補足開示を実施することによって、QFRに近づくことを経営者に推奨してきた。要するに、売却が可能であると仮定して、棚卸資産の卸売りおよび小売りの価格を表示することが大切なのである。

本章および次章のパートで繰り返されるテーマは、第15章で概説したように、一連の時価ベース財務諸表の補足情報を示す方法にかかわるものである。この場合、時価ベース損益計算書は、売上原価ではなく売上製品の時価として控除される額を表示することになり、これによって、報告収益を製品販売から得られた販売利益の測定値と認識することが可能となる。このように、利益がどこからもたらされたかを明らかにするために別の科目が製造工程中に加えられた価値を示すことになる。こうすることで、その期間の付加価値活動に利益構成要素が関連づけられることになる。

時価ベース貸借対照表は明確に期末棚卸残高の時価を報告するはずである。別の付属明細表によって、棚卸資産のさまざまな測定値およびその増減を、次のように会計年度ごとに表示することができる。

	原価	卸売	小売
期首棚卸残高	5000ドル	8000ドル	1万2000ドル
購入	2万ドル	2万2000ドル	3万3000ドル
吸収合併による取得	7000ドル	7000ドル	1万3000ドル
新規製品	2万3000ドル	4万ドル	5万ドル
売上高	－4万ドル	－8万5000ドル	－5万8000ドル
期末棚卸資産残高	1万5000ドル	1万9000ドル	2万3000ドル

投資資産

これまで、市場性のある有価証券の会計実務について詳しく記述してきたが、ほとんどの状況では、そのような有価証券は比較的低い金額しか保有されない。しかし、特定の企業および産業全体としては非常に大きい投資を行っているので、このテーマは重要である。さらに、現在の状況では時価測定値の信頼性に関する問題点についてはほとんど取り組まれていないので、そのような点への新たな取り組みという意味で重要である。

この背景となる歴史は、GAAPは最初に取得原価法を導入し、1970年代にSFAS第12号で低価法に公式に変更され、さらに現在はSFAS第115号の下で両方の混合方式になっている。この基準に従って、有価証券は分類され、表16.1で示されるように情報が報告される。投資資産のポートフォリオ分類は、経営者がすぐに売るつもりである（売買目的有価証券）、あとで売る予定である（売却可能証券）、あるいは満期まで保有する（満期保有証券）という区分がなされている。

表16.1 有価証券の分類および報告のSFAS第115号方式

有価証券	貸借対照表	未実現利益／損失	実現利益／損失
売買目的有価証券	市場価値	損益計算書で年次の価値変化を報告	利益から前年度の市場価値を差し引く
売却可能証券	市場価値	貸借対照表の株式セクションで取得時以降の蓄積価値変化を報告	利益から取得原価を差し引く
満期保有証券（債券のみ）	原価償却費用	なし	利益から償却後の帳簿価額を差し引く

従来のGAAP

　GAAPを最低限順守するだけであれば、損益計算書上で変動性を読みとるのに有効な情報を排除するように投資資産を分類すればよい。したがって、すべての投資資産を売却可能証券あるいは満期保有証券に分類することになろう。報告利益を操作するような場合、希望する実現利益あるいは損失を報告できるようにこの２つのポートフォリオのなかからどの有価証券を売却するのかを決定するのがよかろう。曖昧な情報発信を行っていることを気にしてはいけない。外見が良くなることが大切なのだから。

修正GAAP

何が発生しているかに関してもっと多くの情報提供を行うために、全保有有価証券を売買目的有価証券として分類し、有価証券に内在するリスクによってもたらされる潜在的な変動性を財務諸表に反映させるようにすべきである。[3] 保有するか売却するかを決定する場合、この決定は報告利益の数値に影響を及ぼすことはない。なぜならば、いずれにしても含み損益は損益計算書で報告されているからである。この処理は、従来のGAAP報告によって情報開示されている平滑化された業績よりも、利用者が要求する情報にはるかに近いものである。この改善された情報は、自社の株主が抱えているリスクを縮小するはずであり、さらに株主の意思決定を改善させるだろう。

補足開示

修正GAAP財務諸表は時価会計を採用しているので、ほかに情報開示する必要がある項目はさほど多くないはずである。特に、時価ベース貸借対照表および損益計算書は修正GAAP財務諸表と同じ情報を表示することになるだろう。投資活動が活発であるケースでは、以下のような財務諸表の要約になる。

期首投資資産残高	2000万ドル
購入価額	6500万ドル
時価変動額	−1300万ドル
売却価額	−3700万ドル
期末投資資産残高	3500万ドル

リース

　資産を所有しないで資産をリースすることについては、財務上あるいは営業上のメリットがあるかもしれないが、たとえリース賃借人が資産を管理し、リース賃貸人に対し債務があるとしても、リース賃借人がSFAS第13号の精神を踏みにじって、リース賃借人の貸借対照表に資産および負債を計上しないようにすることを目的として、大多数の事業リースが実施されているということはよく知られている。この簿外資金調達を行うことで、リース賃借人が損益計算書で報告すべきである支払利息の金額を減らすことになるが、既存および将来の債務返済能力を評価するときに誤解を招きやすくなる。たとえ経営者がGAAPの制約を回避する意図がない状況で簿外リースの契約を締結したとしても、結果は同じである。財務諸表利用者は、直接的な方法では情報提供が不十分であるため、結局は、何が起こっているか把握できる十分な情報がないまま投資の意思決定を行っているか、あるいは実態調査を行うためにお金を無駄に費やすことになる。最終結果は、リース賃借人は高い資本コストを負うことになり、経営者が資本市場を欺いて不当に利益を得ようとしていた当初の目論見とは反対の結果になる。

従来のGAAP

　すべての経営者が自社の財務諸表の見た目をよく見せたいだけなら、リース会社と一緒に仕事ができるように、リース契約が4つのSFAS第13号の基準をクリアし、オペレーティング・リースとしての条件を満たすように監査法人に処理させればよい。これによって、資産の報告書上の残高を小さく見せ、総資産収益率を増加させ、また貸借対照表からリース債務を省略して負債資本比率を減少させることになるだ

ろう(念のため申し上げるが、この負債はまだ存在する。ただ報告されないだけである)。経営者がこの処理を支持する理由は、資本市場が、①この策略に気がつかないで、だまされて株価を競り上げて高値になる、②この策略を発見するが、経営者の巧妙な詐欺行為を評価し株価を競り上げる——という状態になると信じている場合である。この問題がもっとひどいと思われるのは、自ら進んでリース会計を取り入れる経営者は債務を報告することから逃れるために、かなり高い実効金利を適用されて、株主の資金をリース賃貸人に過大に支払っていてもまったく気にしないことである。

修正GAAP

対照的に、QFR経営者がいくつかのリースには経済的メリットがあることを理解しており、そのメリットを享受するためにリース契約をしていることを筆者は知っている。彼らは誤解を招きやすい財務諸表をつくるように、わざわざリース契約を操作したりはしないだろう。また、信頼性の不足、有効な情報の不足およびこのリースの資金調達コストがほかの負債より高いという事実のため、これを実行すれば、資本市場が混乱して、株式価格を減価させることになるということを知っている。オペレーティング・リースの脚注での情報開示は、使用した根拠の説明、また条件の記述があれば完全なものになる。

補足開示

ほとんどのGAAPの項目と同様に、SFAS第13号もリース資産およびリース負債の時価の開示をリース賃借人の貸借対照表に要求していないために、有効な情報を提供できていない。したがって、QFRを求める経営者は、単に償却後の帳簿価額ではなく、報告日における時

価を用いて時価ベース貸借対照表にリース関連項目の報告を行うだろう。さらに、時価ベース損益計算書において、取得原価基準ではなく時価基準の償却費用および支払利息を開示するはずである。

さらに、GAAP財務諸表のオペレーティング・リースとして分類されているどんなリース取引も、時価ベース貸借対照表のなかでは、資産勘定に計上されるように処理することを提案する。第12章で述べたように、財務会計基準審議会（FASB）およびほかの基準制定者は、GAAP財務諸表に有効な情報を提供する義務があるならば、リースはすべて資産勘定に計上されるべきであるという研究報告を行っている。今後、このようなGAAPの発想をさらに超えてリース資産およびリース負債の時価を報告すべきであろう。

有形固定資産

これまでの各章のさまざまな場所で有形固定資産（PP&E）の会計実務について詳細に説明した。GAAPで容認された処理では、GAAPの変形基準3つすべての要素を取り入れることになる。つまり、PEAP（政治上便宜的な会計原則）、WYWAP（何でもありの会計原則）およびPOOP（陳腐化した会計原則）である。有形固定資産は金額が巨大であるにもかかわらず、この資産は、簿価（取得原価から減価償却累計額を差し引いた金額）が貸借対照表上に報告され続けており、予想（したがって、証明できない）耐用年数の期間にわたる減価償却で取得原価を配分し、これによって測定され続けている。AIMRがSFAS第33号の情報開示を天の恵みと呼んだことを思い出す。有形固定資産の推定時価がこの開示方法には含まれていた。つまり、GAAP報告が利用者に提供する情報と利用者が要求する情報との間には大きな断絶があるということである。

従来のGAAP

現状の報告内容で満足している経営者は、報告費用を低く抑えるために有形固定資産の購入を継続して、一定額の関連支出を資本勘定に計上することができる。減価償却に関しては、外見を良く見せることが目的とされており、一般的には年間の償却額をより少なくすることが有利とされている。他方では、必要に応じて、減価償却を加速することもできる。そうすれば短期的には厳しい状態になるが、長期的には良い結果を生むことになるであろう。コストが徐々に低下して、報告上の純利益が徐々に高まっていくからである。もちろん、このようなことをして高株価がもたらされるようになると経営者が考えているのであれば、GAAPの制約および経営者の悪意に関して資本市場が無知であるという空想を経営者が抱いているとことになる。

修正GAAP

修正GAAP財務諸表を作成するには、経営者は当初の資産簿価を購入期日の時価と比較的近い数値に設定しなければならない。これを達成するためには、時価を増加させないイニシャル・コスト（例えば売上税）を費用計上する必要があるだろう。次に、財務諸表利用者に対して、報告利益数値の有効性が償却金額の有効性に大きく依存することを注意深く警告したうえで、適切な減価償却スケジュールを作成し実行すべきである。FASBが、SFAS第33号の実験を無効にするためにSFAS第89号を発行したとき、FASBは、経営者が時価情報を報告することの実践と継続を推奨している。つまり、経営者は現在のGAAP基準の限界を克服したうえでGAAPの順守も同時に行うことができるのである。

補足開示

異なる耐用年数あるいは異なる会計方針を用いたときに認識される減価償却費についての感応度分析の結果を示すことは、財務諸表利用者にとって非常に役立つ情報となる。経営者は、十分な情報を入手できない利用者よりもこの情報を容易に作成することができる立場にある。もっと有効な情報は、時価ベース貸借対照表で補足開示することが可能な資産の時価情報である。これは、時価の平均値あるいは中央値の範囲という形式でも報告可能であり、その結果、利用者は開示された数値の信頼性をよりはっきりと確認できる。また前述のように、減価償却費の記載金額として意味のある数値は、生産的資産の時価変動額そのものであると筆者は考えている。さらに、第5章で記述したように、有形固定資産の期首および期末残高の数値があれば、利用者にとっては役立つ情報になると思われる。

要するに、QFRを追求すれば、資産についてGAAPの下で現在開示されているよりも豊富な情報を報告することになる。

無形固定資産

これまで多くの人々が無形固定資産に関する問題に取り組んできた。それによって、非常に数多くの検討内容が将来に実施されることになるだろう。最も興味ある研究のいくつかはバルク・レブ教授によって推進されている（第8章を参照）。これまで、さまざまな財務報告関係者の間で利害が一致しないせいで問題が複雑化してきた。これに輪をかけて、ほかのさまざまな理由のために複雑さが一層増している。このような状況で、問題解決にいたる糸口が見つからない理由として、虚偽の外観を察知する資本市場能力が認識されていないこと、あるいは報告すれば付加価値が明らかに生まれるのに付加的な報告を強制さ

れていないことが挙げられよう。

簡単な解決策はない。けっして、無形固定資産に関して有効な情報報告を行う簡単な方法があると提言するつもりはない。しかし、QFRパラダイムを採用すれば、現在GAAPの下で達成されている報告内容よりもさらに有効な情報提供を実現することになると筆者は確信する。

従来のGAAP

たとえ多くの経営者がGAAPの制約の範囲内で財務報告を行っていたとしても、同時に二種類の方法で無形固定資産を会計処理することはできない。また、無形固定資産の一部の原価は資産計上され、ほかの部分の原価が費用計上されることになるが、無形固定資産を資産か費用かの一方のみで会計処理することはできない。資産計上された原価の合計は資産価値と一致しないし、過去のアモチゼーションにかかる会計処理によってさらに混乱した状況となっている。例えば、研究開発費を例にとってみよう。SFAS第2号に準じれば、この原価は速やかに費用計上されなければならない。しかし、SFAS第86号に従えば、ソフトウエア関連のいくつかに関しては、開発費が資産計上されることになっている。特許権を資産計上するには、特許権の取得あるいは維持するために発生するコストであることが必要である。とはいうものの、特許取得にかかった累積コストが必ずしも特許権の真の価値であるとはかぎらない。企業結合が持分プーリング法ではなくパーチェス法によって会計処理される場合、営業権が貸借対照表上に現れる。自社開発を行った研究開発資産および営業権は認識されないが他社から研究開発資産および営業権を購入する場合であれば、無形固定資産として計上できる。GAAPを順守するだけであれば、教育、採用、マーケティングにかかる費用を資産計上したり、知的財産およ

び商標を認識したりする必要はない。有形固定資産を認識することを踏まえれば、過大なキャッシュフローを発生させる目的で無形固定資産を利用してもかまわない。結局、監査人が財務諸表をコントロールしているのである。また、規則に関して言えば、FASBは2001年にSFAS第142号を発行し、多くの無形固定資産の償却の廃止、および減損会計の実施を要求した。しかしここでも、時価が増加する場合は報告する必要はなかった。つまり、監査人は依然としてコントロールできる立場にあると言えよう。

無形固定資産について、従来のGAAP処理が不明瞭だと認識しているのであれば、QFRの考え方に賛同してみてはどうだろうか。

修正GAAP

無形固定資産に関する情報の特徴は、情報提供をしていること自体は重要であるが、財務諸表利用者にとって十分に信頼できる情報になっていないという点である。一般的にこの状況を勘案すると、無形固定資産の大部分を償却し、費用の処理内容や費用の根拠を記載した情報を提供すれば、修正GAAP財務諸表がさらに有効なものになることはまちがいない。何よりも、この方針で会計処理を実行すれば、資本市場参加者に敬意を払うことになり、財務諸表作成に当たって無意味な会計方針選択をして参加者を欺こうとしているとみなされて面倒なことになるリスクを回避することになるであろう。

補足開示

前述のとおり、QFR情報を作成するための最適な手法は、利用者が把握できるように、認識・未認識にかかわらず無形固定資産に関する情報をすべて補足開示することである。無形固定資産の出所および

将来のキャッシュフローの要因となり得ることを記載した完全な開示を行うべきである。特許または著作権のように企業から切り離して考えることができる場合には、その事実および推定時価を記載するのがよい。例えば知的財産および営業権のように企業にとって固有のもので、個々に売却することができない場合には、その旨を記載するべきである。無形固定資産を評価する場合、付属明細表に単一の正確な数値を記載するのではなく想定される数値の分布を掲載するべきである（だれも単一の数値だけでは信頼しないだろう）。自社の監査人には、これらの記載情報の信憑性を高めるよう努力させるべきである。ただし、監査人はこの評価をするうえで自らを窮地に追い込むようなことにはならないことを理解してほしい。まあ、このようなことはやっておいたほうがよいという程度に認識しておくのが妥当である。

現状の記載については差し控えたりせずに、また評価において保守的になりすぎないようにすべきである。事実と判断できる情報を提供し、市場に独自の分析をしてもらえばよいのである。市場に信頼してもらいたければ、それ相応のことをやらなければならない。

企業合併

これまでに、企業合併に関しては、既存の会計基準に問題があるだけでなく、新しい会計基準にも問題があるということを数多く論じてきた。実際、企業合併については、合理的な判断能力に欠ける経営者がさまざまなことを行ってきた。ある場合には、企業文化が反発しあっており、なおかつ買収に法外なコストが伴うにもかかわらず、当該合併が有益であると見誤って、判断ミスを犯すこともある。別の判断ミスとしては、合併を記載するときに用いられる会計方針に持分プーリング法を採用し、合併の結果が悪くなる場合にも、この会計処理を行うことが認可されていることである。2001年の夏まで、持分プーリ

ング法がよく利用されていた理由は、経営者がこの方法を使うことで①真の買収原価を隠すことができ、②被買収企業の前期の利益を連結損益計算書にそのまま計上することができ、③連結損益計算書では営業権の償却を行う必要がないので、将来により大きい利益を計上できた（ただし計上できるだけで実際には利益は出ていない）——からである。前述のように、この思考プロセスは驚くほど短絡的であるが、優良企業でもかなり一般的な考え方であったようだ。

しかし、パーチェス法を使用することを経営者に要求するFASBの新しい基準（SFAS第141号）でさえ、大きな問題をはらんでいる。要するに、この会計方針では時価で被買収企業の資産および負債を計上し、買収企業の連結貸借対照表上の資産および負債の簿価に単純にそれを加算する。第7章で引用したAIMRの証券アナリストの言葉のとおり、単なる「寄せ集め」である。

買収の内容を正しく開示するということは、買収が発生する前と後の両方のタイミングで資産および負債の時価を再表示して初めて達成することになる。時価会計の世界では、これまでの会計問題を考慮して、企業結合をデュー・デリジェンスによる情報収集に基づいて処理している。

従来のGAAP

伝統的GAAPを使いたいと考えるということは、真実の情報を記載しない財務諸表を作成することが、自分や株主にとって有益であると考えている証拠であろう。利益を大きく表示し資産を小さく表示することを良しとするのは、それによって株価が高くなると考えているからである（しかし、結局は厳しい現実を突きつけられて、そんな空想的な考え方を改めざるを得なくなるだけであろう）。

修正GAAP

　企業合併に関する有効な情報を作成するにはGAAPは不適切であることに気づけば、財務諸表を操作するゲームのようなことをやめるだろう。そんなことをする代わりに、一緒になる二社の企業文化をコントロールすることに労力と時間を使って、高い利益分配を目指すだろう。無形固定資産、あるいは企業合併のときに発行する交換株式の株価に、やたらと策を講じてはならない。市場は何らかの方法でこうした不正を発見するということを肝に銘じたうえで、真実をただ報告するのがよい。そうすれば、市場は経営者の意見に耳を傾けるようになるだろう。市場は経営者が正直であることを評価し、より高い株価で報いるだろうと考えられる。それでもゲームをするというのであるならば、そんな経営者はもはや年貢の納め時である。

補足開示

　補足の時価ベース貸借対照表とは、新企業の買収に関する有効な情報が記載されているものであると筆者は考える。しかし、数値を埋めただけで、記載についての説明は不要であると考えるのは誤りである。そのコスト、付加価値、および買収が適正であったことの明瞭な根拠に対する説明に労力を費やしていることは評価すべき点である。何の策も弄することなく資本市場の判断に任せるべきである。なぜならば、策を弄することで低い株価および高い資本コストがもたらされることは明白であるからだ。現実よりも外見を良くすることはまったく意味がない。

売掛債権と買掛債務

　売掛債権と買掛債務の会計処理に関するGAAPの規定に問題があるということに違和感を抱く方がいるかもしれない。これまで、30年間この会計方針には大きな変更はなかった（会計原則審議会意見書＝APBO第21号は1971年に公布されたが、ここでは売掛債権と買掛債務に対してほとんど対応がなされていない）。現状はこの事実のとおりであるが、ここでも重大な問題点を指摘することができる。そのほとんどの理由が、GAAPと内部統制問題とを結びつけて考えてしまうことに起因していると考えられる。見て分かるように、財務諸表の資産および負債の表記は、請求書作成や現金支払処理を管理するときに使用する補助元帳の残高を示しているだけである。回収不能の売掛債権の推定金額の縮小は行っているものの、会計士は売掛債権と買掛債務に関する最も有効な情報は回収されたあるいは支払われた金額の合計額であると考える。[4]

　APBO第21号では、通常の売掛債権および買入債務を現在価値に割り引かないことを推奨している。会計制度がコンピューター化されているにもかかわらず、時代を逆行させる作成者の無駄な労力を省こうとする措置である。この省力化による除外措置は今日の技術水準を考慮すれば違和感を抱かざるを得ないが、次世代のコンピューターが数カ月後に登場したときにはさらに奇異な感覚を抱くことになるだろう（新しいマシンを買ったばかりならば、すぐにそれを感じるであろうが）。

　この点は別にして、長期手形に関しては、現在価値を算出するときには市中金利の動向にかかわらず当初の割引率を満期時まで適用することが義務づけられているので、GAAP財務諸表の情報は有効性を失ってしまう。FASBは負債の測定に関する問題解決に幾度も取り組んできた。1977年にもSFAS第15号を発行したが、基本的に市場金利

水準を考慮に入れなかったので効果はまったくなかった。その後、FASBは16年の歳月および99の規則改定を経て、SFAS第114号で遅ればせながら改正を実施したのである。しかし、債権者は不良債券が明確に市場性を失ってもその後長い間、当初の市中金利を使用し続けることが認められており、報告損失を小さく見せることが可能だったのでこの努力も無駄であった。FASBから監査人や特に銀行の会計士まで、元本のキャッシュフローと金利のキャッシュフローとは異なるはずだという主張を繰り返している。このようなことは、粗悪な財務教育のせいで会計実務が低レベルになっていることに原因があると筆者は考える。元本も利息も同じようにお金が費やされることになるのであるから、同じキャッシュフローには違いないではないか。

また、未解決の問題としては複合証券、特に転換権付負債、広い意味で転換権付債権が挙げられよう。今のところGAAP報告では、通常の買掛債務および売掛債権として、発行者が転換証券を会計処理できるようになっている。たしかに、政治色を帯びた規定においては、転換権付証券を報告する安易な会計処理をやめて供給主導のパラダイムから脱却することができないかもしれない。しかし証券アナリストは、当然これらの証券を別個の取り扱いをすべきものとみなすに違いない。

従来のGAAP

GAAPの最小限の順守を達成するには、これまで実行してきたことを継続すればよい。つまり、債権と債務の時価変動を無視すればよいのである。従来からのGAAPにおける別の部分は銀行業で、「貸倒引当金」(loan loss reserve) と呼ばれる引当金を計上するゲームを行うことである。たとえ現実の状況が異なる場合でも、引当金を増減させることによって、その年ごとの変動性を年次報告書において平滑

化することができる。FASBが発行したSFAS第76号によってゲームが行われたが、これは実質的な権利消滅条件であり、これによって経営者は、財務諸表の外見を良くするためだけに、監査人である第三者に手数料として株主の資金を多額に支出することになった。

修正GAAP

　GAAP計算書を修正するには、期間および予想回収期日および支払期日の内訳を示す付属明細表を示し、債券と債務のデータに関する情報提供を行えば実現できる。この情報によって、1年以内に期日が到来する債権および債務がすべて同一のもので、また1年後の満期支払高がすべて同一であるという単純化しすぎた仮定を現実のものに近づけることができよう。さらに、経営者が売上債権と買入債務を割り引くことが可能であるとするAPBO第21号の規定を筆者は取り上げたい。これを実行すれば、売り上げ、費用および利息に関する損益計算書の情報の品質を向上させるとともに、資産および負債の貸借対照表上の記載をより分かりやすいものにできるだろう。財務諸表の細部を見れば、情報の品質を高めるためには多くの情報提供が必要であると考えられる。

　転換権付社債に関しては、おそらく以下のように、修正GAAP貸借対照表上で負債と株式の部分に合計額が分割されれば、より多くの情報が資本市場に提供されることになる。

転換権付社債
　　負債部分　　　　　　　2315万ドル
　　株式部分　　　　　　　 185万ドル
　　　合計　　　　　　　　2500万ドル

旧APBには政治権力がなく、経営者に対して真実を公然と言明することを強制することができなかったという事実があるが、それにしても、資本市場にこうした数値を推定させている現状には違和感がある。[5]

補足開示

　債権と債務は、経営者が、販売、譲渡、売掛債権買取りなどを行うことで実現できる市場価値を表している。この価値が変化するのは景気が上昇し金利の変化を映し出している場合である。したがって、ベル型曲線の適切なデータ分布の記載や、異なる条件での感応度分析を加えて、現在の価値を示す金額で補足の時価ベース貸借対照表にこの項目を記載すれば、QFRに近づくことができる。

　受取利息および支払利息については、無意味な帳簿価格で当初の古い利率を適用する、目隠しをされたようなGAAP方針を継続するのではなく、時価ベース損益計算書を用いて現在の状況を表すよう再測定されるべきである。こうしたより一層完全性を高める会計処理を行った結果、年度ごとの報告内容は金利の影響を受けて大きく変動することが理解できる。しかし、報告数値が現実の経済数値と同様に機能していれば、もっと有効な情報となると考えられよう。賢明な証券アナリストであれば、時価は変化しない、あるいは時価変動は問題とならないとする従来の前提条件ではなく、時価に基づいた概念を適用すると確信する。そうならば、アナリストが使用する数値の作成の推進には意味があることになる。

　不良債権に関連しては、妥協の産物である一般的な基準を満たしていたとしても、あらゆる側面から報告しようとする努力を怠ってはならない。最低の一般的水準にとどまる必要はないのである。そのうえ、真実をすべて説明する状態にいたっていなければ、市場が経営者を罰

するだろう。だれでも分かるように、ただ事実を明確に説明すべきである。市場は推測するので、市場が情報を入手できない結果として発生するリスクを減らすためにも、市場に情報を直接伝達して市場の情報収集の手間を省いたほうが得策である。前述のとおり、このような公平無私な姿勢によって、利用者は企業の提供する数値を頼るようになり、不確実性が減少するとともに利用者から信頼されるようになるので、最終的に資本コストが低下することになるはずである。

　転換権付社債を発行している場合は、自主的に負債と株式の部分を分離し、時価で表示することである。これは困難なことではなく、また財務諸表利用者が行うよりも経営者のほうが容易に確実に実行することができるはずである。

注

1．エンロンと関連した会計上の不正行為およびほかの詐欺行為に関する意外な新事実が数多く発覚しているので、エンロンの経営者がQFRから逃れる方法をどのように編み出したかという典型的な実例を第19章に加えた。

2．筆者の知るかぎりでは、この方法は、ジャーナル・オブ・アカウンタンシー1986年9月号にマイク・ボーハンおよびスティーブ・ルービンによって初めて記載された。筆者がアカウンティング・トゥデー2001年2月号に公表した論説は別として、この方法がほかの場所に記載された例を見かけたことはない。

3．もう一度繰り返すが、次の引用はAIMR委員会が平滑化について述べたものである。「発生時に取引が報告される財務報告であれば、財務分析が最も機能していると言えよう。平滑化の必要がある場合でも、平滑化を実施することはアナリストの職務範囲である。季節的な変動要因が財務諸表に見られる場合、変動要因を消すために平滑化し

て事実を隠すよりも、報告して説明するほうがはるかに望ましい」（『1990年代以降の財務報告』p.58）。

4．筆者は、「貸倒引当金」について何年間も教え続けてきたが、逆に「踏み倒し引当金」に関しては教えたことがないことにあるとき気がついた。まあ、このような対称的な関係は成り立つはずがない。もっと深刻な問題として、いわゆる基礎的預金（core deposit）に銀行経理担当者が苦しんでいるのを筆者は見てきた。基礎的預金とは、払い出されないで銀行勘定に残されている、預金者に対して負っている負債である。この影響を示すために、預金債務から基礎的預金を差し引くことが有効なように思える。しかし、多数が「無形の基礎的預金」として資産中の借方残高を報告することが良いとしている。

5．GAAP制定プロセスに政治的妥協に関する疑惑の形跡がある場合に備えて、1966年にAPBがAPBO第10号を公布し、株式部分を分離させるように要求したと考えるべきである。これに続いてAPBO第12号が1967年に出され、より多くのプロセスが履行されるまでAPBO第10号を履行することを控えるように推奨した。最終的に、APBO第14号が1969年に出され、会計士が株式部分を分離させてはならないとされたのである。特に公的に決定責任をもつ立場の者が優柔不断であると問題が起こりがちである。

第17章

QFRの方法──パートⅡ
How to Do QFR—Part Ⅱ

　第16章で省略した残りを本章では取り上げることにする。詳細に入る前に筆者が繰り返し言いたいのは、QFRとは一連の方法ではなく姿勢であるということである。規則によって姿勢が作られることはあり得ないが、姿勢次第で規則に対応するときの実行内容が実際に規定される。最小限の必要条件で満足してしまえば、市場の要望に応えるために十分な活動を実行しないことになるし、高い資本コストという代償を支払うことになる。

　本章はキャッシュフロー、年金その他の給付、ストックオプション、1株当たり利益、報告の頻度、およびいくつかのその他の事項を対象とする。これは第16章で使用された各テーマと同じ様式である。

キャッシュフロー

　1980年代に、多くの経営者が、従来の財務状態の運転資本変動表からキャッシュフローに基づく運転資本変動表に自発的に移行を開始した。財務会計基準審議会（FASB）は、この実施を求めていた自発的な支持者を支援するという初めての立場に立たされていた。FASB審議会員はこれに対応するため、グロス・キャッシュフローを示す純然たるキャッシュフロー計算書の定義づけに取り組んだのであるが、す

ぐに政治力の影響が及ぶにいたった。

　主な問題は、営業活動から提供されたキャッシュフローがキャッシュフロー計算書での最も重大な情報であったことに起因しているようだ。審議会員の一方の陣営では、4人が直接法と呼ばれる方法を使用してグロス営業キャッシュフローを報告することを希望していた。この報告書はキャッシュフロー計算書であり、実際のキャッシュフローを報告することが理にかなっていると彼らは考えたのである。もう一方の陣営では、3人の審議委員が営業キャッシュフローを損益計算書の補足情報と考えることを推奨し、キャッシュフローでない項目を追加および控除することで純利益を正味キャッシュフローに変換する間接法を使用することを希望していた。

　別の政治的な要因としては、非常に多くの作成者が、直接法の使用方法を把握していなかったため、自社の既存のシステムが直接法のタスクには合致しない、と主張したことが挙げられる。作成者のこの考え方を理事会もまた妥当だと考えたのであるが、情報の需要サイドの意見を聞かずに、供給主導の措置が基準制定プロセスにおいて実行されてきたことを改めて示している。

　早い話が、直接法を支持していた4人の審議会員のひとりが、予定されていた最終投票の直前の朝に意見を翻したのである。この変更の結果、FASBはSFAS第95号を発行し、間接法の使用を容認するとともに直接法を中途半端に推奨するだけにとどまった。さらに悪いことに、FASBは直接法を選択していた経営者に対して、純利益を間接法で照合する情報提供の負担を併せて要求したのである。供給主導の考え方が押し切られることになり、事実上すべての作成者は、最小限の間接法の呈示だけを公表して作成費用の節約を決定し、賢明な利用者が要求している情報を提供するFASBの推奨を取り入れることはなかったのである。また作成者は、自分の節約分よりも非常に高い情報処理コストを利用者に押しつけているという事実を意に介していないよ

うである。最終結果は、資本コストが高くなることになる。

アナリストの要望に関しては、AIMR委員会報告書で述べられていることを以下に再度引用する（第12章の引用を拡大する）。

「この難局を合理的に乗り越えることはできるはずだ。FASBは直接法を義務づけてはいないが、国際会計基準委員会（IASC）も同じ状況であり、両者とも直説法を好ましい方針であると推奨するだけである。アナリストを重視し、直接法を採用する革新的企業の出現を妨げるのは怠慢としか言いようがない。われわれが繰り返し言いたいのは、直接法が認可されているということではなく、財務諸表利用者がこれを希望しているということである」(p.67)

この点をまったく考慮していない財務諸表作成者は、この明確かつ明瞭に表現された要求を無視するだろうと思われる。米国では財務諸表作成者の99％が少なくともまったく考慮していないようだ。

この妥協措置を実施するだけではなく、FASBは利用者の情報処理コストが増加することになることを省みず、さらにほかの3つの方法で報告書作成の単純化を行うことを実行した。第一に、利息支払額は財務キャッシュフローではなく、営業キャッシュフローに区分されているということ。第二に、受取利息および配当は投資キャッシュフローではなく、営業キャッシュフローに区分されていること。第三に、所得税納付は財務および投資活動から発生したとしても、営業キャッシュフロー項目に区分されること、である。こうした供給サイドの要求に基づいた合理化が行われ、経営者が間接法でキャッシュフロー計算書を作成することのほうが直説法で作成するよりも容易になってしまったのである。

政治力が働く環境でFASBが力を発揮しているということについては、これくらいにしておこう。テニスで言えば、SFAS第95号は、

「アンフォースト・エラー」(凡ミス) と呼ぶようなものであろう。

従来のGAAP

GAAPの最小限の順守とは、ほとんどの経営者が有効な情報が含まれているかどうか考えないで作成している、簡便な間接法による営業キャッシュフローの付属表の表示である。[1] キャッシュフロー計算書のなかで運転資本勘定の変化が、2期連続の貸借対照表上で示された変化と一致しなくても、理由をわざわざ説明するべきではない。直接法の使用を希望するなら、利用者が自分でやればよいことである。

修正GAAP

修正GAAPキャッシュフロー計算書の作成に取り組むときには、直接法を使用する。さらに、利用者が自分の好みに応じて動かすことができるように、この記載形式は明確に支払利息、受取利息および配当、および営業、投資および財務活動の納税額を特定しておくべきである。

別の修正方法は、営業キャッシュフローから始まって純利益で終了するという形式を用いて、伝統的ではないが逆の順番で補足の間接法の照合を示すことであろう。典型的な間接法の記載例を以下に示す。

純利益	1万2900ドル
加算——減価償却費	600ドル
加算——賃金支払額増加	1000ドル
加算——買掛債務の増加	2万3000ドル
控除——在庫増加	−1万500ドル
控除——売掛債権の増加	−5000ドル
加算——未収収益の増加	6000ドル

控除──営業外利益	−1万5000ドル
加算──営業外損失	3万6000ドル
営業活動からのキャッシュフロー	4万9000ドル

考え方が偏っており供給サイドの利益に基づく会計士だけが、この付属明細表で報告を行おうと考えるだろう。

他方、照合の様式を考えてみよう。

営業活動からのキャッシュフロー	4万9000ドル
控除──収益に未算入のキャッシュ・インフロー	
前受金	−6000ドル
加算──費用未算入の現金支出	
在庫評価増	1万500ドル
収益発生事象からの正味現金	5万3500ドル
加算──現金未算入の収益	
未回収債権売却	5000ドル
控除──現金未支出の費用	
減価償却	−600ドル
未払賃金	−1000ドル
未払費用	−2万3000ドル
営業外利益および損失	
利益	1万5000ドル
損失	−3万6000ドル
純利益	1万2900ドル

この様式は非常に読みやすい。なぜなら、キャッシュフロー以外の費用を差し引き、収益を加え、損失を差し引く直感的方法で対応しているからである。また、これは通常の収益を生み出すプロセスからどれだけのキャッシュフローがもたらされたのかを示す中間の小計を提

供していることになる。読者がこのキャッシュフローがどのように生み出されているのかを確かめる意味でも、この修正様式を用いた照合手法を実行することを奨励したい。

キャッシュフロー計算書におけるほかの省略項目について、筆者は数年前に広範囲な研究を行い、公表された財務諸表において間接法による照合方法で表示された運転資本勘定の変化額が、貸借対照表で表示された連続する2期の数値の差異と等価でないことが多い事実を発見した。「不明瞭表現」と筆者が名づけたこの状況は、さまざまな種類の事象（再分類、買収、子会社の売却、借り換えおよび外貨換算調整など）によってもたらされるが、この事情について自社の報告書に説明を記載した経営者は極めて少ない状況であった。したがって、こうした差異を説明してGAAP財務諸表を修正することができる。

補足開示

修正GAAP順守を実行するという筆者の提案は、利用者が抱く有効な情報への要望を満たすことになる。それは、FASBの妥協措置を実行するのではなく、経営者が自発的に着手し、新しいキャッシュフロー計算書を提供して、より多くの高品質情報を提供することで達成される。特に営業活動キャッシュフローで直接法が用いられることになるが、そこでは財務活動（支払利息）および投資活動（受取利息および配当）のキャッシュフローからもたらされる不純物がすべて取り除かれる。さらに、キャッシュフローのなかの所得税納付額を、営業活動、財務活動および投資活動それぞれの納税発生事象の種類に従って分配する。図17.1は筆者の提案する再構成について記述したものである。

さらに、逆に配置する様式の間接法の照合を提供すべきである。なぜならば、この情報を必要とする人もいるように思われるからである。

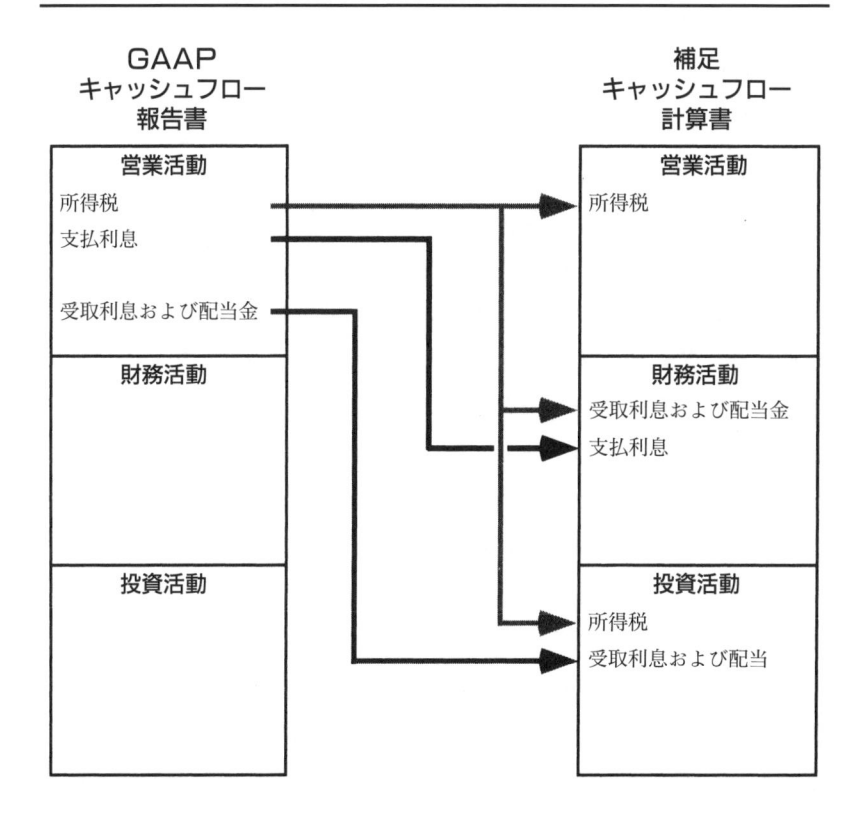

図17.1　補足キャッシュフロー計算書の再構成

GAAPキャッシュフロー報告書
- 営業活動
  - 所得税
  - 支払利息
  - 受取利息および配当金
- 財務活動
- 投資活動

補足キャッシュフロー計算書
- 営業活動
  - 所得税
- 財務活動
  - 受取利息および配当金
  - 支払利息
- 投資活動
  - 所得税
  - 受取利息および配当

GAAP純利益ではなく、純キャッシュフローと時価基準の純利益との間の差異について説明しなければならない場合には、この内容は少し複雑になるだろう。

年金およびほかの給付

　年金およびその他の給付に関するGAAPの規定は、会計実務を理解するうえで最も不可解かつ困難なものである。事態がこのように面

倒になったのにはいくつか理由がある。第一に、確定給付型年金が経済的に不合理なのは、経営者が未知の金額を未知の従業員グループに未知の期間にわたって支払うことを約束するからである。したがって、経営者はこの約束が株主にどの程度の金額の負担をかけたか、あるいは従業員に対する負債の債務額がどの程度なのか把握することができないのである。合理性を失っている年金プランについては、会計処理する合理的方法はないのである。会計士業界団体は、年金プランの記載方法が合理的でないことを認めて、年金プランについて財務諸表に記述する革新的な方法を見つけようと、規制制度（特にFASB）に同調したのである。その後、この支持層は思い出したように、退職医療給付プランなどの問題を解決するために同様のシステムを採用するようにFASBに要求した。

1998年に、当時のFASB副議長であったジム・ライゼンリングが、米国で実際に年金会計を理解している人の数は12人未満であると力強く推測を述べるのを筆者は聞いた。筆者はこの数値はまだ多すぎると思う。6人未満である可能性が高いはずである。[3]本書によってこの人数を増加させることはできないとは思うが、年金に関するGAAP規定がまったく不合理であるという根拠を読者が少しでも理解できればと思う。

図17.2で示されるように、現在の規定では、雇用者は従業員に対し、過去勤務の補償を将来支払う債務という形で背負っていることになっている。したがって、雇用者には年金負債がある。

連邦法で要求されるように、この負債は年金資産を担保としているが、年金資産はこの負債を弁済する目的だけに使途が限定されている。したがって、たとえ法的所有権が第三者の受託者に存在しても、雇用者は事実上資産を所有しているのと同じである。その保有資産は雇用者の年金負債の充当にのみ使用されることが義務づけられており、雇用者は信託財産の受益者である。

図17.2　確定給付年金の経済的意味

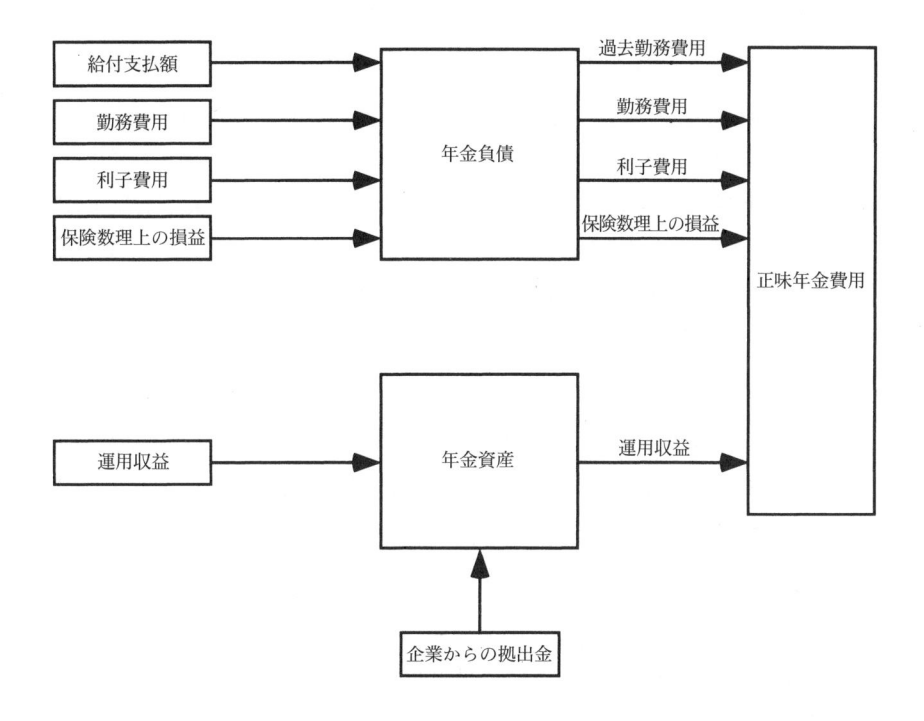

負債は、①従業員が獲得する退職給付引当金（勤務費用と通常呼ばれる）、②満期に近づくにつれ増加する時価変動（通常利息と呼ばれる）——の2つの主要な要因によって増大する。雇用者である経営者が、過去勤務に対してより多くの給付を行うことを遡及して決定するような場合には負債金額は変化する（この場合に、経営者自身に対する給付が増えることになることも当然あり得る）。この金額変化は、年金数理人が年金負債における市場割引率など、現在の仮定および予想を修正することによって、さらに増減する。もちろん、現実に給付が行われて支払われれば、負債額はそれに伴って小さくなる。

掛け金が雇用者によって拠出されたとき、あるいは年金基金が収益を獲得したとき、年金基金中の資産は増大する。反対に、給付金が支払われたとき、および運用収益がマイナスのとき、資産は減少する。基金が獲得した収益は、受取利息および配当だけでなく運用に伴う時価変動も含まれる。

FASBはこの基本原則を反映した年金会計を提案したが、政治的措置の影響でこの毛づやの良いサラブレッドのような素晴らしい案を、不格好なラクダのような使えないものに変えてしまった。図17.3で示されるように、財務諸表のなかに実際の変動性を明示しようとするFASBの提案に対して、作成者が深い懸念を抱いていたことが判明した。彼らは長期債務を短期運用することを意に介さないし、株主が（資産および負債両方において）大きな市場リスクにさらされていても気にすることはない。彼らは報告収益について議論を交わしたいとは思わないのである。そのような事情を察知して、利用者のなかには企業が多くのリスクに直面していると理解するものもいる。作成者には政治権力があるため、方針を決めかねていたFASBに働きかけて、次々と妥協措置をとるようにFASBを誘導した。その結果、雇用者の貸借対照表には年金の資産と負債が表示されていない。損益計算書には実際に発生した数値ではなく、年金数理人の予想数値が報告されるだけである。特に、正味の年金費用は、実際の運用収益ではなく年金資産の予想収益を控除して算出される（2000年および2001年の株式市場の予期しない下落の結果、どんな結果になったかを考えてみてほしい）。

過去勤務に対応する給付額が増加している点に関して、SFAS第87号ではある種の従業員のための「のれん」であるかのように取り扱いつつ、年金費用として償却するように経営者に要求している。ちなみに、その償却額は貸借対照表に記載されない。[4] また、年金数理人が負債を再評価する場合、この変化は損益計算書にも表示されず、無期限

図17.3 SFAS第87号の下での確定給付年金の会計（妥協点には影で印をつけてある）

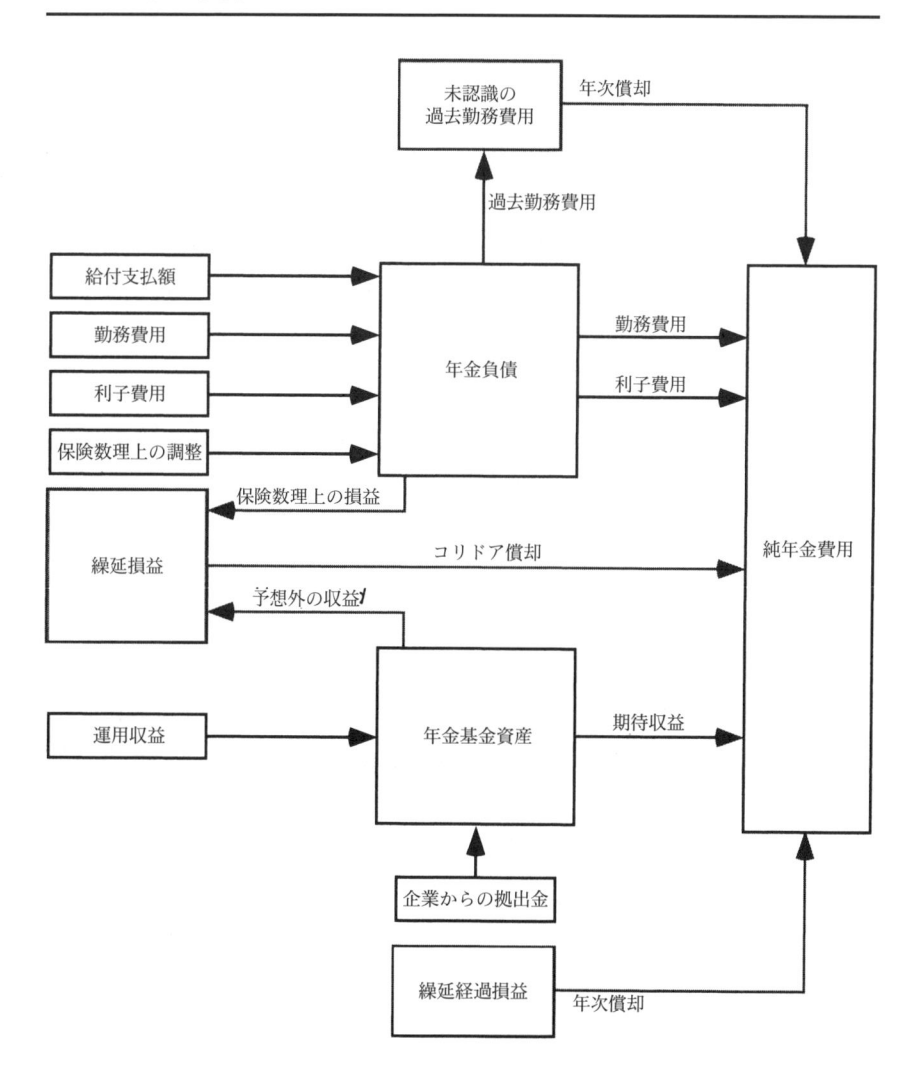

に繰り延べられ、年金資産の予想外の利益および損失の埋め合わせがなされる。FASBは、繰延損益を減らすための「コリドア償却」

(corridor amortization)処理を規定しているものの、その額が累積で膨大になりすぎるとの懸念を表明している。[5] つまり、雇用者は「意図的に」真実を隠しており、現実の経済状況下で年金の置かれている状況を資本市場に対して正確に伝達することを避けようとしている。

問題を解決するため、FASBは従来の規則からSFAS第87号への移行を円滑に実施する方法を考案した。分かりやすく言うと、作成者を支持した者たちは、年金基金が著しく積み立て不足であったことを財務諸表上に記載する必要はないと考えたのである。この情報は脚注に追いやられ、雇用者は今後15年から20年間の各年度に繰り延べられた年金費用にかかる追加的費用負担を負うことになったのである。あえてこれを表現するならば、「悪い情報をパンの上でジャムのように伸ばして広げた」ということだ。

少なくともSFAS第87号の要点の説明を聞けば、年金会計が理解されていないという根拠をある程度理解することができるだろう。

FASBは年金会計がそれほど悪くないとして、退職後医療給付に同じように複雑な措置を講じた。この点にこれ以上立ち入って読者を混乱させることは無意味であろう。つまり、年金会計に関する数値を把握することは複雑であり、奇妙であり、また無駄であるという事実が分かれば十分である。

従来のGAAP

GAAPに従うには、所定の帳簿外の付属明細表を作成し、不可解な方法で算出した数値を財務諸表および脚注に記載し、だれにも質問させないようにすべきである。理解できない脚注を作成することにこそ力を注ぐべきである。これは利用者の欲求不満をかき立てることになるが、経営能力に対する利用者の評価および信頼は高まり、企業の株価は上昇するだろう。この戦略が功を奏すと読者が考えるのであれ

ば、エンロン株を購入するのがよいだろう。

修正GAAP

年金およびほかの給付に関係する一連の計算方式は会計基準によって規定されているため、数値を算出するときの自由度はほとんどない。しかし、脚注を構成するときには多くの裁量が認められている。したがって、市場に情報開示をしないまま放置したり、事実認識に誤解を招くような情報開示を行ったりすることへの言い訳はできない。通常は見積数値が有効であると考えるが、繰り延べられ、膨れ上がり、平滑化された数値を損益計算書に報告するのではなく、現実の費用として表示するとよいだろう。

詳細について多くの事項を説明するのではなく、脚注に以下のような書式で簡潔に示すこともできる。

科目	SFAS第87号	実際の事象
勤務費用	75万ドル	75万ドル
年金負債の利息	24万ドル	24万ドル
年金資産運用益	—	−10万ドル
年金資産期待運用益	−30万ドル	—
年金負債年金数理的調整	—	32万5000ドル
新過去勤務費用	—	25万ドル
過去勤務費用償却	8万ドル	—
SFAS第87号移行償却	5万ドル	—
コリドア償却	−1万5000ドル	—
年金費用合計	80万5000ドル	146万5000ドル

アナリストは、修正された数値を見れば大いに喜ぶだろう。なぜな

らば、今まで、①この数値が見当たらないせいで推測してきたが、これからはその必要がなくなり、さらに、②SFAS第87号の妥協措置の問題点を理解している経営者の存在を認識できる——からである。この結果、アナリストはこの経営者を高く評価することになる。

補足開示

外見上の残高ではなく現実にとっているリスクを市場参加者が確実に把握できるようにするために、QFRを実行する経営者は年金およびほかの給付に関するできるかぎり多くの情報を提供することが大切であり、これによってGAAPを乗り越えることができると筆者は考える。感応度分析は特にここで有効になる。

ストックオプション

前の各章で、報酬ストックオプションの会計報告基準を制定するプロセスで、FASBは妥協的措置をとってきたと苦言を呈してきたが、ここでも繰り返すことになる。

企業業績について十分な記載情報を提供しようとした場合、ストックオプションは損益計算書上の費用に属することになるのは明らかである。FASBは、SFAS第123号において失敗したが、その失敗は結局は合理主義的考え方に支配され、この数値を経営者に開示しなくてもよいと考えたことに原因があると筆者は考える。筆者を含めた大多数は、FASBが1995年にできなかったことを、国際会計基準審議会（IASB）が代わって指導力を発揮して行うことに期待を寄せている。

しかし、損益計算書上でオプション費用に関する脚注情報を記載すれば万事丸く収まるわけではない。実際、SFAS第123号の基準があまりにも極端に単純化されているので、報酬としてのオプション発行

が及ぼす影響を十分に把握することができないことが分かっている。基準によれば、雇用者は会計年度中に付与されたオプションの価値を評価する。その後、この数値は効力を有する期間中に退職予定時まで年金数理的に減価される。正味のコストは年金数理上の仮定に基づいて効力のある期間中に定額配分される。問題なのは、オプションが効力をもつ期間中に、発効後に生み出された費用を考慮していないことである。

例えば、4年の満期で当初1000万ドルの市場価値のオプションを想定してみよう。年金数理人による調整がないと仮定すれば、費用は4年間のそれぞれ1年当たり250万ドル計上されるだろう。しかし、もしオプションの価値がその後効力期間中に5000万ドルまで増加しても、雇用者は毎年250万ドルだけを費用として計上し続けるだけである。あるいは、もしオプションの価値が100万ドルまで低下しても、雇用者は毎年費用を250万ドル計上し続けるだろう。

オプションが付与される場合に直ちに費用および債務を認識すれば、より有効な情報がもたらされると考える。時間の経過とともに、債務はすべての財務諸表の日付に応じて時価評価されるべきである。オプションの価値が増加する場合、債務額も増加するので、その結果追加費用が計上されるべきである。もしオプションの価値が低下すれば債務は縮小し、その結果、損益計算書上にはマイナスの費用を表示して、最終的な将来のリスクにさらされた金額が現在は小さいという事実を表示した報告がなされるべきである。

しかし、SFAS第123号におけるもうひとつの欠陥は、雇用者の節税措置にあり、オプションが行使された時点でオプションの価値を控除することができることである。例えば、従業員が行使日に2500万ドルの価値の株式を得るために雇用者に500万ドル支払ってオプションを行使すると仮定してみよう。税法によれば、従業員は個人の課税所得2000万ドルを報告しなければならない。同様に、雇用者は税務申告

では2000万ドルの控除額となるが、FASBはその表示を雇用者に推奨しているものの、GAAP損益計算表にはこの費用は表示されない。[6] 税率が40%である場合、この企業は800万ドルの節税となる。FASBの推奨する方針（またAPBO第25号）によれば、雇用者の損益計算書上には税金費用（および純所得）に関して、800万ドルの節税額がまるで発生しなかったかのように報告することになっている。[7] この結果、雇用者の純所得計上額は現実の税金のキャッシュフローを反映しないので、大幅な不整合を生み出すことになる。

SFAS第123号の最後の欠陥も、FASBが利用者のためにではなく、供給者のために便宜を図ったことから生じている。特に、FASBは移行措置を規定し、1995年12月15日の基準発効日のあとに新規発行されたオプションから発生する費用だけを報告すればよいとしたのである。これより前の期間に存在するオプションの見積費用を認識することは雇用者には要求されなかったのである。例えば、10年満期のオプションが1995年12月15日に発行されれば、その費用のいずれもが損益計算書上あるいは脚注で10年間にわたって報告されないことになる。この妥協措置の結果、移行期間を適用するには遅すぎると判断せざるを得ない年度においても、企業はオプション費用を計上しない可能性がある。

従来のGAAP

GAAPの規則の下で余分な労力を使わず、完全な情報開示をしないまま財務諸表をごまかそうとし、また信頼性という観点から高い評価を確立しようとしないのであれば、だれもがすでに行っていること（たぶん読者も含まれるかもしれないが）を実行し、単に最小限の形式的な脚注を作成するだけでよい。

ユタ大学のクリスティーン・ボトサンおよびマーリーン・プラムリ

一両教授が行った研究によれば、これに関する会計実務の状況は両教授（および筆者）が考えていた以上にひどいものであった。特に、母集団100社の半分以上の経営者が、SFAS第123号で規定された追加開示要求に具体的な方法で応じなかったのである。もちろん、この問題を一層悪化させているのは、権威あるGAAPを誇示している監査人の存在である。[8]

修正GAAP

　SFAS第123号の明白な妥協措置を考えると、アナリストおよびほかの利用者にとって、GAAP財務諸表をより役立つように修正する特別な方法があるわけではない。ただ、脚注の情報がだれにも気づかれないことを神頼みするのではなく、損益計算書に費用を明確に記載しはじめればよいのである。さらに、脚注に情報を最小限度だけ開示するのではなく、算出方法および収益の影響額を説明するのに必要な情報をすべて掲載することを考えるべきである。さらに、もっと上を目指したい場合には、もしSFAS第123号の発効日の前に発行したほかのオプションがあれば、その費用の金額を見積費用の測定値として開示することを実行してほしい。以前に発行された発行済みのオプションが時価で情報提供されれば、利用者はさらに喜ぶだろう。

　最後に、オプションが行使される場合に発生する節税額をなぜ隠そうとするのか筆者には理解できない。筆者の調査では、母集団の3分の1未満の経営者しか節税額の開示を実施しておらず、大多数は明確な記載をしていないことが判明している。税法上の特典が影響してキャッシュフローが小さくなり、SFAS第123号に従うことで見積純利益の報告数値が著しく小さくなりかねないので、非QFR経営者であっても外見を良くするために、この税法上の特典については批判的な見方をするのではないか。

補足開示

筆者の説明でお分かりのように、経営者が開示することができる補足開示情報は膨大にあると思われる。オプションという複雑な商品は、プランの段階で大きな変動性を生み出すだけではなく、まさにその存在そのものに対して細心の注意を払うべきものである。実際の問題として、経営者は自分自身にもオプションを付与しているが、株主には、この措置をコントロールしたり、収拾がつかなくなった場合に問題を正したりするための実践的手段がほとんど与えられていない。[9]

当然、オプション債務が時価ベース貸借対照表に表示され、またこの債務の変化額が時価ベース損益計算書にも記載されるべきであると筆者は提案する。オプション行使による所得税の節税影響額は、会計年度における税金費用の減少として報告されるべきである。資本市場に情報を完全に伝達することが目標ならば、企業の株式の魅力を高めるためにも、オプションが与える影響を含めた情報開示をますます進めていくべきであろう。

まだ決めかねているならば、ウォーレン・バフェットを見習って、いかなる理由でもオプションを発行しなければよい。

1株当たり利益

昔の話になるが、1960年代に米国の株式市場は大きな成長ブームを体験し、「ゴーゴー」（go-go、「好景気を背景にした」の意）会計実務の考え方が多く考案された。多くの経営者が企業を魅力的に見せるために、1株当たり利益（EPS）に注意を払う傾向が顕著になってきていた。監督機関による詳細な記述によれば、経営者がプレスリリースや時には損益計算書上で、見栄えの良い1株当たり利益の数値を自由自在に算出しては自画自賛していたということが分かる。情報開

示の方法を改善しようとする者たちから、例によって市場の要求を考慮せずにこの問題に取り組んでいた会計原則審議会のやり方に論争が向けられたのである。

この結果は（拡大解釈されて）APBO第15号となり、あらゆる自由裁量の規則・計算を寄せ集めたものになってしまった。この見解における主要なテーマは、ＥＰＳが技術的に解決できる範疇の問題であるということである。もちろん、本来の問題はこれにとどまるものではない。ＥＰＳは良い外観を呈示するために経営者が必死になって意図的に処理した結果の数値である。さらに経営者は、ＥＰＳが計算方法とは無関係に株価を動かす指標になっていると誤解している。この見方が短絡的な考えであるという根拠は、分子（報告純利益から優先株配当を控除した数値）は必ずしも独断的に決定されるものではないが、しばしば策謀および操作の影響を受ける可能性があるということである。GAAP純利益が正確に測定された統計値であることを信用するならば、売上原価、減価償却費、割賦償却費、研究開発費、年金費用および報酬オプションの費用が不完全な測定値であることを思い返してみるべきであろう。

したがって、市場をだまそうとする経営者にとって、ＥＰＳを決定するときに自由度があることは、報告上の根本的な経済活動を変更しなくても算出方法を変更するだけで外観が良くなるという意味で、絶好の機会が与えられたことになる。[10]

FASBが1997年にAPBO第15号をSFAS第128号に変更するために国際会計基準委員会と協力したが、これは称賛に値する。しかし、これの主な目的は、より有効な数値を作成することにあるのではなく、計算を単純化することにあった。またしても供給主導の考えが需要主導の考えを圧倒したのである。

計算値に正確性あるいは信用性が望めないと考えられることは、企業が株式オプションを発行することで分母（大雑把に言って発行済株

式の加重平均値）が修正され得ることを指摘すれば、だれもが理解できるだろう。オプション権利行使価格が株式時価より小さい場合、会計士はオプションが行使されたように装う。つまり、企業が現在より多くの発行済株式およびキャッシュフローを手元に有していることを装うという意味である。そして、彼らは仮想のキャッシュフローで仮想の株式を（会計年度の平均株価で）できるかぎり多く買い戻したように装うのである。分母への影響としては、仮想の（かつ無意味な）数値を作成するための仮想株式増加分を加えることが考えられる。この種のほかの状況は、偶発的な発行契約だけにではなく、転換権付優先株式および転換社債にも発生する。

　結論はどうなるのか。実は2つの結論がある。最初の結論としては、経営者は未加工の情報提供だけを行って、証券アナリストに計算させたほうが好ましいということである。次の結論としては、EPS数値をこのように報告することが、経営者にやる気を起こさせるシステムになってないということである。つまり、株価が低下しているときに、ボーナスがもらえるという奇妙なゲームが発生してしまうからだ。

従来のGAAP

　だれもが行っていることを実行するだけであり、純利益の計算を操作することができ、さらに望みどおりの結果を得るため株式数を操作することができる。他者が同様の目的で行動している場合にはさらに複雑になる。例えば、証券アナリストがほかの銘柄よりも優位になるようにある銘柄を操作する場合などがそれに該当する。経営者もこのゲームに参加することができるし、また監査人をも仲間に巻き込むことができる。ただし、過ちを犯した結果がどうなってもよいと考えるべきではない。まちがいなく、自分自身のために考えるべきではない。資本市場は容易にだまされないし、また容易に忘れてくれないことを

心に刻みつけるべきである。

修正GAAP

　SFAS第128号によってEPSの報告が義務づけられているので、経営者には計算を市場に委ねるという選択はない。しかし、数値の計算方法を市場が理解できるように、十分な情報を提供することは確実に可能である。この情報には分母の計算の詳細だけでなく、純利益の数値を算出するために使用した会計方針に関する内容も含まれる。

　いくつかの感応度分析が示してあれば、市場にとっても企業にとっても有効であることが分かるだろう。メリットのうちのひとつは、報道される業績指標がさほど正確なものではないということを、投資家に理解してもらえることである。1セント刻みまで信頼し、情報が有効なものであると信じているのは、無知な初心者だけである。

補足開示

　筆者が提案したように、時価ベース損益計算書上の報告純利益についてはEPS数値を算出しないほうがよいだろう。もし財務諸表利用者が希望するのであれば、計算を行うために十分な情報提供を行えばよいのである。これ以外に筆者が提言することはない。

報告頻度

　1934年にさかのぼることになるが、1933年の証券法に続いて証券取引法が議会で可決されて制定された。証券法では、経営者が有価証券を公募発行する前に政府（正確には連邦取引委員会）に財務およびほかの情報を提出する義務を規定していた。1934年法では義務事項を拡

大し、各公開企業の経営者に四半期および年次報告書を提出することを要求し、さらに立法、行政および司法部門から分離独立した連邦政府機関として証券取引委員会（SEC）の設立を認可した。

いずれにしても、この報告頻度に関する時間間隔がその後の長年にわたって定着しているので、四半期単位の報告を要求した決定には何か不可思議な理由があったのではないだろうかと思われる。第14章で説明したように、今はこれを変更すべき時期である。SECに報告頻度を増やす意向があるようには感じられないので、QFRによって資本市場への懸け橋を構築することを熱望する経営者が、民間部門でイニシアティブをとらなければならない。

従来のGAAP

最低限の情報開示を実行したい場合は、四半期と年次の報告要件の順守を継続するだけである。さらに、四半期の財務情報作成に監査人を関与させないようにすることである。結局、いくらかのコストがかかるだろうが、それはどうということはなく、経営者が希望する数値になるように変更を加えればよいのである。問題が発生したら、対処するのに第4四半期まで待ち、そこから矯正することもできるだろう。もちろん、1日早くワシントンに報告書を提出するのは意味がない。時間を十分とって、必要に迫られてから提出すればよい。[11]

修正GAAP

情報の品質水準を向上させるひとつの方法は、監査人を四半期ごとの報告に関与させることである。監査人が自分の職務を全うし、また経営者がこの事実を市場に知らせれば、数値に関する不確実性が減少し市場から評価されて、さらに投資家の認識するリスクが縮小するこ

とになるであろう。また、ぎりぎりになってから報告書を提出するより、提出期限より前に提出したほうがいい。また、市場が評価すると考えられる事項がさらにある。AIMR委員会は『1990年代以降の財務報告』で、この点について述べている。

「財務報告書では、よくまとまった内容を確実に報告するべきである。そのような報告がなされれば、極端な言い方かもしれないが、問題が合法的に処理され、経営の役割および企業文化の倫理基準が満たされていることを意味する。とにかく、明確に規定された目的を達成するため、また責任のある方法で富を最大化するために、企業が株主および債権者の利益のために確実に運営されることをわれわれは求めているのである」(p.21)

この考えは、資本市場参加者が唯一関心があるのは、数値（特に最新の四半期利益）だという神話を払拭することに役立つだろう。アナリストの関心はもっと深いものであり、財務以外の特性にも関心があることはまちがいない。

補足開示

さらに、90日間もの長期にわたり、経営者から何の情報も得られないせいで累積する不確実性を払拭するためにも、月次、週次あるいは日次の情報を提供するところまで、できるかぎり報告頻度を増やすことには大きな意味があると考える。何も、完璧な損益計算書を月次、週次あるいは日次で提供することを提案しているわけではない。ただ、このような頻度で提供可能な数値がいくつかあるのだ。例えば、売り上げ、受注、在庫、製造および出荷単価、在庫水準、賃金および従業員数、あるいは筆者が現在思いつかないほかの情報である。経営者は

企業およびその業界についてほかのだれよりもよく把握しているので、将来を予想するための業績指標を認識する最も有利な立場にいるのだ。[12]

提供情報が暫定的数値であり、変更されることもあると表示した明確な注意書きを加えて、非公式の情報リリースを実施することが経営者にとって有利になることは言うまでもない。修正についても迅速に発表し、かつ十分に説明することが絶対に必要である。情報が信頼できるものであると市場が確信できなければ、この追加報告の努力も肯定的な成果を生み出さないことになる。

さらに、筆者が前の章で説明したもうひとつのポイントがある。つまり、できるだけ多くの人々に情報を迅速に配信するためにインターネットを利用すべきである。希望する人々には四半期報告書の印刷物を送付する必要がまだあるかもしれないが、全員に情報を同時に配布すれば、リスク格付けのポイントが改善されるだろう。

その他のポイント

「その他」のカテゴリーが最後になければ、一覧表が完成したとは考えられないだろう。本章では、たとえ修正GAAPに順守した補足開示を財務報告書に付しても、市場に対して企業の現在の状況および将来の見通しについて満足のいく情報を与えたことにはならず、それで事足れりとする認識自体、大きな誤解であることを明確に示したい。経営者には十分に整備された活動的な情報戦略が求められ、利用者に対するリスクを最小化することが求められる。資本コストを低下させ、さらに市場で高株価をもたらすためには、不確実性を減少させることが先決であり、経営者は自分の活動内容を分かりやすく開示しなければならない。自社の戦略を決めるときに、FASBおよびSECを全面的に頼るのは愚かとしか言いようがない。

従来のGAAP

愚かしい例ではあるが、公開企業の場合、報告内容をGAAPおよびSEC規則で要求される最小限の順守にとどめることが許されている。「不要な情報開示をわざわざするつもりはない」という方針であろう。「禁止されていなければ、情報開示してもいいだろう」というのが、もうひとつの方針である。情報開示をしないことで、市場から肯定的な反応が得られると思ってはいけない。

修正GAAP

「推奨されれば、情報開示を実行する」という方針に基づけば、次の段階に進むことができる。この戦略には最小限の順守方針に欠けている要素があり、肯定的な合図を市場に送ることになるだろう。

補足開示

他方、FASBの基準あるいはSECの規則には何の規則もないとしても、市場参加者が何を欲し、企業の何を知りたいと考えているのかを自発的に察知し、それを提供するのであれば、数段階高い水準に到達することになる。何度も申し上げているが、会計基準のパッケージには含まれていない新しい考え方を試行錯誤してほしい。本当にQFRを採用したいのであれば、真実を伝えることが義務であると認識することを強く要望する。とにかく読者には何ら制約は課されていないのである。

最後に2つ申し上げたい。第一に、真実を述べることは社会をより滑らかに機能させることになるので、それは肯定的で価値ある倫理観であると言える。第二に、真実を述べて高い評価を得ることは資本市

場の不確実性を縮小することになるだろう。すでに読者は、真実を述べれば企業がどうなるのか、また資本コストがどうなるのかを理解しているはずである。

最後に

これら一連の方法論を読んで、単純に鵜呑みにしてはいけないということだけは、再度伝えておきたい。なぜなら、記述されたものはすでに過去のものだからだ。筆者のやり方に共感してもらえるかどうかは重要なことではない。とにかく自分自身の状況において理にかなっていると確信することを実行してほしい。ただ記述されたことを実行するだけであれば、筆者がQFRと名づけたものの本質にまったく反することになってしまう。

注

1．ある友だちが自分の監査経験を筆者に告白したが、ほとんど予算が使い果たされるまで、キャッシュフロー計算書の監査に着手しなかった。したがって、彼の仕事の目的は、ネット・キャッシュフローとキャッシュフロー残高の変化額とを一致させて、首尾よく仕事を終わらせることであった。この計算書が意味することを調べようとは思いつかなかったらしい。彼はその後、QFRを受け入れる最初のCFOのひとりになろうと取り組んでいる。

2．ポール・バーンソン、ポール・ミラーおよびブルース・バッジ共著、「キャッシュフロー計算書における不明瞭表現および教育、研究および実務への示唆（Nonarticulation in Cash Flow Statements and Implications for Education, Research, and Practice）」（アカウンティング・ホライゾン、1996年12月号）。

3．SECの会計主任の経験があるポール・ミラーを通じて分かったことであるが、公布されたとき、事実上SECのほかの会計士全員がSFAS第87号を理解していなかった。

4．退職給付会計ではこの帳簿外の借方残高を「未認識過去勤務費用」と呼ぶ。

5．もし筆者がこの複雑なプロセスをここで説明すると、読者を苦しめることになるであろうからここでは割愛する。

6．筆者が説明した義務方針では、この義務が期首残高からオプション行使日の最終残高までに進行しているので、2000万ドルが費用として確実に計上されていたであろう。

7．借方残高および貸方残高をバランスさせるために、雇用者は追加の800万ドルを資本準備金として貸方側に計上する一方で、同額の税債務を借方側で縮小する。しかし税金費用は変わらないことになる。

8．ボトサンおよびプラムリーの研究は、アカウンティング・ホライゾンズ2001年12月号に「ストックオプション費用——明らかになったダモクレスの剣（Stoch Option Expense: The Sword of Damocles Revealed）」というタイトルで発表された。われわれもまたこの研究をしており、「不足する情報開示の実情——だれかが隠しているのか？（The Case of the Missing Disclosures—Did the Dog Eat Them?）」では、関連事項が記述されている。これはアカウンティング・ホライゾンズ2001年9月24日/10月7日号に掲載された。

9．フォーチュン2001年6月25日号は、経営者の報酬に関する問題に触れている記事をいくつか掲載した。特に、執筆者たちはSFAS第123号後のGAAPを、「恐ろしい」「くだらない」「特権が与えられた」「鼻持ちならない大きな虚言」「不祥事」と特徴づけている。このように感じたのは筆者だけではない。

10．この状況を考えると、筆者の大学である学生が、登録事務局を支援する学内任務の一部として、成績データベースへのアクセス権を与

えられたときに直面した学内規律問題が思い出される。この学生は、自分のファイルおよび成績を変更することができることをすぐに発見した。彼は自分のこれまでの成績を改ざんしはじめた。しかし、その後自信を深め、宿題もせず試験も受けないで履修科目に参加するようになった。成績が評価されると、彼はシステムのなかに入り、FをAに変更する処理を行った。彼は2つの点を理解していなかったのである。最初に、警報こそ鳴り出さなかったが、パスワードによって彼がすべての変更を行ったことが認識されて、セキュリティー・ファイルに記録された。次に、教授のひとりは、彼が必修科目を落としたことを覚えており、この学生の名前を卒業者リストで見つけると、調査を始めたのである。これと同じように、見つかっていないので、ペナルティーを受けずに成功裡にEPSをうまくごまかすことができたと考える経営者もいるであろう。しかし、資本市場には長期の記憶装置が内蔵されており、そのなかに経営者名の「セキュリティー・ファイル」が保存されていると言える。ほかに多くの人が行っているとしても、利益操作ゲームは無益どころか逆効果であり、最悪の結果を招くであろう。

11. ポール・ミラーのSEC職員として勤務した時期の面白い思い出として、提出様式10－Kが入った多くの箱を届けるために、3月30日および31日の最後の最後まで、本部に配達するフェデラル・エクスプレスのトラックが1ブロックもの長い列を連ねていたそうである。

12. これは価値報告（ValueReporting）改革に取り組むためにプライス・ウォーターハウス・クーパースの努力によって確立された方法論である。

第VI部
最後の仕上げ
Finishing Up

　この段階では、かぎられたスペースのなかで筆者の考えを文章で表現し、筆者の論旨をまとめあげることにする。論旨の根本をなすものは、財務報告情報の供給問題についての取り組み姿勢が、一貫して需要サイドに配慮しない文化を創造してきたことである。この状況を形成した原因が、一般に計理士、また特に公認会計士に財務報告および監査基準の作成を独占させる規制制度にあることは明らかである。歴史的背景から規制制定プロセスはすっかり政治的なものになり、監査人および経営者の利益だけを促進させてきた（少なくとも利益として認識している）。その一方で利用者の要望、資本市場および経済は苦しみあえいできた。この独占の結果、不適切とも言える効率性がもたらされたからである。

　第18章は、もしQFRが定着したならば、基準制定はどうなるだろうか、ということを考える「〜したらどうか」という議論に触れる。規則を作成し使用するというこうした考え方は現場からはけっして消えないであろう。しかし、それは異なる形式を呈し、その役割は異なる活動に変化することになるだろう。さらに、QFRを推進する新しい種類の基準、また企業および監査法人を認定するほかの種類の機関を設立する可能性があると考える。

　第19章は、QFRを実行しない場合に発生する例について記述する。

経営者が事実を隠し、偽りで外観を装った財務諸表を使用して、資本市場および利害関係者をだます策謀が崩壊の大きな原因となった2001年のエンロンの崩壊を掘り下げる。事実上、これはQFRを実行しない実例について触れることになる。

第18章
QFRと基準制定
QFR and Standard Setting

　GAAPが、有効な情報を作成するという役割を担っているものの、実際には制約があり、また基準制定プロセスにおいては救いようがないほど政治的に扱われ非革新的であるという筆者の主張を踏まえたうえで、筆者が、QFR実現のための役割については基準制定機関が担うことに期待していないと考えているように思えるだろう。実際には、財務会計基準審議会（FASB）のような機関には重要な役割があると考える。本章はこの領域について筆者の考えを説明したい。

水と油？

　現行の基準制定プロセスのもとでは、経営者が財務諸表に高品質の情報を提供するようにはなっていない。これまで、GAAPは資本市場の有効な情報への要求を満たすのに十分に機能していないと筆者は主張し、またこの主張を裏づける説明を繰り返し行ってきた。同時に、QFR志向の経営者に対して、GAAP財務諸表からは得ることができない新しい情報を市場へ提供することを自ら自発的に実施する必要があるとも言ってきた。
　個々人の革新に向けた筆者の絶え間ない批判および要求は、基準制定のプロセスあるいは基準そのものがないほうがむしろ良いという提

言として解釈されるかもしれない。しかし、この主張はけっして筆者の本意ではない。実際、第6章の筆者の見解を引用してみよう。

「したがって、QFRと規制緩和が同じだと考えているのであれば、筆者はQFRが規制緩和を要求するものではないと明言する。その代わりに、QFRは、規制に対してより理にかなった対応を経営者に要求するもので、最低限の規制を満たしているからといって経営者が報告する努力をやめてしまうようなものではない。この最低限の規制が、市場で信頼を創造するという重要な目的を果たし、公正にしている。財務報告実務を規制緩和することによってこのメリットを台無しにしてはならない。

　実際には、QFRが広く導入されれば、不正で欺こうとする者を取り締まるもっと厳しい規制への要求が高まると考えられる。おそらく、より厳しい規制が制定された場合、高品質の情報提供を選択する経営者にこそ最も大きな利益がある。なぜならば、規制が厳しくなれば、市場で競争している経営者は、真実を速やかに情報提供し、なおかつ完璧な財務報告を実行していると評価されるからである。これらがもたらす成果としては、全体のリスク水準および資本市場の費用の水準を低下させることである」

　「上げ潮がすべての船を押し上げる」という古い諺があるが、これが通常意味するのは、好況がみんなを（働きの悪い者であっても）裕福にするということである。資本市場に流れている情報の品質を表現するのにこの諺を使うことができると思う。最低水準の品質の情報が規則によって改善される場合、全企業の経済的な資本コストは、有効な情報が市場に流入することで縮小される。

　したがって、筆者が個々の会社の経営者に対し財務報告の品質を改善するように働きかけるのと同じ理屈で、筆者はどうしても、基準制

定機関（主としてFASB、証券取引委員会（SEC）および国際会計基準審議会（IASB）、ただしほかの機関も含まれる）に対して、もっと優れた基準で、経済活動に関する財務報告の品質の最低水準を改善する措置をとるように働きかけたい。より改善された基準とは、財務諸表利用者の満たされていない要求を満たす基準であり、発生した出来事や個々の企業に内在する諸条件に関する情報提供を促すものである。

基準制定の3つの目的

つまるところQFR世界で基準制定の目的は3つあると考える。第一に、経営者全員が、有効な情報に対する市場要求を満たすために、順守する最低限の基準制定を定め続けることを意図し、また定め続ける義務があると考える。最低限の基準がなければ、不確実性およびリスクの増加のせいで資本コストが高くなってしまう。

第二に、最低水準を改善する新しい基準制定プロセスを通じて継続的に報告水準を上げることで、基準制定が経済活動に寄与できると信じる。言い換えれば、基準制定機関が任務を継続することができると考える。しかし、これまで絶えず説明してきたように、QFR世界での経済活動は居心地のよいものであるということに経営者が気づくべきである。

第三に、基準制定者が経営者にQFRの姿勢を指導し支援する活動を行うことで指導力を発揮するという構想がある。彼らが指導力を発揮するためには、①基準案が争点となっても持論を曲げない、②経営者に最低限の水準を超える動機を与える新しい基準を考案する——ことが必要である。

まったく新しい世界

お分かりのように、QFRによって基準制定機関は「まったく新しい世界」を創造することになり、新しい世界に以下の特徴を見いだすことになろう。
- まったく新しい基準制定者の動機
- まったく新しい探求
- まったく新しい政治体制
- まったく新しい成果
- まったく新しい種類の機関

以降の頁でこの考えについて説明する。

まったく新しい基準制定者の動機

現行の基準制定の世界で、新しい基準を制定する目的は、経営者に対して企業の既知の情報をもっと開示させることを強制することにあるが、経営者はなかなか同意して報告してこないのが現状である。実際に、FASBの現在の存在理由は経営者が実行したくないことを実行させることにあるといっても過言ではない。その結果、FASBと経営者の支持層の関係に継続的に摩擦が生じ、論争中は、お互いの攻撃を押し返したりしなければならない。このような環境下では生き残るのは非常に困難である。また、筆者はこのような環境でQFRを実行しても、ビジョンが創造され、革新が生まれるとは考えていない。

対照的に、財務報告の世界では、経営者が自社を脚色して作為的な報告を行って、より低い資本コストを獲得しようとすることになるので、基準制定機関は別の課題を抱えることになるだろう。基準制定機関は、実行しない経営者を強制するのではなく、現在の経営者の報告

状況をもっと改善するように経営者と協力すべきだろう。基準制定機関は、頭ごなしに反抗的な経営者を非難するのではなく、経営者と歩調を合わせ、新しい情報に対する新しい需要を発見する方法を教えて、この要求を満たす新しい方法を考え出すための支援を行ったほうがよいだろう。

筆者は白日夢にふけっているのだろうか。そうかもしれないが、筆者は読者とビジョンを共有できなくても仕方がないと考える。筆者は、FASBおよびSECが世界の変革に影響するようなものを制定しようとする場合、いつも政治的圧力がかかる状況を直接体験してきたので、基準制定機関については細部にいたるまで理解しているつもりだ。これが苦しい戦いなのは、経営者がいまだに古いパラダイムにしがみついているからであり、虚偽情報だろうと資本市場はそれを評価し、GAAPを順守しているかぎりは数値をごまかしても罰せられることはないと考えているからである。QFRがこの世界をがらりと変え、基準制定者にとってまったく新しい論拠をもたらすと確信する。月曜日に出社し事務所に入ると、今までとは違ったまったく新しい論拠に遭遇することになるのである。

まったく新しい探求

現在のパラダイムでは、FASBをはじめとする基準制定機関は、新しい種類の情報の供給を経営者に強制する新しい方法を探求している。彼らは絶えず新しい情報の作成方法に関する問題に取り組んでいる。前述のように、彼らの任務は、実行したくないことを実行するように人々を強制することであり、彼らのこの任務遂行には大きな権限がともなっている。もしFASBがSECからの支持を失うことになれば、現状のような活動は不可能となり、効力をもたなくなるだろう。FASBは、提供したくない情報を経営者に供給させることを強制するためだ

けに、単に政治権力を利用しているのである。

　筆者が構想を描くQFRの世界では、FASBは情報供給にかかわる問題だけを取り扱うのではなく、投資家および証券アナリストが新しい情報を識別できるというような、資本市場のなかに内包される役割も担うことになる。実際、FASBは、消費者の態度および行動について調査を行う市場調査機関（一種のシンクタンク）としての任務を果たすことが可能である。FASBは、この姿勢で新しい理念をもって任務に就き、次のように述べるだろう。「注目してほしい。FASBは今この新たな任務を見つけるにいたった。それは、経営者の方々はFASBと一緒に何をしたいか、またFASBがどうすれば経営者の方々のお役に立てるのか、ということだ」

　例えば、経営者が自分の報酬を気にしており、それがどの程度の価値なのかを株主および潜在的な株主に伝えないかぎりにおいて、機密情報を保持することができると仮定する。さて、FASBは、拍車を響かせ、鋭い目つきで、腰にピストルをひっさげて登場し、次のように言う。「FASBは、あなたが自分に発行したオプションについて新たな情報を提供するよう強制しようとしている。どう思おうとFASBは関知しない。FASBの考え方では、これは費用であることになっているからだ。したがってFASBは、費用として計上したくなくてもFASBの要求事項を実行するよう政治権力を行使するつもりである」このような提案に対する反発は強烈なものになる。FASBが提案する開示方法に対して抵抗があるのと同様に、FASBの姿勢に対しても抵抗が根強く残っている。

　対照的に、経営者が自社の株価を引き上げるには資本市場に有効な情報を供給する必要があることに気づいているケースを想像してみよう。FASBは、拍車や鋭い目つきやピストルのない状態で登場し、次のように言う。「投資家に話しかけてみたところ、FASBは、財務分析に関する新しいニーズを発見した。つまり、FASBが経営者に報告

要求する以上に、ストックオプションに関するより多くの情報を市場が要求していると分かった。市場はオプションの価値をはっきりと知りたがっている。また、各会計年度の費用を知りたがっている。どのように問題の解決に取り組んだら、市場の要求に応えることが可能だろうか。また、FASBはどのような形で支援できるだろうか」

次に、発行済みオプションの価値の情報を提供しなければならないことを経営者は理解したが、その数値の作成方法について知らないと仮定してみよう。その後、経営者はFASBに依頼して、自社の状況に適用できるような有効な測定方法を見つけるのに、FASBの専門知識を利用することができるだろう。経営者が各自独力で不器用にとりつくろうのではなく、FASBの基準方針を利用すれば、測定数値は市場においてより高い信用力をもつことになるだろう。この信用力は、強制的（かつ妥協的）画一性からもたらされるものではなく、高品質の情報開示を推進するため、業種内の最良の考え方を考慮に入れた理性的かつ入念な処理によってもたらされる。

これらは完全に異なる姿勢に基づいていることが分かるだろう。現状とはまったく異なる基準制定機関が誕生し、経済および社会にまったく異なる貢献をすることになると考えられる。この機関は、経営者の意思に反することを強制する会計方針ではなく、資本市場に対して有効な情報をもたらす会計方針を探求するだろう。

まったく新しい政治体制

これまでで基準制定プロセスにおける政治的な性格をすでに説明したので、政治的圧力が継続的にFASB審議会員に対して加えられたために、FASBは最低限の基準を制定することを余儀なくされていたことが理解できたであろう。特に第5章の記述では、注目を集めたプロジェクトでFASBがさまざまな種類の脅迫に応じて妥協してきたこと

を説明した。

　この妥協に終わったプロジェクトには、外国為替、物価変動、年金およびその他の退職給付、所得税、ストックオプション、投資資産が含まれるが、これだけに限定されるものではなく、ほかの多くの情報が該当する。FASBおよびその職員は「FASBが作成者に同意させることができるのは何か」と自身に問いかけており、それは「どの情報が利用者の不確実性を最大限に減少させることができるのか」という問いかけではない。

　おそらく政治的圧力が最高潮に達したのは、ストックオプション関連事項についてであり、FASBの審議会員5人が過半数で票決したのは、損益計算書上でストックオプションを認識することではなく、形式的に開示することを推奨することだけであった。第5章では、この決定のFASB側の説明としてSFAS第123号からの抜粋を引用した。

　「株式に基づく報酬の会計処理の論議においては不運にも深刻な不和が発生するようになり、財務会計審議会の構成支持者との将来の業務上の関係をも脅かすものになった。結局、論議の性質から、民間部門を規制する会計基準の将来をも脅かすものとなった」（パラグラフ60）

　「この問題について不和が発生している議論を終了させるために、FASBは現状維持で従業員報酬の情報開示の問題を決着させた。ただし、この決着が財務会計報告を改善する最良の方法であると確信したからではない」（パラグラフ62）

　審議会員は、情報開示が理論上、あるいは実務上良い解決策だったという主張さえしようとせず、結果的には先送りしただけであった。
　QFRの世界に移行すれば、この種の問題は発生しないと考えられ

る。それどころか、差異が発生した場合、当事者同士が「われわれはどのようにこの問題に取り組み、情報への需要に応えていくべきか」という共通の問題解決に対して積極的に取り組むことになる。

　将来、作成者のほとんどが、FASBと協力して不確実性を縮小する新しい考え方を検証することに意欲を示すだろうと考える。また、監査人が経営者の財務報告書に付加価値を与える新しい方法を見つけだすようになるので、問題解決にさまざまな方法で参画していくだろう。もちろん、腰の重い経営者は情報提供が少ないほうがよいと主張し続けるであろうが、もっと高い水準を求める経営者が大きな成果を上げていることに刺激され、消極的な経営者は次第に減少していくであろう。監査人のなかには、本質的な変化やリスクに対して根強い嫌悪感があるために躊躇する者もいるだろう。そのような監査人もまた、QFRが新たに無限に近い機会をもたらすことになることをいずれ理解するようになるだろう。

　当事者にもたらされる最も大きな変化は、基準制定措置が、証券アナリストおよびほかの財務諸表利用者にとって高い関心の的になることであろう。FASBが設立されたときには、審議会員のなかに利用者は含まれていなかった。それどころか、審議会員はすべてが監査人、企業会計士あるいは政府機関の会計士であった。フランク・ブロックが審議会員に任命された1980年ごろまで、この状況は続いた。しかし、ブロックは、利用者から審議会員を任命することは価値のあることで、市場価値を報告するうえで最も信頼できる部外者のひとりであるという考えの持ち主であった。彼の任期が終了したときは、後任としてアナリスト界出身者が選ばれることはなく、その空席状況は、1993年に財務会計協会の管理者がトニー・コープ（現在IASBの審議会員）を任命するまで続いた。こうした状況は、1993年AIMR委員会報告書の哀れっぽい書きぶりにも表れている。

「2人（ブロックおよびコープ）の常勤FASB審議会員を例外として、個々のアナリストはボランティアとして務めており、アナリスト、資産運用者、研究管理者、学者たちの本業とは別に基準制定プロセスに参画している。彼らの献身ぶりは立派である。さらに、彼らは、時間および報酬がかぎられているにもかかわらず、多くの職業専門家を含めた財務諸表利用者を代表する任務を果たしている。彼らの見解は聞くに値するものである。たとえ多数の事業法人、産業界および事業方針の合同組織、大手の監査法人および会計士の業界団体が圧力をかけ、常勤の有給職員を送り込んで財務報告問題を調査し見解を主張しているとしても」(p.74)

QFRの本質とは、利用者の要望を最前線で向上させることである。したがってQFRとして道理にかなっている状況とは、FASBおよびほかの基準制定機関が利用者の意見および要求に正面から対処し、重要課題として取り組んでいる状況、またこれらの意見が、ほかから資金供給がなされているもの（特に陳腐化した供給主導のパラダイムにしがみついているもの）からの雑音および要求によってかき消されないことが保証されている状況を指す。したがって、財務会計協会の管理者が、2001年にコープの後任者としてゲーリー・シーネマン（公認会計士およびAIMR会員）を任命したのは高く評価できることである。

この措置は、財務報告の目的が不確実性を減少させることであり、真実とは異なる外見をつくろうことだけではないと考えるようになりはじめた兆しであると考えられる。

この成果がより有効な財務会計基準および財務報告に結びつくのは必然である。ただし、業界全体がこの状態へ到達するにはまだまだ時間がかかることは、筆者が一番認識しているところである。

まったく新しい成果

　新しい動機、新しい探求、新しい政治的環境を前提とすれば、基準制定機関が、自分の役割は新しい財務資料の作成であることを認識すると考える。現在、FASBは研究報告よりも基準制定の役割の比重がはるかに大きい。今後はこの比重が逆転するのではないかと考える。FASBによって基準が発行されるのは、最低限の履行水準を規定することに限定されるが、他方、高い品質を確保するための報告方針を探求することでFASBは活性化するのである。FASBの付加価値は、たとえ経営者にとって実行したほうがよいことでも、嫌がることを経営者に強制するのではなく、利用者の要求に応えるという新しい考えのもとで成り立つ。

　筆者が悟りの境地に達したとも言えるのはこの点である。特に筆者は、過去に、FASBの基準のなかで3つ（SFAS第89号、第95号および第123号）を非難した（FASBの決議に関する騒動を思い出す。SFAS第89号では、時価情報の義務的な開示を除外し、自由意思での報告を奨励するにとどまったのである。SFAS第95号では、営業キャッシュフローの報告に直接法を使用することを推奨したが、間接法の使用を容認した。また、SFAS第123号では、損益計算書においてオプションを経費に計上するように経営者に奨励したが、結局見積数値を脚注で報告することを容認してしまった）。筆者がこの基準をそれぞれ過去に批判したのは、FASBが有効であると判断して提案している案があるにもかかわらず、結局は、作成者の支持層が提案する粗悪な案を妥協的にFASBが受け入れたからである。FASBは正しい解答を知っていたが、経営者に実行させる政治的な力を持ち合わせていなかっただけであることを筆者は知っている。

　しかし皮肉なことに、筆者はこの妥協のなかに、単純であるが意味深い、将来の基準となるプロトタイプを見いだしたのである。第一の

プロトタイプは、基準制定者が情報に対する需要を見いだし、かつ資本市場に情報を供給する方法を開発するために、多くの研究を行っていくことである。本書で紹介した取り組みが最良の実施例になるだろうと思うが、長所や短所をいくつかもつ代案も存在するのはまちがいない。第二のプロトタイプとしては、強制的ではなく意欲をそそるような方法で好ましい会計基準を推奨するものであるが、一方で劣後する方法の選択も許容する。しかし、筆者はそれらとは異なる第三の方法を選択したい。特に、FASBおよびSECは、望ましい会計方針をとらない経営者に対して、株主および資本市場へ不十分な情報開示しか実施しないことを選択した場合に、その理由の説明を義務づける規則を確立するというものだ。例えば、オプションに基づく報酬費用を脚注開示すると決定した場合、なぜこの方針が損益計算書上で費用計上するという推奨方針よりも有効な情報となるのか説明しなければならない。

　経営者は、有効情報である事実の記載を省略するため、また利用者に追加の労力やリスク負担を負わせることを正当化するため、作成費用および処理費用だけでなく、不確実性および資本コストの問題に取り組むことが要求されることになる。この開示義務が課されれば、経営者は会計方針決定に当たって注意を払って熟慮するようになるだろう。また、この開示義務の結果、市場がもっと確実に報告情報の価値を評価することができるように、経営者が自分たちの考え方を明確に表現するようになるだろう。

　例に挙げたこれらの領域における現在の慣行では、経営者が補足の時価情報を報告しない根拠、総営業キャッシュフローを記載しない根拠、あるいは脚注にオプション費用を記載する根拠を経営者が説明する必要はない。それどころか、経営者はGAAPの浅薄な壁の背後で身をかがめて、市場からの報復を回避できると考えているように感じられる。経営者が望ましい方針を採用しないことへ整合性のある根拠

を提出することは、煩わしいと考えているのだろう。

　読者が経営者ならば、一流専門家や当局が決定した財務報告方針の採用を拒否する説明を4つあるいは5つ考えて、自分で脚注を作成してみるとよい。きっとそれは難しいと感じるであろう。これができないということは、資本市場にとって何を意味するか考えてほしい。資本市場は、何の罰則も受けず情報を知らせない経営者を果たして許してくれるものだろうか。けっしてそうではないはずだ。

まったく新しい種類の機関

　筆者の提言および議論のなかではよく問題となるが、果たして経営者の間でQFRが盛り上がることで、監視機関がどのような影響を受けることになるのであろうか。特に、経営者がQFR基準を守っているかどうかを監視するために、財務報告実務を調査する学術的機関の設立が必要ではないかという多くの意見があった。こうした意見は、高品質の生産システムであるISO9000（品質管理保証規格）を生み出した業務管理サークルと同じような効果をもたらすことになる。

　QFRの本分からすれば、このような機関は何よりもQFRの活動と成果を決定することになるすべての利害関係者（利用者、作成者、監査人、監督機関および学術者）の代表者で構成されるべきである。この機関は最初に、GAAPおよびSEC報告規則に取り組むことになるであろうが、それだけにとどまるものではなく、次に、もっと大量に高品質の情報を提供するには経営者は何を行うべきかという論点について考えることになるだろう。こうした基準が整備されることになれば、企業経営者たちは候補となる会計基準を選ぶことになる。財務諸表およびほかの開示はすべてこの基準を順守するように構成されるのである。さらに、報告書の作成方針が情報の品質管理のために検討されるだろう。何よりも重要なのは、経営者のQFRに対する取り組み

姿勢に対して評価を行うことであり、最初は経営トップの評価から始めてその後、組織全体に評価対象を拡大していくとよいであろう。[1]

同様のプロセスは、監査法人の評価でも開発が可能である。独立性、報酬体系、顧客獲得実務、評価の検討、補足考査の実施、経営者との交渉調整などに関してさまざまな基準を備える完全な機関であることを評価基準は示すことになる。それらの基準が示すものは、監査人としての認定（あるいは非認定）である。QFRを達成する経営者として適切（あるいは不適切）という表示と同様である。

会計以外の分野においては、上記のような認定方法および認定機関の多くのモデルが存在する。公開企業などの監査において公認会計士が実質的に独占を許容されてきたため、会計士業界には外部評価プロセスという概念が希薄だと考えられる。このことを推定する根拠となるのは、競合の余地がある状況において、監査人および監査が何の差別化もされず同質になっていることがひとつ挙げられよう。このような特別な認定措置は、改善を推進するために非常に有効であると言える。

結論

筆者は会計実務の現状について批判しているが、QFRが基準制定の最終目的であると考えてはいない。QFRが基準の目的そのものとなる可能性があるが、QFRにはもっと発展性があり、もっと価値のある公共サービスを生み出す可能性が秘められている。QFRがFASB、SECあるいはIASBの存在意義を小さくするのではなく、こうした機関の委員を解放して自由により広く革新的に物事を考えさせることになると筆者は考える。特に、情報を必要とする人々の要求に応えず、財務情報の供給者をも犠牲にしてしまう最悪の会計基準を制定せざるを得なくなる政治的圧力から解放されるだろう。

現在は、新しい構想を描く指導者が求められる時代である。筆者は、そのような指導者は、経営、財務および会計の分野の外にいると確信している。そうした人物は現在、ビジョンおよび能力を評価するシステム内で活動していない。実際、逆もまた同様であった。これまでは利益操作に熟練している人々が、市場に背を向けて経営者に仕えてきた。他人の利益をかすめとるために、だましたり誤解させたりする道具として資本市場を利用しようとする人物が権力を握っていたのである。筆者はこのような姿勢に価値があるとは思わないし、この姿勢を変更することは可能であり、そうなるだろうと信じている。おそらく、今ちょうどこの頁を読んでいるだれかによってそれが実現されると願いたい。

注

1．筆者は第9章に記述されたAIMR品質ランキングが、筆者の提案する種類のサービスおよびランキングの一端を示していると考える。

第19章

QFRを実行していない例
——エンロンのケーススタディ

How Not to Do QFR－The Enron Case Study

　本書の執筆の開始後に、エンロンの壮大な崩壊劇についてのニュースが報じられた。みなさんと同様に、筆者はエンロンの経営者および監査人が実行した財務報告活動に関する意外な新事実が報じられるたびに茫然とした。さらに、企業とその監査人との間の不健全な関係を知って失望した。これを受けて、QFRを実行していない事例研究の材料としてエンロンを取り上げ、当初の原稿に追加データを加えることにした。ここまでの各章でエンロン関連の事例をいくつか引用したことに気づかれたかもしれない。また、本章全部を使って、エンロンの経営者が犯した過ち、およびアンダーセン監査法人の監査人が犯した財務報告に関連する罪、およびまちがった判断と筆者が考える点に焦点を当てることにした。筆者はこの全貌について知るわけではないが（広範囲な領域の詐欺行為やシュレッダーで細切れにされた書類を考えると、おそらくだれにも分からないだろうが）、この状況に関して確実に論評できるよう可能なかぎり調査を行った。倫理に反する違法な行為に該当する虚偽報告を行ったエンロンの事例を、詐欺行為の典型例であると判断する理由を明らかにしたい。したがって、エンロンの状況が、QFRを適用していないという単純な問題に起因していると軽率に判断することはできない。しかし、QFRを実行する経営者であれば、自分の企業をエンロンのような企業にしてしまうことは

ないと確信している。さらに、QFR企業の利害関係者は、エンロンの株主、債権者および従業員の身にふりかかったような問題を確実に回避できることになるだろう。

　エンロン事件は2001年晩秋から初冬にかけてニュースとなり、人々を驚かせた。さまざまな記事が大手報道機関から報道され、ニュースネットワークおよびトークショーでは特番で報道されるありさまであった。筆者はこの事件の関係者がどうしてこのような事件を起こしたのかという動機を十分に理解しているとは言えないし、このエピソードを聞いたからと言ってすべてを理解できるとも思えない。それにもかかわらず、この事件は多くの人々に教訓を与え、QFRに関する筆者の主張を裏づけると考える。本章では、最初にエンロンに関する事実について概略を説明し、次に経営者および監査人が、第2章で記述した財務報告上の7つの大罪をすべて犯していたことを明示する。そのあとで、エンロンの経営者が第11章、第12章、第13章の質問に対して、もし回答する機会があった場合にどのように答えたかを推測してみたい。最後に、筆者の見解をまとめることにする。

エンロンでは何が起きたか？

　エンロンは停滞する天然ガス事業関連の公益事業会社2社の合併によって1985年に設立された。パイプラインを稼動させ、顧客にサービスを提供して利益を出すか、市場価格の不均衡を利用して会社が単一価格でガスを購入してそれを他者に販売して利益を確保することが当初の事業内容であった。ある時点で、経営者は会社の事業範囲を著しく拡大する新しいビジネスモデルを考案した。このモデルで3つの事業展開を計画した。それは、①米国のある地域で生産された天然ガスをほかの地域に輸送することを可能にする、より完全に統合されたパイプラインの完成、②天然ガス価格の規制緩和、③急成長する高速通

第19章　QFRを実行していない例——エンロンのケーススタディ

信事業——であった。ニューヨーク証券取引所が大手公開企業株式の市場になっているように、エンロンが天然ガスに関する中心的市場になることを、この具体化戦略では目指していたのである。これが成功したことによって、電力についても似たような事業計画を打ち立てた。米国内の電力網が完備され、規制緩和が頻繁に実施された結果、多くの電力会社が必要な電力を購入したり、また余剰電力をほかの電力会社に販売したりすることが認可されたという意味では、天然ガスのケースと同じ現象が発生したと言える。事実、過剰設備をもつ電気事業会社はエンロンにアプローチし、設備が不足するほかの電力会社に電力を販売する申し出を行った。この現物取引市場では、買い手が最低価格を入札することは可能であり、また売り手が最高価格を競争することも可能であった。経済状態が上向きであったこともあり、エンロンは需要と供給を合わせる基本的サービスの提供においても成功を収めるようになった。こうして二重の成功を収めた後に、経営者はほかの市場にも事業範囲を拡大し、この新規事業は非常に広範囲にわたった。事業は急成長してエンロンは繁栄を謳歌するようになり、フォーチュン500社リストで第7位になるまで地位を向上させた。さらにエンロンの経営者はヒューストンにおける影響力を強め、アストロズのために建築された大リーグ新野球場に企業の名称を冠してエンロン球場とするように立ち回ったのである。

　さらに、CEOケニス・レイの指揮下で、経営陣は個人的なつながりを強めるだけでなく、巨額の選挙献金を通じて政治的なコネクションを強めるようになった。2002年初めに明らかになった事実によれば、米国の上院議員の大多数および下院議員の約半数がエンロンから何らかの利益を得ていたということであった。経営者は、権力の座につくと思われる者であればだれとでも手を組もうとした。たとえ、時の勝者と敗者であろうが、また民主党員と共和党員であろうが、両方の側と手を組んだのである。[1]

エンロンの経営者はさらなる拡大への野心を燃やして、電力取引の取引手数料を通じてもたらされる利益だけでは十分ではないと考えた。特に、他者と相対で取引する商品先物取引を含むさまざまなデリバティブ契約に足を踏み入れるようになり、これによってエンロンを著しく大きな不確実性にさらすようになった。さまざまな金融技術によって、この不確実性は緩和することはできたのかもしれなかったが、経営者は、財務報告方針を選択して、数値を操作することで余計なリスクを隠しておけば、エンロンの株価への影響をうまくコントロールできると考える大きな過ちを犯した。情報提供を制限するこの手法は、経営陣がここまで育んできた秘密主義の企業風土によく適合するように思えたのである。

エンロン株は、2001年の初めの時点で1株当たり80ドルを超えるまで上昇し、このとき時価総額は600億ドル以上であった。図19.1で示されているように、問題の情報が公表されるかなり前に、株価は2001年初めごろ突然下がりはじめた。エンロンの財務報告書は強気に報告利益を計上していたが、計算書および脚注については理解困難だという悪評が立っていた。そのうえ、エンロンの経営者は開示に積極的ではなく、また透明性がないという評判が定着していたのである。このような状況で、株価が下降しはじめたとき、経営者はアナリストの質問を無視し、執拗に質問するアナリストを排斥した。

2001年8月にエンロンのCEOであったジェフリー・スキリングは個人的理由（子供のサッカーの試合を見に行けないという理由など）で、在任期間わずか6カ月で急に辞任した。その時点で株価はすでに以前の高値の約半値に下がっていた。スキリングの後任はエンロンを新生企業に改革してきた前CEOのケニス・レイであった。レイは復職後、エンロンの事業環境は申し分のない状況であり、株価はすぐに回復するという声明を従業員および一般大衆に発表した。

しかし、レイが着任すると、経営陣の一掃、および、虚偽の財務報

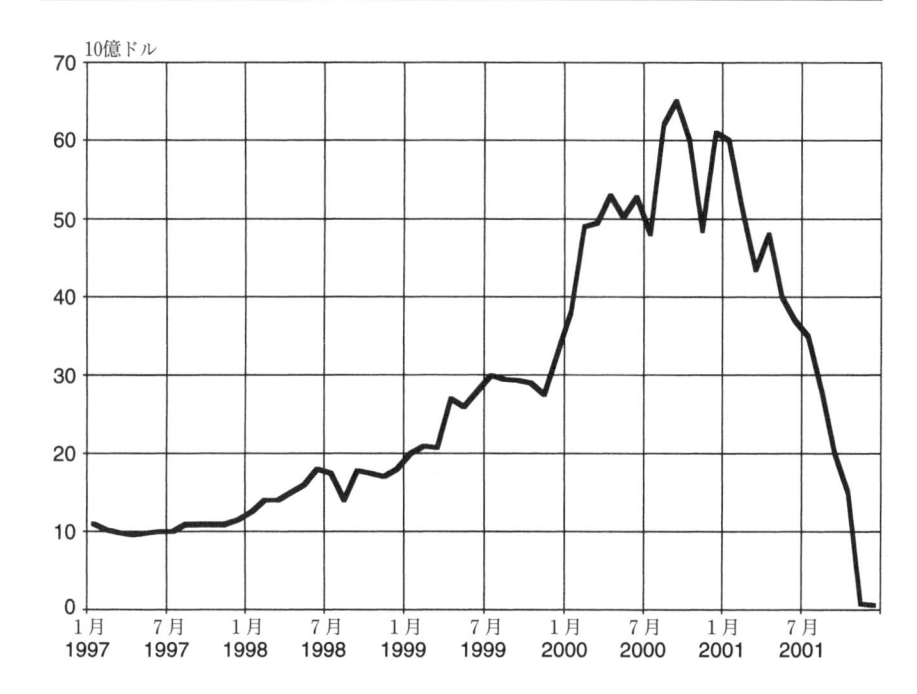

図19.1　エンロン時価総額の騰落（フォーチュン2001年12月24日号より）

告書を作成するための粉飾操作の排除を要求する匿名の社内文書を受けとるにいたる（2002年1月に、この文書の作成者は、エンロンの副社長のひとりで、元アンダーセン社員のシャーロン・ワトキンズであることが公表された）。レイは、この助言を完全に無視し、株価がさらに下落しても、万事が好転するような企業イメージを継続して作り上げたのである。その後の2001年10月に、レイはエンロンが前年度利益について5億6800万ドルの下方修正処理を計上するという内容の電撃的な声明を発表した。この修正は、前の数年度の損益計算書に累積された「会計上の誤謬」を修正するための処理であると説明された。会計上の誤謬という専門用語は、不注意な誤りと意図的なGAAP不

正使用という両方の意味を含んでいる。この場合、修正処理は後者の意味であった。

　この発表でついに秘密が暴露された。経営陣は実質利益の増加がなくともエンロンの報告利益を水増しさせて虚偽計上を行っていたのである。この修正が発表されても、エンロンの経営陣は十分な説明をしないまま、株主持分が12億ドル減少する処理を計上した。すぐに明解な説明がなされなかったため、エンロンの信用状態が悪化して同社の株価は大暴落した。後になって分かったのは、エンロンの信用状態が実態よりもはるかによく見えるように財務報告が操作されており、貸借対照表から膨大な金額の負債を取り除く目的で経営陣が設立した「特別目的会社」（SPE）が崩壊したために、同社が経営危機に陥ったのであった。

　10月23日に、こうした問題に関して、レイはエンロンのCFOのアンドリュー・ファストーが全面的にかかわっていることを表明したが、10月24日にエンロンは、ファストーが休暇中であると発表した。ファストーがエンロンの役員としてではなく、表面上は個人として行動しつつ、有力なSPE数社のジェネラル・パートナーであったことが結局は明らかにされた。この二重の立場は、エンロンとその役員との間で、取引に関する企業倫理規則の例外として、1999年に取締役会で明確な形で承認されていた。GAAPの技術的な解釈によって、あたかも子会社でないかのようにSPEを取り扱うことができた。したがって、SPEの資産および負債はエンロンの連結財務諸表の資産および負債の連結対象とはならなかったのである。[2]最大のジェネラル・パートナーの名として、ファストーの妻および2人の子供（LJMとLJM2）の頭文字が含まれており、ほかのパートナーとしてファストーの飼い犬が任命されていたことも判明している。最終的に、ファストーがこの策略で個人的に3000万ドル以上を得ていたことが報道された。

皮肉なことに、ファストーはCFO誌から1999年に資本構成管理優秀賞（Excellence Award for Capital Structure Management）を受賞しており、彼の革新的な財務戦略に対しては称賛が与えられていたのである。この操作謀略が明らかになった後、CFO誌の編集者は、エンロンの歪んだ財務活動を記述するに当たって、ファストーが用いた会計手法を説明するために、2002年1月号で「誤った数値（Wrong Numbers）」という記事のなかで以下のように表現している。

「2年以上前に、CFO誌とのインタビューのなかで、ファストーは複雑な革新的手法を活用して、エンロンの貸借対照表の負債を約10億ドルの状態で維持する会計手法を開発したと自慢気に語っていた。

『これは連結対象にならず、またノンリコース（nonrecourse）である』と同誌にファストーは語ったのである。おそらく、『ノンリコース』をどのように定義するかによって意味が異なってくるのであろう。実際、エンロンが2001年11月19日に提出した様式10－Qでは、SPEの負債が最終的にはエンロンの責任範囲であることを明快に記述している。この提出書類によれば、SPEの9億1500万ドルの負債は、必要がある場合はエンロンからのキャッシュフローによって弁済されることになっていた。

もしエンロンが3つの主要信用格付機関のいずれかの格付けにおいて格下げとなる事態が発生していれば、この債務は様式10－Qで報告されているようにエンロンの責任となるはずであった。案の定、9億1500万ドルの債務を開示した直後に格下げが発生し、このときには30億ドルの簿外債務が新たに表面化したのである」（p.16）

10月の事件発覚に続き、残りの経営陣の策謀が手製のセーターの毛糸がほどけるように徐々に解明されてきた。報道によれば、レイは閣僚級の連邦政府高官との接触を行って市場への介入を求めたが、持続

的な株価下落を止めるための手段を講じるには手の施しようがなかったようだ。ある時点で、従業員がエンロン株の売却をできなくするために、401k口座で保有するエンロン従業員の個人退職金口座が凍結された。従業員には、年金プラン管理者の変更によってこの事態が生じていると伝えられた。筆者の推定では、エンロンの経営者が狼狽売りおよび株価の下方圧力を抑制しようと行動したのではないかと思われる。さらに多くのエンロン経営者が、まだイン・ザ・マネーであったオプションを行使しており、自己保有の株式を処分していたことが報道された。

2001年12月までに株価は1株当たり1ドル未満に低下した。また、時価総額は実質的にゼロであった。弁護士の尽力の末、わずかに残る最後の資産を保護するため、12月2日の日曜日の朝に破産宣言がなされ、それから間もなくしてニューヨーク証券取引所がエンロン株式の取引を停止し、エンロンは完全に破綻を迎えるにいたる。

もうひとつのニュースは、エンロンとその監査法人であったアンダーセン（以前はアーサー・アンダーセン）との関係である。エンロンの委任勧誘状によれば、アンダーセンは最近の会計年度に総額5200万ドルの報酬を受領し、報道によれば、そのうちの2500万ドルが監査業務で、残りが非監査業務の報酬であったとされている。さらにエンロンの内部監査人としての監査報酬の2500万ドルの内訳として、アンダーセンへの使途不明金が含まれていたことが報道された。

10月に修正が発表されたときに注意が向けられたのは、公認会計士がどうして重大な誤謬や虚偽記載を見落としたのかという点であった。就任して比較的間もないアンダーセンの業務執行役員でありCEOのジョーゼフ・ベラーディノはウォール・ストリート・ジャーナルおよび金融サービス庁の下院委員会を目の前にして証言を行ったが、そのときには彼は攻勢に出た。一方で彼はアンダーセンが責任をとるとは述べたものの、その一方で、この状況をもたらした財務報告システム

および顧客であるエンロンの行動を非難したのである（ベラーディノはその後、2002年の春にアンダーセンを辞職した）。

　2002年1月に、エンロンの監査担当のパートナーであったデビッド・ダンカンが、アンダーセン社員に対して業務活動に関連した膨大な書類およびコンピューター・ファイルの廃棄を命じた事実を捜査官が発見すると、状況は劇的に変化することになる。1月にダンカンはアンダーセンから解雇されエンロンの業務を処理する管理者が不在となったので、ほかのパートナーがその役職に配置された。回答を迫られた質問はもちろん、上層部の一体だれがダンカンに対して書類をシュレッダーで切断する命令を出すよう指示したのかというものであった。エンロンに雇用されている多くの会計士が、元アンダーセン社員であったことがさらに報道された。いずれにしても、アンダーセンには非常に問題があり、大口顧客への最悪の対応法の実例になってしまったのである。筆者が本書の執筆を終えようとしている時点で、アンダーセンは監査業務への信頼を失墜したことによって、司法妨害の罪で有罪判決を受けている。

　本件に関しては記述することがまだまだあるが、筆者の目的は達成できたのではないだろうか。たしかに、この事件については、多くの事実が今後まだまだ発見され明らかにされるだろう。この観点から明らかにされることのどれを検証しても、エンロンの経営者および監査人が、QFRとは無縁の存在であったことはまちがいないと筆者は確信する。

エンロンと財務報告上の7つの大罪

　第2章では経営者が犯しがちな7つの財務報告上の大罪について説明した。エンロン経営陣は典型的な7つの罪すべてを犯し、特に7番目の罪が顕著であったように思われる。以下の頁で筆者がこのように

考える根拠を説明したい。

資本市場の過小評価

　エンロンの経営者は素晴らしいビジネスモデルをもっていたかもしれないが、安定した収益では満足できないと考えたようである。つまり、通常以上に儲けようとする野心を抱いたのである。しかし、彼らはそのモデルを改善しようとはしなかった。それどころか、営業活動からのキャッシュフローを管理するのではなく、情報を管理することによって、資本市場を欺いてより高い収益に見せかけるように無理やり財務諸表を操作したのである。

　第1章に戻ると、経営者が資本市場に提供することができる2つの情報（将来のキャッシュフローおよび将来のキャッシュフローに関する情報）を表すために図19.2で図解した。エンロンの経営者は、単に予想キャッシュフローをよく見せるために粉飾すれば高いリターンを得ることができると判断したと考えられる。彼らの見解では、営業活動自体を成功させるよりも財務諸表の数値を操作するほうがより容易であると考えたに違いない。

　エンロンの経営者が虚偽情報を作成する方法を見つけることにとりつかれたようになると、本来の経営をまったく考えなくなったに違いない。彼らは大きな富を手に入れるという欲望にかられ、また資本市場は愚かな人々で構成されていると確信していたので、帳簿を改ざんしさまざまな嘘を積み重ねて見栄えの良い財務情報を市場に提供したであろうと想像される。結局は、エンロンの経営者が財界で史上最悪の愚か者というレッテルを張られるにいたった。いにしえのイングランドのクヌート王のように、彼らは海岸に座り、真実の潮が満ちてくることを無力にも願ったのである。

　（クヌートと呼ばれるイングランドのバイキング王に関する古代の

図19.2　企業からは2つのものが提供される

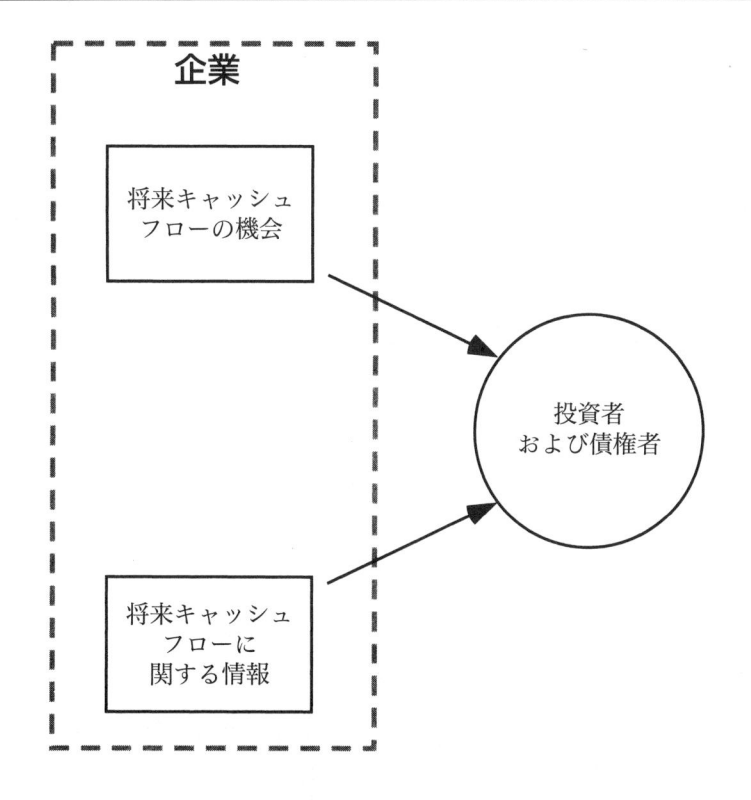

```
┌─ ─ ─ ─ ─ ─ ─ ─ ─ ─ ─ ─ ─ ─ ─ ┐
│            企業              │
│                              │
│  ┌──────────┐                │
│  │ 将来キャッシュ │              │
│  │ フローの機会  │ ──┐          │
│  └──────────┘    ↓          │
│                   ○          │
│                 投資者        │
│                および債権者    │
│                   ○          │
│  ┌──────────┐    ↑          │
│  │ 将来キャッシュ │ ──┘          │
│  │ フローに    │              │
│  │ 関する情報  │              │
│  └──────────┘                │
└─ ─ ─ ─ ─ ─ ─ ─ ─ ─ ─ ─ ─ ─ ─ ┘
```

　伝説は次のとおりである。クヌート王には巨大な権力があり、ご機嫌とりの家臣たちに常に取り囲まれていた。クヌートは賢明だったので、彼らからのお世辞が無意味なものであることを理解しており、そのお世辞が気に障るようになっていた。ある日、彼は命令を下し、王座を海岸の干潮時の水位に置いた。その後、彼は追従する側近に囲まれて席に座り、潮流をなかに入れないように命令を出した。もちろん水位が高くなると、無力にも王座およびクヌート王自身はほかの貴族たちと同様に海中にのみ込まれた。その後、彼は一言も発せずに立ち上がり、打ち寄せる波に乗って城に戻ったが、このようにして、自然の圧

倒的な力に対してはどうしようもないという教訓を教えたのであった）

　自信過剰のご機嫌とりであるクヌート王の側近のように、エンロンの経営者は、資本市場から真実を隠しておけば、真実に内在している巨大な経済的な力を抑え込むことができると考えたようである。筆者の見解では、エンロンの経営者は異常な拝金主義者であり、自信過剰な態度を増幅させ、従業員、株主、債権者および顧客を含むエンロンの利害関係者の利害をすべて無視することになったと考える。それほど時間が経過するまでもなく、また彼らが実際に暴利を貪らない段階で、エンロンの経営者は真実に屈服させられ、うまく操作しようとした策略はすべて暴かれたのである。

　エンロンは昔から、デリバティブ投資を市場よりも高い時価で評価して、報告利益を少しずつ水増しするという手法で不正行為を行っていたようである。監査人であるアンダーセンと対立したとき、経営陣は、本質的な問題を先送りし、修正案を作成することは重要なことではなく、価値のないことであると監査人を説得した。筆者は事実を把握しているわけではないし、また今後もその内容は分からないだろうが、巨額の報酬が支払われていたとすれば、顧客側の不正行為を監査人自身が助長していたのではないかとも考えられる。

　報道によれば、初期の成功に満足せず、エンロンの経営者は不正操作を継続し、その複雑さと規模を拡大していった。どうにかして財務諸表を良い業績に見せることが目標となり、実際に発生している真実については顧みられることはなかった。悪事が発覚するぎりぎりのところで経営を行うことが良い経営であると認識され、重要なことは真実ではなく、財務報告上の財務イメージであると常に考えられるようになった。利益が安定的であり、成長しているという印象を促進するために、エンロンの経営者は自分の気に入った証券アナリストと手を組んだという可能性もある。もしそうならば、こうしたアナリスト

ちはだまされていたか、あるいは二枚舌で正しい情報に対する雑音を発生させれば、より高い値段で株式を買ってしまう愚かな投資家を発掘することができると考えたのかもしれない。それでも、2001年の初めに、GAAP銘柄の市場価値が一貫して下落していることが明らかになると、このような煙幕を見抜き、発生するであろう大災難から逃れるために保有するエンロン株の整理を行う者も出てきたのである。

10月の利益修正が発表された時点でさえも、エンロンの当事者はエンロン株にもっと投資するように市場を説得できると信じていた。利益を再計上したときも、将来には確実に好転することをしきりに強調した。リミティッド・パートナーシップ・スキームの崩壊に起因する株主資本の12億ドルに及ぶ下方修正の事実を公開していなかったのである。別の視点から文学上の一場面を引用してみるが、犬のトトがペテン師の正体を見破っているのにもかかわらず、このペテン師がオズの魔法使いを装って、「カーテンの後ろに隠れている人物に注意しないように」と、ドロシーと彼女の友だちに話しかける場面を思い起こしてほしい。崩壊の終局に当たっても、エンロンの経営陣は、市場が非常に賢明で一貫性があり、また猜疑心が強いので長期間だまされることはないということを理解できなかったようだ。

筆者の疑問は別にして、QFRを実践していれば、エンロンの経営者はこの問題および惨劇を回避することが可能だったはずだ。もしQFRを実行していたら、第一に欺くという行為に手を染めていなかったのではないか。さらに、GAAPをぎりぎり順守するという薄氷を踏むような行為をとったり、ましてや禁止されている領域に足を踏み入れたりはけっしてしなかったであろう。簿外資金調達に手を染めることも考えなかっただろう。また、ジェネラル・パートナーとしてリミティッド・パートナーシップを設立することもなかったのではないか。彼らは隠ぺい工作を行った末に、最後に秘密を明らかにしなければならない事態に陥ることはなかったはずであり、筆者がこれから

記述するほかの数々の罪を犯すこともなかったであろう。最も肝心なのは、もしエンロンの経営者が本当に資本市場を尊重し、真実を伝える重要性を理解していたなら、エンロンはまだ存続していたはずであり、従業員は完全な401k年金制度の下で勤務していたはずであり、まただれも、ミニッツメイドパーク（アストロズ球場の新しい名称）の名前を聞いて冷笑したりはしないだろう。

不明瞭化

QFRの実行方針が意味するのは、単に真実を伝えることだけにとどまらない。完全な真実を伝え、かつ明確に表現することをも意味する。エンロンの経営者はまったく正反対のことを実行したように感じられる。彼らはGAAPを順守しており、それで十分なはずだと主張した。しかし、彼らの法令順守が意味するのは、できるだけよく見せるためにできるだけ最小限度のことしか行わないという行為であり、複雑な報告書を作成して虚偽報告を行うまでに事態を悪化させたのである。不明瞭化の例として、以下は2000年度年次報告書の脚注からの抜粋である。

脚注10──優先株
「エンロンのアズリックス投資における1998年の財務再構築（約12億ドルの収益計上）に関しては、アズリックスの持分を取得した関連会社の債務契約が債務不履行になる場合、あるいは特定の出来事（例えば、エンロンの信用格付が指定水準以下に格下げになる場合）の場合には、エンロン社転換権付優先株の売り出しの履行をエンロンが約束するものである」

この例では、エンロンの経営陣が可能なかぎり開示しないように全

面的な力を注いだ事実が示されている。

　本書を読めば、不明瞭化が投資家の不確実性を増大させるということが理解できるだろう。市場が不確実性に直面した場合、これをリスクと考え、投資あるいは貸し出しを実行するときに、より高い収益率を要求する。このような理屈からエンロンは高資本コストと低株価を招く事態に陥ったのである。

　率直に言って、筆者はエンロンが行ってきた行為に当惑してしまう。ある人はこの時間的ずれが市場の非効率性を証明するものであると主張するかもしれない。しかし、この根拠に説得力があるとはけっして思わない。結局、報道およびメディアが発するよりもかなり前に、市場はエンロンの問題点を発見していたのである。多くのアナリストが買い推薦を継続していたにもかかわらず、株価は2001年の初めに急落しはじめていた。

　不明瞭と抵抗というエンロンの社風は確立されたものであった。よく知られていることとしては、エンロンの経営者は厚かましいほど尊大な態度で、「エンロンのことはエンロンが考えればよいのだ。読解不能で不完全な財務諸表を公表することに決定する」と公に言明している。

　ジョナサン・ウェイユが執筆した「エンロン報告書の透明性調査と対峙するアンダーセン（Andersen Faces Scrutiny on Clarity of Enron Disclosure）」という2001年11月5日付ウォール・ストリート・ジャーナル記事に優れた意見が記述されている。ウェイユは、エンロンのスポークスマンであるカレン・デンがエンロンの経営者の代理人という厳しい役割を負いつつ言った言葉を引き合いに出している。それは、「この処理を理解できない投資家にエンロン株を購入してもらおうとは思わない」というもので、マリー・アントワネットが農夫に、パンがないならケーキを食べるように言った言葉を連想させる。ベサニー・マクリーンはフォーチュン2001年12月24日号の「なぜエン

ロンは倒産したか（Why Enron Went Bust）」で同様の見解を示した。

「つい最近まで、エンロンは、財務諸表の役割は複雑で分かりにくいものであるという考えを主張してきたようである。エンロンの態度は、軽蔑しているも同然の表現で、エンロンの事業を理解することができなかった人は『理解する能力がなかった』だけであるというものであった」（p.60）

このエンロンの姿勢はまったく筋が通っていない。透明性の欠如から経営者の隠蔽工作を疑ってしまう知的な市場参加者が存在するにもかかわらず、エンロンはそのことを想定していないとしか思えない。企業が何か事実を隠していると、状況は想像以上に悪いほうに傾いてゆく。したがって、エンロンの事例では市場が一層の株式売却を継続したために、株価が急落したのであった。

私たちは、デンの言葉を読むと、第2章および第8章で引用したウォーレン・バフェットの以下の見解を思い出す。

「年次報告書を手にとり、脚注の内容が理解できなければ、たぶん私は、いや絶対にその会社には投資しない。なぜならば、会社の内容を私に理解してもらいたくないというふうに企業が考えていることが分かるからである」

筆者の友人であるヴェーバー州立大学のロン・マノ博士は、年次報告書の複雑な脚注についての説明を聞こうと叔父（コナグラの会計担当者）に電話した友人が実際に体験したことを滑稽に語っている。この友人は「お前には関係のないことだ！」と叔父から説明を拒絶されたのである。

第19章　QFRを実行していない例——エンロンのケーススタディ

デンの雇用者に当たるエンロンの経営者は、自分たちは賢明なのだからとるに足らない苦情を無視しても何ら問題ないと考えていたが、これが株価の低下にストレートにつながることになることを理解していなかったのであろう。彼らは、不明瞭な報告に対する質問をやりすごしていれば、市場において株価が高くなると考えたのであるが、一体どこまで市場参加者を愚弄すれば気が済むのであろうか。

不確実性とリスクのこの基本的経済関係は、ロケット工学のような難しい問題ではない。エンロンの経営者は単にこの理屈から逃げていたにすぎない。彼らはおそらくトランプで家を作るのに一生懸命で、自分たちのとった方法があまりにも無防備であることを十分に理解できなかったのであろう。万人にとって不幸だったのは、監査人もまた異議申し立てをしなかったために大衆の信頼に応えることはなく、事実上アンダーセンの終焉と思えるような事態にいたってしまったことである。この意図的な不明瞭化の経営判断は、少なくとも最近の経営史における前代未聞の愚行、貪欲、高慢、策謀の組み合わせが引き起こした問題であると考えられよう。

過大表示および虚偽報告

「この企業が報告利益を『エンロン化』した」というような言い回しを行うことがあるように、エンロンは過大表示および虚偽報告を象徴する表現として使われるようになった。エンロンの経営者が開示した情報を経験豊かな企業ウオッチャーは容易に信用しなかったのである。例えば、引退していたレイがCEOに復職するときの説明があったが、子供のサッカーの試合を見に行くためスキリングが辞任するので、レイがCEOに再度就任するという説明などをだれが信用することができようか。このもっともらしい説明は、辞任した2日後に、スキリングはライバル企業の株式に対して大量の空売りを仕掛けたとい

う事実を考えると信じがたいものである。エンロンの影響が拡大し、現行の会計実務の問題点が明るみに出れば、業界全体の株価急落が連続して起こると予想されるため、それを利用して儲けようと空売りを行ったのである。さらに、レイは自分を信頼する従業員に対しても裏切り行為を行っていた。特筆すべき事件は、従業員が保有するエンロン株の売却を不可能にしたことである。

　このような財務報告上の罪が横行していたという紛れもない証拠として報じられているのは、エンロンの経営者の広範にわたる債務隠蔽工作だ。簡単に言えば、GAAP貸借対照表では債務と認識されないのであたかも負債がないかのような表示となり、過大表示および虚偽報告が覆い隠されるのである。経営陣は隠していたが、真実を明かすと、エンロンは債務漬けの状況に陥っていたのである。また、非常にコストをかけて債務に関する複雑かつ高リスクな操作が行われた結果、貸借対照表には債務は計上されていなかったのである。

　スポークスマンのデンは、GAAPを順守していると主張してエンロンの会計実務を擁護する発言をしている。アンダーセンのジョーゼフ・ベラーディノは、アンダーセン側は貸借対照表でこの債務に表示を省略することを許容する以外に選択肢はなかったと述べ、さらに自己弁護を図っている。彼の混乱ぶりから、アンダーセンがほかのすべての人々と同じように不幸な犠牲者であるとも言えよう[4]。

　この両当事者の過去、現在および将来における言動とはかかわりなく、1年間で600億ドルが消滅し、多くの人々が失業したということは厳然とした事実である。世界中のどんな虚偽報告も隠し通すことはできず、またこの罪が引き起こした被害が補償されることはけっしてないのである。

平滑化

　平滑化の罪は、実際の利益が存在しないのに粉飾利益を報告したり、実際の利益を無視したりすることで、年次報告利益の安定した上昇傾向を維持する措置を講じることによって生じる。筆者が本章を執筆した時点では、エンロンに関する具体的な経過の詳細はまだ十分把握できていないが、エンロンの経営者が同社の保有する金融派生商品および債務の市場価値を捏造することによって極端な平滑化を行っていたのではないかと考えられる（GAAPはこれに関しては時価の使用を義務づけており、筆者はこの要求に賛同する）。着実に増益していることを示すために、エンロンの経営者がこうした操作を行ったと筆者は考えるようになった。例えば、少なくともエンロンの報告利益の半分以上が、捏造された時価に基づく有価証券の未実現利益から構成されていたと報道されてきた。そうだとすれば納得できる。なぜならば、この行為は、エンロンの経営者に見られる特徴的な行為と同じだからだ。それは真実を無視するもので、ほかの分野にも見られる。

　第15章で説明したように、利用者から寄せられる将来のキャッシュフロー予想に役立つ情報の要求を満たすために、財務諸表（および財務諸表の範囲外で）の時価報告を支持する根拠は多くある。エンロンの不正行為の影響で、財務報告の時価使用に反対する主張が強まると考える人もいるかもしれない。これに対し筆者は、「まったくそんなことはない」と考える。エンロンの経営者は真実の時価会計を履行しておらず、彼らが行ったのは虚偽の数値を捏造し、これを時価と称したから問題であった。別の面においては、このやり方は世間から「詐欺」と呼ばれ、このやり方が虚偽の時価あるいは虚偽の費用に関連するものであれば、実行した当事者は徹底的に信用を落とすことになる。結果として、ほかの人々が当然抱くような懸念を抱いているだけかもしれないが、アンダーセン監査法人が自分の役割を果たさず財務諸表

の捏造報告に対する最初の防衛線にならなかったことが問題なのではないか。GAAPが要求するのは信頼できる時価報告であり、エンロンの罪深い経営者が単に時価と称している、現実から乖離した推定値などは要求していない。

　結論として、エンロンの経営者が平滑化の罪を犯したのは確実であると判断できよう。一時の気の迷いかもしれないが、彼らはまともな行為をしていなかった。社外に対する財務報告が真実であるのと同様に、社内の管理会計も真実であるべきであろう。なぜならば、真実を隠蔽することで、まちがったことを繰り返し正当化してしまうことになるからである。とにかく隠蔽を助長するようなことは正しい行為とはけっして言えない。

最小限の報告

　次々に報道されるニュースから判断すると、エンロンの経営者が最小限度の情報だけを盛り込むように財務報告書を作成したことは紛れもない事実である。ジョン・エムシュウィラーおよびレベッカ・スミスは、2001年12月5日発行のウォール・ストリート・ジャーナルで「エンロン崩壊の陰に潜む、投資家の信用を犠牲にして成り立つ秘密主義の企業文化（Behind Enron's Fall, a Culture of Secrecy Which Cost the Firm Its investor's Trust）」というタイトルの記事を著した。そのなかで次のように述べている。

　「この会社（エンロン）は、連邦証券法の公式規定をクリアするために多くの弁護士や会計士を雇った。しかし、法律の意図を踏みにじるようなことを実行してしまった。彼らは法的に正確な回答をすることには熟達したが、けっして正直に答えることはなかった」

この分析が正確ならば（筆者はこれを信じるが）、エンロンの経営者の目標は、規則に対して法的な順守を行うものの、有効な情報をできるかぎり報告しないようにすることであったということになる。エンロンの企業状況および業績は信頼できる記載である、とエンロンの経営者およびアンダーセンは主張したが、財務諸表および開示情報について有効な記載がなかったことはまったく気にかけているようには見えなかった。

　資本市場は効率的であるという考えを筆者は支持するが、市場が最初のうちエンロンの財務諸表に信頼を寄せていたことについては仕方がないと感じている。結局のところ、エンロンは最初の数年度で相当な金額のキャッシュフローを生み出しており、アンダーセン自体も評判の良い会計事務所だったのである。この状況下では、財務諸表の数値を受け入れる十分な根拠があったと言えよう。しかし、なぜ資本市場（債券および株式の両方の市場）が手掛かりを見つけてから報告書が価値のないものであると判断するまでに、これほど長く時間がかかったのであろうか。筆者は若干の当惑を感じている。この点に関する説明として2つ考えられる。第一の説明として、エンロンの経営者は気づかれないように詐欺行為を実行したということである。結局のところ、前述のように、エンロンのファストーはCFO誌から1999年優秀賞を受賞している。第二の説明は、エンロンの経営者が、資本市場の歴史上先例がないほど詐欺行為を働きやすい時期を選択していたということである。筆者の見解（また筆者の希望でもあるが）では、エンロンの詐欺行為が、インターネット・バブルの崩壊から発生したという経緯からすれば、今後は起こり得ない事件かもしれない。エンロンの財務問題が報道されて一般に認識されるかなり前の2001年初めの時点で、エンロンの時価総額が下落しはじめたという事実から、資本市場が効率的であるという証拠が見いだせると筆者は主張する（この現象を観察するには図19.1を参照）。

最小限の報告を行わざるを得なかったエンロンの事業内容については、真実を報告するということに取り組み、またこの方針を堅守するための十分な努力をしていたならば、崩壊は未然に防げた可能性があると確信している。不正行為および将来のキャッシュフロー予想について、単に一部始終を明らかにする努力をするだけで、エンロンが救われていただろうと考えるほど楽観的に考えているわけではない。しかし、そうすることで、現実に発生してしまった、おぞましく壊滅的なだけの破産が、利害関係者にとって新しい繁栄を最終的にもたらすきっかけになったのかもしれない。副社長シェロン・ワトキンズがCEOケニス・レイに宛てた匿名の文書を一読すると、最小限の報告による詐欺行為をやめ、正直に対処することを熱心にレイに懇願していることが読みとれる。残念ながらそれは遅すぎた。結局は歴史に汚点だけを残すことになったのである。

最小限の監査

　前述のように、エンロン崩壊に関連するアンダーセンの役割の全貌が明らかになるまでには、まだ長い時間がかかると予想される。実際にアンダーセンが解体され、アンダーセンに対する容疑が完全に起訴されなければ、公表されない可能性がある。

　アンダーセンの代表者は当局に対する全面的な協力を誓約したが、時間が経過するにつれ、その誓約が履行されたか否かが明らかにされよう。事実、一連の虚偽行為が公表される直前に、監査人が書類および電子ファイルを大量に破棄したことについては、その誓約への信頼性について疑念を抱かざるを得ない。

　全貌が明らかにされなくとも、エンロンの経営者が望んだ唯一のものは、財務諸表がGAAPに準拠していると記載するアンダーセンの監査意見であったと考えられる。したがって、エンロンの経営者は、

最小限の報告に対象範囲を絞った最小限の会計監査がなされることだけを希望したのである。エンロンの経営者はこのような会計方針を実施しつつ、監査の締めくくりに当たって、筆者が第2章で推奨した質問を行わなかったのである。
●財務諸表は（投資家の）意思決定に役立っていますか？
●財務諸表をもっと便利なものにするために私たち（経営者）は何をすればよいですか？

　筆者にとって、この質問は財務諸表がGAAPに準拠しているかどうかという質問よりはるかに意義のあるものである。
　既述のように、エンロンの経営者が財務諸表に有効な情報を含んでいるかどうかについて質問を行ったとは到底考えられず、利用者が不正行為を見抜いてしまうことを心配しただけであると思われる。そして、次に彼らは「不正行為を隠蔽するにはどうすればよいか」という根幹にかかわる質問を続けてしたに違いない。
　報道された事実について筆者が解釈するに、エンロンおよびその監査人に関しては次の2つの特色が見られるようだ。
　第一に、アンダーセンはエンロンの財務諸表をGAAPに順守させるために、早い段階で修正報告を提言していた。もしそうならば、この財務諸表には開始時点から深刻な問題が内在していたに違いない。しかし、その後続いて起こった出来事が示しているのは、エンロンの経営者は当初この修正報告を拒否し、アンダーセンは譲歩して重要性が低いという理由から黙って拒否を受け入れたのである。監査人は「おや、忘れていた。この修正はあまり重要ではないから」とつぶやいただけであった。細かな誤りやGAAPからの便宜的な乖離が許容されるという意味において、重要性という言葉は便利な道具である。しかし、アンダーセンの人々は、重要性による判断をもってしても、意図的な詐欺行為などはけっして正当化できないという当たり前のこ

とを、故意に考えないようにしていたようである。この本質は明らかである。詐欺などはその規模にかかわりなく罪であり、重要性の低い詐欺は存在しない。最小限の監査に当たっては重要性が低いと許容するかもしれないが、やたらと不正確で誤解を招くおそれがあるだけである。さらに、アンダーセンの当初の行為は、この監査人が後に適切な立場をとることを阻んでしまう結果となったはずである。結局、アンダーセンは一度エンロンに譲歩したのである。アンダーセンが改めて適切な立場をとることに躊躇せざるを得ない理由もここにある。会計年度が経過するごとに、エンロンの言いなりに監査を行うというエンロンからの圧力は強まり、また譲歩せざるを得ない状況に追い込まれる条件が積み上がるという意味では、そもそも譲歩したことが弱みとなってしまったと言えよう。エンロンの経営者が罠を仕掛け、アンダーセンがそれにはまったと考えられるかもしれない。

　第二の点も説明する必要があるだろう。特に、経営者が監査人を雇うに当たって監査人の独立性を侵害し、あるいは損なうことになる場合に、最小限の監査を行わざるを得ないという事態が発生する。監査人が本当の意味で客観的でなければ、経営者と馴れ合いになりやすい。しかし、本当の意味での独立性ではなく表面的な独立性しか維持していない場合でも、監査人は監査意見に署名することができる。特に、職業倫理規則が定めるところでは、監査法人は経営者への非監査サービスの対価として無制限の報酬を受領することが可能であるが、それでも監査人の独立性が保たれていると主張しているのである。付帯的なサービスに関しては、少額の非監査報酬であれば許容されると考えるのが一般常識となっている。これと同じ常識の持ち主であれば、年次の料金が2700万ドルならまちがいなく許容されないと判断するはずである（報道によれば、外部委託された内部監査サービスに関連してアンダーセンに支払われた金額は、使途不明なものがさらに追加されていた）。したがって、エンロンの経営者が、必要であると考える状

況を故意に作り出し、監査人であるアンダーセンを思いどおりに動かして協力させるように説得することができたのであろう。この仮説がまちがっているのであればよいが、筆者の懸念は残念ながら正しいようである。

仮にQFRを実行していたならば、内外の不確実性を縮小することに尽力し、エンロンの経営者およびアンダーセンの監査人の両者がより適切な判断を下したはずである。この最大手の監査法人であるアンダーセンは、財務諸表の内容に関して、実際上および認識上の有効性を改善するというはるかに適切な任務を遂行していたに違いない。両組織の経営者が選択してきた方針とは正反対の方針を選択したいと考えただろう。しかし、そうではなかったので、両組織の経営者には、現状に反対して中止するほどの思慮や善良さや勇気がなかったということに違いない。これが逆であったならば、このような事態は起こらなかったはずである。

近視眼的なコストの見積もり

第2章で近視眼的なコストの見積もりの罪について記述したときには、ほとんどの経営者が堅持している従来の考え方に対して、筆者は批判を集中させた。それは、ほとんどの経営者は財務報告書に含まれる情報の質が引き起こす結果について考慮しないで、避けられない必要経費としてしか作成費用を考えていないことである。この理由の一因は、財務諸表によって得られる有効な情報の価値について考慮されることなく、おそらくCFOの財務報告活動が原価部門として運営されていることである。筆者がこれを近視眼的判断の罪と呼ぶのは、これが不確実性を増大させ、さらには資本コストをも増加させることになるからである。

エンロン事件は、第2章で説明した作成費用をめぐる逸脱した行動

に関して、別の形態を実証している。特に、エンロンの経営者は、従来から作成していた虚偽報告を貫き続けるために、虚偽的財務諸表の作成にかかる追加的作成費用の負担を進んで受け入れていただけだと感じられる。この場合、経営者が腐敗した財務の実態を外部者に（おそらく一部の内部者に対しても）知られないように巨額の費用を投じたのは明らかである。

利害関係者にとって残念なことに、こうした詐欺行為を立証しようとしても、必要のないことはやらなくてもよいという誤った認識の経営者が手錠をかけられるだけなのである。

この結論については、第8章および第10章で引用したウォーレン・バフェットの言葉に教えられる。

「また、われわれは率直であることが経営者として大切なことであると信じる。他人を欺くCEOは、最終的には自分自身を欺いていることになる」[7]

さらに、筆者の心のなかに響くのは、ウォルター・スコット卿の次の言葉である。「ああ、嘘をつくという行為は、クモの巣を織るような何と複雑な仕掛けを作ることになることか！」

たとえエンロン事件がこれとは異なる観点で近視眼的判断を行っていたとしても、この事件では、最小限の報告を行うために、多くの弁護士および会計士が経営陣の不適切な行為を支持してきたという報道がなされている。この点から判断すると、これはまったく財務報告に深く根ざした罪であると筆者は確信している。

筆者はこの最後の点については、詐欺行為の支援という職務上の重大な問題が明るみになった部外者（弁護士および会計士）を非難せずにはいられない。彼らの職務上の責任を鑑みるに、内心疑問を抱かずにいたなどということがあるとはまったく奇妙だとしか言いようがな

い。経営者が要求し報酬を受けた職務に対して単にその技術および知識を提供することだけが、彼らの責務であると弁明するのであれば、彼らは命令に従うだけのニュルンベルク城の護衛兵である。エンロンの経営者の悪質な不正行為を支援しているとは考えていなかったとすれば、この不正行為について正確に把握していたのと同様、弁解する余地はまったくないのである。同様の事件がほかの企業で再発しないためにも、巨額の損失の引き金を引いた専門家たちが立ち直り、何とかして自己利益に走る錯乱状態から目覚めてほしいものである。しかし、どうしたものか筆者はこの希望が満たされそうにないと思っている。共謀者の部外者に対し、「（良い意味で）驚かしてほしい」とお願いするしかない。

まとめ

　エンロンの経営者が財務報告上の7つの大罪すべてを犯したことは明白なので、エンロンの経営者が、QFRを実行していない実例を示したと結論を下すのにはまったく問題がないと考える。エンロンの経営者はさらに、経営者が現行の一般に認められた財務報告規則（GAAP）を順守する場合に起こる被害の範囲についても実例を作ったことにもなった。現在の会計方針の根底にある、財務諸表を提供する目的は投資家と債権者をだまして高い値段で自社の株を買わせることであるというのが正しいと思うなら、試しにやってみるとよいだろう。きっとだますことなどできないはずである。だれが行っても答えは同じになる。
　さて、今度は筆者がこれまでいくつかの章で行った質問について簡単に検証をしてみよう。

質問表

　第11章、第12章、第13章で、読者がQFRに近い状況であるかどうかを判断するために3つの簡潔な質問表を提示した。エンロン事件で発生した事項に照らして、もしエンロンが破綻する前にエンロンの経営陣がこの質問を記入していたら、どのような答えが返ってきたかを検証することは参考になると筆者は考える。もちろん、筆者の想定した回答は推定を含んでいる。しかし、筆者の推定は妥当なものであると確信している。

取り組み調査

　第11章では、QFRの原理に対する現在の姿勢を回答者に評価させるために10の質問を行った。真実を伝えることについて経済的誘因を認めていなかったために、エンロンの経営者はこの表のうち少なくとも次の5つの質問に「ＹＥＳ」と回答したと判断する。
１．業績がどのように達成されたかに関係なく、報告利益の増加および減少に対して資本市場が反応すると思うか。
２．自社の株価を高く保つために、資本市場へ情報が流れるのを妨げたことがあるか。
３．悪い財務情報に関する報告をできるだけ延期しようと考えたことがあるか。
４．自社の期待利益を実現するために会計方針を選択したことがあるか。
７．会計方針および会計方針の実施においていまだ解決されていない倫理上の疑惑で、自社の財務部門から退いた人がいるか。

選択調査

第12章で提示された質問の最も重要な目的は、QFRの構成要素となる会計方針を本当の意味で実行しているか、あるいは財務諸表をよく見せようとするためだけに単に古い規則を採用しているのかについて回答者を評価することである。エンロンの経営者は、次の６つの質問にＹＥＳと回答したと考えられる（ほかにもＹＥＳがあるかもしれないが、それを知る方法がない）。これが意味するのは、エンロンの経営者がQFRを実施する素養をほとんど持ち合わせていなかったということである。

11．財務諸表へ意図的に肯定的情報を掲載したことがあるか、また否定的な情報開示を避けるために会計処理の時期を操作したことがあるか。

12．財務諸表の報告方法にこだわるあまり、自社にとって経済的に正常な会計処理を行うことをやめたことがあるか。

13．変動性の根本的な原因を明らかにしないまま、変動性を縮小する会計方針を選択するか。

14．キャッシュフロー計算書では、営業活動からのキャッシュフローを報告するときに間接法を使用しているか。

15．脚注で、報酬ストックオプションを報告するか。

17．簿外負債となるようにリース契約を締結したことがあるか。

監査関係調査

第13章の質問表は、経営者が監査人との関係において監査からメリットを享受することができる立場にあったかどうかを評価することが目的となっている。またこれは、回答者が財務諸表の価値を高める監査人の監査能力を損なっていたかどうかを示す。エンロンの経営者は

少なくとも次の6つの質問にYESと答えるだろう。その結果、彼らが現実に財務諸表の信用性および有効性を高めるために監査を活用しようとはしていなかったことが明らかになる。

　24．監査法人に支払う非監査業務関連の報酬は監査報酬の25％を超過しているか。

　25．監査人の提案する調整案を拒否したことがあるか。

　27．財務諸表のイメージがもっと魅力的になるという理由だけで、監査人がある会計方針を推奨したことがあるか。

　28．長期間にわたって同じ監査人を採用しているか。

　29．自社が契約している監査法人出身の人物が、従業員として経理部に多く配置されているか。

　30．法律によって要求された形式的なプロセスとして監査を認識しているか。

　エンロンの実態が明るみになれば、事実のいくつかは上記の答えとは異なるかもしれない。しかし、筆者の想定した回答は破綻する前のエンロンの状況を十分正確に表していると考えている。

所見

　第11章、第12章、第13章で、30の質問のなかでひとつでもYESの回答があれば、回答者の財務報告の実行について改善の余地があることを指摘した。筆者はエンロンがYESと回答すると思われる17の答えについて作表してみた。エンロンの経営者が財務報告においてけっして実行されてはならないモデルケースとなっていることを再度結論づけざるを得ない。彼らがQFRに取り組んでいなかったのは明白である。もし取り組んでいたら、事態はまったく別の展開となっていたはずである。

結びの見解

　二人合わせて50年を超える期間、財務報告について評論、教育、実践および執筆活動を行ってきたが、過去に数多くの経営者と監査人の不正行為に遭遇してきた。自分の経験については、扇情的な破綻や犯罪のほうに注目してしまう人間の性から偏った見方をしてしまったために、これまでマイナスの体験ばかりしてきたと感じるのだと考えたい。本書を執筆するに当たって、多くの経営者、会計士、財務諸表利用者が、QFRの根底のある概念を自由意思で取り入れるようになるはずであるという信念に基づき、楽観的な考え方をベースにして話を進めることにした。そうすることこそが経済合理性があると考えたのである。不確実性を減少させることによって、経営者は高い資本コストやエンロンの名から連想される恐ろしい結末という両方を回避することができるはずである。

　さらに、QFRの採用は倫理上も道理にかなっているという理由は、真実を語れば信頼性が創造されることになるからであるが、これは正直の認識および他者の永続的尊重という効果がもたらされるだけではなく、自分自身に、誠実に対する自尊心と自己満足という「誇り」がもたらされることがより重要な点である。他方では、真実を述べなければ、必然的に、当初は混乱を引き起こし、ついには争いに発展する。場合によっては、こうした結果は、良心、正義、公正の意義を考えるときの心の葛藤として現れるかもしれない。また、エンロン事件で明らかになったのは、だまされた当事者が最終的に悪者の詐欺行為を発見するときには、混乱と争いが個人レベルにまで波及することであった。エンロンは、この時代の世界的な悪例として実業界および倫理上の記憶から消え去ることはないだろう。人々はこのような事件が今後再発しないことを願っているはずである。

　倫理観念を持ち合わせていない人々にとってみれば、一時的に情報

を隠すことが可能な場合、結果とは無関係に詐欺的行為が妥当あるいは望ましい行為であると本気で信じてしまうということは理解できる。こうした人々とっては、QFRは無意味なことにすぎないと認めざるを得ない。なぜならば、個別情報や経済上の情報について真実を語ることが価値を生み出すということを、彼らは生理的に理解できないからである。

　彼らは自分にとって有利であっても、何らかの制約が影響してQFR実践に取り組むことができないようである。QFRは彼らとは別の世界に存在しているのである。

　したがって、エンロン事件からの教訓のひとつでもあるが、QFRは必ずしも万人に受け入れられない、あるいは実行されないということが起こる。実際のところ、スキリング、レイ、ファストーが10年前に本書を読んだとしても、破滅の道からは逃れられなかったのではないか。詐欺行為を許容し促進するという考え方が非常に深く染み込んでしまっているため、新しいパラダイムを通して自分の行為を考え直すという単純なことではけっして改善されないというのが本当のところのような気がする。他方では、彼ら以外のエンロン従業員が、本書におけるQFRの考えを実践していれば、詐欺的方針が採用されていたことに対して、より有効な内部抗議を行うか、詐欺行為を告発することを勇気づけることになったのではないかという可能性を信じたい。実際には、たったひとりだけ匿名で告発したが、その後同調者は現れず、事態は最悪の方向へと向かった。しかし、QFRの方針が広範囲に普及すれば、このような被害が今後再発する可能性が非常に小さくなるという確固たる信念を筆者は捨て去りたくない。

　本章を終える前に、筆者がエンロンの経営者を非難すると同時に、アンダーセンの人々がとった行動については理解に苦しんでいるということは申し上げたい。筆者の二人はこれまでに多くの監査人を教育し育て上げてきた。この種の詐欺行為を許したことはけっしてないし、

ましてアンダーセンが行ったような行動をすることを学生に勧めたことは絶対にない。こうした監査人が、ほかの優秀な学校の会計学部で企業財務報告方針における詐欺行為の意味を誤解したり、軽視するように訓練されたりしたとは想像できない。彼ら個人のまちがった判断に関しては残念に思うが、指導を素直に受け入れ、職業専門家および個人としての誠実性のかけらでも残っていることを望むばかりである。さらに、彼らを指導した方々に対してお悔やみ申し上げたい。教え子の人格の欠点が想像以上に深刻であることに茫然としていることであろう。

この大規模な不正行為（ほかの言葉では表現できない）には失望させられたが、QFRの哲学が普及することによって財界および経済界が著しく変わっていくという基本的な信念が失われることはない。思慮深い経営者および会計士がエンロン事件について真剣に考えるのであれば、真実を伝えることがすべての状況を良くする有効な方法であるとする、まさに実践的な考え方を受け入れるだろう。エンロンのケースは巧妙で意図的な詐欺行為を実行することの恐ろしさを実証したことになるかもしれない。

QFRに真剣に取り組むこと、これこそが本書における筆者の論点であり、筆者はこのQFRにこだわることにしたのである。本書の読者全員がこの主張に賛同していただけるなら大変光栄である。しかし、次々と賛同が寄せられると思うほど楽観視はしていない。同時に、筆者の信念は、これまでの経緯を考えると導入は困難だからといってQFRをあきらめるような中途半端なものではない。

財務報告の将来が、会計問題における歴史的な惨劇を経て、改善されていくであろうことを心から信じるところである。

注

1．エンロンの取り調べを行う委員会メンバーである上院・下院の240人の議員のうち、212人の議員がエンロンから金銭を受領していたことが報道された。

2．経済実体に優先する法体系を盲目的に信頼する状況であるため、FASBおよびその前身組織が、この法律を排除しようと努力したが結局は不成功に終わり、財務報告が永続的に改善されてこなかったことを物語っている。したがって繰り返しになるが、GAAPに基づいた情報提供では十分ではないのである。

3．この逸話の出所は、ロン・マノ、マシュー・ムリッツェン、デビッド・ダーキー共著「教訓から学ばなければ過ちを繰り返す（A Lesson Not Learned Is a Mistake Repeated)」（アカウンティング・トゥデー、2002年1月28日号）。

4．公認会計士の倫理規範のなかではほとんど行使されていない条項ではあるが、法令を順守したせいで誤解を招くような場合には、会計士はGAAPに準拠しない財務諸表を作成したり、意見を述べることが許容されている。この場合、アンダーセンに勇気があれば、このいわゆる規則203の例外に従って行動することができ、エンロンの経営者が罪を犯すことをやめさせることができたはずである（あるいは少なくとも罪のうちのいくらかを軽減できただろう）ことは明らかである。そうはせず、彼らは尻込みし、GAAPの必要条件が満たされているかぎり、干渉する権限はないと主張した。さらに、コンチネンタル・ベンディング事件（U.S. v. Simon et al, 425 F. 2d 796 （2d Cir. 1969））の判決には重要な示唆がある。GAAPを厳密に順守したことを立証するだけでは、企業の活動および状況の十分かつ公正な開示を行うという義務を免責するには不十分である。法律上の専門的問題は別にして、監査人は、顧客の財務諸表が誤解を招く恐れがないことを

保証する、明確な社会的および職業上の責任を負っているのである。
5．同種の過ちは1990年代に起こった。プライス・ウォーターハウス会計事務所がWRグレースの財務諸表に関して、誤解を招くおそれのある収益の数値を当初、計算書のなかで修正しなかった。監査人がこの危険な行為に手を染めてしまうと詐欺行為になるわけだが、詐欺行為は5年間継続し、結局は大衆に恥をさらすことになった。SECは関係者に対し、損害賠償支払い命令と公的な制裁を与えるために提訴したのである。
6．SEC議長アーサー・レビットは、任期の最後の6カ月間で、2000年中にこの自由度をなくす規則を制定しようと試みた。彼の試みは大論争を巻き起こし、多くの批判や強い反対が投げかけられたのである。なかでも、提案された規則に対する批判的な証言をした人物がいて、それがアンダーセンのCEOに就任することになっていたジョーゼフ・ベラーディノであった。証言では彼は、非監査サービスが監査の品質を改善することになり独立性を侵すことはないと主張していた。筆者はこのとき彼を信用しなかったし、現在も同じである。
7．『所有者マニュアル』(www.berkshirehathaway.com)

事後試験

　読者は本書を読了されたので、学習状況や学習内容を確認するためにも次の質問に答えてほしい。読者が大企業の最高管理職で、何千人もの株主に対して財務報告の情報開示をしなければならない立場にあると仮定し、以下の財務報告上の方針・処理に関する10の質問に答えなさい。

質問	回答
1．企業の年次報告の利益を大きく見せたいか、それとも事実を伝えたいか。	
2．企業の全負債を貸借対照表に計上したいか、あるいは負債資本比率を低く見せるために負債のいくつかを省略したいか。	
3．ストックオプションの含み益を利益から控除して損益計算書に計上したいか、あるいは含み益を脚注に記載するほうがよいか。	
4．外部監査人は扱いやすく歩調を合わせる人物がよいか、それとも頑固一徹な人物がよいか。	
5．監査法人が監査以外の業務サービスを多く提供するほうがよいか、まったくしないほうがよいか。	
6．監査人への監査業務および監査以外の業務の費用を明瞭に情報開示するか。	
7．企業の財務諸表を頻繁に発表したいか、それとも頻繁でないほうがよいか。	
8．財務諸表上では、資産を取得原価で評価したほうがよいか、あるいは時価で評価したほうがよいか。	
9．財務諸表上の利益の変動を小さく見せたほうがよいか、あるいは実際の変動を反映させたほうがよいか。	
10．合併会計において、持分プーリング法とパーチェス法とのどちらを採用するほうがよいか。	

では、あなたが大企業の株式を評価する証券アナリスト、あるいは最高企業幹部の経営手腕を評価する何千人もの株主のひとりであると仮定し、以下の財務報告上の方針・処理に関する10の質問に答えなさい。

質問	回答
1．企業の年次報告の利益を大きく見せたいか、それとも事実を伝えたいか。	
2．企業の全負債を貸借対照表に計上したいか、あるいは負債資本比率を低く見せるために負債のいくつかを省略したいか。	
3．ストックオプションの含み益を利益から控除して損益計算書に計上したいか、あるいは含み益を脚注に記載するほうがよいか。	
4．外部監査人は扱いやすく歩調を合わせる人物がよいか、それとも頑固一徹な人物がよいか。	
5．監査法人が監査以外の業務サービスを多く提供するほうがよいか、まったくしないほうがよいか。	
6．監査人への監査業務および監査以外の業務の費用を明瞭に情報開示するか。	
7．企業の財務諸表を頻繁に発表したいか、それとも頻繁でないほうがよいか。	
8．財務諸表上では、資産を取得原価で評価したほうがよいか、あるいは時価で評価したほうがよいか。	
9．財務諸表上の利益の変動を小さく見せたほうがよいか、あるいは実際の変動を反映させたほうがよいか。	
10．合併会計において、持分プーリング法とパーチェス法とのどちらを採用するほうがよいか。	

教育者として、筆者はこの機会を見逃すことができなかった。筆者の考え方が財務報告に対する態度を改善するために有効だったかどうかを確認するために、この質問に再度回答してほしかったのである。

　本書の初めに、CEOの答えと証券アナリストやほかの財務諸表利用者の答えがまったく異なる結果になると予想できると筆者は述べた。読者が本書で学んだことに基づくと、この当初の差異が生まれるのは、両者が財務報告の役割を異なる観点から見ているからだと理解できたと思う。つまり、CEOは供給者の立場でこの問題をとらえる一方で、利用者は情報の要求を行う立場からこの問題をとらえているのである。

　さらに、資本市場は著しく不適正でかつ非効率的なので、経営者がGAAPに従っているかぎり、利用者は真実を隠している煙幕を見破ることができないという一般的な誤解に対する説明を読まれたはずである。経営者の最大の誤解は、高株価を達成するためには、報告利益数値の操作が有効であると考えている点である。真実から乖離した情報は無意味であることを忘れてはならない。

　次の説得力のない反論としては、GAAPに従うことは、現在の財務諸表では有益だという考え方である。こうした規則は融通性がありすぎ、政治色が強すぎ、さらに市場が要求する有効な情報を提供するには発想が古すぎるのである。経営者が市場に対し有効な情報を提供するには、こうした最小限度の報告規則の枠を超えていかなければならない。

　本書で一貫して繰り返されている中心的テーマは4つの原理である。つまり、①不完全な情報開示によって不確実性が発生する、②不確実性によってリスクが発生する、③リスクが発生することによって投資家は高収益率を要求する、④高収益率の要求によって企業の資本コストが増大し、株価は低下する——である。QFRの考え方では、避けられない状況に対しては逆らうのではなく、報告情報をもっと完全な内容にすることを実践して、高資本コストおよび低株価の問題に対処

することを経営者に奨励している。

　現在、QFRはほとんど実践されていないが、これまで報道されることがほとんどなかったことも事実である。しかし、QFRの根底にある経済的影響力は非常に強力で抵抗しがたいものである。遅かれ早かれ、この経済的影響力は経営者を情報に対して敏感にさせ、有効な情報を提供しないGAAP報告書を活性化させて、既存のパラダイムの誤りを明確化し、さらにそれを制圧することになろう。また多くの経営者が、監査人の独立性を危険にさらし、あるいは中立性を損なうような運営を行っている点では、監査を短絡化させる過ちを犯していると言える。残念なことに、多くの監査人が不確実性を縮小するという自分の職務の意味を誤解しており、また経営者と調子を合わせてきただけである。

　さらに、筆者は自分の見解を説明することだけがすべてではないことを示した。常識的と言われる経済的な論点を補足するために、賢明な証券アナリストからの50を超える意見を提示し、ほかの専門家のだれが発見したか、あるいはだれが述べたのかを示し、さらにQFRの背後にある原理を確認するために資本市場を研究するグループが増えていることを調査した。特に、市場や市場の財務諸表情報への反応に関してこれまで自分が抱いていた考えをすべて否定するものであっても、このような証拠を無視すべきではない。

　現実の市場において活用可能な方法は、すでに準備が整っている。この事後試験で、両者を代表する回答がまったく同じものになっていることが望ましい。そうであれば、読者がQFR思考の経営者の仲間入りをすることになるか、あるいは今すぐでもそうした職務を遂行することができるということになる。これに反して事後試験の回答が事前試験の回答とほとんど同じである場合、もう一度本書を読み返すことをお願いしたい。問題点を考え直すことは非常に有益である。

　これからの筆者の役割は何であるかを考えると、みなさんがこれま

で学んだことをどのように生かしていくのかを見守ることであると考える。新しい行動様式が徐々にできていくことが期待される。読者が考えることを行動で表すことによって筆者に実感させてほしい。

　本書の最後に次の言葉を読者に贈りたい。

　「法律制定あるいは政府規制では、会計実務や企業財務報告方針の永続的な改善をもたらすことは不可能である。政府の事務局が規定する規則は正当な目的を果たすという役割があるが、個々の自発性、知性、勇気といったものに完全に取って代われるものではない。もし、企業財務報告において改善の継続的な進展が現実に起こるとすれば、企業の方針決定に直接責任を負う人物の努力による成果に違いない。われわれは職業会計士として、事業方針を順守することのメリットを強調し、会計実務の基準をより堅固に確立するように努め、こうした基準を固守するための真の勇気をもつことによって、この発展に寄与することができる」

　皮肉なことに、この言葉はまさにアーサー・アンダーセンが1935年10月15日の米国会計士協会の年次会議で行った演説の内容であり、エンロンの経営者によって実行された大規模な財務報告詐欺が発覚するずっと前の話である。このときには当然、エンロンは監査人に清算されていなかった。これまで申し上げてきたように、会計士が氷河のように動かないことを非難しても仕方ない。それよりも、経営者の考え方で氷河を溶かして動かすことになれば面白い。

　QFRによって財務報告に関するすべてが変わると筆者は考えている。

■著者紹介
ポール・B・W・ミラー博士・公認会計士（Paul B. W. Miller）
現在コロラド・スプリングズ所在のコロラド大学の会計学教授。クオリティ・ファイナンシャル・レポーティング（QFR）の概念を生み出すための準備となったミラーの特異な経歴はライス大学で経済学の学位、およびテキサス大学オースティン校で博士号の修得から始まる。ミラーの経歴は、さらにFASBおよびSEC会計事務局（Chief Accountant Office）双方の職員として財務報告規制当局の最高峰への関与も含まれる。また、3年間AICPAの技術基準小委員会（Technical Standard Sub-committee）で多くの職業倫理違反疑惑を調査した。ミラーの業績としては12冊以上の著作および30以上の論説記事がある。その著作の中には好評を博し著名な作品として挙げられるのは、ロブ・レディングおよびポール・バーンソンと共著の『財務会計基準審議会（The FASB）――人々、プロセスおよび政治力』がある。さらに、ミラーとバーンソンは1996年1月以降に発行されたアカウンティング・トゥデーの全米配信コラムにおいて「会計の精神（The Spirit of Accounting）」を執筆した。SECの前での証言を含む著述および演説によって、ミラーは会計方針、会計機関および指導者に対して意欲的で、洞察力のある、楽観的な批評家としての国際的な評判を確立した。さらに教育者および改革者としても賞を受賞している。実際、クオリティ・ファイナンシャル・レポーティング（QFR）に結びつく概念は1996年に考案され、このころミラーおよびその仲間は大学で画期的な合同会計／財務課程を開発し、現在では非常に好評を博するインターネット配信のMBAプログラムとなっている。ミラーおよび妻ダイアナの間には、デービス（経営コンサルタント）、グレッグ（芸術家）およびアンジェラ（中学生）の3人の子供がいる。2002年秋にミラーは彼の母校におけるプロゴルフマネジメントのPGA公認プログラムの学術的な管理者に任命されることになっている。

ポール・R・バーンソン博士・公認会計士（Paul R. Bahnson）
現在ボイシ州立大学の会計学助教授。オーガスタ大学で会計学および政治学の学士、またインディアナ大学でMBA、さらにユタ大学（ポール・ミラーと最初に出会った）で会計学博士号を修得。バーンソンはコロラド大学ボールダー校およびモンタナの大学で教鞭を執った経験を持ち、この経歴のなかで5つの教育優秀賞を受賞した。教師になる前に5大会計事務所で会計検査官として勤務し、FASBで1年間の大学院のインターンに就いた。さらに、多忙な講演者および職業教育セミナーの指導者でもある。バーンソンの研究は企業財務報告規則の制約を明らかにすることを専門とするが、専門および学術的定期刊行物に多数の公表された記事がある。この研究の多くの部分はポール・ミラーと共同で行われた。クオリティ・ファイナンシャル・レポーティング（QFR）は新しい改善された財務報告方針を展開するもので、彼の研究を論理的に拡大したものであり、頂点とも言えよう。バーンソンおよび妻キャシーの間には2人の十代の子供サラおよびアンディーがいる。

両著者との連絡はpaulandpaul@qfrから直接取られたい。

■監訳者紹介
西麻布俊介（にしあざぶ・しゅんすけ）
東京大学経済学部卒。前職は信託銀行にて年金資金運用のポートフォリオ・マネジメント業務に従事。現在は、シンクタンクにて年金運用や年金制度に関する調査研究を行うかたわら、金融業界の専門書を中心とした翻訳者としても活躍中。証券アナリスト。

■訳者紹介
月本潔（つきもと・きよし）
1982年一橋大学経済学部卒業。同年住友生命保険に入社。その後、WestLB、バイエルン州立銀行、シグマベイスキャピタル等で、国内事業会社の資金調達、国内機関投資家向け投資情報提供等の職務に就く。現在はフリーランスの翻訳者として活動。

2004年6月18日　初版第1刷発行	

ウィザードブックシリーズ⑭

投資家のための企業会計革命
『クオリティ・ファイナンシャル・レポーティング』によるUS.GAAPへの挑戦

著　者	ポール・B・W・ミラー、ポール・R・バーンソン
監訳者	西麻布俊介
訳　者	月本潔
発行者	後藤康徳
発行所	パンローリング株式会社
	〒160-0023　東京都新宿区西新宿7-21-3-1001
	TEL　03-5386-7391　FAX　03-5386-7393
	http://www.panrolling.com/
	E-mail　info@panrolling.com
編　集	エフ・ジー・アイ(Factory of Gnomic Three Monkeys Investment)合資会社
装　丁	新田"Linda"和子
印刷・製本	大日本印刷株式会社

ISBN4-7759-7036-4

落丁・乱丁本はお取り替えします。
また、本書の全部、または一部を複写・複製・転訳載、および磁気・光記録媒体に
入力することなどは、著作権法上の例外を除き禁じられています。

Ⓒ Shunsuke Nishiazabu, Kiyoshi Tsukimoto　2004　Printed in Japan

トレーディング・投資業界に一大旋風を巻き起こしたウィザードブックシリーズ!!

ウィザードブックシリーズ①
魔術師リンダ・ラリーの短期売買入門
ウィザードが語る必勝テクニック　基礎から応用まで

リンダ・ブラッドフォード・ラシュキ&
ローレンス・コナーズ著
定価29,400円

ウィザードブックシリーズ②
ラリー・ウィリアムズの短期売買法
投資で生き残るための普遍の真理

ラリー・ウィリアムズ著
定価10,290円

ウィザードブックシリーズ③
タートルズの秘密
最後に勝つ長期トレンド・フォロー型売買

ラッセル・サンズ著
定価20,790円

ウィザードブックシリーズ④
バフェットからの手紙
世界一の会社が見たこれから伸びる会社、滅びる会社

ローレンス・A・カニンガム著
定価1,680円

ウィザードブックシリーズ⑤
カプランのオプション売買戦略
優位性を味方につけ市場に勝つ方法

デビッド・L・カプラン著
定価8,190円

ウィザードブックシリーズ⑥
ヒットエンドラン株式売買法
超入門　初心者にもわかるネット・トレーディングの投資術

ジェフ・クーパー著
定価18,690円

ウィザードブックシリーズ⑦
ピット・ブル
チャンピオン・トレーダーに上り詰めたギャンブラーが語る実録「カジノ・ウォール街」

マーティン"バジー"・シュワルツ著
定価1,890円

ウィザードブックシリーズ⑧
トレーディングシステム徹底比較　第2版

ラーズ・ケストナー著
定価20,790円

ウィザードブックシリーズ⑨
投資苑
心理・戦略・資金管理

アレキサンダー・エルダー著
定価6,090円

ウィザードブックシリーズ⑩
賢明なる投資家
割安株の見つけ方とバリュー投資を成功させる方法

ベンジャミン・グレアム著
定価3,990円

発行●パンローリング株式会社

トレーディング・投資業界に一大旋風を巻き起こしたウィザードブックシリーズ!!

ウィザードブックシリーズ⑪
売買システム入門
相場金融工学の考え方→作り方→評価法

トゥーシャー・シャンデ著
定価8,190円

ウィザードブックシリーズ⑫
オニールの成長株発掘法
良い時も悪い時も儲かる銘柄選択をするために

ウィリアム・J・オニール著
定価2,940円

ウィザードブックシリーズ⑬
新マーケットの魔術師
米トップトレーダーが語る成功の秘密

ジャック・D・シュワッガー著
定価2,940円

ウィザードブックシリーズ⑭
マーケットの魔術師【株式編】
米トップ株式トレーダーが語る儲ける秘訣

ジャック・D・シュワッガー著
定価2,940円

ウィザードブックシリーズ⑮
魔術師たちのトレーディングモデル
テクニカル分析の新境地

リック・ベンシニョール編
定価6,090円

ウィザードブックシリーズ⑯
カウンターゲーム
幸福感の絶頂で売り、恐怖感の真っただ中で買う「逆張り投資法」

アンソニー・M・ガレア&ウィリアム・パタロンⅢ世著
定価2,940円

ウィザードブックシリーズ⑰
トレードとセックスと死
相場とギャンブルで勝つ法

ジュエル・E・アンダーソン著
定価2,940円

ウィザードブックシリーズ⑱
マーケットの魔術師
米トップトレーダーが語る成功の秘訣

ジャック・D・シュワッガー著
定価2,940円

ウィザードブックシリーズ⑲
グリーンブラット投資法
M&A、企業分割、倒産、リストラは宝の山

ジョエル・グリーンブラット著
定価2,940円

ウィザードブックシリーズ⑳
オズの実践トレード日誌
全米ナンバー1デイトレーダーの記録公開

トニー・オズ著
定価6,090円

発行●パンローリング株式会社

トレーディング・投資業界に一大旋風を巻き起こしたウィザードブックシリーズ!!

ウィザードブックシリーズ㉑
投資参謀マンガー
世界一の投資家バフェットを陰で支えた男

ジャネット・ロウ著
定価2,940円

ウィザードブックシリーズ㉒
賢人たちの投資モデル
ウォール街の伝説から学べ

ニッキー・ロス著
定価3,990円

ウィザードブックシリーズ㉓
ツバイク　ウォール街を行く
株式相場必勝の方程式

マーティン・ツバイク著
定価3,990円

ウィザードブックシリーズ㉔
賢明なる投資家【財務諸表編】
企業財務が分かれば、バリュー株を発見できる

ベンジャミン・グレアム＆
スペンサー・B・メレディス著
定価3,990円

ウィザードブックシリーズ㉕
アームズ投資法
賢明なる投資は出来高を知ることから始まる

リチャード・W・アームズ著
定価7,140円

ウィザードブックシリーズ㉖
ウォール街で勝つ法則
株式投資で最高の収益を上げるために

ジェームズ・P・オショーネシー著
定価6,090円

ウィザードブックシリーズ㉗
ロケット工学投資法
サイエンスがマーケットを打ち破る

ジョン・F・エーラース著
定価7,140円

ウィザードブックシリーズ㉘
インベストメント・スーパースター
ヘッジファンドの素顔とその驚異の投資法

ルイ・ペルス著
定価2,940円

ウィザードブックシリーズ㉙
ボリンジャーバンド入門
相対性原理が解き明かすマーケットの仕組み

ジョン・ボリンジャー著
定価6,090円

ウィザードブックシリーズ㉚
魔術師たちの心理学
トレードで生計を立てる秘訣と心構え

バン・K・タープ著
定価2,940円

発行●パンローリング株式会社

トレーディング・投資業界に一大旋風を巻き起こしたウィザードブックシリーズ!!

ウィザードブックシリーズ㉛
マーケットニュートラル投資の世界
ヘッジファンドの投資戦略

ジョセフ・G・ニコラス著
定価6,090円

ウィザードブックシリーズ㉜
ゾーン
相場心理学入門

マーク・ダグラス著
定価2,940円

ウィザードブックシリーズ㉝
トビアスが教える投資ガイドブック
賢いお金の使い方、貯め方、殖やし方

アンドリュー・トビアス著
定価2,940円

ウィザードブックシリーズ㉞
リスクバジェッティング
実務家が語る年金新時代のリスク管理

レスリー・ラール編
定価10,290円

ウィザードブックシリーズ㉟
NO BULL（ノーブル）
天才ヘッジファンドマネジャー　マイケル・スタインハルトの自叙伝

マイケル・スタインハルト著
定価2,940円

ウィザードブックシリーズ㊱
ワイルダーのテクニカル分析入門
オシレーターの売買シグナルによるトレード実践法

J・ウエルズ・ワイルダー・ジュニア著
定価10,290円

ウィザードブックシリーズ㊲
ゲイリー・スミスの短期売買入門
ホームトレーダーとして成功する秘訣

ゲイリー・スミス著
定価2,940円

ウィザードブックシリーズ㊳
マベリック投資法
巨万の富を築くための10原則

ダッグ・ファビアン著
定価2,940円

ウィザードブックシリーズ㊴
ロスフックトレーディング
最強の「押し／戻り」売買法

ジョー・ロス著
定価6,090円

ウィザードブックシリーズ㊵
ウエンスタインのテクニカル分析入門
ブルでもベアでも儲けるプロの秘密

スタン・ウエンスタイン著
定価2,940円

発行●パンローリング株式会社

トレーディング・投資業界に一大旋風を巻き起こしたウィザードブックシリーズ!!

ウィザードブックシリーズ㊶
デマークのチャート分析テクニック
マーケットの転換点を的確につかむ方法

トーマス・R・デマーク著
定価6,090円

ウィザードブックシリーズ㊷
トレーディングシステム入門
仕掛ける前が勝負の分かれ目

トーマス・ストリズマン著
定価6,090円

ウィザードブックシリーズ㊸
バイアウト
経営陣による企業買収ガイドブック

リック・リッカートセン&ロバート・ガンサー著
定価6,090円

ウィザードブックシリーズ㊹
証券分析【1934年版】

ベンジャミン・グレアム&デビッド・L・ドッド著
定価10,290円

ウィザードブックシリーズ㊺
スマートマネー流株式選択術
銘柄スクリーニングバイブル 《英和・証券用語集付》

ネリー・S・ファン&ピーター・フィンチ著
定価2,940円

ウィザードブックシリーズ㊻
間違いだらけの投資法選び
賢明なあなたでも陥る52の落とし穴

ラリー・E・スウェドロー著
定価2,940円

ウィザードブックシリーズ㊼
くそったれマーケットをやっつけろ！
ホームトレーダーにもできる短期トレード術

マイケル・パーネス著
定価2,520円

ウィザードブックシリーズ㊽
リスク・バジェッティングのためのVaR
理論と実践の橋渡し

ニール・D・ピアソン著
定価5,040円

ウィザードブックシリーズ㊾
私は株で200万ドル儲けた

ニコラス・ダーバス著
定価2,310円

ウィザードブックシリーズ㊿
投資苑がわかる203問

アレキサンダー・エルダー著
定価2,940円

発行●パンローリング株式会社

トレーディング・投資業界に一大旋風を巻き起こしたウィザードブックシリーズ!!

ウィザードブックシリーズ(51)
バーンスタインのデイトレード入門
ジェイク・バーンスタイン著
定価8,190円

ウィザードブックシリーズ(52)
バーンスタインのデイトレード実践
ジェイク・バーンスタイン著
定価8,190円

ウィザードブックシリーズ(53)
ターナーの短期売買入門
3日から3週間で最大の利益を手にする法
トニ・ターナー著
定価2,940円

ウィザードブックシリーズ(54)
究極のトレーディングガイド
全米一の投資システム分析家が明かす「儲かるシステム」
ジョン・R・ヒル&ジョージ・プルート&ランディ・ヒル著
定価5,040円

ウィザードブックシリーズ(55)
コーポレート・リストラクチャリングによる企業価値の創出
倒産と再建、バイアウト、企業分割のケーススタディ
スチュアート・C・ギルソン著
定価8,190円

ウィザードブックシリーズ(56)
投資苑2
トレーディングルームにようこそ
アレキサンダー・エルダー著
定価6,090円

ウィザードブックシリーズ(57)
投資苑2 Q&A
アレキサンダー・エルダー著
定価2,940円

ウィザードブックシリーズ(58)
デービス王朝
ウォール街を生き抜く影の投資家一族
ジョン・ロスチャイルド著
定価2,940円

ウィザードブックシリーズ(59)
プロの銘柄選択法を盗め!
上がるバリュー株、儲かるグロース株
ハリー・ドマッシュ著
定価3,675円

ウィザードブックシリーズ(60)
ワイルダーのアダムセオリー
未来の値動きがわかる究極の再帰理論
J・ウエルズ・ワイルダー・ジュニア著
定価8,190円

発行●パンローリング株式会社

ウィザードブックシリーズ㉖

トゥモローズゴールド
世界的大変革期のゴールドラッシュを求めて
著者●マーク・ファーバー／監修●足立眞一／訳者●井田京子
A5判ソフトカバー・304ページ／定価　2,940円

世紀の買い場が到来した！
トゥモローズゴールド(明日の金脈)はどこだ！

原書名：Tomorrow's Gold

ISBN4-7759-7022-4 C2033

ウィザードブックシリーズ㉒

最高経営責任者バフェット
あなたも「世界最高のボス」になれる
著者●ロバート・P・マイルズ／訳者●木村規子
四六判ソフトカバー・576ページ／定価　2,940円

格付けトリプルA、時価総額世界第21位
バークシャー・ハサウェイ社経営陣の素顔とバフェットの「無干渉経営方式」に迫る！

原書名：THE WARREN BUFFETT CEO : Secrets from the Berkshire Hathaway Managers

ISBN4-7759-7024-0 C2033

ウィザードブックシリーズ㉓

マーケットのテクニカル秘録
独自システム構築のために
著者●チャールズ・ルボー&デビッド・ルーカス／監修●長尾慎太郎／訳者●杉本裕之
A5判上製本・384ページ／定価　6,090円

中級者を新たなステージへ導く「伝説の書籍」が登場！
コンピュータートレーディングの決定版！

原書名：Technical Traders Guide to Computer Analysis of the Futures Market

ISBN4-7759-7025-9 C2033

ウィザードブックシリーズ㉔

アナリストデータの裏を読め！
インターネットで有望株が見つかる
著者●ミッチ・ザックス／訳者●関本博英
A5判ソフトカバー・344ページ／定価　3,675円

"信用できないアナリストのデータ"から儲ける秘訣！
初心者も今日からできる「プロの土俵でプロに勝つコツ」を伝授！

原書名：Ahead of the Market : The Zacks Method for Spotting Stocks Early--In Any Economy

ISBN4-7759-7026-7 C2033

発行●パンローリング株式会社

ウィザードブックシリーズ㊺
ラリー・ウィリアムズの株式必勝法
正しい時期に正しい株を買う
著者●ラリー・ウィリアムズ／監修●長尾慎太郎
訳者●増沢和美、吉田真一、山中和彦
A5判上製本・288ページ／定価8,190円

あのラリー・ウィリアムズが初めて株投資の奥義を披露！
テクニカルでは儲からない株の極意を伝授！

原書名：The Right Stock at the Right Time : Prospering in the Coming Good Years

ISBN4-7759-7028-3 C2033

ウィザードブックシリーズ㊻
シュワッガーのテクニカル分析
初心者にも分かる実践チャート入門
著者●ジャック・D・シュワッガー／訳者●森谷博之
A5判上製本・288ページ／定価3,045円

トレーダーの立場からトレーダーによって書かれた
最良の実践テクニカル分析入門書！

原書名：Getting Started in Technical Analysis

ISBN4-7759-7027-5 C0033

ウィザードブックシリーズ㊼
ストックマーケットテクニック 基礎編
著者●リチャード・W・ワイコフ／訳者●鈴木敏昭
A5判ソフトカバー・224ページ／定価2,310円

初めて株投資をする人へ相場の賢人からの贈り物！
投資に必要なすべての箴言が詰まっている古典！

原書名：STOCK MARKET TECHNIQUE Number One

ISBN4-7759-7029-1 C2033

ウィザードブックシリーズ㊽
最強のポイント・アンド・フィギュア分析
市場価格の予測追跡に不可欠な手法
著者●トーマス・J・ドーシー／監訳●世良敬明／訳者●井田京子
A5判上製本・352ページ／定価6,090円

「どの」銘柄を、「いつ」買えばよいかを需給から読み解く
インターネット時代の最新「ポイント・アンド・フィギュア分析法」

原書名：Point and Figure Charting 2nd Edition

ISBN4-7759-7030-5 C2033

発行●パンローリング株式会社

ウィザードブックシリーズ㊻

あなたもマーケットタイミングは読める!
リスク回避型の保守的長期投資家のためのバイブル
著者●ベン・スタイン、フィル・デムース／訳者●木村規子
A5判ソフトカバー・232ページ／定価2,940円

**初心者にも今日からできる
買われ過ぎ・売られ過ぎ判定法!**

原書名:Yes, You Can Time the Market!

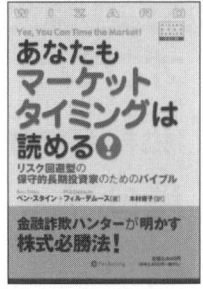

ISBN4-7759-7031-3 C2033

ウィザードブックシリーズ㊼

ファンダメンタル的空売り入門
危ない企業を見抜くトラブルサインとチャートテクニック
著者●トム・トゥーリ／監修●山本潤／訳者●井田京子
A5判ソフトカバー・376ページ／定価2,940円

**下げ相場でも利益を出す
トップ・マネーマネージャーのテクニック**

原書名:The Streetsmart Guide to Short Selling

ISBN4-7759-7032-1 C2033

ウィザードブックシリーズ㊽

オニールの相場師養成講座
成功投資家を最も多く生んできた方法
著者●ウィリアム・J・オニール／訳者●古河みつる
A5判ソフトカバー・256ページ／定価2,940円

**最高の銘柄を最高のタイミングで買い
最高の時期に手仕舞う方法!**

原書名:The Successful Investor

ISBN4-7759-7033-X C2033

ウィザードブックシリーズ㊾

投資家のための粉飾決算入門
イカサマ手口とその見破り方
著者●チャールズ・W・マルフォード、ユージーン・E・コミスキー／
訳者●喜久田悠実
A5判上製本・640ページ／定価6,090円

**第二のエンロン
創作的会計手法のすべてがわかる!**

原書名:The Financial Numbers Game

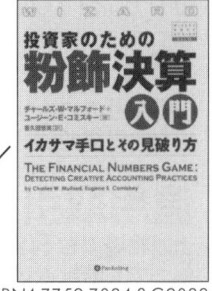

ISBN4-7759-7034-8 C2033

発行●パンローリング株式会社

日本の証券・商品投資業界に燦然と輝き続ける"画期的"相場読本シリーズ!

オプション売買入門
株式や先物にはないオプションならではの優位性を使って
利益を上げる実践的オプション売買マニュアル!

増田丞美著
定価5,040円

株はチャートでわかる!
チャートの読み方、儲けるノウハウ、売買システムの
作り方がわかる! 投資ソフトの試用版CD-ROM付

阿部達郎・野村光紀・
柳谷雅之・蔓部音士著
定価2,940円

サヤ取り入門
いままでベールに包まれていたサヤ取りの秘密がついに
明かされた! サヤ取りソフトの試用版CD-ROM付

羽根英樹著
定価本体3,360円

『生き残りのディーリング』決定版
あの名著が決定版になって復活!
リスクとは避けるものでなく、うまく管理するものである。

矢口新著
定価2,940円

オプション売買の実践
入門書に続き、オプション投資家待望の書が登場!
実践家による「勝てるオプションの実戦書」!

増田丞美著
定価5,040円

これなら勝てる 究極の低位株投資~FAI投資法実戦編
マーケットに隠れた本当のお宝を見つける!
"うまい話"をふところに入れるためのFAIの実践ノウハウ。

林知之著
定価2,940円

値上がる株に投資しろ!
良い株が儲かるのではない。儲かる株が良い株だ!
プロの投資家から圧倒的な評価を得る、矢口新の最新刊!

矢口新著
定価2,940円

個人投資家のためのガソリン灯油取引入門
商品マーケットでいちばん人気が高い
ガソリン・灯油についての解説書がついに登場!

渡邉勝方著
定価2,940円

デイトレード大学
投資会社のつくり方と節税対策から
プロの日経225トレードテクニックまで、すべてを公開!

岡本治郎著
定価2,940円

信用取引入門
上げ相場でも下げ相場でも相場環境に左右されないで
いつでも儲けるために信用取引を覚えよう!!

楠雄治・福永博之・倉
林るみ子著
定価2,940円

発行●パンローリング株式会社

ウィザードコミックス新登場!

「聞いたことはあるけど、よくわからない」
「なんだか難しそう」

そんな投資に関するお悩み解決します!
マンガではじめるウィザードへの第一歩!!

ウィザードコミックス①
マンガ ウォーレン・バフェット

世界一おもしろい投資家の 世界一もうかる成功のルール
著者●森生文乃
A5判ソフトカバー・178ページ／定価1,680円

世界一の株式投資家、ウォーレン・バフェット。
その成功の秘密とは?

ISBN4-7759-3005-2 C2033

ウィザードコミックス②
マンガ サヤ取り 入門の入門

スプレッド、アービトラージ、ストラドル…すべての基本がココにある!
監修●羽根英樹／作画●高橋達央
A5判ソフトカバー CD-ROMつき・160ページ／定価1,890円

小さいリスクで確実なリターンが望める「サヤ取り」。
付録のCD-ROMですぐ始められる実践的入門書!

ISBN4-7759-3006-0 C2033

ウィザードコミックス③
マンガ オプション売買入門の入門

原作・監修●増田丞美／作画●小川集
A5判ソフトカバー・180ページ／定価2,940円

マンガを読むだけでここまでわかる!
基本用語から実践法まで網羅した入門書の決定版!

ISBN4-7759-3007-9 C2033

● 海外ウィザードが講演したセミナー・ビデオ&DVD（日本語字幕付き）●

『オズの短期売買入門』（67分）　トニー・オズ　8,190円

トレードの成功は、どこで仕掛け、どこで仕切るかがすべて。短期トレードの魔術師オズが、自らの売買を例に仕掛けと仕切りを解説。その他、どこで買い増し、売り増すのか、短期トレーダーを悩ますすべての問題に答える洞察の深いトレードアドバイス満載。

『ターナーの短期売買入門』（80分）　トニ・ターナー　9,240円

株式投資の常識（＝買い先行）を覆し、下落相場でも稼ぐことができる「空売り」と、トレーディングで最大の決断である仕切りのタイミングを具体的な事例を示しながら奥義を解説。市場とトレーダーの心理を理解しつつ、トニ・ターナーのテクニックがここにある。

『魔術師たちの心理学セミナー』（67分）　バン・K・タープ　8,190円

優秀なトレーダーとして最も大切な要素は責任能力。この責任感を認識してこそ、上のステージに進むことができる。貪欲・恐怖・高揚など、トレーディングというプロセスで発生するすべての感情を、100％コントロールする具体的な方法をタープ教授が解き明かす。

『魔術師たちのコーチングセミナー』（88分）　アリ・キエフ　8,190円

優秀なトレーダーとは、困惑、ストレス、不安、不確実性、間違いなど、普通は避けて通りたい感情を直視できる人たちである。問題を直視する姿勢をアリ・キエフ教授が伝授し、それによって相場に集中することを可能にし、素直に相場を「聞き取る」ことができるようになる。

『マーケットの魔術師　マーク・クック』（96分）　マーク・クック　6,090円

マーケットの魔術師で、一流のオプションデイトレーダーであるクックが、勝つためのトレーディング・プラン、相場の選び方、リスクのとり方、収益目標の立て方、自分をコントロールする方法など、13のステップであなたのためのトレードプランを完成してくれる。

『シュワッガーが語るマーケットの魔術師』（63分）　ジャック・D・シュワッガー　5,040円

トップトレーダーたちはなぜ短期間で何百万ドルも稼ぐことができるのか。彼らはどんな信念を持ち、どんなスタイルでトレードを行っているのか。ベストセラー『マーケットの魔術師』3部作の著者ジャック・シュワッガーが、彼らの成功の秘訣と驚くべきストーリーを公開。

『ジョン・マーフィーの儲かるチャート分析』（121分）　ジョン・J・マーフィー　8,190円

トレンドライン、ギャップ、移動平均……を、あなたは使いこなせていますか？　テクニカル分析の大家がトレンドのつかみ方、相場の反転の見分け方など主体に、簡単で使いやすいテクニカル分析の手法を解説。テクニカルの組み合わせで相場の読みをより確実なものにする！

『ジョン・ヒルのトレーディングシステム検証のススメ』（95分）　ジョン・ヒル　8,190円

トレーダーはコンピューターに何を求め、どんなシステムを選択すべきなの？『究極のトレーディングガイド』の著者ジョン・ヒルが、確実な利益が期待できるトレーディングシステムの活用・構築方法について語る。さらにトレンドやパターンの分析についても解説。

『クーパーの短期売買入門～ヒットエンドラン短期売買法～』（90分）　ジェフ・クーパー　8,190円

短期売買の名著『ヒットエンドラン株式売買法』の著者ジェフ・クーパーが自らが発見した爆発的な価格動向を導く仕掛けを次から次へと紹介。「価格」という相場の主を真摯に見つめた実践者のためのセミナー。成功に裏打ちされたオリジナルパターンが満載！

『エリオット波動～勝つための仕掛けと手仕舞い～』（119分）　ロバート・プレクター　8,190円

「5波で上昇、3波で下落」「フィボナッチ係数」から成り立つエリオット波動の伝道師プレクターによる「エリオット波動による投資術（絶対勝てる市場参入・退出のタイミング戦略）」。波動理論を使った市場の変化の時とそれを支えるテクニカル指標の見方を公開。

発行●パンローリング株式会社

● 他の追随を許さないパンローリング主催の相場セミナーDVDとビデオ ●

ファンダメンタルズ分析入門セミナー　　山本潤　39,900円
ファンダメンタルズ分析はだれにでもできる明快な論理で、安すぎる銘柄を買い、高すぎる銘柄を売り、高すぎるか安すぎるかは企業の財務や収益から判断する——こういう考えである。本セミナーでは教科書的な説明を避け、講師の実践での失敗例を交え、基本の大切さを説く！

短期売買の魅力とトレード戦略　　柳谷雅之　3,990円
短期売買の正しい理解とメリットから、上げ相場でも下げ相場でも通用する売買手法、具体的なリスク管理法まで解説。短期売買とは／投資と投機／勝ち組みになるための考え方／基礎知識銘柄選択／注文執行法／基礎売買技術／トレード戦略／マネーマネジメント！

売買システム構築入門　　野村光紀　3,990円
エクセルを触ったことのある方ならだれでも、少し手を加えるだけで売買システムを作れる。エクセル入門書には相場への応用例がないとお嘆きの方に最適なDVDとビデオ。エクセル入門／チャートギャラリーの紹介／自分専用の売買システムを作る／毎日の仕事の自動化！

ゲイリー・スミスの戦略　　長尾慎太郎　3,990円
伝説的なデイトレーダーとして、またホームトレーダーとして、また『ゲイリー・スミスの短期売買入門』の著者として、個人投資家の教祖的な存在であるゲイリー・スミス——彼がなぜ驚異的な利益を上げ続けられたのか、その独自の手法のエッセンスを分かりやすく解説！

システムトレード入門セミナー初歩編（CD-ROM付き）　　長尾慎太郎　29,400円
このセミナーでは初心者向けに、Pan Active Market DataBaseやMicrosoft Excelの機能を有効に利用する方法や、システムトレードの概略と自力で環境を構築するために平易に解説。広く浅い説明にもかかわらず、システムトレードに必要なすべてを項目に凝縮した１本！

実践トレードセミナー 為替の戦略　　成田博之／長尾慎太郎　7,140円
第１部では実践に役立つトレーディングルールは他人から学ぶよりもロジックを学び、各自のスタイルに合ったルールを作り上げることの重要さを具体例を挙げて解説。第２部ではトム・デマークのテクニックを中心に流動性が高いマーケットである外国為替市場を解説！

新時代のトレンド・フォロー戦略　　長尾慎太郎　52,500円
ルールがシンプル、短期間に理解し実行できる、初心者でも実践を通して売買技法の基礎を習得できるなど、難しい理論や数式を覚える必要ない売買手法である米トップトレーダー集団「タートルズ」の手法とリチャード・アームズのEMVを中心に解説した画期的な１本！

第２回　絶対の短期売買実践セミナー　　柳谷雅之　52,500円
ラリー・ウィリアムズ、リンダ・ラシュキらのマーケットの魔術師たちの戦略を実践で通用する売買技術として自分のものとするためには何をし、どう考えればいいのかを、講師の経験や膨大な量のデータ分析をもとに解説。短期トレードで利益を上げる基本が満載！

サヤ取りセミナー［戦略編］　　羽根英樹　21,000円
商品のサヤ取りの基本が分かっている方を対象に、講師の豊富な体験から編み出された数々の戦略を紹介し、著書には書かなかった戦略（つなぎ、乗り換え、セットの仕掛け）にも言及。本来、講師が「企業秘密」として門外不出としていたものを、あえて公開！

エネルギー（ガソリン・灯油・原油）先物売買実践セミナー　　渡邉勝方　23,100円
「個々の商品キャラクターに応じた手法が用いられるべきである」という思想から、対象マーケットをファンダメンタルズ、テクニカルの両面から観察し、有効と思われる手法——サヤ取りを含めた10の戦略、マネーマネジメントなども含む——をこれでもかと紹介！

発行●パンローリング株式会社

道具にこだわりを。

よいレシピとよい材料だけでよい料理は生まれません。
一流の料理人は、一流の技術と、それを助ける一流の道具を持っているものです。
成功しているトレーダーに選ばれ、鍛えられたチャートギャラリーだからこそ、
あなたの売買技術がさらに引き立ちます。

Chart Gallery 3.0 for Windows
Established Methods for Every Speculation

パンローリング相場アプリケーション
チャートギャラリープロ 3.0　定価**84,000円**（本体80,000円＋税5％）
チャートギャラリー 3.0　定価**29,400円**（本体28,000円＋税5％）

[商品紹介ページ] http://www.panrolling.com/pansoft/chtgal/

RSIなど、指標をいくつでも、何段でも重ね書きできます。移動平均の日数などパラメタも自由に変更できます。一度作ったチャートはファイルにいくつでも保存できますので、毎日すばやくチャートを表示できます。
日々のデータは無料配信しています。ボタンを2、3押すだけの簡単操作で、わずか3分以内でデータを更新。過去データも豊富に収録。
プロ版では、柔軟な銘柄検索などさらに強力な機能を塔載。ほかの投資家の一歩先を行く売買環境を実現できます。

● 機能一覧

機　　能	3プロ	3
銘柄検索 **New**	○	—
米国個別株データ **New**	○	—
日経225オプションデータ **New**	○	—
日経225先物データ	○	—
サヤ場帳	○	—
IndicatorPlug（独自指標の追加）	○	—
銘柄群（好きな銘柄を登録してすばやく切り替え）**New**	○	○
チャート中へ線の書き込み **New**	○	○
日足、週足、月足、年足の表示と保存	○	○
インターネットから無料データ更新	○	○
Pan Active Market Database（Excelなどでのデータ利用）	○	○

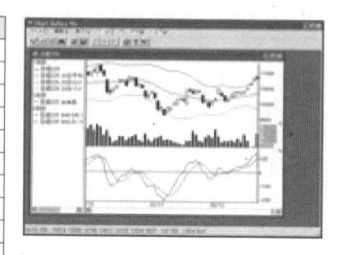

お問合わせ・お申し込みは

Pan Rolling パンローリング株式会社
〒160-0023 東京都新宿区西新宿7-21-3-1001　TEL.03-5386-7391 FAX.03-5386-7393
E-Mail info@panrolling.com　ホームページ http://www.panrolling.com/

がんばる投資家の強い味方。
24時間オープンの投資専門店です。

パンローリングの通販サイト「トレーダーズショップ」は、個人投資家のためのお役立ちサイト。書籍やビデオ、道具、セミナーなど、投資に役立つものがなんでも揃うコンビニエンスストアです。街の本屋さんにない商品がいっぱい。さあ、成功のためにがんばる投資家は、いますぐアクセスしよう。

いますぐトレーダーズショップにアクセスしてみよう！

1 インターネットに接続して **http://www.tradersshop.com/** にアクセスします。インターネットだから、24時間どこからでもOKです。

2 トップページが表示されます。画面の左側に便利な検索機能があります。タイトルはもちろん、キーワードや商品番号など、探している商品の手がかりがあれば、簡単に見つけることができます。

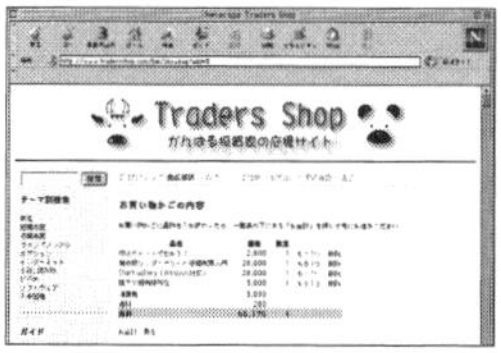

3 ほしい商品が見つかったら、**お買い物かご**に入れます。お買い物かごにほしい品物をすべて入れ終わったら、一覧表の下にある**お会計**を押します。

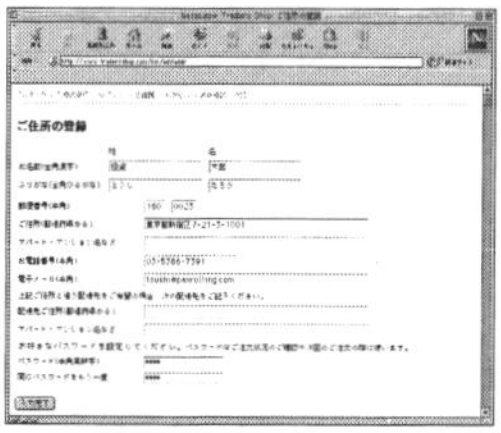

4 はじめてのお客さまは、配達先等を入力します。お支払方法を入力して内容を確認後、**ご注文を送信**を押して完了（次回以降の注文はもっとカンタン。最短2クリックで注文が完了します）。送料はご注文1回につき、何点でも全国一律250円です（1回の注文が2,800円以上なら無料！）。また、代引手数料も無料となっています。

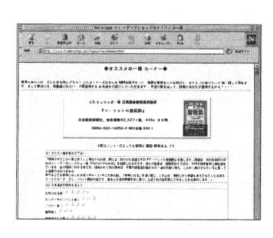

5 あとは宅配便にて、あなたのお手元に商品が届きます。
そのほかにもトレーダーズショップには、投資業界の有名人による「私のオススメの一冊」コーナーや読者による書評など、投資に役立つ情報が満載です。さらに、投資に役立つ楽しいメールマガジンも無料で登録できます。ごゆっくりお楽しみください。

http://www.tradersshop.com/

投資に役立つ楽しいメールマガジンも無料で登録できます。
http:// www.tradersshop.com/back/mailmag/

お問合わせは **Pan Rolling** パンローリング株式会社
〒160-0023　東京都新宿区西新宿7-21-3-1001　TEL.03-5386-7391　FAX.03-5386-7393
http://www.panrolling.com/　E-Mail info@panrolling.com